공통의 장소

러시아, 일상의 신화들

SLAVICA 슬라비카총서 11

COMMON PLACES: Mythologies of Everyday Life in Russia
by Svetlana Boym

공통의 장소

러시아, 일상의 신화들

스베틀라나 보임 지음 | 김민아 옮김

LA TERRA RUSSA
ЗЕМЛЯ РОССИИ
RUSSIAN SOIL

SLAVICA 슬라비카총서 11

그린비

일러두기

1 이 책은 Svetlana Boym, *Common Places*, Harvard University Press, 1994를 완역한 것입니다.
2 주석 뒤에 '—옮긴이' 표시가 없는 것은 모두 저자의 것입니다.
3 외래어 표기는 원칙적으로 국립국어원의 〈외래어 표기법〉을 따르되, 러시아어의 현지 발음과 관례적으로 통용되는 표기를 고려하여 폭넓게 예외를 두었습니다.

감사의 말

내가 공통의 장소에 대해 생각하기 시작한 때는 9년 전에 떠난 고국 러시아를 처음으로 다시 방문했을 때였다. 글 쓰는 작업은 러시아와 미국 사이를 왕복하는 내 여행을 이해하는 데 도움을 주었다. 역으로 새 국경선을 넘나듦으로써 내 프로젝트에는 수정이 가해졌다.

한 개인이 공통의 장소에 대하여 책을 쓴다는 것은 결코 가능하지 않다. 모스크바의 작가이자 비평가 마야 투롭스카야Maya Turovskaya와 함께 뉴욕 센트럴 파크 모스크바 업적 전시회 골든 파운데이션 주변을 산책하면서 나는 평범함banality과 나쁜 취향에 대해 심사숙고할 수 있는 영감을 얻었다. 또한 하버드의 많은 동료들의 지원과 지지를 받았다. 윌리엄 밀스 토드 3세William Mills Todd III는 시작부터 나를 도왔고 그 관대한 시각과 박식함, 지적 엄격함을 공유해 주었다. 수잔 술레이만Susan Suleiman은 자서전적인 독서의 즐거움과 함정에 대해서 생각해 보게 했다. 도날드 팡거Donald Fanger, 주리 스트리에드터Jurij Striedter, 주디스 리안Judith Ryan, 바버라 존슨Barbara Johnson은 많은 측면에서 내게 영감을 주고 나를 지지해 주었다. 일레인 스캐리Elaine Scarry는 나로 하여금 꽃과 정원뿐 아니라 사물들과 공예품에 대해서 창조적으로 생각하게 만들었다. 스탠리 카벨Stanley Cavell은 하나 이상의 컨텍스트에서 일상의 기이함에 대해 숙고하도록 나를 일깨웠다.

마이클 홀퀴스트Michael Holquist의 날카로운 시각과 한결같은 지적 도전에, 제퍼리 브룩스Jeffery Brooks의 세심한 코멘트와 냉정한 비판에 감사를 표한다. 여러 해에 걸쳐 나는 카테리나 클락Katerina Clark, 마저리 페를로프Marjorie Perloff, 토마스 라우센Thomas Lahusen, 그레타 슬로빈Greta Slobin, 캐서린 오코너Catherine O'Connor, 이리나 파페르노Irina Paperno, 미하일 임폴스키Mikhail Yampolsky, 드미트리 샬린Dmitri Shalin, 캐서린 테이메르 네폼냐시 Catherine Theimer Nepomnyashchy, 무샤 글란즈Musya Glanz와 우호적이고 고무적인 많은 대화를 나눴다. 나의 동료 영화광들인 비다 존슨Vida Johnson, 앤드루 호튼Andrew Horton, 낸시 살저Nancy Salzer에게도 우리가 공유한 많은 영화 경험들에 대해 고마움을 전한다. 또한 문학 문화 연구 센터, 하버드 러시아 리서치 센터에서의 세미나, 캘리포니아 대학 산타 크루즈 캠퍼스 문화 연구 센터 산하 포스트코뮤니즘 심포지엄, 버클리의 캘리포니아 대학에서의 사적 생활에 대한 세미나에서의 나의 작업에 대한 논의는 내게 매우 유익했다. 스테판 그린블래트Stephen Greenblatt, 마이클 플라이어Michael Flier, 블라디미르 브롭킨Vladimir Brovkin, 유리 슬레즈킨Yuri Slezkine, 에릭 나이만Eric Naiman, 앤 네스빗Anne Nesbit, 조셉 코너Joseph Koerner의 코멘트에 감사를 표한다.

이 책의 작업은 몇몇 기관의 관대한 지원을 받아 이루어질 수 있었다. 1990년부터 1991년까지 미국학술단체협의회American Council of Learned Societies와 사회과학협의회Social Science Research Council의 박사후 연구비를 받아 이 책의 형태에 대해 숙고한 후 저술 작업을 시작할 수 있었다. 1989년부터 1992년까지 IREX로부터 받은 단기 연구비와 1993년 하버드 대학 클락 펀드로부터 받은 연구비로 러시아를 여행하면서 프로젝트를 위한 기본 조사를 마칠 수 있었다.

나는 러시아의 수많은 작가들, 화가들, 영화제작자들, 지식인들의 따스한 환대를 누리는 행운을 가졌고, 그들 중 몇몇과는 "다 말하지 않고"도 서로를 이해할 수 있었다. 그들은 자라 압둘라예바Zara Abdullaeva, 다니일 돈두레이Daniil Dondurei, 레프 카라한Lev Karakhan(그리고 『시네마 아트』지에서 일하는 그의 동료들), 예카테리나 데로트Ekaterina Derot', 조셉 박스테인Joseph Bakshtein, 드미트리 프리고프Dmitrii Prigov, 타티아나 아르자마소바Tatiana Arzamasova, 레프 엡조비치Lev Evzovich, 예브게니 스뱌츠키Evgenii Sviatsky, 빅토르 미시아노Victor Misiano, 나탈리아 이바노바Natalia Ivanova, 나데즈다 아즈기히나Nadezhda Azhgikhina, 아샤 콜로디즈네르Asya Kolodizhner, 레오니드 구레비치Leonid Gurevich, 세미온 아라노비치Semion Aranovich, 라나 고고베리드제Lana Gogoberidze, 알렉세이 우치텔Alexei Uchitel', 나데즈다 바실리예바Nadezhda Vasil'eva, 류보프 아르쿠스Liubov' Arcus, 아르카디 드라고모셴코Arikadii Dragomoshchenko, 알렉산드르 에트킨드Alexander Etkind, 이고르 콘Igor Kon, 세르게이 숄로호프Sergei Sholokhov, 알라 게르베르Alla Gerber, 옐레나 트로피모바Elena Trofimova, 라리사 레준-즈베즈도체토바Larisa Rezun-Zvezdochetova이다.

나의 친구들과 세계의 다양한 지역에서 온 동료 망명자들은 이 책을 쓰는 데 필요한 또 다른 상상의 공동체를 제공하였다. 그레타 슬로빈, 알리시아 보린스키Alicia Borinsky, 에바 라제르-부르크하르트Ewa Lajer-Burcharth, 줄리아나 브루노Giuliana Bruno와는 웃음과 지적 기쁨, 따스한 식사를 함께 했다. 프랑스인 사촌 크리스티안 페겔슨Kristian Feigelson과는 함께 러시아를 여행했다. 폴 홀든그레이버Paul Holdengräber의 장서광은 나의 집 필광을 지속시켰고, 펠릭스 로지너Felix Roziner의 풍부한 이야기와 소비에 트 언어의 유물을 수집하려는 백과사전적 열정은 내게 항상 영감을 주었다.

나를 열정적으로 격려하고 지적 동기를 준 나의 편집자인 하버드 대학 출판사의 린지 워터스Lindsay Waters에게 감사를 표한다. 나를 도와준 앨리슨 켄트Alison Kent와 내가 원고를 끝없이 고쳐 쓰는 동안 통찰력과 인내를 가지고 기다려 준 나의 원고 편집자 아니타 사프란Anita Safran에게도 감사를 표한다. 내가 가르치는 대학원생들과 연구보조원들은 나의 첫 독자였다. 존 헨릭센John Henriksen, 골포 알렉소풀로스Golfo Alexopoulous, 로즈마리 피터스Rosemary Peters, 킴 토마스Kim Thomas는 내가 원고를 쓰는 동안 여러 창조적인 방법으로 나를 도와주었다.

예술적이고 저널리스트적인 시각으로 내가 쓰고자 하는 것을 볼 수 있도록 도와준, 과감하고 창조적인 사진작가 마크 스테인보크Mark Shteinbok에게는 특별한 감사를 전한다.

다나 빌라Dana Villa의 특별한 친절과 세밀한 지원, 훌륭한 유머감각은 내가 미국의 일상의 삶을 살아나가는 데 도움을 주었고 나의 사적 공간을 가능한 미학적으로 만들어 주었다. 마지막으로, 그 목소리와 기억, 농담과 노래들이 이 책의 도처에 기록된 나의 부모님께 이 책을 바친다.

스베틀라나 보임

차례

이론적 공통의 장소

소비에트 인텔리겐치아[1] 사이에서는 다음과 같은 말이 통용되곤 하였
다. "다 말하지 않고도 서로를 이해할 수 있다." 공유되는 것은 침묵, 목
소리의 톤, 억양의 뉘앙스이다. 단어를 다 말하는 것은 너무 많이 말하
는 거나 마찬가지다. 왜냐하면 단어 나열 수준의 의사소통은 이미 과도
하고 진부하게, 거의 저속하게까지 여겨졌기 때문이다. "다 말하지 않는
다"는 이 기이한 형태의 의사소통 형식은 공적인 공통의 영역 변두리에
존재하는 상상의 공동체에 속한다. 그러므로 정직하고 진실한 태도를
강조하는 미국의 메타포, "네가 의미하는 바를 말하라", "공개적이 되어
라", 그리고 "직설적이 되어라" 등은 소비에트나 러시아 맥락에서 적절
히 번역할 수 없다. "네가 의미하는 바를 말하라"의 경우 세상 물정에 밝

---

1 인텔리겐치아는 지식인들 및 그들과 가까운 사회계급(예를 들면 예술가들과 교육종사자들)을 포함
하여, 문화의 보급과 발전에 지도적 역할을 하는 정신적·창조적 작업에 종사하는 사회계급을 의
미한다. 이 용어는 러시아어 интеллигенция(intelligentsiia)를 음역한 것으로 러시아에서 이 단어는
19세기 초에 처음 기록에 등장하였다. 그 후 제정 러시아와 소비에트 시기에 주로 사용되면서, 특
정 지식인 범주에 대한 자기 정의로 그 의미가 협소화되었다. —옮긴이

은 것이 아니라, 오히려 어리석고, 나이브한 것으로 해석된다. 진실에 대한 이러한 언명은 기껏해야 외국의 연극적 태도를 보여 주는 일종의 기호로 보이거나, 최악의 경우에는 교활한 도발로 여겨진다. 러시아어에는 진실성authenticity을 번역할 만한 단어가 없지만, 진실truth을 의미하는 두 단어, 프라브다pravda와 이스티나istina가 있다. pravda는 진실로 번역될 수 있지만, 블라디미르 나보코프의 말에 따르자면 어떤 단어와도 각운을 맞출 수 없는 istina는 말해지지 않은 채 남겨져야 한다. 이 간접적인 의사소통의 형식 속으로 들어가는 것들은 언어에 대한 유사 종교적인 태도, 낭만주의 시의 기법들, 혁명적인 지하조직의 음모들, 그리고 정부와 의견을 달리하는 인텔리겐치아의 책략들이다.

다 말하지 않는다는 의사소통 방식은 문화 신화에서 말해지지 않은 영역을 보존하고, 외부인들로부터뿐만아니라 같은 동료들로부터도 상상의 공동체를 보호한다. 다 말하지 않는다는 지론을 고수하는 반체제 인사들 중 허용되는 이들은 극히 드물다. 만약 갑자기 말해지지 않은 나머지 부분이 말해진다면, 친구들의 내밀한 모임은 주먹다짐으로 끝날 것이다. 한때 내가 소중히 여겼던 몇몇 상상의 공동체에게 폐를 끼칠 위험이 있음에도 불구하고 나는 그들에게 낯선 언어로, 즉 상세히 다 말하여 그들을 묘사하려 노력할 것이다. 나는 문화 비평가이자 과거 레닌그라드(현 상트페테르부르크)의 거주민, 공동 벽장의 불을 끄는 것을 종종 잊어버려 주의 깊은 이웃들로부터 심하게 꾸중을 듣곤 했던 코무날카의 거주민이라는 이중의 관점에서 글을 쓰고 있다. 이것은 소비에트 문화의 모든 상상의 공동체가 쇠퇴기 상태에 있던 가슴 아픈 역사적 순간이다. 포스트소비에트 인텔리겐치아에 속하는 어떤 이들은 이를 단지 소비에트 연방의 몰락이 아닌 러시아 문화의 밀레니엄의 종말로, 전 러시아의 문학이 집중되었고 중앙집권화된 문학 텍스트와 이중화법을 공유했던 제국의 몰락으로 인식한다.

수많은 담론들 중에서도 일반적으로 남아 있는 한 가지 주제는 바로 일상의 신화들과 의식들이다. 이것들은 정치적, 이념적, 혹은 예술적 휘장 뒤에 숨겨져 있으면서 러시아 혹은 소비에트 이념하에서는 국가 정체성의 영웅적 개념에 부적합한 것으로 간주되었고, 서구의 수많은 정치학자들과 언론인들에게는 불가해한 것으로 보였다. 따라서 문화 내부의 작용들은 수수께끼로 남게 된다. 지난 두 세기 동안 극심한 재난과 전쟁, 혁명, 테러의 시대를 거친 러시아라는 나라에서 일상의 생활은 대부분의 사람들에게 불확실한 것으로 여겨졌다. 동시에 소비에트의 공식 이념 속에서뿐만 아니라 러시아의 지적 전통 속에서 볼 때 일상생활 그 자체를 위해 그에 몰두하는 것은 비애국적이고, 전복적이며 러시아적이지 않거나 심지어 반소비에트적으로 생각되었다. 반대로, 주류를 이루는 것은 평범함banality과 '문화의 결핍'에 대한 비정상적이고 낭만적이기까지 한 공포, 평범한 교양 혹은 중간 계급적 가치의 낌새를 보이는 것에 대한 공포이다. 이런 측면에서 미래에 대한 소비에트의 비전뿐만 아니라 많은 러시아 철학자들과 작가들이 묘사한 러시안 드림, 이 둘 모두는 교육, 정신 혹은 이념적 일반대중성, 문화적 규범이 아닌 미국의 라이프 스타일에 그 토대를 두고 있는 신비적인 아메리칸 드림과 확연히 달랐다.

내가 중점적으로 논의하고자 하는 것은 러시아 문화의 희생적 또는 종말론적인 자기 정의의 바깥에 존재하는 어떤 것이다. 다시 말해 감정의 표현, 의사소통의 방식뿐만 아니라 평범한 삶, 집, 물질적 대상과 예술에 대한 태도이다. 러시아에서 문화와 국가, 예술과 삶, 사회와 개인,

공과 사, 필수품과 쓰레기 사이의 관계의 역사는 종종 우리에게 익숙한 서유럽과 미국의 현대적 변형, 해석과는 그 노선을 달리한다. 이 차이점을 밝히는 것 역시 이 책의 주요 과제 중 하나이다.

예를 들어 우리는 평범함이 전 세계적인 현상이고, 평범한 것은 평범한 것이다라고 말하는 것 자체가 바로 평범하다고 생각할 수 있다. 그러나 블라디미르 나보코프는 러시아적 평범함의 독창성과 그것의 번역 불가능성을 강조한다. 그의 견해에 따르면 단지 러시아인들만이 평범함, 정신적인 것의 결핍, 외설성을 모두 포괄하는 단어인 포실로스트 poshlost'라는 개념을 교묘히 고안할 수 있었다.[2] 이와 유사한 애국적 논조 속에서 유명한 언어학자 로만 야콥슨[3]은 일상을 뜻하는 러시아 단어 byt를 서구 언어로 번역하는 것은 문화적으로 불가능하다고 주장한다. 왜냐하면 유럽 민족들 중 단지 러시아인들만이 "일상의 요새"에 대항하여 싸울 수 있고, 일상으로의 과격한 변경을 개념화할 수 있기 때문이다.[4] 러시아와 후기 소비에트의 문화적 정체성은 일상생활에 반대되는 영웅성에 의해 좌우되었다.

혹자는 문화적으로 다른 언어로 번역 불가능한(또는 그렇다고 오만하게 주장되었던) 모든 단어들을 아우르는 번역 불가능한 단어들의 사전을 편찬할 수 있을 것이다.[5] 그러나 모든 문화 비교 연구는 문화가 단

---

2 Vladimir Nabokov, "Philistines and Philistinism", *Lectures on Russian Literature*, NY: Harcourt, Brace, Jovanovich, 1981, p.313.

3 로만 야콥슨(Roman Jakobson)은 러시아와 미국에서 활동한 언어학자이자 문학 연구자로 초기 러시아 아방가르드 활동에 활발하게 참여하였다. 일반언어학, 문학, 시학, 심리 언어학, 기호학 등 인문학 전반에 걸쳐 많은 저작을 남겼다. —옮긴이

4 Roman Jakobson, "On the Generation That Squandered Its Poets", *The Language on Literature*, ed. Krystyna Pomorska and Stephen Rudy, Cambridge, Mass.: Harvard University Press, 1987.

5 심지어 '이웃'(neighborhood)이라는 단어를 적절하게 번역할 수 있는 러시아어가 없다. (sosed라는

지 이국적인 영화의 배경이나 저속한 대상으로 변형되는 것을 막기 위해 문화적 차이와 번역 불가능한 것들을 모으는 것에서 시작한다. 현재까지 서구의 공적·사적 영역에서 사용되는 수많은 단어들은 대응하는 러시아어 단어들을 찾지 못하고 있었다. 그것들 중에는 '프라이버시', '자아'self, '멘탈리티', '아이덴티티'도 포함되어 있다.[6] 러시아어에서 'policy'와 'politics'의 차이를 이해하는 것 역시 어려운데 왜냐하면 이 두 단어 모두 politika로 번역되기 때문이다.

역으로 19세기부터 20세기까지 수많은 러시아 사상가들은 러시아어 단어들의 유럽어로의 번역 불가능성을 강력하게 주장했다. 이와 같은 독특한 러시아어 단어들 중에는 19세기 슬라브주의 철학자들과 현대의 민족주의자들이 주창한, 사적인 삶에 대한 러시아의 신비주의적 대안인 sobornost'(정신적 공동체, 대성당과 사람들의 모임 둘 다를 의미하는 sobor에서 유래)와, 문자 그대로 함께 고통 받는 것co-suffering을 의미하는 sostradanie가 있다. 물론 심금을 울리는 집시 로망스와 시에서 찬양된, 일종의 격심한 향수와 그리움의 형태인 toska도 있다. 좀 더 영웅적인 차원에서는 위업, 공훈에 상응되는 러시아어 podvig 또한 독특한 것

단어는 현재 코무날카의 삶에 의해 매우 위태로운 상황에 놓여 있는데 왜냐하면 이 공통 아파트에서 좋은 이웃이란 이웃의 찻주전자에 이따금씩만 소변을 보는 사람이라고 소련 민속학이 정의하고 있기 때문이다.) 그러나 글라스노스트 이후로 미국 어법과 프랑스 어법이 언어 속으로 들어오기 시작하였다.
6 드미트리 리하초프는 『옥스포드 영어 사전』이 권력과 관료제라는 러시아와 소련의 시스템과 관련된 러시아어 단어, ukaz와 sovet 단 두 단어만을 싣고 있다는 니콜라이 레리흐의 불만을 인용한다. Likhachev, *Zametki o russkom*, Moscow: Soviet Russia, 1984, p.11; 반대로, volia(freedom), udal(courage)은 러시아의 자연 풍경, 특히 거대한 중앙의 러시아 평원과 연관된다.
[ukaz는 권력최고기관, 원수 등의 명령, 지령을 의미하고 sovet는 소련의 입법, 행정기관인 소베트를 의미한다. 니콜라이 레리흐(Nikolai Rerikh, 1874~1947)는 러시아의 화가, 신비주의 철학자, 작가, 과학자, 여행가, 사회 활동가로 7000여 개의 미술작품과 30여 편에 이르는 문학작품을 남겼다. 러시아에서의 뉴에이지 발전에 영향을 끼쳤다고 평가된다. 드미트리 리하초프(Dmitrii Likhachev, 1906~1999)는 러시아 인문학자로 주로 러시아 고대문학을 연구하였다. ―옮긴이]

으로 생각되었다. 왜냐하면 이 단어는 단순히 영어 단어 'feat'가 의미하는 특수한 성취가 아닌, 역동적인 영웅적 추진력과 용기, 그리고 자기희생을 나타내기 때문이다. 아마도 번역 불가능한 러시아의 일상은 이 러시아어 단어 podvig와 평범한 것을 인정할 수 없는 그것의 무능력함에 상당부분 의존하고 있을 것이다.

이 책은 일상 삶의 공통의 장소를 반영하는 러시아 문화의 몇몇 '번역 불가능한' 것들을 다루고 있다. 공공의 건축부터 기억의 지형학에 이르기까지 단어의 시적 암시 및 복수적인 역사적 의미들을 그대로 보존하기를 원할 때 나는 'common place'라고 두 단어로 분리해 쓸 것이다. commonplace이라고 한 단어로 붙여 쓸 때는 내가 닳아빠진 진부함 혹은 클리셰와 연관하여 이 용어가 근대에 그 의미가 가치폄하 되어 사용되고 있다는 사실을 염두에 두고 있는 것이다.('common place'와 'commonplace'의 차이는 프랑스어나 스페인어 혹은 러시아어로 완벽하게 번역할 수 없다. 그에 비해 영어에서 이 용어는 의미상 가치 폄하되어 광범위하게 사용되고 있고, 다른 'common places'에 대한 역사적 기억은 사람들로부터 망각되고 있다.)

신화들은 해당 문화권에서 자연스러운 것으로 지각되지만, 실상은 잊히거나 위장된 역사적·정치적 혹은 문학적 근원들을 자연스럽게 만들어 주는 순환적 서술이자 공통의 장소들이다.[7] 오랫동안 정치·행

---

7 '문화 신화'라는 나의 개념은 레비 스트로스와 롤랑 바르트로부터 왔는데, 특히 후자의 『신화론』(Mythologies, Paris: Seuil, 1957)에 많이 의거하고 있다. 1970년 스티븐 허스가 번역한 『이미지, 음악, 텍스트』의 개정판 서문 "Change the Object itself"을 참조하라(Image, Music, Text, trans. Stephen Heath, NY: Hill and Wang, 1978). 문화 신화에 대한 나중의 수정된 견해에서 바르트는 문화 신화학자의 임무는 "수수께끼를 풀어 신비성을 제거하는 것"이 아니라 신화를 만들어 가는 과정 자체를 드러내는 것에 있다고 쓰고 있다.

정·문화적 중앙집권화의 전통을 경험했던 러시아와 소비에트 연방에서 이 신화들은 부분적으로 중요한 역할을 하였다. 신화들은 일상의 경험 속에서뿐만 아니라 다양한 문학, 역사 텍스트 속에서도 식별될 수 있다. 신화의 단편은 소비에트 연방 시기의 고등학교에서 암송되던 연애편지의 한 구절 속으로, 출입문 앞에 걸기 위해 사용되는 슬로건에 대한 언급 속으로, 혹은 "과학적 무신론" 수업과 "공산당의 역사"라는 세미나 사이의 쉬는 시간에 친구가 말하는 조심스런 정치적 농담 속으로 은근슬쩍 들어갈 수 있다. 러시아 신화들을 이해하기 위해서 그 근원들을 지성사, 당 정책 혹은 실행된 조치들 속에서 추적하는 것만으로는 충분치 않다. 우리는 이것들이 문화 속에서 기억되고, 부연되어 말해진, 그러나 비판적으로 해석되지는 않은 마법 주문으로서 기능함을 기억해야 한다. 문화 신화들은 또한 문화의 강박관념들로 정의될 수 있다. 일상의 신화들을 관찰하면서 누군가는 러시아와 소비에트의 지성 전통 사이에 어떤 지속성들, 그러나 후에 모순적으로 드러날 지속성들을 볼 유혹에 처할 수 있다. 나의 목표는 문화 신화들을 영구 보존시키거나 혹은 단지 그것들을 탈 신비화하는 것이 아니라 그것들의 정체성을 밝히고 그것들이 다양한 이데올로기에 의해, 공산주의자와 민족주의자 양자에 의해 어떻게 전유되었고, 국내와 외국학자들을 어떻게 유혹했으며, 사실상 다양하고 이종적인 문화적 전통을 어떻게 가려 왔는지 밝히는 데에 있다. 신화들은 공유된 문화 기억의 장소이자, 공통의 정체성과 애정의 장소이다. 그리고 그것들이 민족적 상상력을 형성하고 있었을 동안에, 일상의 행위들, 민족의 선입견과 항상 일치하지는 않았다.

지난 두 세기 동안 러시아의 유명한 신화들 중 하나는 러시아 문화가 오직 19세기와 20세기 위대한 문학 전통에만 토대를 두고 있고, 고로 러시아 문화는 국가적으로 통일되어 있다는 신화이다(국가의 문학 천재들을 선별한 리스트는 20세기에 걸쳐 몇 차례 수정되었지만, 통일된 규범이라는 신화는 살아남았다). 문화는 그 전통적 의미에서 문학과 예술(한 국가의 상상의 공동체와 연관될 수 있는 문학과 예술)을 의미하는 것으로 사용될 것이고, 넓은 인류학적 의미에서는 세계와 행동, 기호 패턴 체계를 이해하는 방법으로 사용될 수 있을 것이다. 우리는 철학과 문학 텍스트, 대중 오락물, 그리고 유명한 인공물 모두를 고찰할 것이다. 또한 모스크바와 레닌그라드의 거리를 따라 걸으면서 일반 가정의 삶을 엿듣고, 농담, 영화, TV 프로그램, 대중가요, 심지어 포스트소비에트 광고의 영역, 즉 새로운 러시아의 미개척지까지 분석할 것이다. 우리의 주된 관심은 문화궁전[8]부터 코무날카, 거대한 스탈린 양식으로 지어진 지하철부터 공동 벽장에 이르는 소비에트의 일상생활 및 그것의 비밀스런 구석의 이상적인 지형도를 그리는 데에 있다. 이 영역들은 불법의 사생활, 금지된 키치적 기념품들, 숙련된 사기술 등 모든 영역을 아우른다. 러시아의 일상에 대한 연구는 문화 생존의 메커니즘, 비주류 예술의 타협과 저항을 보여 준다. 이 책은 소비에트 정치와 러시아 예술에 대한 책이 아니라 일상생활에 대한 쓰이지 않은 법칙들, 일상의 미학적 경험들과 공식 담론의 외곽(경계선 바깥)과 그 경계선 사이에 새겨진 대안적 공간들에 대한 책이다.

---

8 문화궁전(Dvorets kultury)은 소비에트 연방과 동구권 국가들이 스포츠, 전시회, 예술행사들과 같은 행사를 동시에 개최하기 위해 계획한 공간이다. 소비에트 연방 초기, 노동자들과 어린이들의 문화 여가 활동을 후원하고 음주나 폭력 같은 문화 없는 여가 생활을 위해 설립된 이 공간에는 영화관, 콘서트 홀, 댄스 스튜디오, 강의실, 공공도서관 등이 있었다. —옮긴이

고무나무와 사물들에 대한 소비에트 질서

스탈린적인 가정의 행복을 보여 주는 「새 아파트」라는 제목의 그림에서 시작해 보자. 그림 중앙에는 마치 금방이라도 러시아 포크 댄스를 출 것 같은, 대조국전쟁[9]의 여주인공이자 새로운 아파트의 자랑스런 여주인인 중년 여성이 서 있다. 옆에는 착한 소년이자 젊은 개척자[10]의 전형인 그녀의 아들이 있다. 스탈린의 초상화는 아버지의 자리를 차지하고 있다. 이 소비에트 가족의 시선은 서로 만나지 않는다. 어머니는 보이지 않는 빛의 근원을, 아마도 밝은 미래를 보고 있는 듯하다. 아들은 자신의 자랑스러운 어머니를 올려다보고 있다. 초상화 속 스탈린은 모자의 시선 반대쪽을 바라보고 있는데, 반쯤 열린 문을 바라보면서 보이는 것의 경계를 감시하고 있다. 이 장면은 어떤 익숙한 전체주의 시트콤 속에 놓여 있는 듯하다. 왜냐하면 인물들은 적절한 소비에트식 유니폼을 입고 미리 녹음된 박수갈채 소리를 기다리는 듯이 영화나 그림에서 잘 알려진 연극적 자세로 얼어붙어 있기 때문이다. 이것은 단지 가족의 사적인 축제가 아니라 소비에트 집단의 축소된 축전의식이다. 우리는 방문가에서 건강한 고양이를 보여 주고 있는 친절한 이웃들과 긴 복도를 굴러갈 준비가 되어 있는 자전거를 본다. 여기에는 공과 사 사이의 구분이 없다. 오히려 그림은 단일하고 유동적인 이념적 공간을 묘사한다. 방에 가구는 별로 없고, 사적인 물건들은 소비에트 고전 작가들(혁명시인 마야콥스키를 포함하여)의 책과, 라디오세트, 장난감들, "사랑하는 우리 조

---

9 2차 세계대전을 지칭한다. 러시아인들이 '조국전쟁'이라 부르는 두 전쟁은 나폴레옹의 러시아 침공과 2차 세계대전인데 후자를 '대조국전쟁'이라 부른다. —옮긴이
10 개척자를 의미하는 러시아어 '피오네르'는 소련의 어린이 공산주의 조직을 의미한다. —옮긴이

국에 영광을"이라고 쓰인 정치 포스터, 세계에서 가장 큰 나라를 밝은 분홍색으로 색칠한 지구본, 만돌린, 그리고 전경에 보이는 병들어 보이는 고무나무로 제한되어 있다.

그림은 반성적이지도, 자성적이지도 않다. 사람과 물건에는 그림자가 없고 구석에 숨겨진 거울도 없다. 장면은 완벽하게 밝은 가시성과 의미의 투명성을 과시한다. 새 아파트의 화가는 자신을 캔버스 위에 제시하지 않고, 우리의 시선과 마주치지도 않으며, 재현 법칙들에 의문을 던지지도 않는다. 그러나 이것은 「시녀들」이 아니다! 「새 아파트」는 미셸 푸코가 그림에 대해 논하면서 벨라스케스의 「시녀들」이 근대 "사물들의 질서"의 아이콘이라고 한 것과 동일한 측면에서 소비에트 문명의 아이콘이라 할 수 있다.[11] 이것은 보는 행위에 대한 사유 없이 문화가 스스로 자신을 보고, 보이기를 원하는 방식이다. 이것은 소비에트 아파트의 정밀한 묘사가 아니라 완벽한 사회주의 리얼리즘 장르의 한 장면이다. 그림은 우리에게 19세기 아카데미 회화들을 상기시켜 주고, 소비에트 가정의 삶보다는 소비에트 도상학에 대해 더 잘 말해준다.

매우 신중하면서 고도로 이념적인 이 그림에서 무엇이 이념적으로 부정확하다고 여겨져 왔는지 상상하는 것은 어렵다. 그러나 그림의 흠 없이 매끈한 표면은 서로 다른 두 각도에서 두 번이나 검열에 걸렸다. 1950년대 초, 그림이 처음 전시되었을 때 비평가들의 심기를 건드린 것은 전경의 고무나무였다. 1956년의 제20차 당 회의 이후 1960년대 초

---

11 미셸 푸코는 "사물들의 질서"라는 자신의 견해를 초기 근대 문명의 '아이콘'인 벨라스케스의 「시녀들」로부터 시작한다. 이 그림은 재현의 한계와 규칙들을 시험하고 가시적인 눈속임(trompe l'oeil)을 폭로하며 동시에 예술의 후견인들에게, 벨라스케스의 경우 왕족 부부에게 존경을 표하고 있다. *The Order of Things: An Archeology of the Human Sciences*, NY: Vintage Books, 1970. [미셸 푸코, 『말과 사물』, 이규현 옮김, 민음사, 2012]

락티오노프(Laktionov), 「새 아파트」, 1952

에 출판된 소비에트 회화 앨범에 제시된 그림에서는 그 후 나쁜 취향으로 간주된 스탈린의 초상화가 삭제되었다. 초기의 공격에 의하면 그림은 고무나무에 구체화된 속물성과 진부성이라는 프티부르주아적 가치를 찬양하고 있고 소비에트 현실에 "니스를 칠한다"하여 고발되었다.[12] 비록 그림과 이 그림에 대한 사회주의 리얼리즘 둘 다가 밀란 쿤데라가 "전체주의적 키치"라 부른 것의 완벽한 전형으로 보일지라도, 그림은 키치의 두 가지 특수한 다양성에 대항한 전쟁의 희생양이 되었고, 따라서 키치와 진부성에 대한 비평 그 자체가 어떻게 키치의 영역이 될 수 있는지를 보여 주었다. 그러나 고무나무 속에 이념적으로 잘못된 것이 무엇이 있단 말인가? 도시 가정 공간의 이 대수롭지 않은 기분 좋은 장소를 그토록 부자연스럽게 만드는 것은 무엇인가?

12 가정의 장면들은 소비에트 리얼리즘의 특징이 아니라 1950년대 초에만 등장하는 것들이다. 가장 잘 알려진 것들로는 표도르 레셰트니코프(Fedor Reshetnikov)의 「너는 또다시 나쁜 점수를 받았구나」(Opiat's dvoika)와 니콜라이 포노마레프(Nikolai Ponomarev)의 「새 유니폼」(New Uniform)이 있다. 비록 아파트의 새 여주인이 세르게이 게라시모프(Sergei Gerasimov)의 「빨치산 어머니」(The Partisans's Mother, 1943)와 같이 전시의 사회주의 리얼리즘 그림 속 여인의 초상화들 중 하나를 상기시킬지라도, 「새 아파트」는 전후 소비에트 여성을 재현했다는 이유뿐 아니라 밝은 벽지, 만돌린, 그리고 종이꽃과 같은 가정의 또 다른 '일상'(byt)적 디테일들을 재현했다는 이유로 비판을 받았다(N. Dmitrieva, "Bytovaia zhivopis'", Iskusstvo, 1953~1954, pp.13~22를 보라). 이 그림들의 연구를 도와준 예술사가 무샤 글란즈에게 감사를 전한다.
소비에트 문학과 회화 전통에서 고무나무의 도상학은 매우 모호하다. 미하일 불가코프의 『거장과 마르가리타』에서 마녀 마르가리타는 거장의 적으로 새로운 소비에트 예술 부르주아를 재현하는 로푸샨스키의 아파트에 있는 고무나무를 없애 버린다. 마찬가지로 라리사 라이스너(Larisa Reisner) 같은 여성 혁명가들의 편지에서 고무나무는 혐오스런 가정성을 상징한다. 반면 이 식물은 다양한 작품들 속에서 긍정적으로 제시된다. 1930년대 말, 스탈린에게 사랑받은 가장 유명한 영화 중 하나인 「밝은 길」(Svetlyi put', 그리고리 알렉산드로프 감독)에서 스타하노프적인 방직공장의 노동자로 나오는 소비에트의 신데렐라는 자신의 새 아파트에 고무나무를 가지고 온다(이것은 사회주의 리얼리즘 비평의 불확실한 위치, 잦은 이념적 불일치와 절충주의를 드러낸다). 완전히 다른 맥락인 알렉산드르 솔제니친의 「마트료나의 집」(Matrenin dvor)에서 고무나무는 도시 인텔리겐치아에 의해 1960년대에 주도된 취향 전쟁 바깥에서 다시 '자연스러운 것'이 되고 모국 러시아의 소박한 시골 삶의 일부로 제시된다. 소비에트 고무나무의 외국 상관물로는 조지 오웰의 엽란(aspidistra)이 있다. phycus의 어원학과 무화과나무와의 연관성에 대해 고찰할 수 있으나 이것은 이 장의 범위 밖에 있는 것이다. 고무나무의 기호학에 대한 이후의 논의는 내 독자들에게 남긴다.

수업에서 내가 「새 아파트」를 미국의 학생들에게 설명했을 때, 그들은 어떤 특수한 것이 고무나무를 나쁜 취향의 상징으로 만드는가에 대해 답하려고 시도하였다. 그러나 어떤 원예 지식도 도움을 줄 수 없었다. 이 이국의 식물에 대하여 공적인 적대감은 전혀 없었다. 예를 들어 스탈린의 주요 도시 계획 중의 하나인 호화로운 모스크바 지하철은 러시아에서 전혀 자라지 않는 무성한 야자수와 다른 식물들로 장식되어 있다. 공산주의 지하 도시의 이러한 열대 유토피아 속에서는 심지어 기후조차도 좋은 쪽으로 변하였다. 그러나 코무날카의 사적인 한 귀퉁이에 있는 고무나무는 다른 이념적 뿌리를 갖고 있다. 그것은 상상의 부르주아 온실 속의 최후의 병약한 생존자 혹은 중산 계급 거주자들의 화초용 상자 속에 있는, 어디에서나 볼 수 있는 제라늄의 초라한 친척쯤으로 간주되었다. 그러므로 스탈린 시기에 제라늄은 제거되었고, 물리적으로도 박멸되었다. 여기서 스탈린 시대의 사회주의 리얼리즘 예술 비평가들은 1920년대 좌파 예술가들에 의해 지휘된, "가정의 쓰레기"에 반대하는 급진적인 운동으로부터 그 구호를 가져왔다. 1929년 국립 미술 아카데미는 미술 속의 프티부르주아적 요소들과 노동자들의 일상생활 속의 반미학적 요소들의 전시회를 조직하려 계획하였다. 퇴보한 예술의 스타일이 크게 다를지라도 이 전시회는 마찬가지로 퇴보한 예술을 전시한 나치에 앞서는, 일종의 소비에트적인 전조였다. 게다가 소비에트의 전시회는 퇴보한 예술에 대한 것이라기보다는 퇴보한 일상생활에 대한 것이었다. "가정 쓰레기를 타도하자"Down with Domestic Trash라는 캠페인은 블라디미르 마야콥스키의 시에 대한 응답으로『콤소몰의 진실』이라는 신문에 의해 시작되었는데, 이 캠페인은 "사물들의 작은 우상들을 태우고" 새로운 아방가르드 환경을 창조할 것을 제안하였다. 마야콥스키는 축음기 음반, 레이스 커튼, 고무나무, 도자기 코끼리, 그리고 진홍색 틀 안에 있는 마르크스의 초상화와 함께 새로운 소비에트 중산계급의 여성스런 인테리어를 비난했다. 그가 생각하는 반혁명적인 식물군과 동물군은 수상쩍게 짹짹거리는 노란 카나리아부터 달콤하게 우는 나이팅게일에 이르기까지 나쁜 취향을 지닌 프티부르주아의 모든 종류의 새들을 아울렀다. (1930년 마야콥스키의 자살 이후 스탈린은 그를 일컬어 "우리 시대의 가장 위대한 시인"이라 선언했고, 공식적으로 시성화詩聖化하였다. 따라서 마야콥스키의 책이 소비에트 가족을 그린 완벽한 그림 속의 실용적인 새 아파트 안에 등장하는 것은 전혀 놀랍지 않다.) 1930년대 중반 즈음 아방가르드에 대한 단호한 비판 이후, 가정의 삶과 실용주의를 버리면서 혁명 예술을 일상생활 속으로 가져오려는 시도는 일시적으로 주춤해졌다. 소비에트 시민들의 새로운 욕망의 대상이었던 노동 영웅은 사회적 불평등, 특권, 그리고 스탈린 엘리트들에게 배당된 넓은 사유주택에 대한 합법화를 숨기거나 부분적으로 정당화하기 위해 공적인 글들 속에서 조심스럽게 권장되었다.[13] 그러나 가정 공간에 대한 공적 묘사 속에는 긴장이 존재하고, 따라서 묘사하는 이상적인 도상iconography은 불안정하고 종종 모순되기까지 한다.

「새 아파트」는 소비에트 러시아에서 '세계시민들'이 시도했던 수많은 전시회들이 수천 명의 유태인 박해와 살해로 끝났던 때인 1952~1953년에 전시되었다. 새 아파트로 이사 가는 밝게 빛나는 장면

---

13 1930년대 스탈린 스타일의 "새로운 처리"와 "새로운 취득"에 대해서는 다음을 보라. Vera Dunham, *Stalin's Time*, Cambridge: Cambridge University Press, 1976; Sheila Fitzpatrick, "Becoming Cultured: Socialist Realism and Representation of Privilege and Taste", *The Cultural Front, Power and Culture in Revolutionary Russia*, Ithaca, NY: Cornell University Press, 1993.

은 매우 편집증적으로 코드화된 듯하다. 왜냐하면 문지방 뒤편, 문화적 기억을 재현하지 않는 공간 속에는 다른 장면—다른 누군가를 그들의 오래된 아파트에서 제거하는 장면—즉 1930년대부터 1950년대까지의 스탈린의 페레스트로이카 치하에서 매일 일어났던 가택 수색과 체포 장면이 숨어 있기 때문이다.

고무나무는 1950년대의 미국 신화 속에 그 뿌리가 있고, 미국에서는 완전히 다른 의미를 갖고 있다. 당시의 유명한 「High Hopes」라는 제목의 노래는 고무나무를 옮겨 심으려는 낙관적인 숙모의 시도에 대해 말하고 있다. 이 노래에서 나무는 자신감에 의해 극복되는 자연적 방해물과 아메리칸 드림을 향한 길에 놓여 있는 노고를 상징한다. 그래서 '고무'는 고무나무에 있어 내재적인 것이 아니다. 왜냐하면 그것의 뿌리는 자연에 있는 것이 아니라 문화적 신화 속에 있기 때문이다.

새 아파트로 돌아가서, 스탈린의 초상화는 고무나무로부터 바로 대각선의 위치에 있다. '민중의 위대한 지도자'는 이 부르주아의 악의 꽃으로부터 고의적으로 눈을 돌리고 있는 것이 확실해 보인다. (1960년대 스탈린의 초상화는 체제 속에 화가와 관객을 연루시키는 역사적 곤란함을 초래하면서, 그림에서 삭제되었다. 지도자의 논쟁적 초상화 및 타협적인 대중과 스탈린주의 합작을 없애는 것은 스탈린을 제거하고 그가 주의 깊게 바라보는 밝게 빛나는 '니스 칠 된' 세상을 보존하려는 시도였다.) 이 그림은 우리가 그로부터 교훈을 배워야만 하는 설교적 그림이다. 그러나 우리가 얻는 실제 교훈은 일상이 고무나무처럼 자연스럽고 역사와 이념은 스탈린의 초상화처럼 가변적이며 그 둘 사이의 관계는 그림처럼 이음새 없이 매끈하다는 것이다.

사회주의 리얼리즘적인 가정의 행복을 보여 주는 이미지의 도상적 홈이자 그림 속에 극히 드물게 존재하는, 실제에 가까운 사물들 중의 하나인 이 고무나무는 문화적 기억을 소환하는 방아쇠로, 소비에트의 사적인 삶과 공동의 삶의 문을 여는 고고학적 열쇠로 작용한다. 일상의 고고학은 과거의 완전한 복구도, 그에 대해 단일하고 권위 있는 해석도 제공할 수 없다. 그것은 단지 물질적 유적—실내 화초, 부서진 상아를 가진 분홍 도자기 코끼리, 지방 소도시의 벼룩시장에서 발견된 레닌의 녹슨 흉상, 낙엽들과 함께 버려져 있는 잊힌 당의 지도자의 동상, 노동자들의 클럽으로 변했다가 그 후 상업회사로 변한 교회의 지하실 등등—을 해석하는 데에 도움을 줄 뿐이다. 이 유적들은 불완전한 서사들, 시적 알레고리들, 역사의 꼬인 줄거리들을 제공할 뿐이지 사건에 대한 유일하고 직접적인 대본을 알려주지는 않는다. 발터 벤야민은 고고학적 채굴을 기억의 작동에 비교한다. 두 경우에서 고고학자는 "같은 문제로 계속해서 돌아가는 것을 두려워해서는 안 된다. 흙을 흩뿌리듯이 흩뿌리는 것, 흙을 뒤집듯이 다시 그것을 뒤집는 것을 두려워해서는 안 되는 것이다. 왜냐하면 그것은 땅 아래 숨겨진 진짜 보물을 구성하는 것이 무엇인지 꼼꼼하게 조사하기 위한 보증이자 기초이기 때문이다. 토르소의 귀중한 파편들이 수집가의 갤러리 안에 놓여 있듯이, 이전의 관계들로부터 절연된 이미지들은 우리가 나중에 깨닫게 될 이해라는 평범한 방 안에 있는 것이다".[14]

14 Walter Benjamin, "A Berlin Chronicle", *Reflections*, trans. Edmund Jephcott, NY: Schocken Books, 1978, p.26. [발터 벤야민, 『1900년경 베를린의 유년시절/베를린 연대기』, 윤미애 옮김, 길, 2017] 현대 이론에서의 '고고학'의 개념에 대해서는 Michel Foucault, *The Archeology of Knowledge*, trans. M. Sheridan Smith, NY: Pantheon Books, 1982[미셸 푸코, 『지식의 고고학』, 이정우 옮김, 민음사, 2000]를 보라. 그리고 '역사'와 '고고학' 개념에 대한 비판적인 논의에 대해서는 Dominick LaCapra와 Steven L. Kaplan의 *Modern European Intellectual History*, Ithaca: Cornell University Press, 1982를 보라.

이러한 관점으로부터 우리가 배워야 할 것은 「새 아파트」와 같이 외견상 투명하고 환하게 밝혀진 역사의 완전무결한 복구에 대하여 의심해야 한다는 것이다. 고고학적 유물들에 대한 "두터운 묘사"는 자주 다른 문화, 그리고 그 문화의 작동과 보이지 않는 공간에 대해서 더 깊은 통찰력을 제공할 것이고, 그 다음에는 분류학, 통계학, 과학적 시대구분을 제공할 것이다.[15] 토머스 모어의 이야기에 나오는, 유토피아 섬을 여행한 최초의 여행자의 이름은 라파엘 히슬로다에우스Raphael Hythlodaeus로, 이 이름은 '하찮은 것들의 전문가', '무의미한 것에 박식한 사람'으로 번역될 수 있다.[16] 소비에트 신화학의 전문가는 하찮은 것들의 전문가가 되어야만 하고, 유토피아적인 소비에트의 디자인들이 어떻게 실행으로 옮겨지고, 어떻게 그것들이 일상의 언어로 번역되었는지를 이해하기 위해 무의미한 것들에 대한 감각이 있어야 한다.

평범함banality을 악마로 묘사한다든지 종종 평범함의 악마적 본성을 당연히 여기는 "악의 평범함"을 묘사하는 대신에 나는 평범함과 싸우는 전쟁의 역사를 추적할 것이고, 일상생활과 평범함의 융합물뿐 아니라 사적 삶과 공통의 문화가 그려내는 다양한 지도를 탐구할 것이다. 나의 목표는 러시아의 이국성이나 러시아의 예외적 운명을 영속화시키는 것이 아니라 일상생활을 비교 문화적으로 조사하고, 가장 습관적이고 자연스럽고 인간적으로 보이는 것이 당연한 것이 아님을 보여 주는 것이다.

15 Clifford Greetz, *The Interpretation of Cultures*, NY: Basic Books, 1973. [클리퍼드 기어츠, 『문화의 해석』, 문옥표 옮김, 까치, 2009]
16 Thomas More, *Utopia*, ed. Edward Surtz, New Haven: Yale University Press, 1964, p.12. [토머스 모어, 『유토피아』, 김남우 옮김, 문예출판사, 2011]

우리의 공통의 언어에 속하는 단어들, 일상적인 의미를 묘사하는 많은 단어들을 주의깊게 비교 문화적으로 재고할 필요가 있다. 여러 나라들에서 다른 표현으로 사용되는 단어들인 '평범함'banality, '클리셰' cliché, '키치'kitsch를 비롯하여 '공통의 장소'common place 자체도 놀라운 역사적 변형을 겪었다. 아마도 러시아와 유럽이 공통으로 가지고 있는 것은 연대감의 위기에 대한 근대적 지각과 다양한 형태와 형식을 취하는 잃어버린 공동체에 대한 탐색일 것이다. 요컨대 우리는 공통의 장소 common place에 대한 고고학에서 시작해야 하는 것이다.

공통의 장소의 고고학 : 토포스에서 키치로

공통의 장소는 공간의 조직과 담화의 조직 둘 다를 가리킨다. 이 비유는 역사를 통해 그 의미가 격하되어 왔다. 고전적인 논쟁의 장소였던 고귀한 그리스의 토포스topos로부터 클리셰의 유의어인 근대의 평범함commonplace으로 변한 것이 그것이다. 공통의 장소들koinostopos은 고대의 기억술로 거슬러 올라간다. 그것들은 건물 안의 익숙한 장소거나 기억 속의 이미지에 고착된, 도심을 가로지르는 습관적 산책로일 수도 있다. 그것들은 또한 고대 기억 극장의 주술적 지형학의 자취를 보존하고 있었고, 세계의 건축을 위한 공통의 공간적 배치, 기억의 내부 디자인, 그리고 가끔은 우주의 우주론적 극장의 내부 디자인을 제공하였다. 기억술은 고대 그리스 최초의 전문 시인이자 처음으로 돈을 받고 자신의 시를 판 케오스의 시모니데스에 의해 고안 혹은 기억되었다.[17] 아리스토

17 Frances Yeats, *The Art of Memory*, Chicago: University of Chicago Press,1966.

텔레스의 저작들에서 공통의 장소들topics은 단지 수사학의 장치로만 보이고, 능숙한 연설가나 정치가에 의해 사용되는 논쟁을 가리킨다.[18] 르네상스 시기의 수사학적 조약들에서 고전적인 공통의 장소들은 고대에 대한 기억으로 재발견되고, 그것들의 수사학적 역할은 재성립되었으며 박식하고 고상한 문체의 필요 요소들로 간주된다. '공통의 장소'는 고대의 지혜에 대한 인용을 지칭할 수 있었다. 큰 따옴표와 같은 인용부호들이 항상 독창성과 저자로서의 권리를 의미하는 부호는 아니었고, 다른 관점에서 그것들은 문화적 공통성에 자신이 참여하고 있음을 증명하였다. 16세기의 학구적인 젊은이들은 책에서 고대 지혜의 인용들을 수집해야만 했다. 18세기, 지각있는 젊은 아가씨들은 '친한 친구들'로부터 온 향기로운 편지들과 마른 꽃들이 있는 자신들의 '상투어 책들'books of commonplaces을 소중히 여겼다. 그러나 19세기에 공통의 장소에 대한 태도는 급격히 변하였다. 공통의 장소는 수집해야 할 것으로부터 피해야 할 것이 되었다. 사람들은 여전히 경구aphorism ─ 문자 그대로 말하자면 '경계로부터 떨어져 있는 것'apo-horos ─ 와 격언들을 수집했지만 오랫동안 그런 것은 아니었다.

시모니데스(Simonides of Ceos, BC 556~BC 468)는 고대 그리스의 서정 시인이자 웅변가로 에게해 케오스 섬에서 태어났다. 그리스, 로마인들에 의하면 그는 기억술의 창시자로 알려져 있는데 그와 얽힌 일화는 다음과 같다. 데살로니카의 귀족 스코파스가 베푼 주연에서 시모니데스는 주인을 찬양하는 시를 지어 낭송했다. 시오니데스가 잠깐 나간 사이 돌풍이 불어 주연장의 천장이 무너져 내려 스코파스와 그의 손님들은 잔해에 파묻혔다. 돌에 짓눌려 사체가 심하게 훼손되어 장사를 치르러 온 친지들조차 누가 누군지 알아볼 수 없었다. 이때 시모니데스는 연회장 안의 공간의 구조를 기억해 내고 희생자들이 탁자에 어떻게 앉아 있었는지 기억해 내, 사체의 주인을 밝혀냈다. 각 위치의 이미지를 떠올리면서 그 자리에 있었던 사람들을 기억하여 하나씩 찾아낸 것이다. 그 후 사람들은 이미지를 떠올리면서 원하는 대상을 생각해 내는 학습방법을 시모니데스의 기억방이라고 부르게 되었다고 한다. ─옮긴이

18 Aristotle, *Topica and Rhetorica in Basic Works*, ed. Richard Mckeon, NY: Random House, 1941.

18, 19세기에는 공통의 장소를 정의하는 데에 어떤 불안감이 존재했다. '공통의'라는 단어가 경멸의 의미를 함축하게 됨과 동시에 공통성을 좀 더 이상적·순화적·긍정적으로 재정의하기 위해 철학적 향수—미에 대한 판단을 조성한 칸트의 공통 감각sensus communis부터 초기 미국 영연방의 개념, 생시몽(그리고 후기 마르크스주의자)의 공산주의와 함께 절정에 달한, 코뮌에 기반한 새로운 세계질서에 대한 정치적 이상까지의 철학적 향수—가 존재했다. 공통성은 대게 그것이 위기로 지각되는 순간에 소중해진다. (그러나 우리는 일종의 목가적 이상향을 내포하는 공통의 장소의 황금 시기를 애통해하며 비가 모드에 빠질 필요가 없다. 역사적으로 면밀히 검토해 볼 때 마르크스가 "원시 공산주의"라 부르는 원시 사회의 집단성도, 20세기 다수의 철학자들에 의해 민주주의의 전前 테크노크라시 천국으로 이상화된 그리스의 정치 형태도, 러시아의 소작농 코뮌도 이상적인 공동체로는 적합하지 않다.) 공통의 장소의 위기는 유토피아 사고의 부활을 동반했다. '유토피아'는 언어적 애매모호함으로 가득 차 있다. 그것은 '존재하지 않는 장소' 혹은 '좋은 장소'를 의미할 수 있다. 'u'는 라틴어에서 부정의 의미(u) 혹은 선에 대한 그리스어의 도취적 긍정(eu)이 될 수도 있기 때문이다. 유토피아는 이상적인 공통의 장소에 대한 최종적이고도 배타적인 개념이다.

　　칸트는 속악함vulgarity과 접하는 공통 감각에 대한 일반적인 표현과 철학자 자신의 개념인 '공통 인간 오성'common human understanding을 명확히 구분하려 한다. 공통 감각—근대 유럽어에서 그에 대응하는 불안정한 구어와 구별하기 위해 라틴어로 종종 사용되는 단어—은 반성적인 미학적 판단을 통해 자연의 우주적 목적성을 지각하기 위해 인간에게 허락된 것이다. 공통 감각은 직관의 희미한 이미지들을 통해 나타나는데 이 이미지들은 사적인 것이 아닌 공유된 것이다. "인간성humanity은 공감이라는 보편적 감정과 매우 친밀한 의사소통에 보편적으로 참여할 수있는 능력 둘 다를 의미한다."[19] 때로 칸트의 공통 감각이라는 개념 자체는 개념이 아니라 감각sense, 인간의 공통성이라는 까다로운 숨바꼭질에 대한 시적 비유처럼 보인다. 모든 인간성에 '공통적인' 것은 기본적인 감각의 반사 작용인 "열의없는 정동"languid affect이 아니라 아름다운 것을 파악하기 위해 자신을 감각으로부터 분리시킬 수 있는 능력이다. 공감은 아름다운 것을 지각하기 위해 내딛는 한 걸음이다. 그러나 이 지각, 그리고 인간의 공통성에 대한 체험은 점점 더 불분명해졌고, 아름다운 것의 형태는 더 희미해졌다. 『판단력 비판』의 마지막 문단이 단언하는 것은 미래 세기에는 아름다운 것과 일상적인common 것의 개념을 구축하는 것이 더 어려울 것이라는 점이다.

18세기 초 공통 감각에 대한 논의는 공통의 도덕과 시민의 의무에 대한 로마적 이해와 관련된다.[20] 칸트에게서 그것은 취향에 대한 판단, 구체적으로 말하자면 미적 취향에 대한 판단과 연결된다. 주로 비유로 사용되는 '취향'taste이라는 단어는 요리술과 사고술 사이의 중요한 연관성을 시사하는 17세기의 수많은 요리법에서 직접 가져온 것이다. 유명한 로마 속담 "취향에 대한 논쟁은 있을 수 없다"에 매우 잘 표현된, 취향에 대한 소위 회의주의로부터 '좋은 취향'이라는 좀 더 정제된 개념쪽으로 우리는 가고 있다. 감각적 기쁨의 범위에 좋고 나쁨에 대한 이상

---

19 Immanuel Kant, *Critique of Judgement*, trans. Werner Pluhar, Indianapolis: Hackett, 1987, p. 231. [임마누엘 칸트, 『판단력 비판』, 백종현 옮김, 아카넷, 2009]

20 Hans-Georg Gadamer, *Truth and Method*, NY: Continuum, 1975, pp.19~29. [한스 게오르크 가다머, 『진리와 방법』, 임홍배 옮김, 문학동네, 2012]

들을 도입하는 것은 도덕 철학과 관계있다.[21] 피타고라스부터 플라톤에 이르는 '척도 윤리'ethics of measure —비율, 제한, 조화의 윤리—라는 그리스적 개념으로 거슬러 올라가는 취향 개념 속에는 고전적이고 고전화시키는 요소가 존재한다. '공통의 장소들'은 그러므로 고대의 좋은 취향의 장소들이다. 좋은 취향을 양성하고, 태생의 차이보다는 문화적 차이를 점점 더 강조하는 것이 17세기, 18세기에는 더 중요해졌다. 취향이라는 관념의 역사는 스페인, 프랑스, 영국의 절대주의의 역사와 나란히 가고, 제3계급의 성장과 밀접히 얽혀 있다.

낭만주의자들이 등장하면서 좋은 취향이라는 개념은 천재 개념에 의해 억압되는데 이는 공통의 장소 개념에 큰 영향을 준다. 18세기에서 19세기로 넘어가는 전환기에 '공통의 장소에서 혁명'이 일어났다. 이 변화의 결과 중 하나는 문화적 일치에 대한 근대적 위기, 인간 공동체와 공통성에 대한 이해에 있어서의 위기였다. 낭만주의 미학은 최초로 공통성과 독창성, 사소함triviality과 진실성authenticity 사이에 날카로운 대립을 만들어 냈다. 한때 단지 규범적인 고전 수사학에 대한 비유였고, 귀족 특권의 취향에 의해 공유된 박식하고 고상한 스타일이었던 공통의 장소는 그 문자적 의미에 공공의public 장소라는 의미가 더해졌고, 그 후에는 저속한 장소와 연결되었다. 과거에 귀족의 특권이었던 공통의 장소는 '평범함'commonplaces이 되었다. 그것은 가치 절하되었고 비독창성, 그리고 평범함과 연결되었다. 낭만주의적 독창성은 공통의 장소라는 복잡한 수사적 구조물을 망각하는 데 바쳐진 기획이었다.

이와 같이 낭만주의는 공통의 장소를 비하시켰고, 그 후 공통의 장

21 *Ibid.*, p. 38.

소는 근대 기술과 기계적 복제에 대한 평가 절하 효과의 의미를 지니는 클리셰와 동의어가 되었다. 프랑스어 클리셰cliché는 수많은 페이지를 인쇄하는 인쇄판을 지칭했고, 또한 네거티브[22] 사진을 가리켰다. 그것은 기술에서 미학으로 옮겨가는, 대단히 근대적인 단어이다. 클리셰의 재현성과 대량 복제 가능성은 낭만주의가 추구하는 새로움과 개인의 추종적인 자기표현을 위한 필수적인 토대를 마련한다. 클리셰는 작품의 확산을 보장해 주지만 작품으로부터 걸작의 유일성을 둘러싼 아우라를 박탈한다. 클리셰는 영구화하는 동시에 팔아넘기는 것이고, 독창성에 격자를 쳐서 이를 분리, 보호하는 것이자 동시에 그것을 평가 절하하는 것이다.

우리는 오늘날 "상투화된 사회"clichégenic society에 살고 있다. 이는 우리가 처한 피할 수 없는 문화적 난국이다. "클리셰가 반성과 잠재적 상대화를 회피할 수 있는 주요 이유 중 하나는 그것이 웃음처럼, 혹은 말더듬처럼 전염성이 있기 때문이다."[23] 클리셰는 문화 제도들의 자취를 보존하는데 그 제도들 중 하나는 자본주의 사회의 토대가 되는 공통 감각이라는 제도이다. 더욱이 근대 사회에서 클리셰는 일상에서 필요한 주술적 소음을 구성한다. 그것들은 우리 시대의 정보와 자극의 과포화 속에서 다른 방법으로는 불가능한, 일상의 생존을 보장한다. 클리셰는

---

22 피사체와 흑백 부분의 관계가 반대로 되어 있는 사진 필름이나 화상. —옮긴이

23 Anton Zijderveld, *On Clichés: The Supersedure of Meaning by Function in Modernity*, London: Routledge and Kegan Paul, 1979, p.66. 또한 다음을 참조하라. Ruth Amossy and Elisheva Rosen, *Discours du cliché*, Paris: CDU SEDES, 1982; Ruth Amossy, *Les Idées réçues: Sémiologie du stereotype*, Paris: Editions Nathan, 1991; Umberto Eco, "The Structure of Bad Taste", *The Open Work*, trans. by Anna Cancogni, Cambridge, Mass.: Harvard University Press, 1989, pp.180~217.

우리가 재앙, 참을 수 없는 것, 형언할 수 없는 것을 직면하는 것으로부터 우리를 보호한다. 그러므로 인간 존재의 불가해한 주요 영역들—출생, 죽음, 그리고 사랑—을 위해 우리는 다수의 클리셰를 갖고 있는 것이다. 죽음에 반응하고 사랑을 선포하는 것은 모든 문화에서 가장 상투화되고 의례적인 것이다. 클리셰는 종종 우리 삶의 방식과 사회적 의사소통의 연약함과 취약함으로부터 우리를 보호함으로써 우리를 절망과 당혹감에서 구해낸다. 사회의 상황 속에서 우리는 언어적 한계를 놀라울 정도로 인식하며 그것을 감추기 위해 종종 얼굴을 붉히며 상투적 변명, 상투적 의례 어구 혹은 그만큼이나 상투적인 비격식적 어구를 읊어 댄다. 인간은 공통의 장소로부터 거리를 둘 수 있지만, 그런 다음에는 자신이 둔 거리에 다시 거리를 두어야만 한다.

유럽 역사를 통털어 '공통의 장소'에 대한 많은 관점들이 기억술과 함께 서서히 잊혀졌다. 공통의 장소는 더 이상 세계에 대한 수사학적 조직이나 고대 예술의 한 부분으로서 평가되지 않은 채, 평가 절하되고 문자 그대로 해석되었다. 그러나 고전적 공통의 장소의 폐허 위에서 예술, 정치 그리고 사회에서의 이상적 공통성에 대한 꿈들이 새 힘을 갖고 나타났다. 이들은 자신들의 미학적 공통 감각으로부터 나온 다양한 형태들, 예를 들면 공산주의 유토피아 혹은 민주주의 연방에 대해 논의했다. 이상적인 공통성에 대한 새로운 지형들topography은 또한 그 반대인 '나쁜 공통성'bad communality을 산출해 냈다. 문화 궁전과 키치적 쇼핑몰, 건축적 유토피아와 공통 아파트/주택 프로젝트, 숭고한 것과 평범한 것의 대립이 그것이다. 미국의 모더니즘 비평가인 클레멘트 그린버그에 의하면 20세기의 "보편 문화"를 산출해 낸 것은 미학적 판단의 "아름다운

것"the beautiful이 아닌 키치의 "받아들일 만한 것"the agreeable이다.[24]

　바이에른의 속어로 '스케치' 혹은 '값싼 것'으로 번역될 수 있는 '키치'는 문화 비평의 한 부분을 차지했다.[25] 그것은 "진짜 문화에 대한 저하되고 아카데믹한 시뮬라크르"(그린버그), "카타르시스에 대한 패러디"(아도르노), "유한한 무한성에 대한 감상화"(헤르만 브로흐)로 정의되었다.[26] 이 관점에서 키치는 단지 나쁜 예술일 뿐 아니라 비윤리적 행위, 대중적 조작 행위이다. 그것은 삶과 예술 사이의 경계들을 희미하게 하면서 예술의 자율성의 편에 선다. 키치는 근대의 기생충의 일종, 예술의 바이러스, 어떤 해독제나 대항 개념이 없는 근대화로 나타난다. 많은 비평가들이 키치의 특성들을, 나쁜 취향—장식성, 절충주의, 감상성으로의 경향—의 구조를 이루는 스타일적 요소들을 파악하려 했다. 그러나 키치는 단지 스타일적 특징들의 총합이 아니다. 사실 비평적 연구에서 다루어진 키치의 특정 예들에서는 종종 문제가 발견된다. 그리고 자신이 든 예들을 통해 비평가들은 문화적 취향과 특정한 시대를 배반한다. 그린버그는 키치의 예로 일리야 레핀[27]의 전투 장면을 들면서, 이 그림이 예술적 전투와 의식의 전투 효과를 모방하고 있고 공식적인 스탈린 예술의 교조적 목표가 되고 있다고 말한다. 레핀의 예술을 소비에트적

---

24 Clement Greenberg, "Avant-Garde and Kitsch", *On Art and Culture*, Boston: Beacon Press, 1965. Theodor Adorno, *Aesthetic Theory*, trans. C. Lenhararrdt, London: Routledge and Kegan Paul, 1984.

25 키치에 대한 어원 연구들과 문헌학에 대한 조사는 다음을 참고하라. Matei Calinescu, *Five Faces of Modernity*, Durhan: Duke Univetsity Press, 1987, pp. 225~265. [마테이 칼리니스쿠, 『모더니티의 다섯 얼굴』, 이영욱 외 옮김, 시각과언어, 1998]

26 Hermann Broch, "Notes on the Problem of Kitsch", *Kitsch: The Anthology of Bad Taste*, ed. Gillo Dorfles, London: Studio Vista, 1969, pp. 69~70.

27 일리야 예피모비치 레핀(1844~1930)은 러시아의 리얼리즘 화가로 풍경화, 초상화, 역사화, 일상화 등 다양한 소재의 그림을 그렸다. ―옮긴이

으로 재구성하는 그린버그의 평가에 많은 사람들은 동의할 수 있을 것이다. 그러나 사실 레핀은 그 어떤 전투 장면도 그리지 않았다. 아마도 그린버그는 레핀을 다른 화가와 혼동하고 있거나 혹은 누군가의 상투어와 비평들을 반복하고 있는 듯하다. 확실히 키치의 특정 예들은 나라마다, 역사적 맥락마다 변하고 키치 공예품에 대한 무비판적 선택은 비평 자체를 키치로 만든다.[28]

특정한 스타일상의 기법보다 더 중요한 것은 키치화kitschification의 메커니즘이다. 그린버그는 다음과 같이 쓰고 있다. "만약 아방가르드가 예술의 과정을 모방한다면, 키치는 … 그 효과를 모방한다."[29] 키치는 예술적 효과의 객관화를 통해, 육화된 전근대적 마술처럼 이미 만들어진 공식을 통해 특수한 정서적 반응을 조작한다. 비록 어떤 소비자 운동가의 키치 아이템이 개인적 성과를 광고한다고 할지라도 이것은 집단 최면의 효과 또한 갖고 있다. 이러한 종류의 개인주의는 주로 세일 가격에 쓸모가 있는, 집단적으로 생산되고 기성화된 것이다. 키치의 메커니즘은 인간 존재의 모순을 진정시켜 기분 좋게 만드는 것을 지향한다. 키치는 갈등을 해결하지도 비판적으로 드러내지도 못한다. 대신 그것은 건널 수 없는 심연 위로 드리워진 평범함commonplaces이라는 연약한 다리를 제공한다. "키치는 지옥도 더 이상 믿지 못한다는 공통의 감성을 표현하지만 여전히 천국을 숭배한다"고 야론 에즈라히는 쓰고 있다.[30]

---

28 클레멘트 그린버그는 1970년대 에세이들에서 자신의 실수를 인정했고 그 실수를 러시아 예술과 그 맥락에 대한 자신의 지적 무지로 돌렸다. 한편 테오도르 아도르노는 근대 미학에 대해 논하면서 미국의 재즈에 대해 악명 높은 공격을 했다.

29 Greenberg, "Avant-Garde and Kitsch", p.15.

30 Yaron Ezrahi, *Salmagundi*, 85-86, Winter-Spring 1990, p.309. 이것은 키치에 할애된 특별호이다. 민주주의의 키치와 파시스트의 키치 사이의 구별에 대해서는 이 특별호의 Saul Friedlander의 서

1930~1950년, 서구 모더니즘 비평 중에 미결로 남아 있는 것은 첫째로 지식인의 책임감, 즉 문화 산업 및 파시즘/스탈린 모델이라는 두 전체주의적 상황에 의해 사용된 키치에 대한 지식인의 반응이다. 한나 아렌트는 아이히만 재판에 대한 자신의 보도에서 아돌프 아이히만에 대해 "그는 진실로 클리셰가 아닌 문장은 단 한 문장도 말할 수 없었기 때문에", 그를 관공서 용어로만 말하는 파시스트 키치맨의 전형이라고 말한다.[31] 처형당할 때조차도 아이히만은 장례 연설로부터 상투적인 어구를 갖고 왔다. 그는 삶과 죽음, 타자들의 세계와 말들로부터 스스로를 보호하기 위해 클리셰로 자신을 감싼 것이다. 아렌트의 견해에서 아이히만 이야기의 교훈, "인간의 사악함에 있어서 이 긴 여정의 교훈"은 바로 "말과 사유로는 설명하기 힘든 악의 평범성이라는 무서운 교훈"이다. 이스라엘의 정신과 의사들이 진단한 아이히만의 정신적 "정상성"과 그의 관습적 도덕성은 특히나 놀라웠다. "악의 평범성"과 악의 "정상성"은 단지 한 걸음 차이에 존재한다. (감옥에서 아이히만은 나보코프의 『롤리타』가 '비윤리적'이기 때문에 책읽기를 거부했다는데 비윤리적이라는 판단을 아마 나보코프는 역설적 찬사로 받아들일 것이다.) 아렌트의 논의에서는 윤리적이고 미학적인 판단들이 서로 만난다. 개인적 상상의 방식으로는 단어를 사용할 수 없는 아이히만의 무능력은 비판적으로 사고할 수 없는 그의 무능력을 반영한다. 악의 평범성에 대한 모더니즘 비평은 도덕성에 대한 미학적 판단뿐 아니라 비록 논란이 될 수도 있지만,

---

문을 보라. 또한 Abraham A. Moles, *Le Kitsch: l'art du bonheur*, Paris: Mame, 1971을 보라.

31 Hannah Arendt, *Eichmann in Jerusalem: Report on the Banality of Evil*, NY: Viking, 1964, p.48. [한나 아렌트, 『예루살렘의 아이히만—악의 평범성에 대한 보고서』, 김선욱 옮김, 한길사, 2006]

미학의 도덕적 토대에 대한 강력한 방어물 또한 제공한다.[32]

　지식인들이 자신들의 키치에 대한 비평을 시작함과 동시에 화가들과 시인들은 반드시 '악'이 되지는 않는, 평범함의 또 다른 유형을 찾기 시작했다. 19세기 중반 화가들은 나쁜 취향과 구식의démodé 매력을 발전시켰다.[33] 보들레르는 기술적 익명이라는 근대의 도전에 저항하고 대답하는 시적 창조에 대한 낭만적 이상을 역설함으로써 자신이 "클리셰를 창조하기를" 희망한다고 선언했다.[34] 보들레르의 나쁜 취향에의 매료는 미학적 판단보다는 윤리적 상식과 더 관계있는 부르주아의 예절과 좋은 취향에 대한 반작용이다. 보들레르가 공격한 부르주아의 좋은 취향은 그가 그로테스크와 하층계급의 오락의 저속함에 대비시켰던, "좋은 취향 속에 있는 키치"이다. 낭만주의 이후의 프랑스 시인들과 작가들에게 일상성은 문화의 한계에 대한 탐험과 '위'에서 '아래'로의 이국적인 여행뿐 아니라 글쓰기의 무한한 기쁨 또한 제공하였다.[35] 오스카 와일드의 지도하에 영국 미학자들은 예술과 삶에서 빅토리아 시대의 좋은 취향에 도전하는 기술과 인위성을 계발하였다. 그들은 또한 멍청한 부르주아의 '좋음', '나쁨', '악'이라는 규범을 넘어서서 취향에 있어 우월한

---

32 이에 대한 현대적 논의는 다음을 보라. Saul Friedlander, *Reflections of Nazism: An Essay on Kitsch and Death*, NY: Harper and Row, 1984.

33 만약 키치가 바이에른의 속어 '스케치'에서 온 것이라면 그것은 근대의 미가 일시적인 것을 구현하는 역동적이고 미완결된 스케치 속에서만 포착될 수 있다는 보들레르의 관점을 보여 주는 것이다. 키치-스케치는 보편적인 미를 모방하고 조롱하는, 비계시적이지만 만족을 주는 일시성을 구체화하는 것이다.

34 Charles Baudelaire, "Fusees", *Oeuvres complétes*, Paris: 1965, p.23.

35 랭보는 시골 교회, 대중적인 달력, 오페라 엽서의 구식 장식 및 지방 예술이 완전히 악마적이지는 않다는, 부드럽고, 감상적인 유혹을 지닌다는 나쁜 취향의 미학을 구축하였다. 플로베르는 부르주아 삶의 일상성을 윤리적으로 묘사함과 동시에 자신의 완벽하게 가공된 아름다운 문장 속에서 그것을 영구화했다.

귀족이 될 것을 주장하였다. 20세기 초현실주의자들은 '불경한 삽화들'을 상기시키는 평범하고 놀라우면서, 동시에 구닥다리이고 쓸모없는 '발견된 사물들'found objects을 소중히 여겼다. 초현실주의 예술은 그린버그의 "좋은 아방가르드"라는 정의에서 배제된다. 초현실주의자들은 나쁜 취향에 과도하게 매료되었기 때문에 아방가르드의 '나쁜 소년들'이었다.

1960년대, 마침내 예술 비평은 예술을 따라잡기 시작하였고 인용부호 속에서 키치로 정의될 수 있거나 나쁜 취향이라는 미학적 판단을 받을 수 있었던 '캠프적 감성'에 뒤늦은 경의를 표했다. 수전 손택은 캠프camp를 "떨어져 나온 것"off, "구식의"demode, "진지한 관점에서 나쁜 예술이거나 혹은 키치 둘 중 하나인" 것들로 설명했다.[36] 캠프적 감성은 일상생활을 에로틱하게 만드는 데에 기초한다. 그것의 주요 메타포는 연극으로서의 삶, '역할을 연기하는 존재'이다. 캠프는 '양성적 주기의 승리'를, 때로 동성애자의 감수성과 연관되는 성적인 체현과 성의 유쾌한 전환을 축하한다. 손택은 "캠프적 취향은 그 본질상 부유한 사회, 부유함의 정신병리학을 경험할 수 있는 사회나 집단에서만 가능하다"고 말한다.[37] '캠프적 감성'은 상업 문화의 기호들, 예술의 자율성에 대한 모더니즘의 이론적 클리셰와 유희하는 팝아트와 일치한다. 키치와 유희한다는 것은 클리셰로 변할 수 있는 제도화된 좋은 관습과 예술의 경계를 탐험하는 것을 의미한다.

"우리 중 그 누구도 키치를 완벽히 피할 수 있는 슈퍼맨이 아니다.

---

36 Susan Sontag, "Notes on Camp", *Against Interpretation*, NY: Pantheon Books, 1989, p.117. [수전 손택, 『해석에 반대한다』, 이민아 옮김, 이후, 2002]
37 *Ibid*., p.118.

우리가 아무리 그것을 경멸할지라도 키치는 인간 조건의 필수 부분이다"라고 전체주의 키치와 민주주의 키치를 강력하게 비난한 작가 중 한 사람이었던 밀란 쿤데라는 말한다.[38] 이 문장에서 '우리'는 포괄적 의미를 지닌다. 그것은 키치-사람들(키치적 사람들)이라는 보편적 형제로서의 '우리'이기도 하고, 키치의 반어적 비평가들로서의 '우리'이기도 하다. 키치에 대한 쿤데라의 묘사에서 감상적이고 정치적인 이미지는 흐려지고 비평가들의 아이러니와 노스텔지어 역시 희미해진다. 쿤데라는 키치를 "마음의 독재자", 하찮은 것의 존재가 부정되는 삶을 축하하는 "인간들의 보편적 형제"로 정의한다. 작가의 이러한 일반화는 그 자신 역시 키치 밖의 공간을 주장할 수 있을 만큼 '충분한 슈퍼맨'이 아님을 의미한다. 인간 조건에 대한 쿤데라의 예언적 견해는 키치의 역설, 그것의 끊임없는 혐오감과 매력, 힘과 약점, 그것의 보편화하고 차별하는 능력을 규정하고 있다.

나는 키치의 심장—은박지로 만들어진 값싼 공휴일 풍선의 심장—에 다가가 그것을 날카로운 비평의 화살로 찢으려 시도하지는 않을 것이다. 이렇게 심장을 부수는 비평은 너무 폭력적일뿐더러 또한 감상적이다. 키치적 현상과 직면하는 것은 그것의 본질을 구별해 내고 나쁜 취향의 구조를 보편화시키는 것을 의미하지 않는다. 반대로 경험으로서의 키치를 이해하고 키치가 아우르는 것이 무엇이었는지를 상세히 재발견하려 한다. 즉 그것의 역사, 문화적 신화학, 그리고 맥락을 나는 재발견하려고 한다.

---

38 Milan Kundera, *The Unbearable Lightness of Being*, trans. Michael Heim, NY: Harper and Row, 1989, p.256. [밀란 쿤데라, 『참을 수 없는 존재의 가벼움』, 이재룡 옮김, 민음사, 2009]

키치의 역사는 근대 예술사가 그러하듯이 동유럽과 서유럽에서 다르다. 세계의 한 부분에서의 대항 문화적 담론이 다른 부분에서는 관청 용어가 될 수 있다. 일상성과 키치에 대한 우리의 비교문화적 탐험 속에서 우리는 평범함commonplace과 나쁜 예술이라는 번역 불가능한 문화적 측면들을 발견하게 될 것이다. 러시아에서 '키치'라는 단어는 1970년대 서구의 대중문화에 대한 특별한 하위 장르 책에서 차용되었다. 러시아어 속으로 들어온 다양한 외국 단어들에 있어 특징적인 것은 러시아어로 번역을 하게 되면 원래 모국어 단어보다 덜 모욕적인 의미를 가진다는 점이다. 이것은 '키치'뿐 아니라 '평범함'banal'nost', banality에도 적용된다. 더욱이 키치는 러시아어로 오역되어 그것의 비평사는 거의 알려져 있지 않다. 많은 모더니즘 비평가들은 키치가 나쁜 예술이 아니라 비윤리적인 행위라고 강조했지만, 러시아어에서 키치의 사용은 윤리적 함의와 무관하다. 러시아어 단어 poshlost'가 부분적으로 일상성과 키치에 겹쳐지지만, 이 단어는 러시아가 서구의 '진보', 변화와 근대화의 속도와 조우한 것과 관련하여 그 자신만의 극적인 역사를 지니고 있다.

반대로 손택의 '캠프'는 1980년대 말까지의 러시아 예술가들을 아우르지 못할 것이다. 러시아에서 캠프라는 메타포는 확실히 대중적이지 않은 듯하다. 고로 아무도 그 어떤 캠프에 자발적으로 속하려 하지 않을 것이다. 스스로 부과한 미학적 배타주의의 기호는 그것이 미국과 러시아의 국경을 지날 때 그 반대—강요된 정치적 고립의 이미지—가 된다. 공유되고 인식 가능한 '캠프적 감성'에 대한 손택의 예들은 아마도 현재에는 구식으로 나타날 것이다. 내가 알고 있는 극히 소수의 것 중 하나인 「백조의 호수」를 나는 유희적으로 부르기가 힘들다. 왜냐하면 내게 있어 그것은 소비에트의 공식 문화와 연결되기 때문이다. 책의 마지막 장에서 다루게 될 후기 소비에트와 포스트소비에트 예술에 있어 포스트모더니즘적 요소들은 "부유함과 소비 지상주의의 정신병리학"과 거의 관련이 없다. 그것들은 대신 전체주의적인 일상생활의 정신병리학과 연관된다. 그러므로 캠프의 공통성은 문화적으로 배타적이다. 모든 사람이 같은 인용 부호를 공유할 수는 없다.

공통의 장소는 보이는 것처럼 투명하지 않다. 그것은 방어벽이자, 서로 양립할 수 없는 정의들 및 철학, 정치, 미학, 종교에 걸쳐 이질적 담론들이 투쟁하는 전쟁터이다. 20세기에 즈음하여 공통의 장소는 그 위에 거듭 쓴 양피지, 진실성이라는 낭만주의의 폐허와 근대적 향수에 대한 박물관으로 변모했다. 공통의 장소는 낭만주의 시인이 자신의 반란을 보여 주는 곳이자 모더니스트가 익명성을 탐색하는 곳이다. 20세기에 공통의 장소는 공통 시민common citizen이라는 공산주의의 천국에서부터 공통 소비자common consumer라는 자본주의적 환희에 이르는 정치적 의미들을 첨예하게 대립시켰다. 공통의 장소는 지식인들이 고작 잃어버린 공통성에 바치는 비가를 쓰기 위해서 그로부터 스스로를 끊임없이 추방한 신비적 장소이다.

괴물 없는 미로

일상everyday이라는 것은 세계관의 세속화, 공통의 장소가 지니는 수많은 층위들의 분해, 경험 영역들의 분리, 그리고 중산층 계급의 출현과 함께 성장한 개념이다. 보통의 것the ordinary — 사소하고 일상적인 것 — 은 예술, 이론 혹은 역사의 힘을 빌려 설명하고 그 틀을 잡기가 매우 어렵다. 평범함banality은 일상성dailiness이라는 자신의 기계로써 틀을 통합, 분리하거나 아이러니를 길들이려는 경향이 있다. 스탠리 카벨은 "평범함의 초자연성"uncanniness of the ordinary에 대해 이 둘은 철학적 논의에 저항하면서 동시에 이를 요청한다고 말하고 있다.[39] 일상 삶의 평범함commonplaces은 우리에게 자연스러운 듯 보이고 이 '자연스러움'으로 인해 수많은 문화적 오역들이 생겨난다.

오늘날 역사와 사회 연구에 있어 일상 연구에 대한 새로운 관심은 다양한 문화 맥락 속에서 서로 다른 기능을 수행한다. 그것은 영웅적이고 민족적인 자기 정의에 저항할 수도 있고, 역으로 내셔널 드림으로 작용할 수 있다. 즉 일상 연구는 모더니티의 잊힌 역사(여성 노동사와 사적 삶의 역사와 같은 것)[40]를 복구하는 데 도움을 줄 수 있고 독일의 TV 시리즈 「하이마트」Heimat에 대한 현대의 논쟁들과 나치 시대의 일상의 역사 Alltagsgeschichte가 보여 주듯이 홀로코스트와 같은 20세기의 대재앙들을

39 Stanley Cavell, *In Quest of the Ordinary: Lines of Skepticism and Romanticism*, Chicago: University of Chicago Press, 1988. 카벨은 일상과 미국 철학 사이의 특별한 연관성을 인정한다.
40 여기서 나는 2차 대전 이후 역사에 대한 목적론적 해석과 모더니티의 특권에 대한 반작용으로 나타난 프랑스 아날학파에 대해 상세히 언급하려 한다. 아날 학파는 "장기지속"(long duration) 과 정신사(history of mentality)에 대한 관심을 증진시키기 시작했다. 그것은 생존에 대한 사고 방식이자 역사와 이론의 많은 메타담론들을 전복시키려는 계획이다.(정신―멘탈리티―에 대한 개념의 공식화와 아날 학파 학자들이 일상에 어떻게 접근하였는지에 대해서는 다음을 참고하라. Fernand Braudel, *On History*, trans. Sarah Matthews, Chicago: University of Chicago Press, 1980.) 동시에 앙리 르페브르는 수정 마르크스주의의 관점에서 일상생활을 대안적으로 볼 것을 제안하였고 초현실주의의 자취를 따르는 많은 전후 예술가과 상황주의자들(situationists)은 일상의 연구뿐만 아니라 그것의 변형에도 관심을 가졌다. 이는 일상에 대한 소극적인 연구에서 간섭주의자(interventionist)로 변하는 것을 보여 주는 예이다. Henri Léfèbvre, *Everyday Life in the Modern World*, trans. Sasha Rabinovitch, New Brunswick, N.J.: Transaction Press, 1984. [『현대 세계의 일상성』, 박정자 옮김, 기파랑, 2005] 좀 더 발전된 르페브르의 이론에 대해서는 Yale French Studies에서 나온, 일상을 다룬 다음의 특별호를 보라(YFS, 73, eds. Kristin Ross and Alice Kaplan, New Heven: Yale University Press, 1987). 일상에 대한 상황주의적 개념에 대해서는 Raoul Vaneigem, *The Revolution of Everyday Life*, trans. Donald Nicholson-Smith, London: Aldgate Press, 1983을 보라.

망각하는 데 기여할 수 있다.[41]

미셸 드 세르토는 일상의 창조에 대한 역사, 이론과 실제의 분리의 역사, art와 arts의 분리에 대한 역사를 써 왔다. 그는 17세기 프랑스에서 지식savoir이라는 단어가 기술지식savoir-faire으로부터 점진적으로 분리되어 온 과정을 보여 주고 있다. 동일한 방식으로 art는 art of(말하고, 행하고, 공간을 차지하고, 걷고 요리하는 것, 그리고 몸의 다른 행동들과 자아의 테크닉들)로부터 분리된다. 세르토는 일상적 실행의 수사학, (담론뿐 아니라) 담론의 일상적 사용, 계략ruses과 밀렵braconnages ─ 행위의 공식적 관례에 대한 작은 전복 행위들─을 강조한다.[42] 이 일상의 전술과 전략들은 순수하게 이론적인 개념들을 약화시키고 현대 문화─대문자 C로 시작하는 문화Culture뿐 아니라 복수의 문화들cultures ─를 다면적으로 이해하게끔 한다. 세르토는 존재의 일상의 물질성에 주목한다. 그것은 공간을 그려내고 도시 주변을 걸어 다니고 시간을 정하고 음식을 준비하는 방식이다.

---

41 가정생활에 대한 숭배가 국가적이고 민족적인 도상학의 중요한 일부인 독일에서 일상에 대한 최근 역사들은 또 다른 강조점을 지닌다. 그것들은 종종 일상에 대해 재서술하지 않고도 역사의 누락에 대해 말하고 2차 대전과 홀로코스트를 망각하도록 이끄는 사각지대를 항구화하지 않으면서 전통을 회복한다. '비아리아인들', 주로 유태인들은 독일인들이 그러했듯이 일상생활에 대한 동일한 역사를 공유하지 않았고 그러므로 동일한 망각에 동참하지 않는다. 일상과 역사의 재현에 대한 논쟁은 「하이마트」(1984, 에드가 라이츠 연출) 방송이 끝난 후에 재개되었다. 이에 대해선 다음을 참고하라. Martin Broszat et al., *Alltagsgeschichte der NS-Zeit, Neue Perspektive oder Trivilisierung?*, Munich: Oldenbourg, 1984; Martin Jay, "Songs of Experience: Reflection over the Debate over Alltagsgeschichte", *Salmagundi*, 81 , Winter 1989, pp.29~41; Anton Kaes, *From Hitler to Heimat: The Return of History as Film*, Cambridge, Mass: Harvard University Press, 1989, pp.161~193.

42 Michel de Certeau, *L'Invention du quotidien/Arts de Faire,* Paris: Union Générale d'Éditions, 1980. [미셸 드 세르토, 『일상생활의 창조』, 장세룡 옮김, 커뮤니케이션북스, 2016] 유감스럽게도 나는 유럽과 미국 외의 일상생활에 대해 잘 알지 못한다. 아시아적 개념의 일상에 대한 연구는 특히 유용했을 것인데 왜냐하면 러시아는 유라시아 대륙의 신비적 경계로 종종 제시되었기 때문이다. 일상의 관습들에 대한 민족지학적 논의에 대해서는 학제간 저널인 *Public Culture* 와 *Diaspora*를 보라.

일상은 우리와 너무 가깝기도 하고 우리의 이해로부터 너무 멀기도 하다. 우리가 그것을 지각하게 될 때는 전쟁이나 재앙의 시기 혹은 지루함 속에서 그것이 극단적으로 자신을 드러낼 경우이다. 모리스 블랑쇼는 일상에 대해 "법의 명확한 판결로부터 항상 도피하는 용의자(여기서 용의자란 유죄의 혹은 유죄 가능성이 있는 누군가 그리고 모두)"라고 쓰고 있다.[43] 일상은 영원 무상한 어떤 것 혹은 일시적 생존과 같이 블랑쇼가 "eternullity"라 부르는 무정형의, 충분히 발달하지 못한 비공식적인 것이지만 그것은 또한 형태와 격식의 보존에 있어 가장 보수적인 양상을 띤다. 그것은 자발적인 한편 정체되어 있다.

일상은 주요한 역사적 대변동이 평범한 일들, 작업 및 물건을 만드는 기술에 의해 교체된다는 모더니티의 스토리를 우리에게 말해준다. 이런 방식으로 일상은 죽음, 재난, 종말에 대한 역사적 서사에 있어 반재앙적 해결책이다. 일상은 시작이나 끝을 가지고 있지 않은 듯 보인다. 일상생활에서 우리는 소설을 쓰는 대신 절망적이거나 행복한 것들, 클라이막스에 반反하는 것들에 대한 일기 따위를 쓴다. 일기에서 우리 삶의 꿈들은 어떤 대단원이 단지 또 다른 서사적 가능성으로 나아가 결말을 연기시키는 수많은 TV 드라마에서 그러하듯이 결코 끝나지 않는다. 우리의 일기에는 수많은 사건들incident은 있지만 사고들accidents은 적다. 그것들은 잠재적인 서사를 갖고 있지 완결된 이야기는 거의 없다. 일상은 괴물과 영웅이 없는 그리고 자신이 만든 덫에 걸린 예술가도 부재하는 일종의 미로로서의 공통의 장소이다. 일상이라는 미로는 보르헤

43 Maurice Blanchot, "La Parole quotidienne", *Entretien infini*, Paris: Gallimard, 1959, pp.355~366. Reprinted in Yale French Studies, 73, pp.12~20.

스가 묘사한 것과 같이 모든 곳 그리고 그 어느 곳에도 존재하지 않는 곳으로 이끄는 허구의 "모래의 책"과 같은 수사학적 미로가 아니다.[44] 오히려 그것은 출구 없는 쇼핑몰 혹은 끝없는 칸막이벽으로 된 방들로 이끄는 코무날카의 두 갈래 복도와 같다. 우리는 그것을 이해하기 위해 영웅과 괴물, 연인과 그녀의 실을 창조함으로써 일상의 미로를 종종 소설로 만든다.

러시아에서 일상에 대한 세속적 개념은 완전히 발달되지 않아서 일상은 성과 속, 선과 악이라는 유사 종교적이고 위계적인 구조물 속에서 그 위치를 유지했다. 러시아의 일상성의 괴물은 완전히 사라진 적이 없었다. 많은 일상의 경험들과 생존의 작은 예술들이 비평 이론가들에 의해 취해져 불필요하게 악마 취급을 당하거나 구체화되었다. 이 이론들 중 가장 급진적인 이론 속에서 1920년대 소비에트의 급진적 예술가들이 표현한 바 그대로의, 그래왔던 일상은 반혁명적인 일상성 및 나쁜 예술과 동의어가 되었고 '취향의 혁명적 독재'에 따라 재창조되었다. 비록 살아있는 일상생활 대신 실천적이고 혁명적인 아방가르드 예술에 대한 전망이 이론상으로는 매우 매력적인 듯하였으나 이론과 실제가 다르다는 사실이 명확해졌다. 즉 일상이라는 문제의 핵심이 무엇인지 깨달아야 했다.

러시아에서 문학적 메타포가 기꺼이 받아들여진 반면 일상생활은 매우 형이상학적으로 다루어져 왔다는 사실을 나는 반복하여 말할 것

44 Jorge Luis Borges, *Aleph and Other Stories*, NY: Bantam, 1971[호르헤 루이스 보르헤스, 『알렙』, 황병하 옮김, 민음사, 1996]에 포함된 단편들인 「두 왕과 두 개의 미로」, 「원형의 폐허들」, 「아벤하깐 엘 보하리, 자신의 미로에서 죽다」와 Borges, *Ficciones*, Buenos Aires: Alianza/Emecé, 1977[보르헤스, 『픽션들』, 송병선 옮김, 민음사, 1994]에 포함된 「바벨의 도서관」 그리고 Borges, *El Libro de Arena*(모래의 책), Buenos Aires: Alianza/Emecé, 1975을 보라.

이다. 체호프의 단편 「문학교사」에서 지리 교사 이폴리트는 교과서의 진부한 말들을 강박적으로 반복한다("볼가강은 카스피해에서 끝나고… 말은 귀리를 먹는다"). 마야콥스키의 마지막 희곡 「목욕탕」은 클리셰와 같은 것들에 가장 급진적인 태도를 취하고 있다. "이 진절머리 나는 볼 가강이 여전히 카스피해로 흐르는가?"라는 질문에 대한 응답에서 그는 다음과 같이 대답한다. "그렇다, 그러나 그리 오랫동안 그렇게 되지는 않을 것이다."[45] 혁명적 발명가는 숨 막힐 듯 답답한 클리셰로부터 최종 적으로 세상을 구원하기 위해 소환되었다. 그리고 이것은 단지 수사적 혹은 시적 장치나 순수하게 아방가르드적인 허구가 아니다. 실제로 소 비에트 정부는 자연스런 공통의 장소를 파괴하고 강을 반대 방향으로 흐르게 하려는 시도를 했다. 그것은 커다란 환경 재앙으로 간주되는, 스 탈린의 압도적인 건설 계획 중 하나였다. 러시아의 문화 신화 및 일상생 활에 대한 소비에트 정신 병리학을 연구하는 이유 중 하나는 개인의 삶 의 공통의 장소와 국가적 꿈 사이에 존재하는 보이지 않는 연관성을 발 견하기 위해서이다.

그 어떤 자세한 지도도 존재한 적이 없었던 나라, 물리적 지리학이 항상 정치학으로 존재했던 소련은 이제 더 이상 세계 지도에 존재하지 않는다. 이 책은 소비에트 문명 혹은 분명 많은 관심을 받을 가치가 있 는 국제적 전체주의 문화의 분명한 특징을 주로 다루지는 않을 것이다. 오히려 오랜 역사적 기간에 걸쳐 혁명, 내전, 페레스트로이카 그리고 쿠 데타를 발전시키고 존속시킨 어떤 지속적인 러시아의 문화적 신화들을

---

45 Vladimir Mayakovsky, "Bania", *Sochineniia v dvukh tomakh*, Moscow: Pravda, 1988, vol. 2, p.585.
    [블라디미르 마야콥스키, 『미스쩨리야 부프』, 김규종 옮김, 열린책들, 1993] 볼가와 카스피해에 대한
    구절은 체호프의 「문학교사」에서 갖고 온 것이다.

고찰할 것이다. (여기서 '러시아의/러시아적'이라는 단어는 민족적 순수함에 대한 용어가 아니라 좋건 나쁘건 간에 러시아 및 소비에트 러시아 역사를 차지하게 되었던 모든 민족 집단을 가리킨다.) 동시에 사물은 변하고 있지 않거나 변하지 않을 것이다라고 말하려는 것도 아니다. 그러나 변화는 문화적 신화 만들기의 과정에 대한 이해를 필요로 한다. 그것은 지금은 세를 주고 있는 모스크바 대학의 오래된 건물 내의 방들 중 하나에 있는 초상화들의 단순한 변화(교체)로 지각되어서는 안 된다. (혁명 이전에 그곳에는 차르 니콜라이 2세의 초상화가 있었고 그 후에는 레닌, 스탈린, 브레즈네프의 초상화로 교체되었는데 단지 고르바초프만 자신의 이미지를 경배하는 것을 강요하지 않았다. 1991년, 그러나 이 공간을 다이어네틱스Dianetics의 창설자이자 작가인 로날드 론 허버드L. Ronald Hubbard의 초상화가 점령하게 되었는데, 이를 위해 그의 제자들은 기꺼이 거액의 돈을 지불하였다.) 누가 이후의 문화적 아이콘이 될지는 두고볼 일이다.

여행자로서의 신화학자

1927년 소련을 여행한 후 발터 벤야민은 시민들이 주변 국가들의 지도를 고려하여 자신들의 나라를 바라보아야 한다고 말하였다. 특히 "모든 유럽인들은 자신의 작은 나라를 러시아 지도 위에서 서쪽으로 뻗어나간 긴장된 신경 영역처럼 보아야 한다"고 말한다.[46] 그러나 유럽의 지식인들을 향한 벤야민의 충고가 마음속 깊이 받아들여진 적이 없었다. 1980년대 중반 이전까지 소련은 제2세계, 문화비평의 비주류에 속했다.

46 Benjamin, *Reflections*, p.118.

냉전이라는 전투에 깊이 연루된 고로 소련은 비물질화되었다. 어떤 이들에게 소련은 이데올로기 및 대중 매체 효과에 의한 사악한 교훈으로 보였을 뿐이었다. 소련은 제1세계와 제3세계 사이에 있었고, 유럽중심주의를 둘러싼 최근의 논쟁에서 주변적이었다. 반대로 소련으로의 여행은 유럽의 좌파 지식인들 수세대의 신화적 토포스, 자크 데리다가 최근 자신의 반反 여행기『소련의 모스크바에서 돌아와서』에서 우리에게 상기한 바와 같이 일종의 "영혼의 집", 혁명적 공산주의의 이상의 집이었다.[47] 다른 측면에서 유럽에 대한 꿈, '유럽의 민주주의의 공적 영역'에 신화적으로 속한다는 꿈, 간혹 유럽의 소비 물자에 간접적으로 심취하면서 발생하는 이 꿈은 동양의 많은 지식인들에게 있어 특징적인 현상이었다. 아마도 비평적 대화의 발생을 방해하는 것은 동양인들은 서양에 있고 서양인들은 동양에 있다는 집에 대한 신화적 개념, 그 어느 쪽도 근본적으로 약화시키길 원치 않는 유토피아일 것이다. 그들은 필연적으로 결정된 세계가 아닌, 실제 문화적 경험에 의해 형성된 서로의 환상의 세계들에 간섭한다. 양측은 신화적 '귀향'homecoming에 의해 자주 낙담한다. 동양과 서양은 자신들의 기이한 거울 이미지에 놀랐다. 일부 서구의 지식인들이 향수에 젖어「back in the US/SR」을 부른다면, 많은 러시아의 지식인들은 단지 "back to the US"라는 술집에 가길 희망할 뿐이다. 포스트소비에트 러시아에서 인기 있는 록 노래는 비틀스 원곡의 후렴 부분을 다음과 같이 모방한다. "Bye-bye, Amerika —where I will never go."(내가 결코 가지 않을 미국이여, 안녕.)

---

47 Jacques Derrida, "Back from Moscow, in the USSR", *Politics, Theory and Contemporary Culture*, ed. Mark Poster, NY: Columbia University Press, 1993, pp.197~237.

유럽과 아시아 사이의 경계에 위치해 있다는 지리학적 기이함으로 인한 국가 정체성의 위기는 러시아의 지성사에서 중요한 역할을 하고, 그 역사에 있어 중심적인 갈등 중 하나는 러시아와 서구의 관계이다. 따라서 반서구주의자들은 러시아의 배타성, 서구를 구원하는 러시아의 선택된 역할에 대해 이야기한다. 이제 러시아와 서구의 신화적 이항 대립에 대해 질문을 던질 시간이다.[48] 제임스 클리포드는 비교 문화적 관계에 대한 근대의 민족지학적 역사들이 "균질화와 돌연변이, 상실과 발명이라는 두 메타내러티브 사이를 진동할 운명을 갖고 있다"라고 쓴다.[49] 러시아적인 순수한 좋은 취향을 잃어버린 것에 대해 한탄하거나 러시아가 진짜 서구 국가가 되도록 시도하는 대신, 국경 수비선을 갖는 배타적인 내적 관계의 체계로서의 문화 개념에 대해 질문하는 것이 중요하다. 문화적 특수성은 문화적 순수함 혹은 민족적 순수함과 동의어가 아니다. 왜냐하면 러시아 문화를 포함한 대부분의 문화들은 창의적으로 절충적이기 때문이다.

아마도 문화적 신화들과 평범함을 탐구하는 유일한 길은 공동체의 경계선을 앞뒤로 가로지르며 여행하는 것일 것이다. 문화 신화학자는

---

48 진실한 비교문화적 의사소통을 발생시키기 위해서는 슬라보예 지젝의 '환상의 윤리학'과 유사한 것이 필요하다. 즉 문화적 증오와 문화적 향유에 대한 특별한 용어들의 문화적 특징들을 인식하는 것이 필요하다. Slavoj Žižek, *Looking Awry: An introduction to Jacques Lacan through Popular Culture*, Cambridge, Mass.: MIT Press, 1991.[슬라보예 지젝, 『삐딱하게 보기』, 김소연 옮김, 시각과 언어, 1995] 지젝은 다음과 같이 쓰고 있다. "다른 사람에게 '인간'의 존엄성을 부여하는 것은 결코 보편적이고 상식적인 것이 아니라 우리가 결코 공유하지 않았던 사람을 우리가 확신할 수 있다는 사실에 대한 '절대적으로 구체적인' 것이다."(p.156) 유럽문화들, 예를 들어 메시아 패러다임에서 벗어난 스페인 혹은 그리스 문화들의 또 다른 경계들을 비교 고찰하는 것도 유용할 것이다. 문화들 간의 차이는 한 문화 내의 이질성(이종성), 그들이 기술하는 문화의 신화적 패러다임을 불멸케 하려는 지배적인 문화 역사들 속에서 보이지 않는 다양한 문화 차원들을 드러낼 것이다.

49 James Clifford, *The Predicament of Culture: Twentieth-Century Ethnography, Literature and Art*, Cambridge, Mass.: Harvard University Press, 1988, p.17.

비교문화적인 신화학자가 되어야 한다. 우리는 관습들 앞에서 멈출 준비가 되어 있어야 하고, 우리가 조사할 문화라는 짐 꾸러미들을 가져가야만 하며, 계속하여 여행할 희망을 지녀야 한다. 시차 증상은 신화학적 탐험을 위한 필요 조건이다. 러시아는 많은 외국 여행객들을 끌어당길 매력을 갖고 있다. 러시아는 서양 세계의 경계이자 그 경계의 실험실, 공산주의의 유토피아이자 절대주의의 디스토피아, 혁명과 정체가 공존하는 이국적인 땅이다. 러시아를 여행하는 것은 자신의 믿음과 자신의 조국에 대한 태도를 시험해 보는 한 방법이었다. 역사적 문서로서는 그다지 신뢰할 수 없는 여행자들의 이야기들이 비교문화적 신화학의 예시가 되는 텍스트들이다. 1830년대에 프랑스의 귀족 퀴스틴 후작Marquis de Custine은 프랑스 혁명을 피해 러시아로 왔고 절대주의 정치 체제로부터 도피한 반군주론자가 되었다. 몇 백 년 후에 많은 사람들 중 앙드레 지드와 발터 벤야민은 공산주의 유토피아를 발견하기 위해 러시아에 와서 프랑스와 독일, 그리고 유토피아에 대해 변화된 관점만 가지고서 돌아갔다. 모스크바의 꽁꽁 언 미끄러운 길을 따라 여행하면서 이념적 지도들을 부정하는 사실들과 물질적 공예품들을 수집한 발터 벤야민의 이야기는 나의 여행에 영감을 주었다. 이런 면에서 이 책은 나의 고국으로의 귀향에 대한 이야기, 예술과 키치, 다른 사람들의 글을 통해 러시아에 대해 사색하려는 시도이다. 나는 결코 되돌아갈 수 없는 정치적 망명자로서 소련의 레닌그라드를 떠났고 지난 10년 동안 미국 관광객의 신분으로만 고국에 돌아왔다. 이 10년 동안 소련과 나의 고향은 이름을 바꾸었고, 나 역시 이름을 바꾸었다. 현재 나는 스스로를 국경을 넘어 다니면서 끊임없이 여행하는 '체류 외국인'처럼 느낀다.

구소련으로의 마지막 여행 동안 나는 내가 속한다고 생각했던 세대가 "80년대 사람들"octoderasts이라는 이름을 얻었음을 알게 되었다. 1950년대 후반과 1960년대 초, 스탈린 이후 해빙기 동안 사회에 진출하여 1968년 소비에트의 탱크가 프라하에 진입했을 때 내적 위기를 경험했던 이들은 소비에트 버전의 「시계태엽 오렌지」에서의 '쓸모없는 사람'no-goodnik에서처럼 애정어린 지소형 접미사 'nik'을 붙여 "60년대 사람들"sixtniks이라 불린다. 이와 대조적으로 스탈린 사후, 모스크바에서 첫 국제 청년 축제가 열렸던 활기찬 시기 즈음인 1950년대 말에 태어난 사람들은 동성애에 대한 소비에트의 형사법 단어인 '남색자'pederasts에서 어미를 취했다. 60년대 사람들이 낭만적이고 낙관적이었다면 80년대 사람들, '정체'stagnation의 아이들은 회의적이고 반어적이며 의심이 많았다. 그들은 소비에트의 마지막 세대, 지금은 옛것이 된 애국적인 노래와 군대식 게임, 개척자 캠프Pioneer camp와 집단 농장을 포함하는 소비에트의 적절한 학교 교육을 경험한 마지막 이들이었다. 그들은 60년대 사람들이 침묵에 빠지거나 기득권에 동참했을 때인 불멸의 총사령관 브레즈네프Immortal Generalissimus Brezhnev 시기 동안 성인으로 성장했고, 글라스노스트 동안 해빙을 비판하면서 사회에 진출하였다. 아마도 각 세대들은 그들 스스로가 역사적 추진력을 상실할 때 그 이름을 얻는 듯하다. 마르크스, 엥겔스, 레닌을 주로 아르바트 거리의 '골동품 판매'를 통해 알고 있는 현재 이십대인 "페레스트로이카의 아이들"은 역사의 종말이나 예술의 종말, 인텔리겐치아의 죽음 혹은 제국의 멸망에 대한 끝없는 지적 토론에 무관심하다. 가벼운 향수에 영향을 받지 않는 그들의 부모와 그들보다 위의 형제자매들은 때로 향수에 젖을 수 있으나, 그들은 「터미네이터 2」를 더 좋아한다. 나는 1980년대를 미국에서 보냈고 그래서 내가 80년대 사람들에 속하는지 말하기 힘들지만, 이들이 내가 상상한 공동체들 중의 하나로 남는 것은 가능하다.

1장에서 나는 러시아와 소비에트의 일상의 신화들을 모아 러시아 혹은 유럽의 다양한 지식인들이 문화적으로 번역 불가능하다고 주장한 다수의 개념들에 대해 고찰할 것이다. 이것은 byt와 poshlost'라는 러시아 단어에 구현된, 판에 박힌 일상과 정체에 대한 러시아인의 혐오를 포함한다. 여기에는 다음의 것들—사회적 계급이라기보다는 비열한 속물에 대한 도덕적(혹은 비도덕적) 범주인 meshchanstvo라는 러시아의 중간 계급, 대문자 C로 시작하는 단수형태의 러시아 문화, 테이블 매너를 마르크스주의-레닌주의와 결합시키는 이념적 '문명화 과정'을 보여주는, 대중의 문명화라는 스탈린의 캠페인—이 포함된다. 나는 또한 왜 프라이버시 혹은 진정성에 대한 러시아 단어는 존재하지 않는 대신 진실을 의미하는 단어는 두 개가 있는지, 이 두 단어의 언어적 특징이 러시아와 소비에트 작가, 비평가들에 의해 어떻게 연구되고 이용되어 왔는지를 고찰할 것이다. 이와 함께 무슨 이유로 인격personality에 대한 러시아적 사고가 유럽의 개인의 정체성이라는 개념에 반대되는지, 사적 삶을 가지는 것이 러시아의 정신에 반하는지에 대해서도 숙고할 것이다. 마지막으로 소비에트의 일상생활로부터의 탈출을 다양한 방식으로 축하하고 문화적 생존의 대안적 공간을 새기는 1930년부터 1990년대까지의 소비에트 노래들—「March of the Aviator」부터 「Good-bye, Amerika」까지의 노래들—을 살펴볼 것이다.

2장에서는 공통의 장소들에서의 삶과 그것의 중심적인 고고학적 장소, 코무날카, 소비에트 문명화의 거점과 공통의 유토피아의 폐허에 대해 분석할 것인데, 이것은 코뮌과 자발적으로 공유한 아파트, 이 둘 사이의 혼동을 막기 위해서다. 사회주의 도시의 유토피아적 지형학과 공동 삶에 대한 익살스런 예술적 비전을 살펴본 후에 우리는 레닌그라드(현 페테르부르크)의 오래된 코무날카 몇몇을 방문할 것이고 그 후 지금은 파괴된 나의 코무날카로 갈 것이다. 우리는 또한 이웃들의 계급 전쟁의 이면을, 물건, 페티시, 일용품 그리고 대중적 취향에 대한 수많은 사회학적 이론을 무시하는 '가정의 쓰레기'에 대한 집착적인 수집과 비밀 엄수에 대한 의식들 속에 나타나는 상황들의 이면을 살펴볼 것이다.

3장은 공통의 장소를 기술하는 데에, 국가의 정체성이 문학을 정확히 해석하는 데에 달려 있는 나라, 문학적 태도가 자주 정치적으로 체제 전복적인 것으로 여겨지는 국가에서 위험한 글쓰기에 대한 집착으로 나타나는 문학적 질병인 글쓰기광graphomania을 기술하는 데에 특히 할애될 것이다. 글쓰기광은 왜 러시아와 동유럽, 중유럽의 국가적 질병인가? 왜 다른 유럽 국가들에서는 그리 두드러지지 않고 심지어 미국에서는 왜 덜한가. 글쓰기광은 위대한 문학의 명성과 함께 사라질 것인가?

마지막 장인 "포스트코뮤니즘, 포스트모더니즘"은 1991년의 군부 쿠데타 사건, 재난과 일상 사이의 관계, 묵시록적 비전과 평범함banality 사이의 관계로 시작한다. 글라스노스트와 역사의 회복에 대한 희열의 시대에 도시의 거리를 따라 걷는 것으로부터 시작하여 우리는 포스트소비에트 버전의 '역사의 종말'로, 전체주의적 향수로까지 이동할 것이다. 우리는 러시아 영화와 새로운 다큐멘터리에 나타난 키치에 대한 카니발부터 시작하여 여성 예술가들의 작품 속에 나타난 촉각적 개념주의tactile conceptualism에 이르는 포스트소비에트 예술의 포스트모더니즘에 대해 조사할 것이다. 마지막으로 포스트소비에트 사업가들의 부활한 문화를 살펴보고, 아마도 모든 일상의 예술들 중 가장 포스트모던하고 본의 아니게 가장 초현실적인 TV 드라마와 최근의 광고들을 검토할 것이다. 유럽의 그리고 러시아의 비평가들에 의해 끊임없이 반복되는 이 넘쳐나는 '포스트' 속에서 — 포스트전체주의의, 포스트공산주의의, 포스트소비에트의, 포스트모던의 — 공통의 장소에 대한 기억에서는 무슨 일이 일어날까.

텔레비전, 공동농장으로 오다, 1990 (사진: 마크 스테인보크)

일상의 삶의 신화들

일상의 삶: '지루한 일상'과 '가정의 쓰레기'

자신의 자살에 대해 암시하는 글에서 소비에트의 혁명시인 블라디미르 마야콥스키는 다음과 같이 한탄했다. "사랑의 조각배가 **일상의 삶**byt[1]에 부딪혀 깨져 버렸다." 삶과 예술을 급진적으로 재건축하길 꿈꾸었던 시인은 결국 혁명 후 러시아의 매일의 생존 예술에서 실패하였다. 그는 자신의 실패의 원인을 반혁명주의, 스탈린주의적 관료제, 그의 사랑에 부응할 수 없었던 여자들, 그를 배신한 대중에게서가 아닌 괴물 같은 지루한 일상daily grind, 즉 일상의 삶byt에서 찾았다. 시인의 말은 소비에트의 속담이 되었다. 이 구절은 값싼 멜로드라마의 핵심구로서 기억하기 쉬운 특징과 문화적 비극의 원형을 가지게 된다. 일상의 담화 그 자체가 이러한 사고방식에 수많은 극적인 메타포를 제공한다. 예를 들어 "일상

---

1 이 책에서는 'byt'(러시아어 'быт')를 '일상의 삶'으로 번역하였다. ―옮긴이

의 삶이 나를 먹어치운다"가 그것이다.

　일상의 삶byt, 즉 매일의 생활(판에 박힌 일상과 정체)과 실재bytie 사이의 대립은 러시아의 지적 전통에 있어 중심적인 공통의 장소들 중 하나이다. 그것은 종종 일상의 삶과 모든 곳에 존재하는 '실제'(real) 삶 사이의 대립으로 이해된다. 저명한 러시아 문화 이론가인 보리스 우스펜스키[2]와 유리 로트만[3]은 byt와 bytie 사이의 이항 대립이 러시아 정교로 거슬러 올라가며, 적어도 19세기까지 문화의 핵심적인 특징으로 남아 있었다고 주장한다. 그들은 유럽 중세의 '무덤 너머의 세계', 그리고 그것의 천당, 연옥, 지옥의 삼중 차원과 근본적인 이원성에 기반한 러시아 중세 사이의 결정적인 차이를 지적한다. 그러므로 러시아에서 매일은 '시민 사회'의 개념과 사적 삶이 유래한 곳(유럽)에서 이것이 인간 행위의 중립적 공간으로서 지각된 것처럼 동일하게 지각될 수 없었다.[4] 로트

---

2 보리스 우스펜스키(Boris Uspenskii)는 러시아의 인문학자로 미국과 유럽의 대학에서 강의했다. 모스크바-타르투 기호학파의 일원으로서 유리 로트만과 함께 연구하면서 그의 영향을 많이 받았다. 고대, 중세 러시아 및 이콘에 대한 저작이 유명하다. ―옮긴이

3 유리 로트만(Yurii Lotman)은 러시아의 저명한 문학연구자이자 기호학자, 문화사가로서 모스크바-타르투 문화 기호학파의 설립자이다. 러시아의 첫 번째 구조주의자로 불린다. ―옮긴이

4 로트만과 우스펜스키에 의하면 "(유럽에서의) 지상의 삶은 세 가지 유형의 행위를 인정하는 것으로 지각된다. 절대적으로 죄가 있는 것, 절대적으로 신성한 것 그리고 중립적인 것인데 중립적인 것은 연옥에서 일종의 시험을 거친 후에 영원한 구원이 허락된다. 그러므로 중세 유럽의 실제 삶에서 중립적 행위가 광범위한 영역을 차지하는 것이 가능해졌다. … 러시아 중세 체계는 두드러진 이원성 위에 세워졌다. … 중간의 중립적 영역은 상상되지 않았다. 지상의 삶에서 행위는 이에 대응하여 유죄이거나 신성하다". 문제는 다음과 같다. 초기 근대 러시아에서 사라진 것은 행위의 '중립적 영역'인가, 혹은 러시아 문화사가들에 의해서 이것이 충분히 기술되지 않았기 때문에 19세기의 문학, 정치 저작들 속에서 그러하듯 러시아의 국가 정체성 속으로 통합되지 못한 것인가. 이에 대해서는 다음을 보라. Iurii Lotman and Boris Uspensky, "Binary Models in the Dynamics of Russian Culture", eds., Alexander Nakhimovsky and Alice Stone-Nakhimovsky, Semiotics of Russian Cultural History, Ithaca: Cornell University Press, 1985, p.32. 그러나 로트만은 『문화와 폭발』에서 이항체계가 러시아의 불가피한 운명이 아니며, "우리와 함께하지 않는 자는 우리에 반대하는 자이다"라는 위험한 슬로건에서 피할 수 있다고 말한다. 러시아 사상의 이항체계의 귀결은 파국적인 폭발뿐이었다. 좀 더 점진적인 역사의 진화가 유럽의 단순한 복제로 보일 필요는 없다. 책의 마지막 구절은 다음과 같다. "역사는 반복을 알지 못한다. 역사는 새롭고 예상할 수 없는 길들을 좋아한

만은 18세기, 19세기 러시아 귀족의 일상 행위의 '기호학'을 탐구하지만 그가 항상 강조한 것은 기호학과 구조이지 그것들에 대한 일상의 저항이 아니었다. 일상 행위는 특정 텍스트에서 발췌된 문학 모델에 따라 묘사된다. 학문적 일관성을 추구하는 가운데 로트만적 접근은 문학 텍스트에서의 비일관성과 탈선, 즉 체계적 모델보다 우리에게 일상의 삶의 본질에 대해 더 잘 말해줄 수 있는 탈선뿐만 아니라 일상적 삶의 이중의 미와 만일의 사태와 직면하는 것에 실패한다.

여기서 질문은 이 이론가들이 러시아 문화를 **묘사하고** 그 문화적 신화들을 **영속화하는가**이다. 일상이라는 러시아 개념의 독특함을 국가적으로 강조하고 평범함에 대항하는 전투를 의미하는 진부하고 낭만적인 메타포가 출현하게끔 하는 갈망은 왜 존재하는가?[5]

원래 일상의 삶byt은 삶의 방식이나 일상적 존재를 가리켰다. 이 단어는 존재, 서식지와 연관된 인도유럽어의 뿌리를 지니고 있다.[6] 일상의 삶byt을 정체와 판에 박힌 통상적인 것, 정신적, 예술적 혹은 혁명적인 초월이 부재하는 일상적 덧없음의 치세로 지정하여 사용한 사람들은 19세기 말의 상징주의자들과 초기 혁명주의자들이었다. 일상의 삶byt, 즉

다." (*Culture and Explosion*, Moscow: Gnosis, 1992, p.265 [유리 로트만, 『문화와 폭발』, 김수환 옮김, 아카넷, 2014])

5 문화적 독특성에 대한 믿음과 일상에 대한 경멸이 러시아 문화에만 유일한 것은 아니지만 러시아에서 이러한 태도는 다른 나라들에 비해 뒤늦게 나타나서 더 오랫동안 지속된 것으로 보인다.

6 달 사전에는 byt에 관한 항목이 없다. byt는 byvat'(있다, 일어나다) 항목에 포함된다. 이로 볼 때 이 단어는 어떤 경멸적 의미도 갖고 있지 않은 듯하다. byt는 많은 유의어를 통해 설명되는데 그 것들 중 하나는 다음의 어근을 공유한다. bytnost'(존재하는 것, 체류), byt'e(생활, 삶), zhit'e, rod zhizni, i obychai, obyknoveniia(관습과 풍속들, 삶의 양식으로서의 삶, 생활) (vol. 1, p.148). 특히 byt와 bytie의 대립은 사전에 나와 있지 않다.

[달(Vladimir Dal', 1801~1871)은 러시아의 학자이자 작가로 『살아있는 대 러시아어 주석 사전』을 썼다. 이 사전은 문학어와 다양한 방언을 총망라한 최초의, 그리고 지금까지도 유일한 사전이다. —옮긴이]

삶의 평범한 양식은 설명을 불가능하게 하는 만일의 사태와 혼돈의 질서로 보이기 시작했다. 로만 야콥슨이 유럽어로 번역 불가능하다고 생각했던 일상의 개념은 바로 이것이었다. 그 이후 일상을 시적·정치적으로 악마화 하는 것에는 세상에서의 러시아의 메시아적 역할에 대한 논의와 1990년대, 일상의 삶byt의 요새와 싸우는 바보 이반에 대한 동화를 재술하는 것뿐 아니라 1920년대 가정의 쓰레기에 대항했던 캠페인에서 정점을 이루었던, 일상생활의 급진적 재구성을 희망했던 혁명적 꿈들, 스탈린주의의 '문화화'와 포스트스탈린주의의 방랑벽 또한 포함된다.

모스크바 문화는 북쪽 숲의 거의 불가능한 삶의 조건들 속에서 외부의 침입에 대항하는 동슬라브 농민들의 경험으로부터 발전했다고 알려져 있다. 그러므로 그것은 "안정을 유지하려는 강한 경향성, 일종의 폐쇄적인 균형성, 위험회피성, 개인적 주도성의 억제, 정치권력의 비공식성, 잠재적으로 분열을 초래하는 사안에 대해 만장일치로 최종 해결하려는 노력"을 특징으로 갖는다.[7] 이 보수주의적 사고방식은 전통적 혹은 이상화된 슬라브적 "삶의 방식"을 유지하려하기보다는 삶 그 자체를 보존하려고 노력했는데, 그것은 순전히 인간적 생존의 표현이었다.[8] 만약 일상의 삶, 삶의 방식이 집단적인 모스크바 공국과 그 이후 러시아의 멘탈리티―전쟁들, 폭동들, 혁명에서 살아남은 자들―를 예증한다면 19세기 이래로 러시아 시인들과 지식인들에 의해 전개된 일상의 삶byt에 대한 저항, 반일상anti-byt에 대한 논의 또한 그러하다. 그것은 러시아

---

7 Edward Keenan, "Moscovite Political Folkways", *Slavic Review*, 45, 1986, p.128.
8 키넌은 다음과 같이 쓴다. "슬라브주의자들과 수많은 도시출신의 민족지학자들은 '정의', '진보', 부의 축적, '삶의 방식의 보존'이 아니라 삶 그 자체의 보존, 인간의 삶, 필수적인 생활용품으로 사는 삶, 생명을 주는 노지재배의 삶을 생각해 왔다." (*Ibid.*, p.125)

와 소비에트의 수많은 자기 인식의 핵심이다. 19세기의 서구주의자들과 슬라브주의자들, 낭만주의자들, 그리고 모더니스트들, 미학적 정치적 유토피아주의자들, 볼셰비키 및 왕정주의자들 모두는 일상의 삶byt과의 전투에 참여했다. 그들 중 다수에게 중요했던 것은 물리적 투쟁이 아닌 희생, 삶의 보존이 아닌 삶의 완전한 초월, 이 세상에서의 연약한 인간 존재가 아닌 저 세상에서의 집단의 행복이었다. 그들 중 많은 이들이 인민narod의 이름으로 말하고 전통적 농민 공동체obshchina를 도입하였지만, 실상은 '평범한 사람들'common people이 표현한 열망에 심각하게 반대되는 것으로 드러나는 이념들을 고취시켰다.

　"러시아 사상"의 선도적 철학자인 니콜라이 베르댜예프[9]는 러시아의 정체성이 특별한 메시아적 토대에 의존한다고 주장한다. 그의 견해에 따르면 러시아인들은 "선택받은 민족"이자 "종말의 민족"이다. 이런 민족은 "완벽한 미래"를 상상하는 것보다 종종 더 어려울 수 있는 일상의 생존과 일상생활의 과정에 관심을 가질 필요가 없다. 묵시록적이고 종말론적인 것이 민족 정체성과 긴밀히 연관되어 있는 문화 속에서 평범함, 가변성, 일상성은 거의 견딜 수 없는 것이다. 러시아는 시에서 자주 통속적인 이 세상의 한계를 버려두고 목표나 통제 없이 도망쳐 버리는 세 마리의 말이 끄는 마차로 비유되었다. 알렉산드르 블록의 세기말적 비전에서 러시아는 일상으로부터의 도주라는 슬픈 노래에 맞춰 춤

---

9 니콜라이 베르댜예프(Nikolai Berdyaev)는 러시아의 종교 철학자로 그의 철학은 기독교적 실존주의 경향을 띤다. 볼셰비키의 권위주의와 개인의 자유를 억압하는 국가 지배, 집단화에 반대하여 개인의 자유와 창조를 중시하였고 이는 그의 철학의 핵심을 이룬다. 1920년과 1922년 소비에트 당국에 의해 두 차례 투옥된 후 1922년 독일로 망명, 1924년 다시 파리로 망명하여 파리에서 생애를 마쳤다. ─옮긴이

을 추는 순수한 영혼이다.[10] 영혼이 춤을 추고 있을 때 방황하는 종말론적 기수는 황혼 속에 숨어 있다. 따라서 러시아는 끊임없이 계속 방랑하는 영혼, 방랑벽, 그리고 일상으로부터 해방으로 정의된다. 이 도상학에서 일상의 삶byt은 단지 비정신적일 뿐 아니라 러시아인에게 그것이 의미하는 고상한 시적 의미에서 비러시아적인 것으로 지각된다.[11]

그러므로 가족이 있는 집에서의 행복에 대한 사적 추구라는 아메리칸 드림과 도스토옙스키와 그를 매우 존경했던 베르댜예프의 개념 속에서 정신적 집 없음spiritual homelessness, 그리고 메시아적 방랑으로 구성되는 러시안 드림 사이에는 커다란 차이가 있다. 따라서 도스토옙스키의『죄와 벌』에서 "미국으로 간다"라는 표현이 자살과 동의어라는 것, 신세계에 대해 매우 다른 생각을 갖고 있다는 사실은 놀랍지 않다.

물론 일상의 삶byt과 실재bytie 사이의 이 종말론적 투쟁은 논란의 여지없이 남아 있지 않았다. 제정 러시아 말에 나타나 혁명 이후 금지된 유명한 상업 소설은 종종 용감한 야심가, 일상의 사소함과 가벼운 성性에 대한 추구를 상술하는, 일상의 지식이 해박한 사람들을 찬양하였다. 푸시킨부터 톨스토이와 체호프에 이르는 러시아 작가들은 일상의 내러티브의 반복적인 파도와 디테일의 힘을 발견하였다.[12]

---

10 Aleksandr Blok, "Bezvremen'e" in *O literature*, Moscow: Khudozhestvennaia literatura, 1980, p.29. 알렉산드르 블록의 종말론적 형상화에 대해서는 다음을 보라. David M. Bethea, *The Shape of Apocalypse in Modern Russian Fiction*, Princeton: Princeton University Press, 1989, pp.123~125.
11 "러시아인들은 종말론주의자거나 혹은 허무주의자이다. … 이것은 러시아 민족이 그들의 형이상학적 본질에 따라 부름을 받고 세상에 나온 종말의 민족임을 의미한다." Nicolai Berdiaev, *Russkaia ideia*, Paris: YMCA Press, 1946, p.165. *The Shape of Apocalypse in Modern Russian Fiction* 에서 저자는 베르댜예프와 로트만의 문화적 이원성의 사고에 대해 재미있는 비교를 한다.
12 푸시킨과 체호프에 대한 사후의 찬양들에서뿐 아니라『전쟁과 평화』,『죄와 벌』을 포함하는 19세기 러시아의 위대한 소설의 에필로그에서 '끝'과 일상의 삶(byt)과 실재(bytie) 사이의 투쟁에 대한 강조는 매우 크게 나타난다. 러시아 비평 전통에서 설교적 독서는 미학적 독서보다 지배적이다.

인텔리겐치아의 어떤 이들은 삶의 철학이 철학에 대한 실제 연구와 혹은 품위있는 삶을 사는 능력과 별로 관련이 없다는 사실에 근거하여 인텔리겐치아의 삶의 철학을 내부로부터 강력하게 비판하였다. 미하일 게르센존[13]은 『이정표』 Landmarks에서 다음과 같이 말한다.

> 인텔리겐치아의 일상의 삶byt은 끔찍하고 그 파괴적인 속성은 진실로 혐오스럽다. 심지어 외관상에 있어서 어떤 규율도, 일관성도 없다. … 사적 삶에 있는 것은 게으름과 단정치 못함, 호머식의 불청결과 외설이고 가족과 성적 관계 속에는 혼란과 더러움이, 일에는 무책임이, 사회적 사안에는 폭정을 향한 무한한 경향이, 다른 개인에 대한 존경의 완전한 결여가 존재한다. 권력 앞에서 오만한 도전 혹은 정중한 태도는 전혀 집단적인 것이 아닌 … 개인적인 것이다.[14]

게르센존은 일상에 반대하는 인텔리겐치아의 낭만적 태도에, 비판적 주관성과 자의식적 개성을 발전시키는 것에 대한 그들의 반대에 의문을 갖는다. 그러나 러시아 인텔리겐치아의 이상에 대한 이런 욕설 속에서도 게르센존은 인텔리겐치아와 민중 사이의 특별히 친밀한 관계를 상정한다. 왜냐하면 러시아 인텔리겐치아의 일원들은 유럽식의 이기주의자나 자기 자신을 위해 매일의 존재를 계발하는 프티부르주아가 되는 위험에 처하진 않기 때문이다.[15]

---

13 미하일 게르센존(Mikhail Gershenzon, 1869~1925)은 러시아의 문화사가, 사상가, 평론가이자 번역가이다. ─옮긴이

14 M.O. Gershezon, "Creative Self-Consciousness", *Vekhi, Sbornik Statei o russkoi intelligentsii*, Moscow: Novosti, reprint of 1909 in 1990, pp.84~85.

15 달리 말해 지식인의 일상의 삶을 비판하면서 게르센존은 인텔리겐치아의 속물근성, 소시민근성

1917년의 10월 혁명 후에 "프티부르주아의 일상"에 대한 전쟁은 시인들과 정치가들에 의해 창조된 새로운 일상의 삶New Byt의 꿈과 함께 새로운 국면에 들어선다. 니콜라이 자볼로츠키[16]는 새로운 일상의 삶이라는 아기를 향해 무정부적이고 아방가르드적인 찬양의 노래를 부른다.

> 태양은 모스크바 위로 떠오르고
> 나이든 여인들은 두려움에 사로잡혀 뛰어간다.
> 그들은 지금 어디로 가야 하는가?
> 새로운 일상의 삶(New Byt)이 문 앞에 있다.
> 잘 차려입은 커다란 아기는
> 술탄처럼 요람에 앉아 있다.
> …
> 아기는 강해지고 남자답게 자라
> 식탁을 가로질러 걸어 다니다가
> 콤소몰[17]로 뛰어 들어간다.[18]

새로운 일상의 삶은 기적을 행하는 아기와도 같은데 이 아기의 도상은 미학적인 아기 그리스도를 상기시킨다. 시는 "일상의 삶의 재건

과 부르주아에 대한 역사적 전쟁, 일상에 대한 인텔리겐치아의 공격적 태도에 부분적 책임이 있는 이 전쟁에 대해 질문하지 않는다. 1990년대 볼셰비키 혁명 이후 『이정표』(Vekhi, Landmarks)의 첫 출판은 러시아 문화에서 인텔리겐치아의 역할에 대한 진지한 논쟁을 불러일으켰다.

16 니콜라이 자볼로츠키(Nikolaii Zabolotskii)는 러시아의 시인이자 번역가, 아동 문학가, 러시아 아방가르드의 부조리주의를 대표하는 오베리우(Oberiu)를 창단한 일원 중 하나이기도 하다.—옮긴이

17 공산주의 청년동맹. —옮긴이

18 Nikolay Zabolotsky, "Novyi Byt", *Stolbtsy, stikhotvoreniia, poemy*, Leningrad: Lenizdat, 1990, p.28.

축"에 대한 질문이 시인들로부터 박탈되어 공산당의 중앙 위원회와 그 지령으로 넘겨지기 고작 3년 전에 쓰였다.[19] 역설적이게도 일상이 새롭게 창조되어야 한다는 전제하에서 소비에트의 새로운 일상의 삶에 대한 건설은 일상의 삶과 실재 사이의 대립과 관련된 오래된 이념에 그 근거를 두고 있다. 새로운 일상의 삶에 대한 꿈은 19세기 러시아 인텔리겐치아의 이념과 초기 소비에트 좌파 이론가들 사이, 그리고 다소 부적절하지만 좌파 이론가들과 스탈린주의 관료주의자들(부적절한 이유는 후자가 종종 전자를 물리적으로 제거했다는 책임을 지기 때문에) 사이의 일련의 묘한 연속성을 반영한다.[20] 새로운 일상의 삶의 스타일은 폭력적인 성향에서부터 시적인 성향에 이르기까지 다양했다.

새로운 일상의 삶에 대한 소비에트적 도상은 시간과 공간 둘 다를 완전히 재구성하는 것에 기반을 두었다. 즉 가스테프[21]의 일상의 삶에 대한 유토피아적 계획부터 새로운 공산주의자의 공간에 대한 전체적인 기획(전 민중의 집으로서의 코뮌) 및 새로운 남녀의 창조가 그것이다. 그러나 일상의 삶이 유토피아적 지형학에 의해 억제될 수 있을까? 19세기 근대 서구 세계에서 이렇게 일상을 '이념적으로 수정'하는 구체적인 건축이 거의 없고 이 유토피아 건축으로부터의 수많은 탈선들이 그 어디

19 Postanovlenie TsK VKP(b) "O Perestroike Byta," May 16, 1930.
20 좌파 전선의 선동가인 세르게이 트레티아코프(Sergei Tretiakov)는 정신적 힘을 혁명적 힘으로 전환시키는 것으로 실재(bytie)의 역동성을 재정의한다. 그는 프티부르주아의 키치적 대상들의 영역, 단지 사적 세계를 구성할 뿐만 아니라 혁명을 세속화시키는 "민중의 적"인 물질적 일상의 삶(byt)에 혁명적 실재(bytie)를 대립시킨다.
21 알렉세이 가스테프(Aleksei Gastev)는 러시아의 혁명가(1905년 혁명에 참여), 전문 경영자, 시인, 작가이자 러시아에서의 과학적 경영의 선구자, 과학적 노동 조직 이론가이다. 중앙 노동 대학의 학장이었다.—옮긴이

에도 없다는 것은 놀랄 만한 것이 아니다. 안드레이 시냡스키[22]는 '소비에트적 삶의 방식' 또는 새로운 일상의 삶이라는 개념이 "상호 배타적인 개념들의 결혼, 상호모순"이라고 말한다. 왜냐하면 '삶의 방식'은 습관과 전통, 그리고 존재의 기본 형식들에 묶인 안정적이고 지속적인 어떤 것을 의미하기 때문이다.[23] 아마도 용어에 있어 이러한 심각한 모순이 소비에트식의 삶의 방식이 되었을 것이다.

나는 실제 삶에서 유토피아적 아방가르드 기획을 시행하려는 대담한 시도에 주목할 것이다. 1922년부터 1928년 동안 마야콥스키는 시민전쟁의 영웅주의에서 반영웅적 일상의 삶으로 그 중심이 이동하는 일련의 시들을 썼다. 이 시들은 일상의 신화에 대한 우리의 논의를 위한 키워드—meshchanstvo(속물, 중산계급), poshlost'(평범함, 외설, 나쁜 취향), 그리고 kul'turnost'('교양있는 행동')—들을 포함한다. 쓰레기trash는 '형편없음'rubbish을 상징하는 것이 아니라 반대로 혁명 후 가짜 귀족들, 소시민들, 범속한 사람들, 졸부들의 문화에 속하는 안락한 가정의 사물들을 상징한다. 마야콥스키가 귀족적 허세를 가진 새로운 소비에트의 소시민들의 가정의 장면을 어떻게 묘사하고 있는지 보자.

벽에는 마르크스가 있고

작은 액자틀은 진홍색이다.

---

22 안드레이 시냡스키(Andrei Sinyavskii)는 러시아의 문학연구자이자 비평가, 작가이다. 검열이 극심하던 소비에트 시절 아브람 테르츠(Abram Tertz)라는 필명으로 소비에트의 삶의 현실을 묘사하는 단편 소설을 서방에서 발표하였고, 그 사실이 발각되어 1965년 체포되어 1966년 '반소비에트 활동'이란 죄명으로 6년형을 언도받았다. 1971년 석방 이후 1973년 프랑스로 망명하여 소르본 대학에서 러시아 문학을 강의하면서 러시아 문학에 대한 비평서들을 썼다. ─옮긴이

23 Andrei Sinyavsky, *Soviet Civilization: A Cultural History*, trans. Joanne Turnbull, Boston: Little, Brown, 1990, p.153.

신문 『이즈베스티야』 위에서는 새끼 고양이가 누워 몸을 데우고 있다.

천정 아래에서는

장난꾸러기 작은 카나리아가

재잘거린다.[24]

다소 순진한 가정의 배경이 새로운 일상의 삶New Byt을 위한 극렬한 투쟁이 일어나야만 하는 전투장으로 변한다. 속물들의 바람은 혁명적 투쟁을 안락한 공산주의의 목가로, 혁명적 성취물을 개인적 페티시의 집합물로 바꾸는 것이다. 마야콥스키는 잠자는 혁명의 미녀를 깨우고 "사물의 반란"을 벌이기 위해 자신의 마법적인 시의 힘을 사용한다.

벽에서 마르크스가 보고 있다, 보고 있다,

그리고 갑자기

입을 크게 벌린 채,

울부짖기 시작한다:

혁명은 속물들의 실 속에 엉켜 있고

속물들의 일상의 삶byt이 브랑겔[25]보다 더 무섭다.

카나리아의 머리를 비틀어 버리는 것이

더 낫다.

공산주의가 카나리아에 의해 공격당하지 않게 하기 위해.[26]

24 Vladimir Mayakovsky, "O driani", *Sochineniia v dvukh tomakh*, Moscow: Pravda, 1988, vol.1, p.145.
25 표트르 니콜라예비치 브랑겔(Pyotr Nikolaevich Vrangel')은 내전 시기에 볼셰비키의 적군에 맞서 백군을 지휘한 인물들 중 한 명이다. ―옮긴이
26 Vladimir Mayakovsky, "O driani", p.145.

칼 마르크스는 성화가 놓여 있곤 했던 작은 붉은(아름다운) 구석[27]에서 소비에트의 속물에 의해 '액자에 넣어진다'. '국제 프롤레타리아의 지도자'는 영웅적이고 혁명적인 위업, 위험한 프티부르주아의 노란 카나리아의 목을 비트는 상징적 희생을 요구한다(마야콥스키는 마르크스를 속물적 페티시즘에서 구하기 위해 의인화라는 평범한 낭만적 장치를 사용한다).[28]

마야콥스키의 시들에 응답하여 1928~1929년 신문 『콤소몰의 진실』Komsomol Truth은 실제 삶에서 매일의 단조로운 일과에 대항한 마야콥스키의 시적 투쟁을 실천하기 위해 "가정의 쓰레기를 타도하라"라는 캠페인을 시작했다. 이것이 시도한 것은 독자들이 옛취향의 가정을 버리는 데 참여하고 '사물들의 작은 우상들'을 태우는 스스로의 위업을 신문에 기고하는, 일종의 상호적인 소비에트의 공적 공간의 창조였다. 캠페인의 슬로건은 다음과 같았다. "무취미한 장식품들의 생산을 중단하자! 이 개들, 인어들, 작은 악마들, 코끼리들과 함께 보이지 않는 소시민근성이 다가온다. 네 방을 청소하라! 장식품들을 공개재판에 회부하자!"[29]

---

27 붉은 구석(krasnyi ugol)은 동슬라브의 농촌 가옥에서 성화(이콘)를 놓는 성스러운 공간이다. '붉은'은 옛슬라브어에서 '아름다운'을 의미한다.—옮긴이

28 「목가」(1928)라는 제목의 시에서 마야콥스키는 파생어 괴물[chudovishche, 이 단어는 기적, 놀라운 것을 의미하는 chudo에서 파생됨—옮긴이]과 같은, 저주받은 일상의 삶(byt)에서 일상 나부랭이(bytishche)라는 가공할 만한 새로운 단어들을 만들어 낸다. 이와 함께 시인은 우리에게 하찮은 소농이 지닌 이념적으로 부적절한 또 다른 삶의 방식을 제공한다. "휘파람소리를 내며/ 물주전자는 끓고 있다./ 축음기는/ 쇳소리를 내며 로망스를 연주한다./ 두 명의/ 공산주의자 동무들이/ 앉아 있었다./ 클럽, 하트, 슈트, 카드를/ 선택하는 게임을 하기 위해./ 의식은 완벽히 수행된다./ 작은 선반에서/ 행복과 행운을 위해/ 자기로 만든 세 마리의 코끼리가/ 응시하고 있다."
이 시는 '차스투시키'(chastushki)라 불리는, 풍자와 조롱의 목적을 가진 유명한 노래의 리듬을 갖고 있다. 그러나 전염성이 강한 소농의 리듬은 이전 소농과 소비에트에서 이제 막 나타난 하위 중간 계급의 새로운 '우아한 삶'을 패러디하는 혁명적 선전의 리듬을 획득한다. 마야콥스키는 새로운 일상의 삶(New byt)의 주요한 시적 기획자이자 혁명적 취향을 가진 멋쟁이로 자신을 설정한다.

29 Komsomolskaia Pravda, Nov. 4, 1928.

캠페인은 시민전쟁과 문화 혁명의 수사학을 재창조했다. "가정의 쓰레기들을 향한 우리의 투쟁은 새로운 국면으로 들어서고 있다. …적의 요새를 파괴하여 악을 완전히 근절하는 것이 필요하다."[30] 이는 "작은 프랑스 도자기 장식을 파는 작업장"을 끌어내리고, "(혁명적) 취향의 독재"를 향해 전진하라는 외침이었다. 이 캠페인을 이끈 이들은 구성주의자들과 가까운 좌파 예술 이론가들이었다. 이것은 집에 대한 새로운 지형학을 위한 캠페인이었다. 이는 이상적인 혁명적 집이지, 부르주아의 안락함을 추구하는 페티시적 도피처가 아니다.

캠페인에 참여한 이들 중 한 사람은 '대중의 취향'이 "심연이 지배계급을 위한 예술과 인민을 위한 예술을 분리시켰을 때인 아시아적 전제정치의 상황"하에서 만들어졌다고 썼다.[31] 그러므로 대중의 취향의 현대적 개념들은 혁명가들의 것들과 상관이 없었다. 굼(GUM, 국영백화점)에서 팔던 프랑스 도자기로 만든 아기자기하고 사실적인 작은 장식품들과 루복(소비에트 예술가들이 18세기에 인기를 끌었던 코믹한 판화를 민속 스타일로 재창조한 것)은 종종 대중들에게 사랑을 받았지만 새로운 일상을 위한 캠페인에 참가한 자들에게는 미움을 받았다.

가정의 쓰레기에 대한 공격은 한편으로는 반종교적 운동과 함께 진행되었고 다른 한편으로는 신체 문화와 스포츠를 증진시키는 캠페인과 함께 했다.[32] 가정 쓰레기의 대상들은 "작은 우상들"bozhki이라 불렸는데 왜냐하면 이것들이 반혁명적인 우상숭배를 고무시켰기 때문이었다.

---

30 *Ibid*.

31 *Komsomolskaia Pravda*, July 28, 1928.

32 신문의 같은 페이지에는 '제국주의자의 음모'에 대한 맹렬한 비난이 그리스와 리투아니아의 젊은 공산주의자 동지들을 향한 호소 및 아프가니스탄에서의 반란에 대한 보고와 섞여 있었다. 경우에 따라서 논쟁과 군비확산 경쟁은 이 모든 캠페인에서 동일한 것처럼 보인다.

이 작은 우상들은 도자기 코끼리들 혹은 유명한 작은 장식품들의 형태를 취했다.[33] 이러한 "추한 취향"을 보여 주는 가구들 중의 하나가 "배 나온" 서랍장들이었다.[34] 프티부르주아적 사물을 의인화하는 '배 나온'이라는 형용사는 특히 흥미롭다. 스포츠와 신체 단련에 국가적으로 열광하던 시기에 '배 나온' 것보다 더 나쁜 것은 없었고 이것은 개인의 방에 있는 거울 앞에서가 아닌, 광장에서의 집단 퍼레이드에서 종종 보이기까지 했다. '배 나온' 서랍장은 비미학적이고 건강치 못한 것이었다. 따라서 이것은 노동자의 방을 장식하기에 '적합하지' 않았다. 미의 새로운 개념은 소시민적인 가짜 화려함과 건강하지 못한 사물들의 혼잡함에 반대하였다. 새로운 미는 마야콥스키의 선전 구호 속에서 다음과 같이 표현되었다. "우아함이란 100퍼센트의 효용성, 옷의 편안함, 거주공간의 넉넉함이다."[35] 신체 단련과 아름다움, 위생에 대한 집착, 이 셋의 결합이 1930년대 세 개의 다양한 정치 문화—미국, 나치 독일, 소비에트 러시아—가 공유한 '가족의 가치'였다.

여성들은 종종 안락함의 수호자이자 따뜻한 가정을 위한 쓸모없는 프티부르주아적 사물들의 수집가로서 비난받았다. 이 고소에 대응하여 두 여성 독자들이 집 청소와 자기정화라는 가장 급진적인 프로그램을 제안하였다. 아래의 체르냐코바 동무의 제안을 보자.

친애하는 전업주부 여성들이여! 나는 신문 『콤소몰의 진실』의 도전을 받아들였다. 나는 벽에서 엽서들과 그림들을 떼어 내어 난로에 넣어 버렸다.

---

33 *Komsomolskaia Pravda*, July 28, 1928.
34 *Ibid.*
35 Mayakovsky, *Polnoe sobranie sochinenii*, Moscow: 1958, vol. 8, p.38.

사실 같지 않은 포즈를 취하고 있는 벌거벗은 천박한 여인들을 재현한 작은 조각품들을 깨버렸다. …나는 작은 장식품, 저 모든 소농 남자들과 인형들을 깼다. 나는 이것들을 쓰레기더미로 옮겼다. … 이런 종류의 미는 내 머릿속에 있지 않다. 지금 방이 얼마나 훌륭하고 빛으로 가득 차 있는지! 나는 내 예를 따를 모든 전업주부 여성들에게 이렇게 할 것을 호소하는 바이다.[36]

이 행복하고 독선적인 파괴 장면에서 특징적인 것은 체르니코바 동무가 자신의 집을 청소하는 것에만 만족하지 않았다는 점이다. 그녀는, 미국의 비유를 사용하자면, '그녀 자신의 집의 프라이버시'를 지키는 가운데 조용히 그것을 행할 수 없었다. 그녀는 그것에 대해 쓰기 위해, 공개 재판에 '자신의 집의 프라이버시'를 회부하기 위해, 그녀 자신의 의로운 행위를 보여 주고 신문에 게재하기 위해 모든 행위를 하였다. 기고문은 자신의 선례를 따르라는 독자를 향한 호소로 끝을 맺는다. 『콤소몰의 진실』에 의해 창안된 이 새로운 소비에트의 공적 영역은 라이벌 부족의 일원들이 이웃들에게 더 많은 소각의 의무를 지우기 위해 공적 희생으로서 자신들의 가구를 태우는 전근대적 포틀래치potlatch와 유사하다.

수많은 독자들과 편집자들이 가정의 파괴라는 더 많은 공적 장면을 공유했다. 어떤 조심스러운 이는 자기방어 차원에서 신문 편집자들이 좋은 취향이라고 여길지 아닐지에 대해 궁금해 하면서 자신의 방에 있는 예술 복제품들의 목록을 보여 주었다. 「쓰레기 대신에 당신은 우리에게 무엇을 줄 것인가」라는 제목의 글에서 암브로시예프카 마을의 갈킨

36 Komsomolskaia Pravda, Nov. 4, 1928.

이라는 성을 가진 독자는 다음과 같이 썼다.

모든 사람들이 "타도하라!"라고 쓴다! 나는 이미 모든 것을 던져 버렸다.
… 나는 예술에서 새로운 것은 별로 없다고, 대중 생산은 쓰레기라는 데
동의하지만 그 누구도 아파트를 어떻게 장식하는지 상세하게 보여 준 적
이 없었다. 예를 들어 나는 내 방의 벽에 「공장」(베를린 미술관), 「레닌을
방문하는 소농」, 「쿠반의 마지막 백위군」 복제화들과 레닌과 마르크스의
초상화들을 걸어놓았다.[37]

'갈까마귀'를 의미하는 갈카에서 온 갈킨이라는 성과 신의 음료인
'암브로시아'에서 파생된 듯한 암브로시예프카라는 마을 이름은 만들
어 낸 것처럼 보인다. 목가적 소비에트의 아르카디아(목가적 이상향)는
어떤 종류의 것이고, 레닌주의자 소농의 그림이 있는 새로운 일상의 땅
을 독자는 어디에서 갖고 왔는가? 오히려 반대로 러시아와 소비에트의
맥락에서 리얼리티는 허구보다 더 낯선 듯하다. 독자는 자신이 "비문화
의 블랙리스트"에 오르는 것을 두려워하고 있다고 고백한다.

『콤소몰의 진실』은 자신들 편집부의 일상을 재판에 회부하였고 사
무실의 재떨이를 저주하였다. 편집부는 러시아 삼두마차의 축소버전인
두 마리 말이 그려진 낡은 재떨이를 없애기로 결정하였다. (이는 흡연의
폐해 때문이 아니었다. 건강의 위험 요소로서의 흡연은 다른 세대에 속한다.)

---

37 *Komsomolskaia Pravda*, Dec. 4, 1928. 알프레드 쿠렐라 또한 "자신의 가구의 굴곡진 부분을 잘
라내는 것, 장미와 작은 새들이 있는 신문들을 찢는 것"에 대해 말하고 있다. Alfred Kurella,
Krasivaia zhizn', pp.40~41. V. I. Khazanova, *Sovetskaia arkhitektura pervoi piatiletkii*, Moscow:
Nauka, 1980, p.60에서 인용.

낡은 것 대신에 편집자들은 스포츠맨을 묘사하는 새 재떨이를 굼에서 구입함으로 썰매를 타거나 말을 타는 것과 같은 구식의 가짜 러시아적인 취미들을 버리고 좀 더 근대적인 운동으로의 추구로 이를 대체하였다. 편집자들은 미학적으로 더 만족스러운 재떨이를 찾지 못했다고 언급하였지만 이것이 그들이 소비에트 가게에서 발견할 수 있었던 모든 것이었고 게다가 새 재떨이는 더 실용적이었다.

새로운 일상의 삶을 위한 캠페인은 단지 일상의 사소한 장식, 모든 기념품과 소형 장식품들, 엽서들만을 건드렸다. 「우리가 접시에서 무엇을 요구하고 있는가?」라는 제목의 기사에 대한 답은 "우리는 이 접시를 사회적 기능으로 채우기를 요구한다"는 것이다. 문화 혁명의 기간 동안 "사물들의 행진 가운데 각 대상은 그 행진의 대열 안에 있어야만 한다".[38] 『콤소몰의 진실』은 추상적 그림이 있는 '이념적으로 올바른' 엽서들과 반라로 비스듬히 누운 현대의 물의 요정이 그려진 '이념적으로 올바르지 않은' 엽서들을 발간했다. 소비에트 에로티카의 희귀한 예인 이 요정들은 재판에 회부되었다.[39] 마야콥스키의 장시 「블라디미르 일리치 레닌」은 혁명적 인테리어 장식에 대해 우리에게 다른 관점을 제공한다. "방안에 우리 둘이 있다. 나와 흰 벽, 사진 속의 레닌."[40] 이는 당 지도자와 시인의 연합에 대한 시일 뿐 아니라 세르게이 트레티아코프가 "가장 페티시적이지 않은 것"이라고 부른 단 하나의 진실한 혁명적 아이콘―레닌의 흑백사진―으로 황량한 벽을 장식한 이상적인 혁명적 거

---

38 *Ibid*.
39 마야콥스키의 환상적인 희곡 「빈대」에서 혁명 이후의 모범적인 소시민은 1979년 반투명한 유리벽이 있는 자신의 새 방의 유토피아적 디자인에 대해 다음과 같이 불평한다. "내가 벽에 여자 친구의 사진조차 붙일 수 없는데 뭐 이런 삶이 다 있는가?"
40 Mayakovsky, "Vladimir Il'ich Lenin", *Sochineniia v dvukh tomakh*, vol. 2, pp.232~301.

주지이다.

삶의 경험들과 기쁨들을 대상화, 구체화하는 것과의 전쟁은 전쟁을 위한 전쟁이자 전쟁과 유사한 정신, 그리고 진실한 혁명가의 유목민적 생활방식에 대한 향수였다. 예를 들어 새 가구는 마치 금방이라도 여행을 떠나거나 혹은 문자 그대로 군사작전을 할 준비가 된 듯, 운반이 용이하고 접이식이어야 했다. 엘 리시츠키[41]는 미래의 방을 "가장 훌륭한 종류의 여행 가방"에 비교한다. 그는 현대인을 위한 빈 방안에는 매트리스, 접이식 의자, 테이블 그리고 축음기(여기서 축음기는 기이하게도 대중적 요구에 양보한 경우이다)만 있으면 충분하다고 쓴다.[42]

가정의 쓰레기에 대항하는 캠페인을 특징짓는 이 강력한 수사학과 열정에도 불구하고 캠페인의 지도자들은 대중의 취향과의 전투에서 패배했다. 더욱이 운동을 조직한 몇몇은 결국 추방을 당하거나 활동을 영원히 그만두어야 했다. 1930년대에 일상생활 속으로의 침입은 수사학 그 이상이었다. 가택 수색은 일상생활을 스탈린식으로 새롭게 재건축하는, 잊을 수 없는 이미지가 되었던 것이다. 동시에 가택 수택이 일반 관행이 되었을 때 가정의 쓰레기를 태우는 것은 더 이상 언론에 등장하

---

41 엘 리시츠키(El Lissitzky)로 더 잘 알려져 있는 라자르 리시츠키(Lazar Lissitzky)는 러시아의 화가, 디자이너, 사진작가, 인쇄공, 건축가이다. 러시아 아방가르드의 주요 일원으로서, 스승이라 할 수 있는 카지미르 말레비치와 함께 절대주의를 전개시켰고 구소련을 위한 선전용 작품, 수많은 전시용 작품들을 디자인하였다. 그의 작품은 바우하우스와 구성주의 운동에 큰 영향을 끼쳤다. —옮긴이

42 El Lissitzky, "Kul'tura Zhil'ia," *Stroitel'naia promyshlennost'*, 12, 1926, p.881. 부르주아 사물과의 전쟁의 주요 목표인 '배 나온 전통 서랍장' 스타일과 같은 곡선의 가구 유형은 유럽에서 유행한 디자인의 특징이다. 전쟁을 고무시킨 이념은 실상 르 코르뷔지에와 바우하우스의 설립자들에 의해 개척되었다. 그러나 세계 그 어느 나라에서도 수천 명의 사람들에 의해 문자 그대로 이 사물들의 공개 소각과 공개 파괴가 조직적으로 실시되지는 않았다. 그 어느 곳에서도 전체 디자인 이론이 이런 대중적 규모로 실행에 옮겨지지는 않았던 것이다. 그러나 르 코르뷔지에와 마야콥스키는 새로운 일상의 유토피아에 대하여 캠페인을 전개한 편집자들보다도 더 애매함을 표출한다.

지 않았다. 스탈린적인 새로운 일상의 스타일은 굼의 스타일로, 러시아적인 유사 루복lubok으로, 구성주의자들의 주적인 중간급 정도 문화의 소비에트 버전으로 나타났다. 그러나 도자기로 만든 코끼리와 고무나무에 대한 때때로의 공격을 포함하는 캠페인의 어떤 구호들은 스탈린주의 비평가들의 절충적 무기로 남았다.

베라 더넘은 특별 협정 '빅딜'이 2차 세계대전 이후 소비에트 정부와 그 정부의 평범한 시민들, 즉 새로운 소비에트의 중산 계층 사이에서 만들어졌다고 쓰고 있다.[43] 전후의 영웅과 히로인은 이전 세대의 절약과 금욕주의에 지쳐 자라났다. 공예품, 집의 편안함, 여성성에 대한 새로운 갈망이 존재했다. 1950년대 초 대학생 기숙사의 구석에 대한 어느 소녀의 다음의 묘사를 보라. "침대 위 벽에는 나폴리, 베니스, 바다, 그리고 나체의 인어의 모습을 담은 색색의 수많은 엽서들이 압정으로 고정되어 있었다. 밝은 색깔로 수놓아진 몇 개의 베개들은 침대 위에 깔끔하게 놓여 있었다. 부채꼴 모양의 모서리를 가진 그녀의 작은 야간용 스탠드는 분홍색 종이 덮개로 씌워 있었다."[44] 여기에서는 신경제정책NEP 시기에 저주받았던 구 일상의 공예품들—장식품들, 러시아 국경의 서쪽에 위치한 이국적인 땅을 재현한 핀으로 고정된 엽서들, 분홍 종이로 씌워진 나이트 스탠드—이 다시 인기를 얻고 있다. 베라 더넘이 지적하듯 이 분홍색은 그 시기의 인기 색상이었고, 오렌지색과 보라색 역시 그러했다. 그러나 분홍색은 특히나 흥미로운데 왜냐하면 백도 적도 아니면서 이 둘 사이의 혁명적 대립을 흐릿하게 하기 때문이다. 즉 피의 색깔

43 Vera Dunham, *In Stalin's Time*, Cambridge: Cambridge University Press, 1976.
44 *Ibid*., p.42.

도, 혁명적 현수막의 색깔도 아닌 그것은 오히려 여성의 볼의 색에 가깝다. 혁명적 인텔리겐치아의 옛 수호자들에게 있어 이보다 무엇이 더 수치스럽겠는가!

베라 더넘은 혁명적 이상주의자나 유토피아의 건설자, 순수한 지식인도 아닌 소비에트의 소시민, 1930년부터 1970년까지 살아남은 유형인 구제불능의 프티부르주아, 새로운 소비에트인에 대한 강한 비난으로 자신의 책을 끝맺는다. "우파와 좌파로부터, 위와 아래로부터 사적인 욕심이 찬양된다. 부자들에게는 크리스털 포도주잔이, 가난한 자들에게는 달가닥거리는 항아리들이, 이반 이바노비치에게는 냄비가 찬양된다. 이렇게 카나리아가 승리를 거둔다."[45] 프티부르주아 가정에 대한 마야콥스키의 상징은 여전히 짹짹거리고, 이 소리는 혁명적 이상주의를 구하라는 반복적인 촉구를 환기시킨다. 소비에트 중산계급을 향한 도덕적 비난―"좌파와 우파로부터, 위와 아래로부터"―은 우리를 아방가르드의 혁명적 인텔리겐치아와 반혁명적 단조로운 일상 사이의 대립으로 데려가면서 계속된다. 그리고 미학적 차원에서뿐 아니라 윤리적 차원에서 재고해야 할 필요가 있는 것은 바로 물질과 이상의 이 영원한 이원론이다. 공동 기숙사의 어느 구석을 장식하려는 충동, 프라이버시의 극히 일부분을 보호하려는 이 충동은 과연 통제할 수 없는 것으로 비난받을 만한 것인가? 어떤 근거에서, 그리고 누구의 관점에서 비난할 수 있는가?

1960년대 소비에트 인텔리겐치아는 자신들이 절충적인 스탈린주의적 안락함으로 지각한 것에 반대하여, 1920년대의 방랑적인 낭만주

45 Ibid., p.250.

의의 특징적인 정신을 재창조하였다. 이때에는 "타이가의 냄새와 안개를 찾는" 여행들에 대한 노래들, 등반가, 지질학자, 그리고 승무원들의 로맨스를 다룬 이야기들이 있었다. 이것은 가정의 안락함, 분홍색 램프등의 갓과 도자기로 만든 코끼리뿐 아니라 부드러운 긴 의자와 안락의자, 2인용 소파, 플러시 천으로 만든 커튼에 대항하는, 요컨대 가정의 작은 둥지의 깃털에 저항하는 또 다른 낭만적인 운동이었다. 1970년대에, 소비에트의 탱크들이 프라하로 돌진한 후 인텔리겐치아는 사적인 영역으로 후퇴하였고 1960년대 자신들의 '주방 커뮤니티'를 재고하였다. 일부의 인텔리겐치아는 반체제인사가 되어 프라이버시의 심각한 침해와 KGB에 의한 가택 수색을 겪었다. 다른 이들은 정체의 삶에 순응하였다. 소수는 '프라이버시'가 법에 의해 보호받고 국교國敎의 지위로까지 상승되는 자본주의 땅으로 이민을 갔다. 그곳에서 그들은 소비에트 문명의 붕괴를 목격하였다.

1980년대 말, 페레스트로이카의 중반에 소비에트 풍자 작가들 중 유명한 한 사람은 러시아인들이 가족 내 가장 어린 아들인 바보 이반의 민속적 캐릭터 속에서 자기 스스로를 인식한다고 썼다. 바보 이반은 커다란 러시아 난로의 따뜻한 꼭대기 위에서 낮잠을 자는 것으로 대부분의 시간을 보내지만 위대한 영웅적 과업을 수행하기 위해 가끔씩 깨어난다. 바보 이반은 위대한 영웅이지만 자신의 영웅적인 행위 속에서 어떻게 살아야 할지를 모른다. 일상의 삶byt, 일상생활은 그에게 불을 내뿜는 혀를 지닌 머리가 많은 용보다 더 위험한 적이다. 러시아는 자신의 영웅들을 숭배하고, 판에 박힌 일상생활에 대처할 수 없는 그들의 무능력과 함께 그들의 비현실성, '물과 불'을 극복할 수 있는 그들의 능력을 찬양한다. 러시아 문화와 그것의 메시아적 사명에 대한 영웅적 구상은 일상의 삶을 배척하는 원인이 된다. 아마도 참수당해야만 하는 것은 일상의 삶이라는 괴물이 아니라 내셔널 드림에 반하는 일상생활에 흠집을 만드는 문화적 신화일 것이다.

동화에서 바보 이반은 항상 똑같은, 기이한 과제를 맡는다. 그 과제는 "아무도 모르는 곳으로 가서 아무도 모르는 것을 찾으라"는 것이고, 그는 불새를 찾아 국민의 영웅이 된다. 그러나 그의 영웅적 위업podvig(러시아어 '포드비그'는 공훈, 위업을 의미한다―옮긴이)은 따뜻한 난로 위에서 그가 자는 것만큼이나 평범한 것이 된다. 교차로에서 또 다른 갈림길을 택하고, 매일의 우발적인 상황에 직면하여 동화 속 나라의 한계 너머에서 표류하는 것 대신에 아마도 그는 '아무도 모르는 곳'에는 실제로 결코 도달하지 못하면서, 계속하여 예언하는 불새를 찾는 것인지도 모른다.

범속성: 평범함, 외설, 나쁜 취향

안톤 체호프의 단편 「개를 데리고 다니는 여인」의 여주인공은 얄타의 휴양도시에서 새로 알게 된 남자와 사랑을 나눈 후 울기 시작하고, 자신이 "범속한 여인"poshlaia woman이 되어 버렸다고 선언한다.[46] 그녀의 정부는 황금색 테두리의 자기 그릇 위에 놓인 수박 한 조각을 주문한다. 남자는 여자의 눈물에 당황하는데, 왜냐하면 이것은 관습적이고 냉담하며 심드렁한 휴양지에서의 로맨스에 부합하는 좋은 취향이 아니기 때

---

46 Anton Chekhov, "Dama s sobachkoi", *Dama s sobachkoi i drugie rasskazy*, Moscow: Russkii iazyk, 1981, p.13.

문이다. 그러나 이 서구 스타일의 가벼운 불륜이 눈물, 녹색 드레스, 가을 풍경, 향수를 포함하는 러시아의 러브 스토리로 바뀌는 것이 바로 범속성poshlost'이 주는 수치와 매력이다.

범속성은 평범함banality의 러시아적 형태인데 여기에는 형이상학과 높은 도덕성이라는 특유의 러시아적 정취와 성적인 것과 정신적인 것의 기이한 결합이 공존한다. 이 한 단어는 사소함, 상스러움, 성적인 난잡함, 그리고 정신성의 결여를 포함한다.[47] 1860년부터 1960년대까지 러시아와 소비에트 지식인들은 범속성을 향한 전쟁이라는 문화적 강박관념에 사로잡혀 있었다. 아마도 세계 그 어디에서도 범속성을 향한 전쟁에서 이런 일관성은 없었을 것이다. 도스토옙스키에게 범속적poshlyi이라는 것은 악마적 속성인 데 반해 알렉산드르 솔제니친은 서구 지향적인 젊은이들의 특징을 묘사하기 위해 사용한다. 구어에서 '포실략'poshliak(경멸적 의미의 지소사 접미사가 붙은 이 단어는 천박한 사람 또는 게으름뱅이를 의미함)은 악마의 하인이나 '서구 스파이'가 아닌, 외설적인 언어를 사용하는 사람 또는 흔한 오입쟁이를 가리킨다.[48] 범속성이란 단어는 이 단어가 일상적이기 때문에 외설적이고, 평범하기 때문에 악마적인, 비교 불가할 정도로 판에 박힌 일상을 의미할 때, 일상 삶의 의미에 가까운 광범위한 의미를 지닌다.

47 소비에트 과학 아카데미 사전은 범속성의 용법에 대해 다음과 같이 설명한다. "정신적 자질을 결여하고 있는, 평범한, 중요치 않은, 가치없는, 보잘것없는. 독창적이지 않은, 닳고 닳은, 일상적인, 외설적인, 음란한, 천박한, 상스러운." *Akademicheskii Slovar' Russkovo Iazyka*, Moscow: 1957, p.476. 나는 단어의 이러한 수많은 의미가 19세기 말 무렵에 발전되었다고 주장한다.
48 이 단어(포실략)는 여성형으로 사용되는 경우가 거의 없는데 문화신화학에서 여성은 외설적인 언어의 사용자라기보다는 그 언어가 지칭하는 대상이기 때문이다. 외설적 언어를 사용하거나 오입을 하는 여자들은 훨씬 더 나쁜 명칭으로 불린다.[러시아 명사는 그 형태에 따라 남성, 여성, 중성 명사, 세 가지 문법적 성으로 나뉜다. 본문의 단어 포실략은 남성 명사이다. —옮긴이]

블라디미르 나보코프는 러시아적 평범함이 독창적이고 번역 불가능하다고 주장한다. 단지 러시아인들만이 범속성의 개념을 고안해 낼 수 있었고 "고대 러시아에서의 좋은 취향" 때문에 그렇게 할 수 있다고 그는 말한다(이것은 아마도 나보코프의 가장 덜 반어적인, 평범에 가까운 문장 중 하나일 것이다). 나보코프에 의하면 범속성은 "불분명한 허위" unobvious sham이다. 즉 그것은 "명백히 쓰레기 같을 뿐 아니라 또한 거짓된 중요함, 아름다움, 영리함, 매력"이다.[49] 그러나 자신의 소설에서 범속성을 묘사하는 것을 매우 즐긴 이 유명한 풍자 작가가 그 해결책을 찾아내려 시도할 때 그 역시 러시아적 평범함의 덫에 빠진다. 범속성을 비평의 중요한 범주로 인정하면서 나보코프는 부주의하게도 러시아적 평범함에 대한 비판과 러시아의 지적 집착을 동일시한다. 비평지향적인 지식인들은 범속성의 유행을 러시아가 서구, 그리고 '진보'와 만난 탓으로 돌린다. 러시아의 취향 전쟁에서 문제가 되는 것은 단지 사회적 위신이 아니라 국가적 자존심이다.

나보코프의 구상에서 범속성이라는 단어의 첫 모음 'o'는 "코끼리가 진흙 속으로 떨어지면서 내는 풍덩 소리만큼 크고 독일 그림엽서의 목욕하는 미녀의 가슴만큼 둥글다".[50] 그가 정의하고 있는 예들은 주로 독일의 것들로 목욕하고 있는 바이에른의 미녀, 그림같이 아름다운 백조, 고골이 묘사한 것과 같은 헨델과 그레텔의 레이스 커튼이다. 그러나 독일인들이 범속성의 삶을 살았다면 러시아인들은 그것을 조롱하는 것을 배웠다. (특히 "범속성과의 내밀하고도 끈끈한 접촉을 날카롭게 인식했

---

49 Vladimir Nabokov, *Nikolai Gogol*, Norfolk, Conn.: New Direction, 1944, p.70.
50 *Ibid*.

던" "교육받은, 섬세한 감수성을 지닌 자유로운 정신을 지닌 러시아인들"이
그러했다.) 나보코프의 유머러스하고 열정적이며 때로 격노한 독설은
미국의 광고들뿐 아니라 유럽 중산층의 평범한 교양인들의 문화에도
향한다.[51] 나보코프는 러시아 단어(범속성)의 역사에 대한 탐구 없이 그
것을 미학화했고, 국가 비평의 완벽한 인위적 산물로 만들었다. 나보코
프가 국가적 평범함national banality이라고 주장하는 이 독특한 버전의 근
원들은 무엇일까?

  19세기까지 형용사 '범속한'poshlyi은 어떤 경멸적인 함의를 갖지 않
았고 취향, 도덕, 섹슈얼리티, 또는 악마와 연관되지 않았다. 그것은 단
지 오래되고 전통적인 어떤 것을 의미했다. 범속성poshlost'은 포실로poshló
에서 유래하는 것으로 이것은 예전부터 지금까지 존재해 오고 있는, 혹
은 발생했었거나 사라져 버린 어떤 것을 가리킨다. 이 단어의 옛 의미들
중에는 '전통적인'과 '고대의'가 있다. 따라서 poshlyi people이라 할 때
이는 조상들에 대한 언급으로 볼 수 있고 poshlyi route는 오래된 경로
를 의미한다.[52] 범속성과 상인 계급—상위 레벨에 있는 상인들은 쿱치
kuptsy이고, 보다 하위 레벨에 있는 도시 거주민들은 메샤네meshchane(프티
부르주아에 상응하는 러시아의 신화적 상관물)이다—사이에는 중요한 연
관성이 있다.[53] 17세기 러시아에서 유행했던 이야기에 따르면 영국의 엘

---

51 그럼에도 불구하고 나보코프는 서유럽인들이 미국인들보다 범속성에 있어 더 죄가 있다고 주장
한다.

52 Vladimir Dal', *Tolkovyi slovar' zhivago velikorusskogo iazyka*, St. Petersburg: Volf Editorial, 1882,
p.374. 달(Dal')은 포실리(poshlyi)의 유의어로 다음을 제시한다. 옛적부터 관습처럼 행해진 오래
된(davniy), 옛날의(starodavnii), 옛적의(drevnii) 것.

53 19세기 문학에 의해 형성된 바와 같이, 러시아의 문화적 상상에서 쿠페츠(상인, kupets)는 보수
주의의 구현체, '어둠의 세력'이다. 상인들은 주로 동양과 거래했고 표트르 대제가 매우 무자비
하게 그 수염을 자른 옛 귀족(boyar)을 상기시키는 러시아의 전통적 삶의 방식을 보존하고 있었

리자베스가 이반 4세의 결혼 제의를 거절했을 때 이반 4세는 특별히 화를 내지 않았다고 한다. "그녀는 단지 범속한 여자poshlaia devitsa다"라고 자랑스럽게 차르는 말했다.[54] 여기서 '범속한 여자'는 창녀(일반적인 매춘부)를 의미하는 것이 아니라 열등한(충분히 귀족적이지 않은), 상인 출신의 여자를 의미한다. 물론 이반 4세는 자신의 계보를 류릭 대공, 동슬라브의 첫 지배자가 된 바이킹에서 찾았다(결혼 중매에 대한 이 전설적이고 비범한 예에서 하나 유감스러운 것은 이것이 위대한 셰익스피어 희극으로 끝났을 수도 있었다는 것이다).

문학에서 단어 'poshlyi'는 푸시킨의 작품에서 처음으로 사용되었다. 상류사회 무도회의 환락에 지친 예브게니 오네긴은 우연히, 그리고 경솔하게 자신의 가장 친한 친구인 낭만적 시인 렌스키가 사랑하는 블론드의 아가씨에게 수작을 부린다. "오네긴은 올가와 함께 나갔다. 우연히 미끄러져 그녀에게 몸을 기울이면서, 그는 그녀를 이끈다. 그리고 그녀에게 어떤 시시한trivial, poshlyi 짧은 연시를 부드럽게 속삭인다."[55] 비록

다. 블라디미르 달이 제시하는 옛 상인들(poshlyi kupets)의 초기 용례에 따르면 이들은 공동체 소트냐(sotnia, 노브고로드 공국에서 정치적·상업적으로 영향력을 행사했던 노브고로드 상인들의 연합 —옮긴이)에 속하고 포실리나(poshlina) —차르 행정부에 의해 부과되는 세금으로 'ban'(소환하다, 명령하다)의 의미와 유사함—를 지불할 수 있었던 상인들을 의미한다. 어원에 대해서는 다음을 참조하라. Max Vasmer, *Russisches Etymologisches Wortebuch*, Heidelburg: Carl Winter, Universitats Verlag, 1979, p.423.
범속성(poshlost')과 언어 사이에는 고유의 연관성이 있다. 범속성은 단지 어간의 측면에서만 연구될 수 없다. 그것은 문체, 사물이 행하여진 방식, 사물 그 자체와 많은 관련을 갖고 있다. 단어의 변형은 러시아와 소비에트 언어, 특히 무소불위의 힘을 가진 관료제 언어의 발전 과정과 긴밀히 얽혀 있다. 관료제는 선례, 관습, 명령, 그리고 그것들의 보존과 재순환에 대한 관념에 영향을 준다. 과거의 절차들, 의식들, 그리고 위로부터의 명령들은 심지어 혁명 후에도 거의 수정되지 않은 채 남았다.

54 이것은 이반 뇌제에 대한 전설들 중 하나에 불과하면서 아마도 가장 출처가 불분명한 것일 것이다. 그러나 나는 범속성을 둘러싼 신화들과 사실들 둘 다에 관심을 갖고 있다. 이 전설을 내게 말해준 이는 보리스 우스펜스키다.

55 "Onegin s Ol'goiu poshel. Vedet ee, skol'zia nebrezhno, / I naklonias'; ei shepchet nezhno

여기서 이 단어가 '오래된 그리고 일반적인'이라는 구의미 속에서 사용되고 있지만, 그것이 사용되는 맥락은 러시아적 평범함banality에 대한 근대적 모험을 예상하고 있다.[56] 오네긴이 올가에게 수작을 거는 에피소드에서 미학과 윤리는 서로 뒤얽혀 나타난다. 포실리poshlyi는 관습화된, '숙녀를 향한 칭찬'인 글쓰기의 비주류 형식과 관련된다. 동시에 이 단어는 상류사회에서의 관습적 구애∙코드에도 적용된다. 짧은 연시뿐 아니라 그것이 사용되는 맥락 또한 범속한 것이다.[57] 이 경우 오네긴의 범속한poshlyi 행동은 사회적 에티켓을 위반하지는 않지만 윤리적 일탈(범죄)로 간주될 수 있는 것으로 귀결된다. 즉 올가와의 진부한 농탕질 후에 그는 친구 렌스키로부터 결투를 제안받고 이 결투에서 아이러니로부터 스스로 거리를 두지 않고 낭만주의 클리셰의 삶을 이어가고 있던 렌스키를 죽인다.

푸시킨의 「스페이드의 여왕」에서 이 형용사의 또 다른 용례가 나타난다. 러시아 문학의 전형적인 플롯이 적용된 이 소설은 나이든 여인

kakoi-to poshlyi madrigal." Alexander Pushkin, "Evgenii Onegin", chap. 5, sect. 43, *Sochineniia v trekh tomakh*, Moscow: Khudozhestvennaia literatura, 1955, vol. 3, p.99. 푸시킨은 반어적으로 포실리(poshlyi)를 사용한다. 푸시킨은 자신의 인물들로부터 운문소설의 양식화된 작가의 비판적 거리를 취한다. 이 위대한 언어 천재는 포실로스트(poshlost')의 어원론을 암시하면서 우리에게 두 행에서 같은 어근을 지닌 두 단어―포숄(poshel)과 포실리(poshlyi) ― 가 있는 두 행을 제시한다. 『예브게니 오네긴』에서의 창조적 관습성과 문화 범위에 대해서는 다음을 보라. William Mill Todd III, "Eugene Onegin: Life's Novel", *Literature and Society in Imperial Russia*, ed. William Mill Todd III, Stanford: Stanford University Press, 1978.

56 비록 이 푸시킨 언어사전(*Dictionary of Pushkin's Language*)은 단지 단어의 옛 정의인 "일상의, 평범한, 눈에 띄지 않는"을 지적하고 있지만, 나는 푸시킨의 단어 사용이 그것의 이후 용례에 영향을 주었다고 주장한다. V. V. Vinogradov, ed., *Slovar' iazyka Pushkina*, Moscow: Gos izdatel'stvo slovarei, 1956-1961, p.626. 유리 로트만도 자신의 책에서 이 정의를 따르고 있다. Iurii Lotman, *Roman Pushkina "Evgenii Onegin"*, Leningrad: Prosveshchenie, 1983, p.285.

57 포실리(poshlyi)를 '짧은 연시'와 결합시키는 것은 매우 의미심장하다. 왜냐하면 이 시 형식은 귀족 남자와 귀족 여자 사이의 관습적인 연애(flirtation)를 제시하기 때문이다. 분명 푸시킨은 때로 짧은 연시 및 귀족여인들의 앨범에 넣기 위한 시를 쓰는 것에 완전히 반대하지는 않았었다.

을 살해한, 혹은 살해했다고 상상하는 청년에 대한 이야기이다. 이 나이 든 여자(종종 "나이든 마녀"로 언급된다)는 아마도 러시아 문학에서 가장 희생적인 여주인공 중 하나일 것이다. 청년은 독일 혈통을 지녔고, 매우 뛰어난 근대적 주인공이다. 그는 광기 혹은 구원 속에서 정점에 이르는 자신의 형이상학적 탐색을 계속해 나가기 위해 노파를 제거할 필요가 있다. 여기서 포실리poshlyi란 단어는 『예브게니 오네긴』에서와 마찬가지로 미학, 일상의 삶, 그리고 푸시킨의 독일 낭만주의와의 반어적 유희가 복잡하게 얽혀 있는 상황을 나타낸다. 포실리는 매우 연극적인 상류사회의 관습인 무도회의 맥락에서 다시 등장한다. 젊은 귀족 톰스키는 오네긴처럼 애인이 있는 여자(리자)에게 집적거린다. 톰스키는 리자를 위해 게르만의 초상을 말로 묘사한다. "톰스키에 의해 그려진 이 초상화는 그녀가 최신 소설들을 읽으면서 스스로 구성해 낸 이미지와 비슷했고, 이렇게 이미 범속한poshloe 얼굴은 그녀에게 공포감을 주면서 그녀의 상상력을 자극했다."[58]

여기서 다시 포실리poshlyi는 비하적으로 혹은 적어도 반어적으로 사용된다. 게르만은 비록 시인은 아닐지라도 또 다른 낭만주의의 아류(모방자)로 독일 혈통을 지닌 러시아 나폴레옹이거나 메피스토텔레스의 진부한 모방이다. 만약 게르만이 삶에서 낭만적 시인Romantic poet-in-life으로 보인다면 단지 이류 시인으로서만 그러할 것이다. 동시에 그는 독일적 평범함뿐 아니라 외국인을 혐오하는 러시아 정신을 구현하는, 후에 고골과 도스토옙스키의 작품에서 유명해지는 일련의 범속한 독일 캐릭터들 중 최초의 캐릭터이기도 하다.

---

58 Alexander Pushkin, "Pikovaia dama", *Sochineniia v trekh tomakh*, vol. 3, p.402.

그러나 평범함commonplace에 대한 푸시킨의 태도는 매우 모호하다. 왜냐하면 평범한 방식에 대한 어떤 향수가 존재함에도 불구하고 '옛 러시아의 좋은 취향'이라는 나보코프의 주장에 반하는 푸시킨의 이 평범한 방식들은 거의 러시아적이지 않기 때문이다. 그것들은 프랑스 악센트를 갖고 있고, 샤토브리앙에서 번역된 것이다. 다음은 푸시킨이 즐겨 쓰는 인용 중 하나이다. "Il n'est de bonheur que dans les voies communes(오직 평범한 방식들 속에 행복이 있다)." 푸시킨은 세 언어에서 유사한 표현들―평범함commonplace에 대한 자신의 태도에 있어 다양한 뉘앙스를 시사하는 "vulgar", "poshlyi", "voies communes"― 을 사용한다.[59] 러시아 역사의 이 지점에서 모국의 문학어를 구성하는 것이 무엇인지는 미결정된 상태이다. 사실 푸시킨은 경계를 놓은 사람들 중 하나이다. 그는 언어적, 문화적 순수성에 적대적이다.[60] 그의 평범한 방식들은 국가를 구원하는 방식들이 아니다. 그것들은 러시아적이면서 동시에 유럽적이고, 문화적으로 특수하나 그렇다고 배타적이지는 않다. 유럽적 평범함commonplace은 위기에 처해 있고 푸시킨은 러시아 토양에서 이 위기를 재현한 최초의 사람이다.

사실 러시아 단어 '범속성'poshlost'의 역사는 평범함banality에 해당

---

59 푸시킨에게 나타난 "vulgar"와 "comme il faut"의 사용에 대해서는 다음을 보라. Lotman, *Roman Pushkina Evgenii Oneguin*, p.352. 푸시킨이 샤토브리앙의 의견을 사용한 것에 대하여는 다음에서 논의되고 있다. Lotman, *Roman Pushkina Evgenii Oneguin*, pp.350~351. 공통의 장소에 대한 푸시킨의 태도는 3장에서 더 탐구될 것이다.

60 러시아어에 있는 외국 표현들을 모두 검열했던 슬라브주의자 시시코프에 대한 자신의 두려움을 푸시킨이 농담삼아 말하길 좋아했다고 해서 푸시킨을 '러시아혐오주의자'라고 절대로 말할 수는 없다. 푸시킨을 19세기에 발생하여 1948년부터 1952년까지의 스탈린의 숙청기간에 다시 유행한 기이한 러시아적 모욕인 "뿌리없는 코스모폴리탄"(bezrodnyi kosmopolit)으로 간주해서는 결코 안 된다.

하는 프랑스 단어의 역사와 유사하다. 처음에는 banal과 마찬가지로 poshlyi 역시 도덕적으로도 미학적으로도 가치가 정해지지 않았고 천재와 진실성을 낭만적으로 숭배한 시대인 19세기에 오늘날과 같은 함의를 획득했다. 먼저 단어는 봉건 공동체의 의식과 그 질서에 연관되었다. 그러나 잃어버린 공동체 의식에 대한 슬픔은 프랑스보다도 러시아 문화에서 더 오랫동안 지속되었고 일상생활은 러시아 지식인들에게 완전히 세속적인 어떤 것으로 결코 지각되지 않았다. 성적·정신적·귀족적 영역은 서구와 비교할 때 한층 다르게 묘사되고, 일상생활, 가벼운 연애, 영혼의 낭비는 서로 연결되어 남아 있게 되었다. 범속성과 그것에 대한 맹렬한 비판은 국가적·문화적으로 러시아의 정체성을 정의하는 데에 있어 핵심이다. 단어의 사용은 물질문화와 역사적 변화에 대한 태도들을 망라하고 특히 섹슈얼리티에 대한 관심, 때로는 여성성에 대한 관심과 함께 윤리적 가치들을 결정짓는데, 왜냐하면 범속성은 종종 느슨한 도덕을 가진 살롱의 부인(마담)으로 의인화되기 때문이다. "개를 데리고 다니는 여인"은 그 어떤 것을 핑계로 삼거나 속이려 하지 않은 채 자신의 섹슈얼리티가 그 자체의 삶을 가지고 있는 것처럼 보였기 때문에 잠시 동안 울었다. 그리고 이 울음으로 섹슈얼리티는 비도덕적인 것이 되었다. 세기말의 시인 지나이다 기피우스는 성sex에 대한 러시아인들의 견해를 다음과 같이 요약한다. "무언가가 옳지 않다! 이런 식이 아니다! 추하다! 또는 평범하다banal, poshlo! 또는 죄악이다! 또는 고통스럽다! 또는 어리석다!"[61] 평범함과 섹슈얼리티의 결합은 러시아의 독특

---

61 Zinaida Gippius, "Vliublennost'", *Russkii eros*, Moscow: Progress, 1991, p.175. 위의 인용은 바실리 로자노프와의 토론에서 온 것이다. 그녀는 "모든 것이 허용된다"는 사상과 미학 둘 다를 부정하면서 육과 영을 통합시키는 좀 더 전인적이고 정신적인 접근법을 제안한다. 상징주의 작가들과

한 현상인가?

비록 그 어떤 유럽어도 현대 러시아어가 그러하듯 그리 명백하게 섹슈얼리티를 평범함banality의 개념에 포함시키지 않을지라도 성적 함의는 영어 단어 'common'의 의미가 폄하되는 역사에서 중요한 역할을 한다. 19세기 영어에서 '평범한 여인'common woman은 사실상 '저속한 창녀'common whore를 의미한다. 실제로 단어 'banal'의 초기 유의어 중 하나―17세기로 거슬러 올라가면 그 유의어는 trivial이다―는 매춘부가 고객을 기다리는 십자로인 라틴어 'trivialis'에서 유래한다.[62] 공통의 장소common place는 근대성의 기이한 뮤즈인 매춘부의 여성적 형상으로까지 폄하된다(물론 그것은 매춘부가 아니라 사례금을 받는 그녀의 예술가 포주이다). 19세기 중반 무렵 유럽어들에서 평범commonality과 하찮음triviality으로부터 성적인 함의가 사라진 것처럼 보이는 반면 러시아에서는 그 의미가 강조된다. 그러나 범속성은 도스토옙스키와 톨스토이에 의해 때로 성스럽게 묘사되곤 하는 매춘부들을 의미하지 않는다. 매춘부들은 충분히 구원받을 수 있을 만큼 극단적이다. 진짜 위험은 더 큰 문화적 위험을 보여 주고 있는 일상의 섹슈얼리티에 놓여 있다. 범속성에 대한 공포는 그러나 단지 성에 대한 공포가 아니다. 차라리 그것은 사랑,

철학자들의 철학 작품에서 러시아의 '에로스'는 18세기의 프랑스 에로티시즘, 프로이트의 섹슈얼리티와는 다른 것이다. 러시아의 에로스는 그 자체로 홀로 존재하지 않고 정신성(spirituality), 연민, 아가페, 카리타스와 섞인다. 신플라톤주의 철학에서 사랑은 기독교적이면서(경건한, 자비로운) 초월적이어야 한다. 사랑으로부터 벗어나는 것은 치명적이다. 인간적 애정, 연민 그리고 매혹적 끌림은 전우주론 밖에 있지 않다. 러시아어를 모국어로 사용하는 수많은 이들은 비록 둘 사이에 어떤 어원적 관계가 없을지라도 포실로스트(poshlost')를 포호트(정욕, pokhot')와 관련된 것으로 파악한다. 반면 다른 사람들은 (사전에 명시된) 단어의 성적 함의를 부정할 것이다. 그들은 섹슈얼리티를 독립적인 문화영역으로 지각하지 않는다.

62 *Le Grand Robert*, p.510. 이것은 단어의 가능한 어원론 중 하나일 뿐이다. 옥스퍼드 영어사전은 중세 'trivium'을 지적한다. 이것은 매춘부의 장소와 학문의 교육과정이 교차하는 재밌는 지점이다.

종교, 사회적 집착들로부터 벗어난 존재의 분리된 자율적 영역으로서의 섹슈얼리티에 대한 공포이다. 범속성은 정확히 매춘이 아니라 외설적인 혹은 과도한 감상성을 선호하는 취향이다. 예를 들어 자신의 허구적 자서전에서 톨스토이는 자신의 어린 시절에 소녀들과 사랑에 대해 진지하게 대화하는 것이 범속한 것으로 여겨졌다고 쓰고 있다. 이런 대화들은 귀족의 좋은 취향, 남자들의 우정, 그리고 대화 규칙의 관습을 파괴하는 것이었다.[63]

범속성과 악마와의 연관성은 이 용어가 러시아 삶의 수많은 부문—종종 유사 종교 용어에서 악마에 속한 죄의 영역으로 해석되는 하위문화와 관련된 부문—에 걸쳐 있다는 사실을 암시한다. 그러나 범속성의 문제는 그것이 상위문화와 하위의 민중문화 둘 다를 하찮게 만들고, 문화 수준들 사이의 변별적 특징들을 흐릿하게 만든다는 것이다. 범속성은 전통을 유행으로, 사랑을 섹슈얼리티로, 정신성을 사소한 것으로 변형시키면서 (매춘부가 자신의 몸을 팔 듯) 국가의 문화를 '팔아넘길' 위험을 무릅쓴다. 그러나 단순히 과거의 오래되고 습관적인 것들을 지칭하던 단어가 어떻게 그런 부정적 변형 과정을 겪게 되었을까?

범속성 문제의 핵심에는 반복과 전통의 역설이 있다. 반복과 전통은 인간의 생존, 기억의 작동과 문화의 보존, 예술 그리고 일상의 언어 발전을 위해 근본적인 것이다. 그러나 범속성은 잘못된 반복, 낡아빠진 클리셰가 된 관습, 미학적이고 비평적인 실험과 경험을 폐쇄하는 일련의 끝없이 이용가능한 장치들로 축소된 전통으로 지각된다. 허나 좋은

---

63 Lev Tolstoy, "Iunost'", *Sobranie Sochinenii*, Moscow: Khhudozhestvennaia literatura, 1978, vol. I, p.287.

반복과 나쁜 반복을 어떻게 구별할 수 있는가? 우리의 문화적 상황들을 구성하는 관습들과 문화의 악성 복식조를 만들어 내는 평범화trivialization를 우리는 어떻게 구분할 수 있는가?

범속성은 아름다움과 마찬가지로 보는 사람의 눈 속에 있고, 범속성을 초기에 보고 발견한 사람들 중에는 범속성을 러시아가 근대화 및 진보와 만난 탓으로 돌린 19세기 지식인들이 있었다(그들이 이 진보에 대해 너무 느렸다고 혹은 너무 빨랐다고 생각하는 것은 별로 중요치 않다). 중요한 것은 삶의 다른 리듬 및 다른 과거와 조우한 것, 급격한 변화에 직면한 것이었다. 그리고 이 변화의 속도는 이해하기에 너무 어려운 것이다. 유리 로트만과 보리스 우스펜스키는 옛것뿐 아니라 새로운 것을 개념화하는 것에 영향을 미친 러시아 문화의 "이항 모델"binary model의 특징에 대해 다음과 같이 쓰고 있다.

중립적인 가치론적 영역이 부재하는 가운데 이원성은 새로운 것을 지속이 아닌 완전한 종말론적 변화로 개념화했다. … 이런 조건하에서 역사 변화의 역동적인 전개는 근본적으로 다른 특징을 갖는다. 변화는 이전 상황의 철저한 부정으로서 발생한다. 새로운 것은 구조적으로 '사용되지 않는' 비축분으로부터 생겨나는 것이 아니라 옛것의 변형, 옛것을 뒤집는 과정에서 기인한다. 따라서 반복되는 변형이 사실상 낡은 형식의 부활로 이끄는 것이다.[64]

---

64 Iurii Lotman and Boris Uspensky, "Binary Models in the Dynamics of Russian Culture", pp. 32~33.

(자주 기호학적으로라기보다는 오히려 환영적으로 보이는) 러시아 문화에 대한 이 기호학적 '환영'속에는 역사적 기억의 복수의 층들을 위한 장소가 존재하지 않는다. '과거'는 '옛 것', 즉 '새 것'에 의해 거부되는 제일 가까이 있는 역사적 존재로 국한된다. 어떤 러시아 비평가들에게 있어 범속성의 악은 바로 그것의 흐릿함 속에 있다. 범속성은 귀족 인텔리겐치아도, 인민도 아닌, 혼합되고 절충적인 저속한 도시 문화 같은 다양한 '불순한' 현상 전체를 의미하고, 귀족 인텔리겐치아와 인민 사이의 뚜렷한 구분을 위태롭게 하며 인민의 문화와 그 민족적 순수성에 대한 지식인들의 이상화를 위협한다.

나보코프의 주장과는 반대로 이원성과 그것의 비판적인 개념화에 대한 비교 연구는 러시아적 개념이 그것의 모든 문화적 특수함에도 불구하고 독특하지 않다는 사실을 보여 준다.[65] 더욱이 나보코프의 선한 옛 러시아에서의 특히 '좋은 취향'에 대한 주장은 모순적인데, 왜냐하면 좋은 취향이라는 개념은 취향이 서구 및 서구의 문명화 개념과 연관된 옛 러시아에게 있어 이질적인 외국의 개념이기 때문이다.

기이한 윤리적·미학적 혼합물이라는 나보코프의 범속성에 대한 정의는 헤르만 브로흐의 키치 개념과 매우 유사하다. "유한한 무한에 대한 감상화"로 정의되는 키치는 단지 반예술 혹은 나쁜 예술이 아니라 예술과 예술의 자율성의 통합을 확산시키려는 행위이다.[66] 독일의 키치에 대한 브로흐의 논문은 나보코프의 『니콜라이 고골』이 나오기 몇 년 전에

---

65 19세기에만 기재된 옛 단어 "poshlyi"에서 온 추상명사는 어느 정도 외국의 영향을 받았을 수도 있다.

66 Hermann Broch, "Notes on the Problem of Kitsch", *Kitsch: The Anthology of Bad Taste*, ed. Gillo Dorfles, London: Studio Vista, 1969, pp. 69~70.

출판되었고, 두 작가가 자신들의 독립된 국가 정체성과 취향의 개념을 공식화하려 노력한 만큼 나보코프의 범속성 개념과 브로흐의 키치 개념은 이복자매 관계에 있다. 범속성에 대한 나보코프의 글은 미국, 프랑스, 독일의 예를 가져온다. 이 글은 러시아어의 개념적 힘을 높이 칭송하지만, 망명자의 관점에서 영어로 기술된다. 잃어버린 좋은 취향에 대한 회상은 유럽식 교육을 받은, 늙어가는 페테르부르크 출신 귀족으로서 세계의 범속성을 비판하는 망명자의 향수를 미묘하게 드러낸다.[67]

범속성에 대한 나보코프의 개척적인 연구는 그것의 어떤 "불분명한 허위"를 재연한다. 한편으로 슬라브적 뿌리와 토착적 진화로 구성되는 많은 부분이 문화의 단일성과 취향의 정신적 귀족성을 위한 투쟁 속에서 러시아 귀족 작가들과 이후 러시아 인텔리겐치아에 의해 시작되었다. 다른 한편으로 19세기 동안 범속성은 서구 및 서구에 대한 러시아의 모방과 관련되어 자주 사용된다. 그것은 외국의 영향이 토착민 문화를 단순한 유행으로 변형시킬 수 있다는 공포이다. 사실 범속성은 방식, 행동, 자기조형에 있어 일종의 연극성과 자주 관계된다.[68] 범속성에 대한 논의들은 러시아 문화에 대한 흔한 이항 묘사를 복잡하게 만들고, 선과 악의 두 극단들 사이라기보다는 두 악들 사이를 끊임없이 오가는 러시아의 국가적 경향에 제동을 건다(러시아에는 "두 악들 사이에서 제3의

---

67 범속성에 대한 나보코프의 비난은 구별에 대한 톨스토이의 귀족 원칙을 20세기에 들어서 반어적으로 재술한 것이다. 나보코프의 에세이는 예술과 생활 방식을 기계적으로 복제하는 시대에서 사라진 '좋은 취향'에 대해 애도한다.

68 내가 이 장의 집필을 이미 끝냈을 때 나의 관심을 끈, 범속성에 대한 최근의 통찰력 있는 설명은 그리고리 포메란츠(Gregorii Pomeranz)의 「범속성에 대한 찬가」(Akafist poshlost')이다. 포메란츠는 범속성을 민주주의 방식, 자유주의 방식, 민족주의 방식 또는 종교적 실천 등을 포함하는 방식들과 자세뿐 아니라 연극성에도 관련시킨다. *Iskusstvo Kino*, 3(1991), pp.6~7.

것을 선택하라"는 속담이 있다). 따라서 범속성에 대한 나의 연구는 악의 평범함이라는 익숙한 개념과 선의 덜 익숙한 평범함 그리고 제3의 위험인 평범함에 대한 혹은 평범함에 반대하는 담론들의 평범함 사이를 오갈 것이다.

범속성의 문학적 매력: 고골과 체호프

러시아의 인텔리겐치아들이 범속성과의 전쟁에 착수하는 동안 작가들은 러시아의 삶을 묘사하고 음미하며 그에 대해 이해하고, 그와 함께 기뻐했다. 범속성은 예술의 창조적인 힘과 반대되는 것으로 정의되었으나 사실상 이 둘의 관계는 공생적이면서도 모순적이었다. 범속성과 글쓰기광 환자로 알려진 범속한 작가에 대한 집착은 19세기부터 20세기까지 이어지는데, 그 중에는 푸시킨, 고골, 체호프, 조센코, 불가코프가 있고, 동시대인들로는 톨스타야, 소로킨, 프리고프 등이 있다. 문학 텍스트들은 우리에게 범속성의 다양한 뉘앙스를 제공하고 있고, 텍스트들의 범속성에 대한 태도는 비난부터 심취, 풍자부터 애정에 이르기까지 다양하다. 고골과 체호프는 범속성의 기쁨과 구속, 그것의 집/집 없음과의 관련성 및 사랑과 지루함을 폭로한 범속성의 초기 음유시인들이다.

고골은 푸시킨이 다른 어떤 작가도 "삶의 범속성을 그렇게 분명히 보여 주는 재능, 범속한 인간의 범속성을 그려내는 기술을 가지고 있지 않다"[69]고 자신에게 말했다고 자랑스럽게 썼다. 삶의 범속성은 고골의 예술적 영감의 주요 원천이고, 그가 떨쳐버리려 노력했던 악한 혼의 구

---

[69] "Vystavliat' tak iarko poshlost' zhizni, umet' v takoi sile poshlost' poshlogo cheloveka ···"
Nikolai Gogol, *Sobranie sochinenii*, vol. 8, Moscow, 1937, p.292.

현체이다.[70] 고골이 이 현상에 매료된 것은 이후 그의 '리얼리즘'으로 해석된다. 범속성에 대한 논쟁은 벨린스키와 고골 사이에 벌어진 논쟁의 열쇠이다. 벨린스키는 '리얼리티'와 '진실성'truthfulness과 같은 좀 더 고상하고 사회적으로 중요한 용어로 범속성을 대체하길 선호한다. 그는 고골의 재능이 "삶의 범속성을 분명히 보여 주는 것이 아니라 삶의 현상들을 그것의 충만함, 리얼리티, 진리istinnost 속에서 보여 주는 것"에 있다고 간주한다.[71] 범속성은 낭만주의 미학에서 사실주의 미학으로 넘어가는 데 있어 중요한 용어이다. 고골의 범속성은 이념적으로 약간 부정확한데 바로 이것이 벨린스키를 자극했다. 고골은 가장 평범한 사항들과 감탄사들이 존재하는 삶의 물질성과 언어의 물질성에 매료되었다.

범속성을 위한 집을 찾으려는 듯 고골은 자신의 초기 작품 『미르고로드』부터 『페테르부르크 이야기』, 『죽은 혼』에 이르는 작품들에서 다양한 가정 풍경을 보여 준다. 이 모든 가정 풍경들은 그것이 비가적이든 아이러니하든 소격화된 화자의 눈을 통해 제시된다. 항상 길 위에, '외국'에 추방되어 있었던 고골은 러시아의 새로운 외국식의 '사적인 삶'을 그려낼 뿐 아니라 구식 가정을 씁쓸하면서도 달콤하게 묘사한다. 소러시아(현재의 우크라이나)의 구식 지주들의 집에서부터 최신식의 말리노프의 집을 여행하면서 우리는 가정적 범속성의 급변을 추적하게 된다.

---

70 도널드 팡거는 고골의 주요한 재능이 "인물들과 그들의 생활 방식 속에 있는 일상성을 제시하는 것에, 저열한 자질 속에 있는 삶의 평범함과 무의미함을 보여 주는 데에 있는데, 이것은 고상한 시적 가치들을 재현하는 작가들에게 특히나 도전적인 것이다"라고 지적한다. 팡거는 이것을 푸시킨에 대한 다음의 저서에서 언급한다. Donald Fanger, *The Creation of Nikolai Gogol*, Cambridge, Mass.: Harvard University Press, 1979, p.19.

71 Vissarion Belinsky, "O Russkoi povesti i povestiakh", *Polnoe sobranie sochinenii*, vol.1, Moscow, 1953.

「옛 방식의 지주들」에서 화자는 우리에게 목가적 가정의 생생한 파멸을 슬쩍 보여 주면서 소러시아 지주의 가부장적인 삶의 비가적 이미지를 제시한다. 비록 이 이야기에서 범속성이라는 단어는 사용되지 않으나 작품은 정확히 '범속한 방식'들—낭만적 열정과 지적인 자기반성, 혹은 또 다른 악의 과잉이 부재하는, 일상적인 행복을 제공하는 삶의 평범한 옛 방식들—에 대한 이야기이다. 이야기는 평범함commonplace 속에 존재하는, 낭만적 혁명 이전의 거주 세계가 지닌 옛 방식에 관한 것이다. 이것은 또한 가부장적인 삶의 방식과 그에 관해 관습적인 목가적 전원시를 쓰는 것에 대한 작가의 반어적 향수이다. 소러시아의 필레몬과 바우키스[72]의 삶은 "수준 낮은 목가적 전원시"로, "악한 혼의 창조물"로부터 보호받는 습관의 영역, 욕망이 "울타리를 넘을 수 없는" 작은 세계로 묘사된다. 그들의 집은 상자들과 궤짝들로 가득 찬 아주 작고 따뜻한 방들로 구성되고, 18세기 싸구려 그림들이 걸린 벽들은 파리로 뒤덮여 있다. 옛 방식의 지주들의 삶은 사랑스러운 관습들, 맛있는 것들—돼지비계 케이크, 양귀비 파이, 붉은 버섯 피클, 훈제 생선—에 대한 극도로 진지한 대화들이 뒤따르는 미식에 대한 탐닉으로 구성된다. 비록 아파나시 이바노비치가 종종 풀헤리야 이바노브나와 농담을 할지라도 풀헤리나는 거의 웃지 않으면서 가끔 기분 좋게 미소만 지을 뿐이다. 웃음과 아이러니는 전원시와 공존할 수 없다.

하나의 디테일이 이 무정부적인 가정에 미학적 잠재력을 부여한다. 옛 방식의 지주들의 집에는 집이 없는 여행객들을 위해 노래하는 뻐걱

---

72 필레몬과 바우키스는 그리스 신화 속 부부로, 나그네로 변장하고 방문한 제우스와 헤르메스를 융숭히 대접하여 신의 축복을 받았다. —옮긴이

거리는 문이 있는데 문의 노래는 코믹함과 애절함을 아우르는 노래이다.[73] 고골의 노래하는 문은 죽어가는 세계에 대한 일종의 비가를 형성하고, 구식의 매력을 구현한다. 이 소리들은 고골의 텍스트에서 호기심을 자극하는 메타 시학적 요인들을 만들어 낸다. 즉 그것들은 가벼운 아이러니부터 멜랑콜리, 노스텔지어부터 파토스에 이르는 변동의 진폭에 있어서 화자의 태도의 뉘앙스를 반향하는 듯하다. 「옛 방식의 지주들」은 풀헤리야 이바노브나와 아파나시 이바노비치뿐 아니라 언어적·문화적 부패 이전의 단순하고 좋은 옛 슬라브의 범속성에 대한 화자의 애도이기도 하다. 처음에 이것은 프랑스어에서 번역된 '속례'common ways가 아니라 슬라브 민족적인 범속성으로 보이지만, 옛 전원을 향한 노스텔지어의 뿌리는 통상 유럽적이다. 나보코프의 말을 다시 인용하여 "옛 러시아의 좋은 취향"은 여기에서 미학적인 판단을 내리는 감각보다는 그릇을 식별하는 것과 같은, 단어의 보다 문자적인 의미로 이해될 수 있다.[74]

구식의 목가적인 러시아의 범속성의 집에서 우리는 『죽은 혼』의 말리노프의 집으로, 더 근대적이고 유럽된 범속성의 공간으로 이동한다. 다투고 있는 두 농부 아낙네들에 의해 생기를 띤 호수와 고독한 명상의 사원이라 불리는 파란색과 초록색이 섞인 특징적인 정자가 있는 말리노프의 사유지는 러시아 토양으로 이식된 집과 가정에 대한 영국식 숭배의 한 예이다. 이것은 말리노프의 사적인 가족 관습들 속에서 구현되는데, 완벽하게 고전적 취향을 따른 이름을 가진 두 아들 알키드와

---

73 Nikolai Gogol, "Starosvetskie pomeshchiki", *Vechera na Khutore bliz Dikan'ki i Mirgorod*, Moscow: Khudozhestvennaia literatura, 1984, p.214.

74 현재의 민족 구분에서 볼 때, 옛 방식의 지주들은 소러시아인들(지금의 우크라이나)인 데 반해 고골의 비가는 러시아어로 작곡된다. 이 언어적 이동은 슬라브적인 범속성 체계에 또 다른 차원을 부여한다.

페미스토클류스의 대화들, 그리고 애정어린 지소사들로 지칭되는 사과나 작은 사탕 조각들을 서로 먹여주는 아내와의 게임이 그것이다. 말리노프와 그의 아내는 『죽은 혼』의 범속한 주인공들 중에서 '가장 부드럽다'. 그들의 무용성은 무해한 것으로 나타나고 그들의 범속성은 비록 매우 잘 드러날지라도 대수롭지 않은 것이다. 아파나시 이바노비치와 풀헤리야 이바노브나의 "기분 좋은 미소"와는 다른 말리노프의 "기분 좋은 미소"는 "그 안에 너무 많은 설탕이 있다". 이러한 과잉은 범속성의 악한 매력의 일부이다. 마찬가지로 과도하게 곱슬거리는 금발과 파란 눈, 달콤한 행동방식들이 여성적으로 묘사된다. 따라서 말리노프의 범속성은 지나치게 달콤하게 투영된 여성성과 유럽적인 인위적 세련미를 그 특징으로 하는데 이 복합체는 이후 버전들에서 결정적인 것이 된다.

  나보코프가 생각하기에 말리노프에게 가장 어울리는 버릇은 파이프를 흔드는 것과 창문틀 위에 재를 대칭적인 더미로 배열하는 것으로 이것은 "그가 아는 유일한 귀족적 즐거움이다".[75] 말리노프의 연극화된 상냥함과 모방된 세련됨은 아이러니 또는 창조를 위한 그 어떤 여지도 남겨놓지 않는다. 그는 조립식 유럽 가옥의 클리셰에서 달콤하고 비효율적으로만 거주할 수 있을 뿐이다. "프랑스어, 춤, 미래의 남편을 놀라게 할 작은 것들을 바느질하는 것에 주안점을 둔 숙녀의 연금 교육"의 산물인 그의 배우자는 근대 범속성의 한층 더 그로테스크한 구현체이다.[76] 마담 말리노프의 대단한 공예품인 자수가 놓인 아주 작은 이쑤시

---

75 Nabokov, *Nikolai Gogol'*, p.104.
76 Nikolai Gogol, *Mertvye dushi*, Tbilisi: Ganatleba, 1987, pp.46~47. 비록 고골이 여성들을 묘사하는 데 있어 어려움이 있었다고 인정한다 하더라도, 그가 창조해 낸 여성들은 항상 범속성의 이러저러한 유형들의 구현체이고 남자 주인공들에게 때로 부여되는 그 어떤 보충적인 공감의 요소를 갖지 못한다.

개 덮개는 유럽의 발달된 구강 위생학의 도구이다(이것은 영국의 시골에서 팔리는 당대 영국 공예품인 화장지걸이 덮개에 비견될 수 있다). 말리노프 부인의 시대로부터 100년이 지나면 이렇게 사랑스럽고 쓸모없는 수제 공예품은 더 이상 놀랄 만한 것이 되지 못하는데 왜냐하면 이것들은 대량 생산되어 쇼핑몰에서 팔리고 있기 때문이다. 마담 말리노프의 범속성은 중산층의 질 낮은 제품(키치)의 달콤한 한 종류이다.

그러나 말리노프의 캐릭터는 악마적인 면 또한 갖고 있다. 이 인물은 이중적 인상을 만들어 낸다. 하나는 극도로 달콤하고 기분 좋은 성격이고 반대되는 다른 하나는 "악마나 알고 있는 것"chert znaet chto takoe[즉 도통 모르겠는 경우에 사용됨—옮긴이]이다. "악마나 알고 있는 것"이라는 말은 완벽한 언어적 괴물이자 동시에 클리셰이고, 악마를 암시적으로 환기해 낸다. (이 클리셰는 또한 "신이나 알고 있는 것"이라는 말이 될 수 있으나 섬세한 문장가인 고골은 신이 아닌 악마를 선택한다.) "악마나 알고 있는 것"을 진정으로 구현하는 인물은 "우리의 치치코프"로, 러시아 자본주의자의 원형이자 "죽은 농노들"을 파는 자이다. 치치코프는 모든 사람의 친구의 친구이자 "모든 면에서 유쾌한 신사"의 마스크이며 어떤 면에서는 "특성이 없는 사람"이다. 치치코프는 근대적 평범함modern banality, 매우 포스트모더니즘적인 시뮬레이션의 대가이다. 나보코프에 의하면 치치코프는 "적은 급료를 받고 있는 악마의 대리인이자 하데스에서 온 순회 장사꾼으로 Satan&Co. 회사의 직원인 미스터 치치코프"이다.[77] 그의 장사의 초현실성뿐만 아니라 카멜레온 같은 캐릭터, 현실성의 결여는 악마적인 모호함이다. 치치코프는 자신의 것, 다른 사람의

---

77 Nabokov, *Nikolai Gogol'*, p.73.

것인 죽은 말들과 죽은 영혼들을 거래한다.

고골에게 있어 악마와 범속성과의 관계는 좀 더 모호하다.[78] 비록 악마는 고골에게 특별한 매력이 있지만 민간전승의 작은 악마는 때로 작가를 유혹하고 괴롭히는 언어적 괴물로 나타난다. 고골에 의해 발견되고 탐색된 범속성의 광대한 지형은 악마라는 기치하에서 전적으로 제시될 수 없다. 고골에게는 러시아에서의 범속성을 향한 문화적 모험에 큰 책임이 있다. 고골의 아래에서 범속성은 그 영역을 확장한다. 왜냐하면 그것은 가정 문화와 서구 유행을 망라하기 때문이다. 그것은 또한 악과 그것의 가능한 의인화에 대한 변화하는 이해뿐 아니라 문학의 진화와 리얼리즘에 대한 변화하는 이해와도 연관된다. 고골의 예술 텍스트는 범속성의 거대한 잠재력과 그것의 유쾌한 문학적 힘을 보여 준다.

체호프에게 범속성은 선악의 너머에 존재한다. 톨스토이의 소설에서처럼 체호프의 소설에서 범속성은 단순한 윤리적 차원에서 묘사될 수 없다. 보리스 에이헨바움은 체호프가 러시아 문학의 대안적 흐름에, 러시아의 따분한 장소, 뒤뜰에서 살아남은 피셈스키와 레스코프의 지방 문학에 속한다고 썼다.[79] 이 전통은 "그 어느 것도 설파하거나 가르치지 않았고", 도스토옙스키적인 방식 속에서 러시아 소년들의 "저주받은 질문들"을 강조하지 않았으며 단지 변치 않는 러시아의 일상을 묘사했

---

78 (악마 그 자체의 형태뿐 아니라) 둘 사이의 관계는 고골의 소설과 다른 글들, 에세이에서 작가의 발언을 종종 융합하는 후대 비평가들과 작가들에 의해 다소 과장되어 있다.

79 보리스 에이헨바움(Boris Eikhenbaum)은 러시아와 소련의 문학연구자(특히 톨스토이 연구자)이자 형식주의 학파의 주요 구성원이다. 알렉세이 피셈스키(Aleksei Pisemskii)는 작가이자 리얼리즘 극작가로 무대에 평민을 주인공으로 내세운 최초의 극작가들 중 한 사람으로 평가받는다. 니콜라이 레스코프(Nikolai Leskov)는 소설가, 단편작가, 극작가이자 언론인으로 독특한 문체와 형식적 실험으로 톨스토이, 체호프, 고리키 등 여러 작가들로부터 높이 평가받았다. 그는 작은 분량의 작품 속에서 러시아 사회의 전반적인 모습을 보여 주고 있다. ─옮긴이

다.[80] 사실 체호프는 큰 것들과 작은 것들, 주요한 역사적 사건들과 일상의 지루한 사건들을 분리하는 것에 의심을 품고 있다.

체호프의 작품에서 범속성은 판에 박힌 불변의 매일의 지루한 일들의 일부이다. 그것은 삶을 살아가게는 만들지만 그렇다고 삶을 살 만한 가치가 있게 만드는 것은 아니다. 그것은 가치가 없는 동시에 생존을 보장한다. 범속성은 어떤 악마적인 혹은 그로테스크한 캐릭터 속에서 의인화될 수 없다. 그것은 오히려 인물들과 스토리라인을 흐리게 하고 약화시키는 힘이다. 만약 체호프의 스토리에 흔한 전체적 구조가 있다면 그것은 의욕하지 않음에 대한 의욕, 의욕에 대한 의욕 사이의 긴장, 혹은 의욕의 내러티브와 내러티브의 지루함 사이의 긴장이다. 지루함이 범속성으로 경험되는 지점이 있는데 그것은 이 지루함이 고통스럽고 그로 인해 죄의식에 사로잡히거나 피할 수 없는 것이 될 때이다. 체호프의 범속성은 공간적으로 시험될 수 있는데, 가설적으로 위반되거나 재확인될 수 있는 한계나 감금을 부과하는 경우에 그러하다. 많은 이야기들과 희곡들이 마치 이 벽으로 둘러싸인 듯한 체계의 경계에서 대개 상식적이고 자족적이며 일반적인 가정의 공간, 거주민들이 이로부터 도피하길 꿈꾸고 또 아주 드물게 도피하는 이 공간의 경계에서 전개된다.

체호프의 범속성은 정신적 영역에서 인간관계의 영역으로, 특히 남성과 여성의 관계의 영역으로 이동한다. 체호프의 많은 단편들이 로맨

---

80 Boris Eikhenbaum, "O Chekhove", O proze, o poezii, Leningrad: Khudozhestvennaia literatura, 1986, p.225. 227쪽의 다음 부분을 참고하라. "그의 동시대인들은 체호프가 어떤 거대한 것을 보고 싶지 않거나 기대하지 않았다는 이유가 아니라 다른 이유로 사소한 것들을 썼다는 것을 이해하지 못했다. … 체호프의 기법은 사회적인 것과 개인적인 것, 역사적인 것과 내밀한 것, 거대한 것과 작은 것 사이의 차이들, 즉 러시아 문학이 삶의 재생을 그렇게도 고통스럽게 무익하게 찾아가는 과정에서 맞닥뜨린 모든 모순들을 바꿔놓는 것이었다."

스의 위기, 사랑에 대해 말하는 고전적인 러시아 방식에 대한 것들이다. 이런 관점에서 체호프가 가장 많이 반복되어 인용되는 톨스토이의 『안나 카레니나』의 첫 문장, 행복한 가정과 불행한 가정에 대한 언급을 뒤따르고 있다고 말할 수 있다. 행복한 삶은 클리셰의 영역이다. 체호프는 불행한 가족들과 불행한 독신남들의 이야기를 쓰는데, 이들의 미묘한 불행은 멜로드라마적 상상 혹은 형이상학적 상상을 하는 데 있어 너무도 지루하고 별로 중요치 않으며 교훈적이지도 않다. 때로 체호프의 친구들은 그의 특징적인 간결한 이야기들 모두가 젊었던 한때 사랑에 빠져 결혼을 했으나 불행한 삶을 사는 사람들에 대한 것들이라면서 체호프를 놀리곤 했다.[81] 「문학 교사」는 비록 작품의 신랄한 디테일과 스토리의 아이러니한 엄격함이 전혀 진부하지 않을지라도 이 환원적이고 진부해 보이는 공식에 꼭 들어맞는다. 이야기는 젊은 교사와 가난한 지주의 딸인 17살 마누샤 셸레스토바 사이의 완벽한 로맨스이다. 작품은 로맨스를 위한 필수조건과 구애의 모든 클리셰를 갖고 있다. 정원에서의 사랑 고백, 성급한 키스와 홍조, 그리고 영원한 행복에 대한 기대가 그것이다. 대단원은 너무도 행복하다. 여주인공은 승낙하고 예비 신랑은 준비가 되어 있어서, "소설에서만 가능할 것 같은 행복"은 실현될 듯하다. 가족의 삶의 시작 역시 행복하다. 문학 교사는 일과가 끝나기가 무섭게 집에 가서 자신의 부지런하고 "적극적인" 자그마한 아내의 집안일을 도와준다. 이야기에 있어 유일하게 기이하고 소원한 인물이 있다면 니키틴의 동료인 지리, 역사 교사 이폴리트로, 완고한 독신남인 그는

---

81 S. Shchukin, *Iz Vospominanii o Chekhove*, Moscow: Russkaia mysl' 1911, p.44. 보리스 에이헨바움에 의해 인용됨. "O Chekhove", p.233.

"볼가강은 카스피해로 흘러들어간다. … 말은 귀리와 건초를 먹는다"와 같은 중등학교의 구술시험에서 나올 법한 "모든 사람이 다 아는" 경구, 건조한 클리셰를 말한다. 임종의 순간에 이폴리트는 모든 것을 잊어버리지만 세속적인 지혜에 대한 그의 최소한의 표현들은 광기와 경계하고 있는 평범함이다. 삶, 죽음, 결혼에 대한 이폴리트의 건조한, 최소화된 클리셰는 신혼부부의 관습들 및 로맨스의 매력적인 사소한 것들과 일견 대조되는 듯하다. 그러나 이폴리트는 니키틴의 일상의 기분좋은 자연스러움에 찬물을 끼얹고 클리셰를 발가벗기는 것을 도와준다.

이 기이한 독신자의 죽음은 스토리의 톤과 가족의 조용한 행복에 대한 관점을 미묘하게 이동시킨다. "작고 통통한 아내"와 마멀레이드에 대해 꿈꾸면서 따뜻한 침대에서 자고 있는 그녀의 "폭신폭신한 작은 고양이"는 더 이상 동일시될 수 없다. 가정의 삶의 고요함을 무엇인가가 동요시킨다. "어떤 환영이 소진되었고 새롭고 불안하고 의식적인 삶, 더 이상 평화 및 개인의 행복과 동행할 수 없는 그런 삶이 이미 시작되었다고 그는 생각하기 시작했다."[82] 마지막 문장의 "의식적인 삶"은 모더니스트들의 미학 및 윤리의 핵심과 정반대의 것, 즉 가족의 행복에 대립한다. 이야기의 마지막에서 범속함이라는 단어는 몇 번에 걸쳐 등장하는데, 이 억압적이고 굴욕적인 범속함이 학교 선생을 미치게 만든다. "이럴 수가, 도대체 내가 어디에 있는 건가? 나는 범속함에, 더 많은 범속함에 둘러싸여 있어. 따분하고 무익한 사람, 신 크림이 든 통들, 우유 단지들, 바퀴벌레들, 멍청한 여자들… 범속함만큼 무섭고, 모욕적이고, 슬

---

82 Anton Chekhov, "Uchitel' slovesnosti", *Sobranie sochinenii v dvenadcati tomakh*, Moscow: Khudozhestvennaia literatura, 1962, vol. 7, p.402.

픈 것은 없어. 나는 도망쳐야만 해, 오늘 도망쳐야 해, 그렇지 않으면 미쳐 버릴 거야."[83]

그러므로 체호프의 이야기들에서 가정의 행복에 대한 추구는 종종 범속함에 의한 추격으로 변모한다. 톨스토이의 개념과 반대로 체호프에게 있어 가정의 삶은 정신적인 재탄생의 지점이 아니라 평범함의 요람이다. 체호프의 이야기는 대개 두 가지 종류의 평범한 불행에 대한 것이다. 하나가 로맨스는 가능하지만 억압적인 판에 박힌 일상으로 인해 그 실현이 절대 불가능한 것이라면 다른 하나는 로맨스가 실현되었으나 주인공들은 해피엔딩의 억압적인 타성에서 도피해야 하는 것이다.[84]

「문학 교사」의 결말은 범속함에서 탈출할 수 있는 유일한 길이 문자 그대로 가정의 삶에서 탈출하는 것, 모스크바로 떠나는 것이라고 제안한다. 체호프의 마지막 작품 「약혼녀」에서 구조는 뒤집어지고, 시점은 남성에서 여성으로 이동한다. 가정의 '행복'이 제안될 뿐, 그로부터의 도주가 사실상 실현된다. 전도유망한 나댜(나댜의 풀네임인 나데즈다는 희망을 의미한다)라는 이름의 여주인공은 자신의 잘생기고 뚱뚱한 약혼자 안드레이와 함께 새로 페인트칠해진 마루, 빈 식의 의자들, 황금빛 액자 안에 커다란 유화가 있는 그들의 새 집을 방문하는 순간 그녀의 미래 가족의 삶에 임박한 범속함을 깨닫는다. 손잡이가 부러진 보라색 화

---

83 *Ibid.*, p.403.
84 체호프의 이야기에서 묘사되는 매우 드문 '행복한 가족들'(대부분 예전 세대의 가족들)은 목가적으로 제시되지 않는다. 오히려 그들의 매력적인 소소한 관습들, 예를 들어 「이오니치」에서 아내가 읽는, '현실의 삶에서는 결코 일어나지 않는' 것들에 대한 멜로드라마적인 소설과 그의 남편의 우스운 인사말인 "아무쪼록 안녕하신지요"(Здравствуйте пожалуйста)는 이야기 전체에 걸쳐 기계적으로 반복되면서 그 매력을 상실한다. 이 일상의 반복성과 세속성은 가정의 매력을 파괴한다. 다음을 보라. Cathy Popkin, *The Pragmatics of Insignificance: Chekhov, Zoshchenko, Gogol*, Stanford Unversity Press, 1993.

병 옆에 있는 여성의 누드가 그려진 그림은 약간이지만 매우 적당히 에로틱한 당시의 새로운 취향을 반영한다. 나댜는 밝은 푸른색의 객실 한가운데에서, 그리고 데카당한 나체의 여인과 그녀의 보라색 화병이 있는 유화 앞에서 그녀의 미래의 남편이 나댜에게 합법적인 성적 행위의 진전을 보일 때[한손으로 허리를 안는 행위─옮긴이] 구토를 느낀다. 그가 그녀를 껴안고 허리를 잡았을 때 나댜는 단지 범속함을, "어리석고 나이브하며 참을 수 없는 범속함"을 본다.[85] 여기서의 범속함은 물질적 행복, 가정의 안락함, 예술적 조잡함에 대한 징조를 포함한다. 범속함은 출구가 없는 훌륭히 장식된 집의 어두운 파란 벽지가 칠해진 벽과 같이 편안하면서도 동시에 억압하는, 유용한 내러티브의 한계이다.

나댜는 비록 그녀의 상상을 자극했지만 그 자신의 믿음은 다소 모호하고 독창적이지 못했던 이상주의자 대학생 사샤의 시체를 넘어 도시로 탈출한다. 작품의 결말은 행복하진 않아도 적어도 희망적이다. 결말은 '새로운 여성'과 그녀의 일상적이지 않은 삶에 대한 또 다른 내러티브의 희망을 준다.[86] 도피, 공간적 분리, 집으로부터 도망치는 패러다임이 범속함과 싸우는 유일한 방법일까? 삶의 범속함에서 정말 벗어날 수 있는가? 범속함으로부터 벗어나게 하는 길 위에 있는 체호프의 세계에서 내러티브의 아이러니는 우리로 하여금 무엇과 조우하게 하는가?

「개를 데리고 다니는 여인」에서 범속함에 대한 담론과 저속함은 시

---

85 Anton Chekhov, "Nevesta", *Sobranii sochinenii v dvenadcati tomakh*, vol. 8.
86 다른 이야기들에서 '새로운 여성'과 '새로운 남성'에 대한 내러티브는 종종 또 다른 클리셰의 집합으로 제시된다. 나댜는 체르니솁스키의 『무엇을 할 것인가』에 나오는 베라 파블로브나와 약간 비슷하긴 하지만 그녀(나댜)는 혁명 문학의 롤 모델을 모방하지 않는 독립적인 사상가이다. 범속함으로부터의 탈출에 대한 이야기를 내게 제공한 캐서린 오코너(Catherine O'Connor)에게 고마움을 전하는 바이다.

학적으로 재평가된다. 시시한 로맨스에서 도피하는 대신 작품은 그것에 대한 섬세한 재평가를 시도한다. 여기에서 로맨스의 클리셰는 아이러니한 대단원으로 이끄는 것이 아니라 유약한, 열린 러브 스토리로 인도한다. 구로프는 러시아의 전형적인 중산층으로, 중년의 위기에 들어선(현대 미국의 클리셰를 적용하여 말한 것이다) 남자이다. 그는 오랫동안 결혼 생활을 유지해 왔지만 내내 바람을 피웠다. 여성에 대한 그의 관점은 "저열한 종족"에 대한 저속한 클리셰를 모아놓은 잡동사니 주머니와 흡사하다. 그러므로 구로프는 범속한 남자라 불릴 수 있다. 범속함이란 단어는 안나 세르게예브나가 구로프와 처음 동침한 직후에, 안나의 말 속에서 등장한다. 그녀는 자신을 "범속한 여자"poshlaia woman라 지칭하는데 여기서 이 단어는 타락한 여인과 동의어이다. 그녀는 고백하면서 눈물을 흘리지만 작품의 멜로드라마적인 잠재력은 즉시 약화된다. 그것은 의식적으로 주제화되어 있고 서술의 신랄한 생략 속에서 소멸된다. 남녀의 성행위에 대한 이야기는 비밀로 남고 구로프는 그것에 대해 말할 단어들을 가지고 있지 않다. 모스크바로 돌아와서 그는 그의 동성 친구에게 사건에 대해 말하려 시도한다. 구로프는 "나는 얄타에서 매력적인 여자를 만났지"라고 말한다. 친구는 "맞아, 철갑상어에서 냄새나더라"라는 식으로 대답하는데 단편적인 사회적 커뮤니케이션, 관습적인 커뮤니케이션의 클리셰를 인정하는 이 대화에서 여성의 매력과 철갑상어의 냄새는 서로 교체 가능한 기표(시니피앙)이다.[87]

첫 대화에서 구로프와 안나는 휴가 중에도 그리고 집에서도 지루하다는, 지루함에 대한 클리셰 속에서 이야기를 나눈다. 모스크바와 크

87 Anton Chekhov, "Dama s sobachkoi", *Sobranie sochinenii v dvenadcati tomakh*, vol.8.

림반도에는 어떤 탈출구도 없고 다만 다른 종류의 지루함과 평범함만이 존재할 뿐이다. 이야기는 따분한 물질생활에서 불륜으로, 예기치 않은 사랑에서 상식적인 실제 삶으로, 그리고 다시 그 사랑으로의 복귀가 발생하는 수도, 바닷가 휴양지, 지방도시라는 감금의 또 다른 공간들이 비선형적으로 교차하는 것을 통해 전개된다. 작품은 일상 존재의 하찮음으로부터의 도주라는 익숙한 내러티브를 제공하는 것이 아니라 예상 가능한 내러티브로부터의 도피 혹은 우회만을 보여 줄 뿐이다.

범속함poshlost'과 조악함vulgarity은 이야기 속에서 재구성된다. 육욕으로 점철된 그들의 첫 만남에서 죄에 대한 안나의 회개와 그녀의 서툰 눈물은 유쾌하고 관습적인 정사에 대한 구로프의 냉소적인 시나리오를 방해한다. 그녀의 과도한 애정은 그들의 관계를 곤란하게, 불법으로 만드는데 왜냐하면 그것은 충분히 좋은 취향 혹은 충분히 나쁜 취향 속에 있는 것도 아니고, 적절하거나 외설적이지도 않기 때문이다. 안나를 보러 간 구로프에게 그녀는 "손에 조악한 오페라 안경을 든, 지방의 군중 속에 묻혀 눈에 띄지 않는 작은 여인"처럼 보인다. 그러나 여기서 '조악함'은 애정이라는 용어로 변형된다. 안나의 조악한 오페라 안경은 이야기의 시적 요소로서, 그녀를 사랑스럽게 만드는 흠, 혹은 불완벽함의 기호이다. 그녀의 촌스러운 서투름과 기교의 부족은 좋은 취향과 사회적 관습의 억압적인 클리셰로부터 탈출할 수 있다는 희망을 제공한다.

「개를 데리고 다니는 여인」에서 체호프는 평소와 달리 부드러운 회색으로 가득 찬 팔레트를 사용한다. 안나 세르게예브나의 '아름다운' 회색 눈, 구로프가 사랑하는 그녀의 회색 드레스, 황혼녘 흑해의 창백한 연보라 색깔이 그것이다. 범속함과 시, 범속함과 사랑이 반드시 양 극에 있는 것은 아니다. 사실 범속함은 사랑, 시와 마찬가지로 지속적으로 재정비되고 재구성되어야 한다. '좋은 취향'의 제도가 닳아빠진 클리셰로 변할 수 있는 반면 구식의 틀은 매력적인 아우라를 획득할 수 있다. 어떤 이들이 범속함, 조악함으로 부르는 것들은 한편으로는 별로 중요하지 않은 사건들과 우연적인 하찮은 것들, 작은 기쁨과 상처를 지닌 일상의 경험의 부분과 꾸러미이다. 여기서 범속함은 그것의 연약한 매력을 갖고 있다. 그것은 사랑하는 이의 관점에서 묘사되고 결코 구체화되지 않는다. 이 매력은 결과적으로 범속함에 시적 잠재력을 주면서 그것을 아우라로 가득 채운다. 어쨌든 여름 휴양지에서 회색 눈의 유부녀와 불륜을 갖는 것은 평범한 것이고 사랑에 빠지는 것은 더욱더 평범하다. 그러나 적어도 이야기가 진행되는 동안 이 사랑을 유지해 나가는 것은 평범함을 넘어선다.

옛 러시아의 좋은 취향

범속함은 우리로 하여금 19세기 초 콤일포comme il faut('예의바른', '적절한'을 의미—옮긴이)에 대한 러시아 귀족의 심취, 신사의 손톱의 아름다움에 대한 집착에서부터 시작해 20세기 초 마담 poshlost'의 살롱과 취향의 혁명적 독재, 그리고 1960년대 범속함과의 투쟁과 1990년대 그것의 문화적 복권에 이르는 러시아의 취향 전쟁의 역사를 고찰하도록 한다.

평범함과의 투쟁에서 하나의 특징은 그것이 평범하지 않아야 한다는 것, 즉 진부하거나 속물적이지 않아야 함과 동시에 평범한 사람들의 정신을 고찰해야 할 필요가 있다는 것이다. 19세기 초 귀족적인 '좋은 취향'의 중심개념 중 하나는 프랑스적 콤일포였다. 프랑스어로 이 구절은 정의되지 않는다. 사람들은 어떤 일을 마땅히 그렇게 처리해야 할 올바른 방법을 알고 있을 뿐이다. '예의바르지 않은'not comme il faut 것은 범속함보다 이전에 존재한, 범속함의 전임자다. 자신의 전기에서 톨스토이는 자신의 청소년 시기의 관점을 애정을 담아 다음과 같이 비판적으로 요약한다. 귀족 소년에게 있어 세상 사람들은 예의바른 사람들과 그렇지 않은 사람들로 나뉜다. 후자는 "적절하게 예의바르지 못한 사람들, 그리고 평범한 사람들"로 다시 나뉜다.[88] 콤일포는 르네상스의 조신朝臣의 자기조형 방식을 신사의 에티켓과 결합시키는 절충적인 러시아 귀족의 스타일로 톨스토이의 작품에서 이것은 러시아 청소년의 신화로 옮겨지고, 이 신화 속에서 손톱은 특히 중요한 문화적 페티시가 된다.

> 나의 콤일포는 단연코 훌륭한 프랑스어, 특히 훌륭한 악센트로 이루어진다. 프랑스어를 잘 못하는 사람은 내게 증오심을 불러일으켰다. 당신은 할 수 없는데 왜 우리처럼 말하기를 원하는가?라고, 나는 마음속으로 독기로 가득 찬 조롱을 하며 물었다. 콤일포를 위한 두 번째 조건은 깔끔하고 깨끗한 긴 손톱이고 셋째는 인사하고 춤추고 말할 수 있는 능력, 넷째로 중요한 것은 모든 것에 대한 무관심과 어떤 고상하면서도 정중한 지루함을 지속적으로 표현하는 것이다.[89]

손톱의 아름다움은 러시아의 귀족 댄디 예브게니 오네긴에 대한 작가 푸시킨의 거리를 둔, 그러나 호의적인 묘사 속에서 불멸성을 획득하였다. "누구든 유능한 사람이 될 수 있다. 그러나 손톱의 아름다움에 대해서도 생각해야 한다"고 푸시킨은 안타까운 심정으로 말한다. 톨스토

---

88 Lev Tolstoy, "Iunost'", p.285.
89 *Ibid*.

이의 자전적 서술은 사춘기 소년의 목소리, 그리고 다른 누군가에 대해 논평하고 온화한 미소와 가벼운 향수를 품은 채 젊은 시절의 편견을 회상하는 비판적인 성인의 목소리, 이 두 목소리를 분리시키고 뒤얽는다. 콤일포는 방식이자 내용이다. 적절히 예의바른 **상태이면** 충분하고, 무언가를 **할** 필요는 없다. 그것은 배타성에 기반한 의사소통의 형식이다. 자신들의 작은 서클에서 예의바른comme il fuat 사람들은 말을 다 하지 않고도 서로를 이해한다. 입술을 약간 움직이는 것만으로도 충분한 것이다. 콤일포는 문화적 신화의 완벽한 구조인데 왜냐하면 그것의 자기조형 방식의 과정이 신중하게 은폐되어 있어서 그 안으로 들어가기 위하여 얼마나 노력을 해야 하는지 알 수 없고, 귀족이라는 선천적 자격이 당연하게 여겨진다. 콤일포의 이러한 방식은 귀족의 행동과 세계관의 말해지지 않은, 그리고 형언할 수 없는 순화된 관습들 속에서 자기 자신을 나타내는 밀폐된 체계로 남아 있다. 젊은 레프 톨스토이의 콤일포에 대한 이상인 볼로댜는 소녀들에 대해 정의하길 손톱이 깨끗하지 않은 대다수의 사람들처럼 예의바르지comme il faut 않다고 했다.

톨스토이의 저서전적 화자는 회상 속에서 그 자신을 이 원칙의 정화를 위해 특히나 열렬히 싸워야만 하는, 매우 예의바르지 않은not-comme il faut 사람으로 보고 있다. 톨스토이는 사회의 속물근성의 완벽한 메커니즘을 폭로한다. 가식적으로 행동하는 것에 덜 능숙한, 화자 자신처럼 불안해하고 있는 또래와 대면한, 콤일포에 대한 자신의 명령에 확신하지 못하고 있는 한 소년이 바로 그 예이다. 그러나 취향에 대한 러시아적 개념을 이해하기 위해 중요한 것은 예의바르지 않은 사람들과 이 구별 너머에 있는 평범한 사람들을 분리해야 한다는 것이다.[90]

19세기 중반의 러시아 문화에는 인텔리겐치아라는 새로운 사회 집단이 출현했다. 지방 사제, 낮은 지주 계층, 상인 등등 사회적 배경이 혼합된 사람들로 구성된 이 그룹은 반격을 시도했다. 너무 평범하다는 것, 전통적인 귀족적 의미에서 예의바르게comme il faut 처신할 수 없다는 것을 부끄러워하면서 러시아 인텔리겐치아의 구성원들, 특히 그들의 가장 급진적인 대표자들인 니힐리스트들은 공손한 태도, 사회적 관습, 그리고 위생학의 노골적 폐기를 통해 범속함에 대항하여 싸웠다.

경멸적인 속물들로부터 구별되려는 열망 속에는 다르게 보이려는 열망이 내포되어 있었다. 따라서 1860년대와 1870년대 젊은이들은 악명 높은 의복들을 과시했다. 격자무늬 망토와 울퉁불퉁한 지팡이, 여자들의 짧은 머리와 어깨까지 기른 남자들의 머리, 어두운 색의 안경, 프라 디아볼로[91]의 테가 있는 모자, 테가 없는 폴란드 모자가 그 예이다.[92] 만약 그들을 묘사할 때 남성 니힐리스트들이 종종 모호하게 재현된다면 여성들은 거의 항상 다음과 같은 캐리커처로 표현된다. "대부분의 여성 니힐리스트들은 대체로 평범하고 그다지 우아하지는 않기 때문에

---

90 비록 톨스토이가 콤일포의 원칙에 대해 공공연히 비판할지라도 후기 도덕 철학에서 그는 배제라는 그것의 근본적인 구조를 전적으로 제외하지는 않는다. 작가는 단지 충성의 대상을 예의바른 사람들로부터 '평범한' 사람들에게로 바꿀 뿐이다. 『전쟁과 평화』의 베르그와 같은 졸부는 도덕적으로 옳지 않다. 『유년 시대』에서 류보츠카, 카텐카와 같은 여자들은 여전히 소년들의 배타적인 대화에 거의 참가하지 못하고, 참가할지라도 그들은 톨스토이 소설의 살인적인 철길 위에서 안 좋게 끝이 난다(즉 종말을 맞이한다).

91 프라 디아볼로(Fra Diavolo)라는, 악마의 형제를 의미하는 이 별명을 지닌 미켈라 페차는 1771년 나폴리 왕국에서 태어났다. 젊은 시절 시골에서 산적 두목으로 활동했다는 설, 살인죄로 인해 군대에서 하사관으로 강제 복무했다는 설 등 젊은 시기의 행적은 불분명하다. 1799년 나폴리를 침략한 프랑스군과의 전투에서 용맹을 떨쳤고 게릴라전을 벌였으며 1806년 나폴레옹 군대에 붙잡혀 공개 처형됐다. 프랑스의 오페라 작곡가 다니엘 오베르는 이를 소재로 하여 1857년 오페라 「프라 디아볼로」를 작곡하였다. ―옮긴이

92 Irina Paperno, *Chernyshevsky and the Age of Realism: Study in the Semiotics of Behavior*, Stanford: Stanford University Press, 1989, p.16. 이리나 파페르노는 다음과 같이 말한다. "인텔리겐치아의 무례함, 무뚝뚝한 매너, 아무렇게나 차려입은 옷, 심지어 흐트러진 의복은 중요한 이념적 기호이자 반대 캠프의 구성원들(전통주의자들, 반동주의자들)로부터 그들을 구별시키는 표시였다.

굳이 무뚝뚝하고 서투른 매너를 계발할 필요가 없다. 그들은 취향이 없
는 매우 상스러운 스타일의 옷을 입고 거의 손을 씻지 않으며 손톱을 청
소하는 일은 결코 없다. 때로 안경을 쓰며 항상 머리카락을 짧게 자르고
다니거나 심지어 다 밀어버린다."[93]

잡계급 지식인들은 자신들의 손톱에 큰 관심을 두지 않았고 자주
손톱을 물어뜯었으나 구별이라는 귀족적 원칙과 정신적 우월함에 대한
희망을 계승하였다. 그들은 배타적인 커뮤니케이션의 방법을 받아들였
고 평범한 사람들을 구원할 특별한 공동체에 속하려는 바람을 공유하
고 있었다. 서투름과 사회적 기품의 결여는 진실성의 기호로 바뀌었고
새롭고 혁명적인 자기조형 방식의 일부로서 계발되었다.

아름다움, 지혜, 어리석음과 같은 러시아의 많은 추상명사들처럼
범속함의 문법적 성은 여성이다. 19세기 말 20세기 초의 문화에서 나쁜
취향은 때로 늘어나는 여성작가들 및 독자들, 문학 살롱의 여주인들의
여성적 취향과 동의어가 되었다. 러시아 단어 범속함의 문법적 성(여성)
은 가끔 풍자적인 비평에서 사용, 남용되었다. 사샤 초르니의 시 「파스
텔」poshlot'은 볼품없는 여신, 연보라색과 노란색 옷을 입고 장미 수채화
를 그리고 자신의 마부와 자는 살롱 마담을 의인화하였다.

poshlost'(파스텔)

연보라색 코르셋과 가슴의 노란색 리본,
두 개의 배꼽 같은 보지 못하는 눈들

---

93 *Ibid.*, p.17.

관자놀이에는 낯선 고수머리가 **빽빽**하게 달라붙어 있었고
옆구리에는 기름기가 늘어졌다.

…

그녀의 살롱에서는 모든 사람들이 용감한 군중처럼
처녀의 생각들로부터 껍질을 벗겨낸 후
감각 없는 몸을 앞발로 꽉 쥐고
말떼처럼 격하게 울부짖는다.

거기서 그들은 말한다, 계란 가격이 올랐다고
네바강 위로 혜성이 떨어졌다고.
벽난로의 중국인들처럼 스스로에게 도취되어
그들은 축음기의 울부짖는 소리에 박자를 맞추어 고개를 까닥거린다.

…

그녀는 노래를 부른다. 수채화 장미를 그린다.
농담과 소문들, 경구들, 자세를 수집해 가며
뮤즈와 사랑을 타락시키며
전율하며 모든 종류의 유행을 주시한다.

…

다행히도 그녀를 모르는 유일한 사람들이 있으니 … 누구인가?
물론 아이들, 짐승들, 그리고 인민이다.
첫 번째 이들은 어른들을 닮지 않은 시기의 사람들.
마지막 이들은 주인으로부터 멀리 떨어졌을 시기의 사람들이다.

초상화는 완성되었다. 연필을 집어던지며

나는 용서를 구한다, 배경을 그리지 않은 내 무례함에 대해.

헛간 옆의 돼지를 그린다면

아름다운 헬레네는 캔버스에 나타나지 않을 것이다.[94]

마담 poshlost'는 귀족 타이틀을 구매한 중년의 그로테스크하고, 성적으로 느슨한 신흥 부유층으로 묘사된다. 그녀는 섹슈얼리티, 서구의 영향, 그리고 사회계층의 신화학이라는 범속함의 모든 측면을 체현한다. 그녀는 도자기 상들, 새틴 이불, "울부짖는" 축음기 같은 볼품없는 것들이 있는 부르주아 가정과 사이비 예술 살롱의 수호자이다. 세기의 전환기, 불결한 도시의 가정 문화 속에 존재하는 물질적인 대상들의 과잉은 이상에 대한 모독과 나란히 함께 간다. 마담 poshlost'의 주요한 죄는 그녀의 절충주의이다. 그녀는 연보라색과 노란색을, 바르코프의 에로틱한 작품들과 로맨스를, 수채화 장미들과 정치 위기에 대한 클리셰를 뒤섞는다. (범속함의 색은 빨강색과 녹색, 혹은 체호프의 「세 자매」에서의 빨강색과 누르스름한 색부터 시작하여 보라색과 노란색, 후에는 분홍색을 띠는 것들에 이르기까지 텍스트마다 다양하다. 여기서 문제는 색깔 그 자체가 아니라 그것들이 충돌하는 것이다.)

마담 poshlost'는 미학적·도덕적 매춘부이자 알레고리적인 "좋은 여인", "처녀의 생각", 시에서 환기되는 뮤즈에 반대되는 알레고리적인 '나쁜 여인'이다. 마담 poshlost'의 작용은 강탈과 잔인한 카니발주의이다. 왜냐하면 그녀는 수많은 알레고리적 폭력 행위를 저질렀기 때문이

---

94 Sasha Cherny, *"poshlost'"*, Stikhotvoreniia, Moscow: Khudozhestvennaia literatura, 1991, pp. 27~29. ("Lilovyi lif i zheltyi bant u biusta, / Bezglazye glaza–kak dva pupka. / Chuzhie lokony k viskam prilipli gusto / I maslianisto svesilis' boka." trans. John Henriksen)

다. 그러나 그녀의 환경을 정확히 기술하려고 노력하는 중에 우리는 메타포 속에 있는 흥미로운 순환성을 알게 된다. 시에서 범속함으로부터 벗어난 유일한 이들은 "아이들, 짐승들, 그리고 인민"이다. 짐승같은 행위는 그러므로 마담의 범속한poshlyi 살롱의 특징이고(끝에서 그녀는 돼지에 비교된다), 범속함의 적들의 특징이기도 하다. 마담 poshlost'의 안티테제인 "아름다운 헬레네"는 그리 순결하지 않은 또 다른 외국의 클리셰로 미에 대한 프랑스, 그리스적 형상, 대중문화에 의해 전유된 고대성의 이상이다.[95] 예술가 그 자신은 범속함으로부터 자유로운 "아이들, 짐승들, 인민"의 한 사람이 되기가 어렵다. 마담 poshlost'의 새로운 피그말리온(또는 Pig-malion?)은 그녀의 짐승같은 살롱 배경 속에 연루되어 있고 나쁜 취향의 여신이 지닌 구식의 매력에서 완전히 도망칠 수가 없다.

마담 poshlost'는 20세기 초 문화에 나타난 수많은 기이한 여성 형상들—여주인공들과 여성 작가들 둘 다—의 친척이다. 그녀는 자비롭고 아름다운 여인이라기보다는 취향이 없는(그리고 과도한 자비를 지닌) 아름다운 여인이다. 그녀는 알렉산드르 블록의 신비로운 "낯선 여자", 근대 도시적 삶의 "신비로운 범속함" 속으로 배어든 상징주의 뮤즈의 친족이다.[96] 아마도 미스터리와 범속함, 시적 고상함과 축음기에서 흘러

---

95 그녀는 또한 톨스토이의 『전쟁과 평화』의 범속한 캐릭터인 헬레네와 비슷하다. 마지막 연은 시인-작가와 그의 독자들인 천박한 상류층의 범속한 캐릭터들 간의 떠들썩하고 수치스런 연극적 상호작용으로 변모한다.

96 Alexandr Blok, "Tam damy shchegoliaiut modami"(1906~1911), Stikhotvoreniia i poemy, Moscow: Khudozhestvennaia literatura, 1984, pp.130~131. 블록의 상징주의 시들은 보답이 없는 일방적인 사랑, 포도주나 피가 튄 식탁보, 정열적인 어두운 눈동자, 시든 국화에 대한 도시의 유명한 노래들의 주제와 리듬을 계승하고 있다. 이 로망스들은 미래주의자들에 의해 맹렬한 비판을 받았으며 소시민적인, 중간수준의 취향의 전형으로 간주되었다. 심지어 사샤 초르니를 포함하여 블록의 동시대인들은 그의 시구들을 패러디하여 글을 썼다. 사실상 범속함을 미스터리로 만듦으로 블록은 둘 사이의 유대관계를 폭로한다. 그러나 바로 이것이 시인의 시의 미학적 즐거움을

나오는 "연기가 자욱한 푸른" 저녁을 노래하는 유명한 로망스의 낭만적 진부함commonplaces의 결합이 「낯선 여자에게」를 소비에트 시절 학교에서 가장 많이 암송되고 가장 많이 인용된 유명한 시들 중 하나로 만들었을 것이다.

마담 poshlost'는 또한 많은 여성 작가들의 명성을 손상시켰다. 일상적인 가공품을 소비하는 여성들뿐 아니라 여성 독자들은 러시아 사회에서 눈에 띄는 역할을 하기 시작했다. 20세기의 유명한 두 여류 소설가인 차르스카야[97]와 아나스타샤 베르비츠카야[98]는 너무도 감정적인 여성 소설을 쓴다고 비판받았다. 나아가 베르비츠카야는 상류문화 및 순문학belles letters과 유희하였다고 거세게 비난받았는데, 바로 이것이 위대한 문학을 쓰는 척하는 비평가들의 눈에 그녀를 범속한 것으로 보이게 만든 것이다. 큰 유명세를 얻고 재정적으로 성공했음에도 불구하고 그녀는 사회적 의식이 있는 '민중의 인텔리겐치아' 비평가들과 모더니즘

---

[97] 리디야 알렉세예브나 차르스카야(Lidiya Alekseevna Charskaya)는 페테르부르크 출생의 작가이자 배우이다. 연극 학교를 졸업하고 극장에서 단역을 맡아 활동하였으나 생활고에 시달려 글을 쓰기 시작하였다. 1901년 아동 잡지에 출판한 자서전적인 첫 중편소설 『작은 여학생의 수기』로 유명세를 얻었다. 그녀의 작품들은 아이들과 젊은이들 사이에서 인기가 있었으나 비평가들은 작품의 천편일률적인 슈제트, 과도한 감상성, 틀에 박힌 문구들을 비판하였다. 10월 혁명 후 비평가들은 그녀의 귀족 출신 신분과 부르주아적이고 소시민적인 시선을 비판하였고, 이로 말미암아 사실상 작가의 문필 활동이 중단되었다. ―옮긴이

[98] 아나스타샤 알렉세예브나 베르비츠카야(Anastasiya Alekseevna Verbitskaya)는 모스크바의 가난한 귀족가문에서 출생한 음악교사이자 언론인, 작가이다. 학교에서 음악을 가르치다가 1894년부터 문필 활동에 전념해 잡지에 여성해방에 관한 글들을 기고했다. 1909년 발표한 여성의 성적 자유의 문제를 다룬 소설 『행복의 열쇠』는 1913년에 영화화되어 혁명 전 러시아 영화사에서 가장 많은 관객을 동원하였고, 그 외 작품들도 영화로 제작되며 베스트셀러가 되었다. 1917년 혁명 후 그녀의 작품은 몰락하는 부르주아 문명의 위협적인 예시로 낙인찍혔고, 인민계몽위원부는 포르노그래피, 반유대주의, 극우주의의 죄명으로 그녀의 전 작품들을 전소하기로 결정하였다. 이에 작가는 공개 재판을 요청하였고 12명의 공산주의자-문학가로 이루어진 위원회는 심의 끝에 그녀에게 무죄를 선고하였다. 1924년 작가의 작품들은 다시 금서목록에 오를 뻔했으나 루나차르스키를 비롯한 이들이 그녀의 작품의 정치적 진보성을 인정하여 이 위기에서 벗어났다. ―옮긴이

비평가들 모두에게 혹평을 받았다. 유명한 여성 작가들뿐 아니라 모더니즘 여성 시인들도 비속하다고 비난받았다. '여류시인'은 문학적 귀족성의 유전적 귀족 혈통을 결여한 일종의 신흥 부자이다.[99]

대중common people이 범속함에서 자유로워졌음에도 불구하고, 자신들에 대한 러시아 인텔리겐치아의 이상화 작업을 더 이상 따르지 않는 순간 그들 역시 평범함의 희생양이 되었다. 도시 하층 계급의 문화뿐 아니라 새롭게 나타난 러시아의 상업 문화는 감상적인 로맨스, 여성 작가들의 소설들, 루복(만화책의 초기 러시아버전),[100] 그리고 영국 신사[101]와 보바 왕자[102]에 대한 이야기들을 탄생시켰다. 위대한 고전 문학의 범주에도, 민담의 이상화된 버전에도 맞지 않는 이 생산물들은 비속성과 범속함으로 인해 규탄을 받았다. 제프리 브룩스는 러시아에서의 문학성의 발전과 대중 예술 장르에 대한 자신의 선구적인 저서에서 니콜라엽스키 시장에서 팔린 유명 서적들에 대한 재미있는 다수의 반응들―"모든 유형의 비속성과 미신, 편견, 그리고 무시"―을 수집했다. 「영국신사 게오르그」가 전하는 메시지는 "평범한 도덕성이라는 일반적인 무화과

---

99 에세이 「문학적 모스크바」에서 오시프 만젤시탐은 츠베타예바와 파르녹의 '여성적 시'들을 "시적 창조에 대한 패러디"라 부르면서, 여류시인들의 문화적 마스크의 특성을 종합하고 있다. Svetlana Boym, *Death in Quotation Marks: Cultural Myths of the Modern poetry*, Cambridge, Mass.: Harvard University Press, 1991.

100 루복(лубок)은 나무의 외피에 새긴 러시아의 대중 판화이자 민속화를 일컫는다. ―옮긴이

101 영국 신사 밀로드는 1782년 루복판으로 나온, 마트베이 코마로프의 작품 「영국 신사 게오르그와 브란덴브르그 백작 딸 프레데리카 루이자의 여행에 관한 이야기」에 등장하는 남자 주인공이다. ―옮긴이

102 보바 왕자(Бова Королевич)는 러시아 민담, 영웅 이야기, 16세기 수많은 루복 작품의 주인공이다. 이야기는 시와 문학 작품을 나무에 새겨 인쇄한 루복 작품에서 유명했던, 중세 프랑스 기사 소설의 주인공 보보 단톤의 위업에 대한 이야기와 유사하다. 표트르 시대 이전에 존재했던 기사 모험 작품들 중에 보바 이야기가 가장 큰 성공을 거두었다. 100여 개의 사본과 200여 개의 루복이 존재하는데 혁명 후 1918년에도 보바 이야기에 대한 작품이 등장하였다. 민중 구비문학에서 보바는 매우 인기있는 캐릭터였다. ―옮긴이

잎에 의해서도 가려지지 않는 극도의 냉소주의였다. 삶의 목표는 방탕과 부이다."[103] 브룩스는 후에 볼셰비키에 의해 적용된 '대중문학'popular literature에 대한 적대적 태도 속에서 연방국가(러시아)와 교회, 그리고 자유주의 성향의 인텔리겐치아의 있을 법하지 않은 연합을 설득력 있게 제시하고 있다.[104]

세기 전환기의 시인들과 지식인들에게 범속함은 어디에나 있는 아주 흔한 것으로 나타났다. 그것은 집에서도 광장에서도, 사랑과 죽음 속에서도 대중과 인텔리겐치아 가운데에서도 발견되었다. 그것의 만연은 많은 모더니즘 작가들에게 임박한 종말의 표지로 보였고 때로 그들은 그것을 환상적이고 묵시록적인 생물체로 의인화하였다. 알렉산드르 블록은 자신의 예언적인 우화이자 에세이 「어려운 시기」Bezvremen'e에서 "범속함의 고요"를 보장하면서, 모든 집의 한 구석에서 거미집을 만드는 범속함이라는 거대한 상징적 거미를 상상한다. 이 "보이지 않는 끈적한 거미는 황금시대의 상징이었던 성스럽고 평화로운 장소에서 거주하였다."[105] 시간은 멈추었다. 거미줄 뒤에서 러시아 종말의 말 탄 기수가 어슬렁거리면서 숨어 있다. 단지 난폭한 파괴, 반란 혹은 혁명만이 범속함의 거미줄을 찢을 수 있다. 20세기는 범속함을 정치적 의미의 장으로 가져다 놓고, 혁명과 억압의 드라마 속에서 주연 배우로 만들었다.

1928년, 저명한 볼셰비키인(그러나 곧 스탈린의 박해를 받은) 니콜라이 부하린은 다음과 같이 썼다. "자본주의 문명이 베토벤의 영웅적인 심

---

103 Jeffrey Brooks, *When Russia Learned to read*, Princeton: Princeton University Press, 1985, p.223.
104 브룩스는 이것이 문화의 생산을 제한시킨 경쟁력 있는 러시아의 상업 문화의 폐지로 이어진 반면, 다원주의는 일반 사람들을 "더 근대적인 생각과 상상의 세계로" 인도하는 데 일조했다고 말한다.
105 Alexandr Blok, "Bezvremen'e", *O literature*, Moscow: Khudozhestvennaia literatura, 1980, p.25.

포니와 대비되는 거리의 저속한 춤 같은 문명을 창조한다면 우리는 그와 대조되는 문명을 창조하고 있고, 창조해 낼 것이다.”[106] 이 언급으로 부터 누군가는 볼셰비키가 계급 전쟁보다는 취향 전쟁을 벌이고 있거나 혹은 이 둘이 분리될 수 없다고 생각할 것이다. 놀라운 사실은 볼셰비키 혁명의 지도자들 중 한 명이 19세기 낭만주의의 천재들이 자신들의 작품에서 편애했던 대중적인 거리의 춤을 비난하였고, 대중성을 저속성과 동일시했다는 것이다. 부하린의 선언은 일상적이고, 저속하고 평범한 것으로 지각되는 모든 것들에 대한 러시아 인텔리겐치아의 전통적인 반대뿐 아니라 1920년대의 문구를 사용하자면 초기 소비에트의 ‘취향의 독재’를 보여 준다. 사실 취향에 대한 논쟁은 러시아 문화와 소비에트 문명 둘 다의 특징이다. 취향 전쟁들은 러시아의 문화사에 있어 몇몇 근본적인 모순들을 폭로한다.

　20세기 초 범속함에 대한 강력한 공격은 예술, 정치적 좌파, 특히 대부분이 10월 혁명을 전적으로 옹호한 미래주의자들에 의해 이루어졌다. 1914년 초의 선언문 「공중의 취향에 따귀를 때려라」에서 그들은 “좋은 취향”과 “상식”에 대한 반란을 일으켰고, 푸시킨과 톨스토이를 포함한 러시아의 고전들을 공개적으로 조롱하면서 이들을 “현대성의 기선으로 부터” 집어던지자고 제안하였다. 초기 미래주의자들은 자유주의적 부르주아의 좋은 취향, 미학적인 “인민 인텔리겐치아”의 취향, 러시아 상징주의자들의 취향을 공격하였고 “여성적인” 양식에 대한 그들의 언급 역시 공격의 대상으로 삼았다.

---

106 Nikolai Bukharin, “Lenin i problema kul’turnoi revoliutsii”, *Put’ k socializmu v Rossii*, NY, 1967, p. 375. Mikhail Geller and Aleksander Nekrich, *Utopia in Power*, NY: Summit Books, 1986, p.221에서 재인용.

약 5년 후에, 혁명 이후 보다 성숙해진 이전의 미래주의자들은 레프 (예술 좌익 전선, Left Front of Art)를 결성하였고 "이성적 의상"과 인민위 원들의 검은 가죽 재킷을 위해 자신들의 괴상한 노란색, 파란색 상의를 포기하였다. 그들은 좋은 취향과 상식에 대항한 무정부적 반란을 멈추 었고, "볼셰비즘의 좋은 취향"이라는 혁명적 공동체 내에서 취향의 혁 명적 독재를 지원하는 데 참가하였다. 따라서 소비에트의 취향의 역사 는 그것의 혁명 이전의 모델을 따르게 된다. 유명한 속담과 반대로 러시 아에서는 항상 취향에 대한 논쟁이 존재하고, 취향은 문화처럼 단일함 속에서만 존재할 수 있었다. 환기하자면 1840년대와 1860년대의 인텔 리겐치아는 콤일포comme il faut의 원칙을 경멸하였고 따라서 그들은 자신 들의 손톱을 다듬지는 않았으나 새로운 스타일 속에서 여전히 배타성 을 주장하였다. 아방가르드 예술가들 역시 급진적으로 새로운 혁명적 스타일 속에서 그것의 단일화된 위계적 구조를 재생산하기 위해서 러 시아의 고전적 전통을 멸시하였다.

초기 소비에트의 자기조형 방식의 원칙적 특징들은 평범함 및 일상 과의 전쟁, 그리고 예술어와 일상어 속에서 끈질기게 존재하는 군대의 수사학이다. 범속함은 때로 감상적이 된 인간관계뿐 아니라 구체화된 가정의 사물들 역시 가리킨다. 마야콥스키에게 평범함과의 전쟁은 특 히 삶의 두 영역—가사와 성관계—과 관계있다. 세르게이 트레티야코 프[107]는 소비에트 시민들의 매일의 관행들에 대항하여 "취향의 전투"를 벌일 것을 선언했고, 그것들의 "심리적 구조"에 대해 말하였다. 트레티

---

107 세르게이 미하일로비치 트레티야코프(Sergei Mikhailovich Tret'yakov)는 러시아의 사회평론가, 극작가, 미래주의 시인으로 레프를 만든 이들 중 한 사람이다. —옮긴이

야코프가 강조하는바 범속함에 대한 전투는 자동화된 모든 것에 대한 전투이다.

> 우리는 그것을 재현하는 데에 있어 자동화된 감정과 행위의 방식을 …
> (poshlo est'에서 온 단어의 발생학적 의미에서) byt 또는 poshlost'라 부를
> 것이다. … 혁명의 가장 강력한 타격들도 이 내부의 byt를 부술 수 없다.
> … 객관적 의미에서 우리는 유용성과 상관없이 인간이 자신의 호의와 기억
> 의 페티시즘을 그를 둘러싸고 있는 것들에게 이동시켜 그것들의 문자 그대
> 로의 노예가 되고 마는, 그 모든 사물들의 질서를 byt라 부를 것이다.[108]

트레티야코프는 소비자들pri-obretateli과 발명가들izobretateli, 과거의
수집자들과 미래의 창조자들을 구분한다. 혁명의 담론에서 '사물'은 부
정적 함의를 갖는다. 그것은 물 자체를 의미하는 것이 아니라 물 자체를
위한 것, 혁명적 변형이나 유용성을 위한 것이 아니라 아늑함을 위한 아
늑함, 편안함을 위한 편안함을 의미한다. 페티시즘과 상품화에 대한 급
진적 마르크스주의 비판에서 트레티야코프는 모든 관습들과 습관들을
급격히 이화異化시키기를 열망한다.

마야콥스키는 희곡 「목욕탕」에서 총칭적인 '외국인', 친절한 무슈
poshlost'인 미스터 폰트 키치(Pont Kich 또는 Kitsch)라는 명랑한 인물

---

108 Sergei Tretiakov, "Perespectivy futurizma", *Literaturnye manifesty*, pp.239~240. 취향에 대한
전쟁에서 트레티야코프는 일련의 대립들을 세웠다. 러시아어에서 단지 접두사만 다른 '창조자
들'(izobretateli)과 '습득자들'(priobretateli) 간의 대립, 미래주의자들과 과거주의자들 간의 대립,
혁명의 변증법과 "미학화시키고 구체화시키는" 형이상학 사이의 대립이 그것이다. '미학화'는
일반적 의미에서 예술을 지칭하는 것이 아니라 창조와 아름다운 사물들의 페티시화로 이해되는
"이념적으로 올바르지 않은" 예술적 행위를 가리킨다. 예술의 목적은 삶을 변화시키는 것이지
아름다운 물건들을 신봉하는 것이 아니다.

을 창조한다.[109] 미스터 폰트 키치는 앵글로 색슨 우표수집가, 남이 잘 되기를 바라는 사람, 외국 발명품 수집가이다. 그는 기이한 초의미적 언어, 부조리한 러시아어로 번역되는 총칭적 서구어로 말한다. 미스터 키치는 혁명을 단지 훔쳐보기만 하는 사람, 혁명의 발명품을 수집 도구로 바꾸는 사람이다. 생각해 보면 그는 소유욕이 많은 외국인에 대한 패러디이자 실용적인 미스터 웨스트Mr. West의 러시아적 해석에 대한 패러디, 미래주의자들 자신의 장난기 많은 시적 과거에서 온 캐릭터이다.[110]

1930년대에 취향의 독재에 대한 러시아 아방가르드의 꿈은 새로운 소비에트의 문화화의 강요에 의해 대체되었다. 사회주의 리얼리즘의 문

---

109 에드워드 브라운은 'Pont'가 'Pierpont Morgan'(존 피어폰트 모건John Peierpont Morgan은 미국의 은행가로 J.P. 모건 회사를 설립―옮긴이)에서 왔을 것이라 제안한다. 다음을 참조하라. Edward Brown, *Vladimir Mayakovsky: A Poet in the Revolution*, NY: Paragon House, 1988, p.333. 또한 1960년대의 속어에서 'pont'는 잘난 체하는 것, 속물적 거만함을 의미하므로 'Pont Kitsch' 라는 이름은 소급하여 이중으로 풍자적이 된다. 마야콥스키는 미스터 Pont의 동음이의어의 언어를 창조하기 위하여 유명한 번역가인 리타 라이트(Rita Right)와 함께 작업했다. 시인은 러시아어로 바꿀 수 있는 영어 단어들을 찾았다. 이것은 그에게 매우 중요했기 때문에 혁명 특사로서 외국을 수많이 여행했음에도 불구하고 그는 다른 외국어를 거의 말하지 않았다(또는 미스터 키치가 러시아어를 말했던 것처럼 외국어를 구사하였다).

110 서구에 대한 태도의 범위에 있어 레프 멤버는 모호한 위치를 취한다. 한편으로 그는 "인격 (personality)의 미국화", 과학적 경영 관리법(테일러주의), 미국적 실용주의와 효용성을 찬양한다. 다른 한편으로 미국은 또한 물질적인 것들을 애호하는 심리를 보여 준다. 미스터 웨스트의 유형은(1920년대 쿨레쇼프의 유명한 영화 「볼셰비키 땅의 미스터 웨스트」에서 온 인물) 외래성의 수많은 클리셰를 구체화하면서 러시아 아방가르드의 다수의 작품에서 등장한다.

111 작가 미하일 미하일로비치 조셴코(Mikhail Zoshchenko)는 민중 선동과 선전에 반대하면서 정치로부터 예술의 독립의 필연성을 주장하고 구호가 아닌 삶의 사실로부터 현실을 재현하려 노력한 문학 그룹 "세라피온 형제"의 주요 일원이었다. 1920~1930년대에 작가적 명성을 얻었고 1939년 소비에트 최고 이사회 간부회의 명령에 따라 소비에트 작가상을 받았다. 2차 대전 시 전방으로 보내줄 것을 요청하였으나 건강상의 이유로 거절당했고, 그 대신 처음에는 화염폭탄 처리반에서 일하다가 나중에는 아들과 함께 폭격을 대비하여 지붕에서 감시를 섰다. 이 기간 동안 반파시스트주의 칼럼을 신문과 잡지에 기고하기도 하였다. 전쟁이 끝나고 1946년에 1941~1945년 대조국 전쟁 동안의 용맹한 과업에 대한 메달을 수여받았으나 아동 소설 『원숭이의 모험』이 소련 사회의 일상을 풍자하고, 소비에트 문학에 적합하지 않은 저속하고 무의미, 무정치적인 작품을 썼다는 죄명으로 소련 공산당 중앙위원회 조직국의 법령에 의거, 작가협회에서 제명되었다. 그 후 작가협회에 다시 받아들여지는 1953년까지 번역가로, 제화공으로 힘들게 살았다. 가난과 여러 질병

화화는 반혁명적인 범속함뿐 아니라 그것을 조롱하는 풍자적인 캠페인 또한 금지한다. 평범함의 공포와 기쁨을 먹고 살았던 1920년대 소비에트의 풍자와 코미디—조센코,[111] 일리프와 페트로프,[112] 올레샤,[113] 마야콥스키, 에르드만[114]의 작품들—는 매우 부정적인 것으로 간주되었다. 1930년대에 프티부르주아의 범속함을 드러내는 것이 1920년대에 그것을 살아내는 것보다 더 어려워졌다. 평범함과 투쟁한 수많은 전사들이 몰살되었다. 새로운 '명랑한' 소비에트 남자들과 여자들이 평범함뿐 아니라 그에 대한 캠페인을 극복했고, 그로부터 살아남았다. 1930년대 중반은 일상생활이 일시적으로 안정화되는 시기로 보였을 것이다(체포, 수용소, 집단화의 희생자들은 사회주의 리얼리즘의 투명한 가시성의 경계 너머에 남아 있었다). 2차 대전 이후의 소련에서 소유욕에 대한 전투는 점점 더 인기가 없어졌고, 가정의 목가는 사회주의 리얼리즘 회화 장르의 판테온 속으로 들어가도록 허락받았다.

1960년대 범속함에 대한 독설은 스탈린주의와 전후의 속물적 취향

으로 고생하다가 1958년에 사망하였다. ―옮긴이

112 일리프와 페트로프는 일리야 일리프(Il'ya Il'f), 예브게니 페트로프(Evgenii Petrov)로 구성된 소비에트의 공동 작가로 둘 다 오데사 출신이다. 유명한 작품으로는 「열 두 개의 의자」(1928), 「금송아지」(1932)가 있다. ―옮긴이

113 유리 카를로비치 올레샤(Yurii Olesha, 1899~1960)는 소설가이자 시인, 극작가이자 풍자가로 우크라이나의 키로보고로드에서 태어났다. 1924년 아동 소설 『세 뚱뚱보』로 일약 유명해졌고, 1827년 대표적 장편소설 『질투』를 발표했다. 1930년대 사회주의 리얼리즘 문학 강령이 발표된 후 작가는 자신의 예술 미학이 현재 필요하지 않고, 반 예술적이고 허위적인 다른 미학을 만든 이들에게 유해하다는 이유를 들어 사실상 절필을 선언하였다. 스탈린의 탄압, 체포를 기적적으로 모면하였으나 1936년, 그의 작품은 금서 목록에 올랐고 1956년에 해금되었다. ―옮긴이

114 니콜라이 로베르토비치 에르드만(Nikolai Erdman)은 극작가이자 시인, 시나리오 작가이다. 모스크바의 귀화한 독일인 가정에서 출생했다. 1925년, 새로운 소비에트의 관료제를 풍자하는 희곡 「명령서」가 메이에르홀드에 의해 무대에 올려지면서 유명해졌다. 1928년, 소비에트 현실과 작은 인간과의 갈등을 날카롭게 풍자한 두 번째 희곡 「자살자」를 발표했고, 상연금지를 명령받았다. 1933년 체포되어 유형에 처해졌다. 1936년 유형에서 돌아온 후 극장에서 시나리오 작가로 일하였다. ―옮긴이

에 대한 문화 비평의 형태로 되살아났다. 이 당시 범속함과 일상의 삶byt
은 매우 자주 서로 교체되어 사용되었다. 흐루시초프의 해빙이 시작되
자, 1950년대로부터 팝송의 퇴폐적 이국성 혹은 스타하노프 운동[115]에
속하지 않은 사랑이 돌아온다. 해빙기의 시인들과 예술가들은 스탈린
적 범속함의 점액으로 점철된 사랑과 혁명에 대한 낭만적 담론을 정화
하길 원한다.[116] 예브게니 옙투셴코는 애인을 향한 시에서 다음과 같이
자랑스럽게 선언한다. "이 세상에서 나는 두 개의 사랑을 갖고 있는데,
혁명과 당신이오." 시인은 이 두 사랑에게 자신의 작은 배신을 용서해
달라고 부탁한다.[117]

　　10년 후 2인용 안락의자와 크리스털 제품에 대한 1960년대의 반
反페티시즘 캠페인은 유행에 뒤떨어지는 것처럼 보였고 사랑과 혁명에
대한 선언 역시 그러하였다. 사랑에 대한 좀 더 진지한 선언들은 이제
비틀스의 노래나 유명한 프랑스의 샹송가수인 이브 몽탕, 살바토르 아
다모, 조 다신의 앨범에 외국어로 쓰여 있다. 1970년대 유럽의 공예품
들은 페티시 및 암시장의 탐나는 상품이 된다. 외국의 물건들과 옷들이
소비에트의 일상 속으로 들어온다. 온갖 종류의 외국 포장지는 큰 매력

---

115 스타하노프 운동은 1935년, 소비에트 연방 노동자들의 목표 초과 달성과 노동 생산성 향상 운동
　　으로, 운동의 명칭은 5시간 45분 동안 102톤의 석탄을 채굴한(기존 수확량은 동일시간 대비 7톤)
　　광부 알렉세이 스타하노프의 이름을 기념한 것이다. 알렉세이 스타하노프는 노동 생산성을 높이
　　고 사회주의 경제 시스템의 우수성을 홍보하고자 추진된 운동의 상징적 인물이 되었다. ─옮긴이
116 영화 「우리의 동시대인」(라이즈만 감독)에서 과학자이자 공장 관리인 아버지와 대학생 아들의 주
　　요한 대화는 범속함에 관한 것이다. 아버지에 의하면 아들은 자신보다 나이가 많고 열등한 공장
　　에서 일하는 아가씨, 후에 아들을 가정의 거미집에 빠뜨려 그의 경력에 해를 끼칠 여자와 결혼하
　　기로 결심함으로써 스스로의 인생을 파괴하고 있다. "무책임한" 아들은 "하늘에 있는 작은 사랑
　　의 귀퉁이"에 대해서만 생각한다. 당연히 아들은 사랑을 옹호한다. 아들이 사랑과 범속함을 분리
　　시킬 때 아버지는 범속함을 공산주의 정치로부터 분리시키려 한다.
117 Evgenii Evtushenko, "Dve Liubimykh", *Vzmakh ruki*, Moscow: Molodaia Gvardiia, 1962, p.126.

을 갖고 있었다. 핀란디아 치즈의 일회용 플라스틱 용기는 공동 주방 혹은 개인 주방에 소중히 보관되었다. 특히 인기 있던 것은 외국어 로고가 있는 플라스틱 쇼핑백이었다. 그것들은 암시장에서 매우 비싼 가격으로 유통되었다. 외국 단어들이 암시장의 속어와 일반 구어 속으로 들어왔다. 암시장 상인들은 외국 로고들을 위조하기 시작하였고 그것을 러시아산 티셔츠 위에 복사하였다. '일회용품'이라는 개념은 물건들, 특히 외국 물건들을 소유하기가 매우 힘들었던 러시아와 소비에트 문화에 완전히 이질적인 것이었다. 더구나 그것들을 소유하기 위해서는 커다란 모험, 위험한 비즈니스, 혹은 구사일생의 탈출이라는 경험을 해야 할 때가 있었는데 바로 이런 이유 때문에 물건들은 보존할 가치가 있는 개인의 기념품으로 탈바꿈하였다.

페레스트로이카는 역사의 회복과 함께 시작되고 그 항로 속에는 범속함과 키치의 역사에 대한 복구가 있다. 페레스트로이카의 수많은 예술품들은 키치의 위대한 카니발에 대한 의식적 혹은 무의식적 축하로 변모한다. 정치적 메타포의 선택—고르바초프의 '재건축' 대 브레즈네프의 '정체'—은 판에 박힌 일상과 범속함에 대한 옛 전투를 재생한 것이다. 이러한 유사성은 매우 이상한 것인데 왜냐하면 '페레스트로이카'라는 단어는 1920년대 후반 당의 명령인 '일상의 삶byt의 페레스트로이카'에서 사용되었기 때문이다. 그러므로 정치적 메타포는 시적 메타포의 운명을 피할 수 없다. 그것들은 고안되어 반복되고, 클리셰로 변하며 그 후 새로운 맥락에서 순환하기 위해 파멸한다. 소비에트 러시아의 지성사는 범속함에 대한 변화하는 정의의 역사라고 읽힐 수 있다. 오늘날의 일상의 공예품은 내일의 반혁명적 키치가 되고, 반면 내일의 혁명적 열광은 내일 모레의 키치가 된다. 비슷한 맥락에서 어제의 상업 문화가

의심스러운 것으로 고찰되었다면 오늘날 그것은 상업적 경쟁을 통과할 수 없는 '고급문화'high culture의 어려운 예술이다.

범속함에 대한 19세기 인텔리겐치아의 도덕적 어조와 세기말의 종말론적 예고는 오늘날 서구화의 물결에 대응하여 다시 들려오고 있다.[118] 포스트소비에트 러시아는 제정 러시아의 기념물품(수집품)에 대한 페티시적 숭배로 회귀했다. 1993년 여름, 많은 박물관들에서는 에르미타시[119]에 있는 파베르제[120] 컬렉션에서 시작하여 푸시킨 시의 박물관에 있는 처형된 군주들의 보물에 이르기까지, 차르가 일상에서 사용한 다양한 물건들이 전시되었다. 만약 소련에서 "레닌이 알았던 모든 돌들"이 소중히 여겨졌다면, 현재 더 소중히 여겨지는 돌들은 "차르가 알았던 돌들"이다. 아마도 차르의 물건들에 대한 이 유명한 집착은 문화비평의 마지막 대상이 될 것이다.

나는 범속함에 대한 궁극적 치료법을 내놓지 못할까 두렵다. 범속함이라는 전염병에 대해 사람들은 너무도 자주 잘못된 진단을 내려왔고, 그에 대한 도덕적 비난은 익숙하고 진부한 것이었다. 아마도 필요한 것은 범속함에 대해 좀 더 자세히 정의하는 것이 아니라 비판적 사고, 감각적 인식, 놀람, 동정의 기능을 무화시키는 키치화라는 어떤 구조의 정체를 파악하는 것이다. 범속함을 향한 전쟁은 클리셰와 관습들을 낯설게 하는 데 도움을 주었으나 동시에 그것은 종종 그것의 완벽한 취향

---

118 니콜라이 베르댜예프의 혁명 후 첫 출판서가 1980년대 이전 세대 인텔리겐치아 사이에서 매우 유명해졌다는 사실은 우연이 아니다.

119 루브르 박물관, 대영박물관과 함께 세계 3대 박물관에 속하는, 페테르부르크에 위치한 박물관이다. —옮긴이

120 피터 칼 파베르제(Peter Carl Fabergé)는 제정 러시아의 보석 세공인으로, 차르와 황실 귀족들을 위해 만든 그의 달걀 세공품은 매우 유명하다. —옮긴이

을 단언하는 데 있어 어떠한 질문도 허락하지 않는 일종의 도덕적 속물 근성snobism을 구축했다. '속물'snob은 부수적이든 혹은 그렇지 않든 간에 취향, 예술, 그리고 평범함commonplace에 대한 담론과 연관된 회화화된 개념이다. 그것은 처음에 구두 수선공, "낮은 계급의 사람"을 지시했으나 후에 이 단어는 다른 어떤 것, 즉 "자신의 사회적 우월성에 대해 확신하고 이를 과시하는 사람"을 의미하게 되었다.[121]

소시민계급: 중간계급, 중간수준의 교양을 지닌 사람들

"당신들은 이 말을 하는 나를 이해하지 못할 것이다. 나는 계층으로서의 소시민계급에 전혀 반대하지 않는다. 나의 찬가는 모든 계급의, 모든 사람들을 향한다"라고 블라디미르 마야콥스키는 쓰고 있다.[122] 혁명 이후의 쓰레기 같은 신흥부자들을 치워버리는 것을 내용으로 하는 시 「쓰레기에 관하여」에서 시인의 이 신중한 사과가 괄호 속에 넣어져 삽입되었다는 것은 우연이 아니다. 사실 시인을 이해하기는 힘들다. 왜냐하면 러시아와 소비에트 역사를 통해 보았을 때 중간계급의 불가피한 속물근성에 대해 말하는 러시아 문화 신화에서 소시민계급을 중립적·법적·서술적 용어로써 해방시키는 것은 불가능하기 때문이다. 메스토mesto(장소)라는 단어에서 온 메샤네meshchane(소시민들)라는 단어는 17세기 폴란드와 서우크라이나에서 만들어졌고, 행상인, 하인, 기술공과 같이 낮은 경제 수준을 지닌 도시 거주민들을 가리켰다. 메샤네는 프티부르주아

---

121 *The American Heritage Dictionary*, p.1158.
122 Mayakovsky, "O driani", *Sobranie sochinenii v dvukh tomakh*.

에 가깝다. 소시민계급과 인텔리겐치아 간의 문화 전쟁은 근대 러시아 지성사 전체의 정보를 제공한다. '군중'mob에 대비하여 자기 자신을 정의하였지만 군중과 불건전한 의존관계에 있었던 낭만주의 시인과 마찬가지로 러시아 인텔리겐치아는 자신의 정체성을 확립하기 위해 소시민계급과 싸워야만 했다. 베라 더넘은 소시민계급과 인텔리겐치아 둘 다 경제적 계급으로 환원될 수 없고 대신에 "최빈인성"modal personalities과 문화적 신화로 기능한다고 지적한다.[123] 이 단어들은 현대 러시아에서 중립적이지 않은데, 왜냐하면 가치 판단으로 여겨지기 때문이다.

소시민들과 인텔리겐치아는 사회에 유동성을 부여하고 러시아의 근대화의 초석을 놓은 표트르 대제의 개혁 이후에 자신들의 문화 정체성을 발전시켰다. 이들은 러시아 사회의 봉건적·귀족적 구조의 토대를 허문 두 그룹이다. 그러나 인텔리겐치아는 그 독특한 열등감과 우열감이 뒤섞인 콤플렉스 안에서 자신을 귀족 전통의 정신적 후계자로 본다. 그들은 정신적인 측면에서는 귀족적이고 부의 측면에서는 가난하다. 그러나 귀족도 농민도 아닌 소시민층은 인텔리겐치아의 대중에 대한 낭만화된 이상을 약화시킨다. 비록 그들이 지극히 평범할지라도, 소시민계층의 대표들은 참된 러시아인들을 왜곡하고 모독하는 것으로 여겨진다.

소시민층과 인텔리겐치아는 적대감이라는 한 배에서 나온 자식들이나 마찬가지이다. 그들은 사회적으로 서로 너무 가까웠고, 러시아 사회의 옛 구성 요소들인 귀족과 농민에 대해서는 거의 무지했다. 독일에

---

123 Vera Dunham, *Stalins's Time*을 보라. 러시아 인텔리겐치아의 편성에 대해서는 다음을 참고하라. Jeffrey Brooks, "Popular Philistinism and Course of Russian Modernism", *Literature and History*, ed. Gary Saul Morson, Stanford: Stanford University Press, 1986, pp.90~110.

서 러시아로 들어왔다가, 그 후 러시아 버전이 다른 유럽 나라들로 건너간 단어인 인텔리겐치아는 독일 낭만주의의 영향과 러시아의 자기조형 방식에 대한 관념론 철학 또한 반영하고, 문화를 가로지르는 민족 어휘의 모험을 보여 준다.[124] 문화의 영역이란 것이 세습상태의 전복이 가능한 몇몇 영역 중의 하나이고, 러시아의 정체성을 만드는 데 있어 문학이 중심 역할을 하기 때문에 인텔리겐치아는 19세기 러시아 문화에서 유일한 역동적 힘으로 지각된다. 인텔리겐치아는 옛 러시아 전통의 정신적 계승자이자 자칭 국가의 목소리이다.

인텔리겐치아의 수많은 비평에 의하면 러시아의 중간계급은 그 용어에 있어 모순적인 개념이다. **중간**과 **계급**이라는 개념은 러시아 사회에서 문제적 개념이었고, 그래서 사회적 의미에서 정신적 의미로 의미상의 전이가 일어나는 경향이 있다. 러시아의 철학자 알렉산드르 게르첸이 처음으로 서구의 중간계급을 목격하였을 때 그는 그것을 경멸하였다. 그의 반어적인 묘사에 의하면 서구의 중간 계급의 이상은 "모든 작은 인간들의 양배추 수프 속에 있는 한 조각의 닭고기…거리를 볼 수 있는 크지 않은 창문들이 있는 작은 집, 아들을 위한 학교, 딸을 위한 드레스, 힘든 일을 위한 노동자로 구성되는 구원의 항구havre de grâce이다".[125]

---

124 인텔리겐치아에 대해서는 다음을 보라. Isaiah Berlin, *The Russian Thinkers*, London: Penguin Books, 1956; Richard Pipes, ed. *Russian Intelligentsia*, NY: Columbia University Press, 1961; S. Frederick Starr, "The Waning of Russian Intelligentsia", plenary address at the AAASS meetings, Miami, 1991(축약본은 1992년 3월 AAASS Newsletter에서 출판됨). 소련이 붕괴되고 1991~1992년 동안 러시아 잡지에서는 인텔리겐치아의 재정의에 대한 논쟁이 일어났다. 그중에 유명하고 도발적인 논문은 다음의 것이다. Lev Gudkov, "Intelligenty i intellectualy", *Znamia* 3/4, 1992, pp.203~220. 이 논문을 내게 가져다 준 나탈리야 이바노바에게 감사를 전한다.
125 Alexander Herzen, "Koncy i nachala, pis'mo pervoe", *Sochineniia v dvukh tomakh*, Moscow: Mysl', 1986, p.354. 게르첸에게 있어 범속함은 소시민성과 직접적으로 연결된다. 따라서 샹젤리제 거리와 켄싱턴 가든은 "저속한 얼굴들"로 묘사된다(p.355).

1장_일상의 삶의 신화들 129

처음부터 프티부르주아의 수프 속 닭고기 조각은 범속함의 나쁜 취향을 갖고 있다(게르첸이 꿈꾸는 유토피아 농민 공동체 구성원들이 나눠 먹는 채식주의자의 양배추 수프는 좋은 풍미를 위해 닭고기를 필요로 하지 않는다). 러시아 지식인에게 있어 예술과 정신성은 수프 속의 닭고기보다 더 중요하다. 배고픔은 배부름의 자아도취보다 더 높은 가치를 지니고 정신적 집 없음homelessness과 가난은 평범한 집보다 더 중요하다. 게르첸은 프랑스와 영국에서 혁명적 부르주아들이 혁명 이후에 어떻게 자기만족적인 속물적 카스트로 변하는지를 목격하였다. 그는 중간계급이라는 서구의 개념을 부정적으로 평가하면서, 그것을 소시민이라는 러시아의 신비적 범주로 번역한 최초의 사람들 중 하나였다. 19세기의 슬라브주의자들과 서구주의자들 모두는 자본가가 되는 것을 비판하였을 뿐 아니라 급속도로 비러시아인이 되는 것 또한 비판하였다. 중간계급의 가치인 일상생활, 프라이버시의 선호, 가정의 생존은 러시아 문화와 정체성에 대한 인텔리겐치아의 개념 속에 속하지 않는다. 막심 고리키가 「소시민들」The Petit-Bourgeois; Meshchane, 1902이라는 직접적인 제목의 희곡에서 소시민계층으로부터 주인공을 제시하려고 시도할 때, 그는 1905~1908년 사이의 모더니스트 인텔리겐치아의 대표자들과 심각한 문화적 대립을 불러일으켰다.[126] 드미트리 필로소포프, 특히 드미트리 메레지콥스키는 소시민성 현상을 임박한 종말의 표지, 서구 문명의 마지막 국면의 도래로 본다.[127] 나아가 메레지콥스키는 고리키와 체호프

---

126 Maxim Goriky, "Meshchane", *Sobranie Sochinenii v tridcati tomakh*, vol. 7, Moscow, 1953~1956.
127 Dmitrii Filosof, "Zavtrashnee meshchanstvo", *Novyi put'*,1904; Dmitrii Merezhkovskii, "Griadushchyi kham", *Polnoe Sobranie Sochinenii*, Moscow, 1912. 메레지콥스키의 논문은 러시아 1차 혁명이 일어나기 전야인 1905년 12월 30일에 최초로 출판되었다. 위의 논문들은 에디

의 소시민성을 고발하고 있는데 왜냐하면 그들이 진실한 러시아의 "종교사회"의 가치들을 부정하고 있기 때문이다. 19세기 말엽에 대부분의 러시아 작가들은 소시민성으로 인해 비판을 받았다. 이 비판은 최악의 문화적 공격 중 하나지만 현실의 구체적 사회 그룹과 관련해서는 거의 쓰이지 않는다. 고리키는 반격으로 메레지콥스키, 네크라소프, 투르게네프, 도스토옙스키, 톨스토이가 사람들을 오도하는 "겸손을 설파"함으로 자신들의 보수적인 소시민성을 드러내었다고 비판하였다.[128] 소시민성이라는 단어가 지시하는 대상들의 갈등 상황에서도 한 가지 변치 않는 것이 있다면 이 용어가 부정적이라는 사실이다. 러시아 아이들의 놀이인 "세 번째 사람이 아웃"third-man out에서처럼 세 번째라는 용어는 항상 문제를 복잡하게 만든다.[129] 러시아 문화 맥락에서 중간이라는 용어

스 클로우스(Edith Clowes)가 1987년 보스턴 AAASS 미팅에서 페이퍼 형식으로 발표한 미출판본 "Gorky, Meshchanstvo and the Changing View of Society in Literary Debate, 1902-1903"에서 상세히 논의된 바 있다. 이 주제에 대한 자신의 생각을 나와 공유해 준 에디스 클로우스에게 감사를 전한다. 잡지 *Novyi zhurnal*과 *Vestnik Znaniia*에서의 초기 논쟁들과 모더니스트 인텔리겐치아와 '인민의 인텔리겐치아' 사이의 대립에 대한 논의는 다음을 참고하라. Jeffrey Brooks, "Popular Philistinism and the Course of Russian Modernism", *Literature and History*, ed. Gary Saul Morson.

128 Maxim Gorky, "Zametki o meshchanstve", *Sobranie Sochinenii v tridcati tomakh*, vol. 28, pp.404~405; vol. 23, p.341. 에디스 클로우스(Edith Clowes)가 언급하듯이, 고리키와 메레지콥스키는 서로 다른 측면에서 인텔리겐치아와 소시민의 대립을 바라보았다. 메레지콥스키는 '민중'이 ≠계몽되고 ≠도시화된 소시민들에 의해 대체되어왔다고 주장하였고, 고리키는 모더니스트 지식인 엘리트가 민중을 배신하고 소시민이 되었음을 보여 주기를 원했다. 메레지콥스키의 쟁점을 재술하자면 '모더니스트 인텔리겐치아 vs 소시민'이고, 고리키의 쟁점은 '(모더니즘으로 변장한) 소시민 vs 일반 대중(그리고 그들의 극소수의 참된 지도자들과 고리키 자신과 같은 혁명 지식인들)'이었다.

129 러시아어로 "트레티 리시니"(tretii lishnii, 세 번째 사람은 필요없다) 놀이의 규칙은 다음과 같다. 놀이 참가자들은 반드시 짝수여야 하고, 이들 중 도망치는 자와 그를 쫓는 자를 정한다. 나머지 사람들은 앞뒤로 둘씩 짝을 이루어 원을 형성한다. 원 밖에서 도망치는 자가 몇 걸음 먼저 출발한 후 쫓는 자가 그 뒤를 쫓는데 도망치다가 아무 짝 앞에 선 후 "트레티 리시니"라고 외치면 짝의 맨 뒤에 선 사람(세 번째 사람)이 도망치는 자가 된다. 술래가 도망치는 자를 잡으면 역할이 바뀐다. ─옮긴이

는 결코 '좋지' 않다.

혁명 전의 인텔리겐치아에게 소시민성이 종종 국민정신의 왜곡으로 나타난다면, 혁명 전의 좌파 인텔리겐치아에게 있어 그것은 혁명적인 프롤레타리아 계급의 이상을 배신하는 것이다. 마야콥스키는 부르주아들보다도 더 "나쁜 노동자들"(개인이 획득한 것에 아주 작은 관심을 보이는, 따라서 '부르주아가 된' 것으로 여겨지는 이들)과 시적 투쟁을 벌이는 것에 더 많은 시간을 쏟는다. 나쁜 노동자들은 계급의 적들보다 더 악한데 왜냐하면 그들은 혁명계급의 이상을 모독하기 때문이다. 마야콥스키의 소시민들은 혁명 전의 범속함을 받아들였던 이전 농부들과 노동자들이다.

마야콥스키의 후기 시들은 혁명 후의 소시민의 취향을 패러디하지만, 한편으로는 그것(소시민적 취향)에 적대적인 수사법이 어떻게 교묘히 조작되는지를 폭로하기도 한다. 이것은 특히 마야콥스키의 관점에서 보았을 때 공격받기 쉬운 연인들의 담화에 적용된다. (우리는 러시아 연인들의 담화가 항상 범속함 속으로 떨어질 위험하에 있었음을 기억할 것이다.) 마야콥스키는 이전에는 이반이라는 이름의 노동자였다가 현재 쟝Jean이라는 프랑스식 이름으로 개명한 거드름 피우는 전기공, 자신의 순진무구한 여자친구에게 "너의 순진함을 보호하는 것은 끔찍한 소시민성이다"라고 말하는 인물의 '자유연애'에 대한 남성의 위선적인 담론 및 혁명 이후의 로맨스를 풍자한다.[130] 「마루샤는 스스로를 독살했다」, 「사랑」과 같은 시들에서 소시민성과 범속함은 여성의 섹슈얼리티, 순결의 상실과 문자적·비유적 측면에서 매우 밀접한 관계를 지닌다. 그러나

---

130 Vladimir Mayakovsky, "Marusia Poisoned Herself", *Sochineniia v dvukh tomakh*, vol. 1, p.485.

이는 전혀 유리한 상황이 아니다. 왜냐하면 순수함을 보호하는 것은 소시민성이지 범속함은 그것을 보호하지 않기 때문이다. 두 경우 모두에서 패자는 여성이다.

마야콥스키의 후기 작품들에서 지독한 악순환 가운데 새로운 소비에트의 졸부에 의해 전용되는 소시민성과 그에 맞서는 싸움, 이 둘 중에 무엇이 더 위험한지는 명백하게 정의할 수 없다. 1920년대 후반, 소비에트의 프티부르주아에 속하는 "통속적인 일반대중"obyvatelis vulgaris (obyvatel은 일상의 삶byt에 매인 사람, 일종의 키치맨kitschman이다)에 대한 계획적인 풍자인 「빈대」는 공산주의 유토피아를 문제적으로 묘사하고 있는데 혁명가들이 꿈꾼 이 유토피아는 일상의 진부함과는 근본적으로 '다른' 것이었다. 그러나 이 유토피아를 구성하는 것 역시 클리셰인 것으로 판명된다. 「빈대」의 미래의 과학자들과 「목욕탕」의 "인산질의 여자들"은 시적 창의력도 용납하지 않는 혁명적 계몽주의와 청교도적인 도덕주의에 의해 살균되고 소독된 언어로 말을 한다. 혁명 이상들의 구현, 관료화된 혁명의 담론은 이전 혁명 시인의 후기 창작과정에서 중심 주제를 차지한다. 1930년대에 소시민성과의 전쟁은 돈키호테의 풍차와의 전투와도 같은 것이다. 비록 사회 계급이 완전히 없어졌음에도 불구하고, 소시민의 이상들은 스탈린 시기의 공식 담론 속으로 들어오고 있었다.

체호프에서 시작하여 안드레이 플라토노프에게서 물리적 실종 혹은 완전한 변형에 이르면서 소시민성에 대한 비판은 다시 원점으로 돌아온다. 이 두 경우에 소시민성은 여성의 형상 속에서 재현된다. 체호프의 「세 자매」에서 안드레이의 약혼자이자 미래의 아내인 나타샤는 그의 누이들에 의해 소시민 여성meshchanka으로 비하되어 불린다. 그녀는 저속한 밝은 노란색의 치마와 붉은 블라우스를 입고 나중에는 분홍 드레스에 녹색 허리띠를 맨다. 나타샤는 그녀의 부족한 취향과 노골적인 섹스어필로 교육받은 상류층 출신의 자매들을 질리게 만든다.[131] 그러나 분홍색과 녹색의 조합은 미학에 대한 공격 그 이상이다. 범속함과 소시민성은 스타일과 취향의 문제를 넘어선다. 나타샤는 희곡에서 예의바르고 이상적인 몽상가들인, 사랑스럽지만 무기력한 세 자매들을 쫓아내려는 새로운 힘의 여성적 형상화, 내재적 위험이다. 대략 30년 후에 쓰인 플라토노프의 「프로」Fro에서 소시민적 여성의 형상은 1920년대 소시민성에 반대하는 폭력적인 운동의 뒤를 이어 자세히 묘사된다. 이야기의 여주인공인 프로는 미용실 거울에서 자신의 범속한phoshlyi 반사체—19세기의 머리모양, 구시대적인 극도의 상냥함—를 보게 되고, 후에 기차원으로 일하는 자신의 늙은 아버지에게 "나는 소시민적인 여자가 아닌데도 남편을 그리워한다"(아마도 이것은 그녀의 소시민성을 보여주는 유일한 것일 수도 있다)고 고백한다.[132] 그녀의 아버지는 딸에게 다음과 같이 대답한다. "네가 무슨 소시민적인 여자meshchanka라는 거냐! 네가 소시민적인 여자가 되려면 아직 더 많이 살아야 하고 더 많이 배워야 해. …그녀들은 참 괜찮았지."[133] 플라토노프는 1920년대 후기, 전형적인 모욕인 이 용어를 낯설게 하면서 단어를 은유적으로 사용하기보다는 축자적으로 사용한다. 즉 단어를 신화적으로 적의 위치에 있는 프티

131 Anton Chekhov, "Three Sisters", *Sobranie sochinenii v dvenadcati tomakh*, vol. 9, p.543, p.549. 마샤는 나타샤에 대해 다음과 같이 말한다. "아, 그녀가 입은 옷을 좀 봐. 그것이 예쁘지 않고 유행에 뒤처져 있는 게 문제가 아니. 그녀의 패션은 한심하기 짝이 없어! 저속한 장식이 되어 있는 기괴한 밝은 노란색의 치마와 붉은 블라우스… 볼연지는 얼마나, 얼마나 문질러댔는데."(p. 543)
132 Andrei Platonov, "Fro", *Povesti i rasskazy*, Moscow: Kudozhestvennaia literatura, 1983, p.58.
133 *Ibid.*

부르주아와 연관시키는 것이 아니라 이미 사라져 버린 혁명 전의 특수한 사회 그룹과 연관시키는 것이다. 체호프의 「세 자매」에서 소시민성의 도래가 공포와 함께 시작했다면 플라토노프의 「프로」에서 소시민성의 떠남은 작가의 강렬하고도 부드러운 유토피아 비전에 기여하는 어떤 향수와 함께 고려의 대상이 된다.

1960년대의 인텔리겐치아―소위 60년대 사람들―와 소시민의 갈등은 낭만주의자와 소시민 간의 투쟁으로 약간 수정된다. '낭만주의자'는 1920년대 혁명주의자에 대한 60년대의 순화된 버전이다. 심지어 낭만주의자와 소시민들은 때로 같은 노래를 불렀다. 그러나 차이점이 있다면 소시민들은 "훈제 생선과 샤실릭"을 먹으면서 노래를 불렀다는 것이다.[134] 프티부르주아의 동식물과 사물―관상용 고무나무, 노란 카나리아, 축음기 음반―은 여전히 남아 있다. 쿠바 혁명에 대한 소련의 설명에 의하면 피델 카스트로의 적은 "축음기에서 흘러나오는 범속한 노래"를 부르는 소시민들이다.[135] 망명 작가 펠릭스 로지너는 자신의 삶에서 일어났던 슬프고도 코믹한 사건을 내게 이야기해 주었다. 1950년대 후반에 그는 자신의 결혼식에 대학 동창생들을 초대했고 초대받은 친구 하나가 자신은 결혼 선물로 노란색 카나리아가 든 새장과 축음기를 들고 갈 것이라고 말했다. 선물이 함의하는 바는 결혼이라는 것이 가장 속물적인 행위라는 것이었다. 모욕을 느낀 펠릭스는 만약 그렇게 하면 친구와 함께 비유적인 새장을 층계에서 던져 버릴 것이라고 엄포를 놓았다. 친구는 너무도 낭만적이었다. 그는 결혼식에 오지 않았고, 여행을

---

134 Mikhail Ancharov, "Odnazhdy ia pel na vysokoi estrade", *Pesni*, vol. 2, p.71. 다음에서 재인용: Petr Vail' and Alexander Genis, *60s: Mir sovetskogo cheloveka*, Ann Arbor: Ardis, 1988, p.313.
135 Mikhail Shatrov, "Imenem revoliutsii", *P'esy*, Moscow, 1974, p.257.

다니면서 결혼하지 않는 대신 한 명의 혼외 자식을 두었다.

소시민들과 인텔리겐치아 사이의 신화적 전쟁은 그들의 실제 관계를 모호하게 만들었다. 러시아의 중간계급 지망자의 정치적 지향과 중심 권력과의 관계에는 오해를 불러일으키는 것이 있다. 19세기 후반기에 인텔리겐치아의 많은 수가 급진 정치 세력과 연합하여 (전통적이고 보수적이고 체제 순응적이라 여겨졌던) 소시민성에 대항하여 싸웠고, 소시민들의 범속한 삶의 방식은 러시아의 혁명적 미래를 위한 투쟁의 대상이 되었다.[136] 그러나 사회의 일부로서의 역사적 소시민은 혁명과 개혁에 결코 어떤 위협도 가하지 않았다. 서유럽의 중간계급과는 달리 러시아의 하위 중간계급은 급진적인 정치 운동에 동조했다. 달리 말해 특히 20세기 초 소시민은 인텔리겐치아의 이상을 따랐다.[137] 더욱이 러시아와 후기 소비에트 인텔리겐치아의 중심 의도는 비록 종종 은닉되었을지라도 신화적인 소시민과의 관계가 아니라 절대 군주 혹은 공산당의 절대 권력과의 관계, 즉 국가와의 관계였다. 페데릭 스타가 지적하듯이 러시아의 고전적인 인텔리겐치아는 사회를 "예술적 또는 과학적 관념"으로 상상한다.[138] 실상 20세기 인텔리겐치아와 소시민과의 혁명적인 전쟁은 비극적이고 모순적인 수많은 왜곡을 산출했다. 러시아와 소비에트의 혁명적 인텔리겐치아의 일부는 스스로를 파멸로 이끄는 힘을

---

136 표트르 트카쵸프는 「미래의 사람들과 소시민의 영웅들」이라는 제목의, 매우 큰 영향력을 가진 에세이를 썼다. 그는 여기서 '미래의 사람들'이란 미래의 혁명이라는 대의에 완전히 자신을 헌신한 혁명적 인텔리겐치아라고 말한다. Petr Tkachev, *Liudi budushchego i geroi meshchanstva*, Moskva: Sovremenik, 1986.

137 이에 대해서는 다음을 보라. Daniel Orlovsky, "The Lower Middle Strata in Revolutionary Russia", *Between Tsar and People*, pp.248~268.

138 S. Frederick Starr, "The Waning of the Russian Intelligentsia", p.1.

창출하고 그 힘을 지지하면서 자신의 꼬리를 물어뜯는 것으로 끝을 맺었다. 권력과 옛 인텔리겐치아의 이상 둘 다에 반대한 시인들과 예술가들은 죽임을 당했고, 소비에트의 엘리트 지식인들의 상당수는 소련의 권력하에서 새로운 후원자를 찾았고 새로운 소비에트의 평범한 사람들을 위한 문화와 '문화화'의 이상을 제공했다.

범속함에 대항하는 전쟁은 때로 신흥 부자들에 의해서 수행되거나, 신흥부자를 향해, 혹은 신흥부자와 범속함 둘 다를 향해 행해졌다. 정신적으로 부유한 자들(러시아의 인텔리겐치아)은 과거 혹은 미래, 예술 혹은 삶에서 일종의 순수함의 이름으로 물질적으로 부유한 자들(소시민)과 논쟁하였다. 물론 러시아의 맥락에서는 신흥부자들을 경제 용어와 연결시킬 수 없는데 왜냐하면 서유럽의 신흥부자들과 비교할 때 그들은 너무도 부유하기 때문이다. 게다가 러시아의 문화 내러티브 속에서 신흥부자들은 정신적으로 빈곤하다고 여겨진다.

페레스트로이카 시기에 이 내러티브의 많은 요소들이 뒤집어졌다. 역사의 여백들이 채워지면서 많은 전통적 약자들이 비록 말뿐이라 할지라도 복권되었다. 그러나 소시민이라는 명칭을 되찾았다고 그 어느 누구도 자랑스럽게 여기지 않았다. 새 사업가들은 '새 상인'이 되기를 열망하였고 유사 러시아 스타일 속에서 자신들의 화려한 전통주의를 재현하였다. 상인들은 러시아의 포스트소비에트 엘리트에게 있어 너무도 평범한 계급인 소시민보다 더 부유해지고 호화스러워졌다. '작은 인간', 양배추 수프 속의 치킨 조각, 사유 주택, 괜찮은 학교 교육, 그리고 아이들을 위한 옷은 혼란스런 포스트소비에트의 가치들의 '주식시장'에서 낮게 평가되었다(주식시장은 1990년대에 유행한 새로운 메타포이다). 대부분의 다른 사회(또는 반反사회) 그룹들─19세기 또는 20세기에 자신과의 경쟁적 이데올로기 속에서 최소한 15분 동안의 명성은 누렸던 농민, 노동자, 지주, 인텔리겐치아, 상인 혹은 룸펜 프롤레타리아트, 보헤미안, 주변인(경계인), 범죄자, '성바보'—과는 달리 소시민은 신화적 희생양으로 눈에 띄지 않은 채, 러시아 문화사의 평범한common 약자로 남아 있다.

사적인 삶과 러시아 정신

자신의 에세이 「모스크바」에서 발터 벤야민은 논쟁적이면서도 간결하게 다음과 같이 말했다. "볼셰비즘은 사적인 삶을 파괴하였다."[139] 벤야민은 소비에트 체제가 사적 삶을 사유 재산과 함께 제거할 의도를 가지고 있다고 믿었다. 볼셰비키에게 '사적인'이라는 것은 정치적으로 위험한 것, 사회적 의미를 허용하지 않는 것이었다. 그들의 관점에서 '사사로운 개인'private individual은 이념상 옳지 않은 것으로 보임에 분명할지라도, 러시아의 지적 전통 역시 프라이버시라는 '서구의, 부르주아' 개념으로 묘사되는 것에 어떤 경의도 거의 표현하지 않았다. '프라이버시'에 가장 가까운 단어는 '차스나야 지즌'chastnaia zhizn'이라는 개념으로, 이것은 문자적으로 '특정한particular, partial 삶'이다.[140] 사적인 혹은 개인의 삶

---

139 Walter Benjamin, "Moscow", *Reflections*, NY: Schocken Books, 1978. 벤야민은 자신이 "부르주아의 안락함"이나 "부르주아 인테리어의 완벽함"을 지지하는 것이 아니라고 성급히 설명한다. 그럼에도 불구하고 그는 사적 삶의 파괴를 급진적인 정책으로 본다. 벤야민에게 있어 사적 삶의 '집단화'와 카페들의 소실은 비판적으로 사고하는 지식인이 멸종위기에 처한 것과 같은 안 좋은 상황이다. 참여하고 멀어졌다가 다시 돌아오는 움직임을 할 수 있는 사람, 자유롭게 유영하는 한량이 소비에트 공동체의 경계 안에서 존재하는 것은 사실상 불가능하다. 심지어 외국에서 온 방문자조차 계속하여 타협하고 멀어지거나 또는 편입된다.

140 이것은 프랑스어에서 la vie privée와 la vie particulière의 유사함과 같다. 러시아어 'chastnaia'는

은 혁명 전의 그 어느 사전에서도 찾아보기가 힘들다. 게다가 '개인의' personal라는 단어의 예문들은 어떤 편견을 내포하는데 예를 들면 "이기주의자는 공공의 선보다는 개인의 선을 선호한다"라는 예문이 그것이다.[141] 그러므로 러시아의 개인의 삶은 공적으로 허가된 죄와 고양된 의무감의 개념에 오히려 들어맞을 것이다.

'사적 삶'private life은 종종 '실제 삶'real life 또는 진실한 존재와의 유사 관계가 아닌 이방의, 진실하지 못한 행동과 유사 관계에 놓인다. 러시아의 사적 삶의 역사는 아직도 쓰이지 않은 채 남아 있고 이에 대하여 쓰는 것은 본 연구의 범위를 넘어서는 것이 틀림없다. 그러나 나는 왜 이 문제가 러시아 작가들, 지식인들, 그리고 비평가들의 흥미를 끌지 않았는지 질문하고 싶고, 동시에 러시아 정신에 대립되는 신화에 기여한 프라이버시에 대한 논쟁에 있어 되풀이되는 몇몇 모티프들을 제시하고 싶다. 프라이버시와 미학, 문화, 생존과 같은 사안들은 러시아의 맥락과 긴밀히 연결된다. 신화에 대한 개략적인 설명에서 나는 러시아의 집 없음homelessness과 가정, 정신적·예술적 영감과 국가 권력의 관계, 19세기

부분, 집합적 전체의 일부분을 의미하는 단어 chast'에서 유래한다.

141 Vladimir Dal', Tolkovy slovar' zhivago velikorusskogo iazyka, p.259. "Samotnik lichnoe blago predpochitaet obshchemu." 다른 예문들로는 "개인적 모욕", "개인의 책임"이 있다. 만약 직원이 직장에서 혹은 공직으로 인해 모욕을 당한다면 그것은 개인적 모욕이 아니다. 한편 개인의 책임이란 공동체의 반대 개념으로 정의되지 않고, 공동체에 대한 반응으로 내면화된다. 공적 영역에 대한 서유럽 혹은 미국의 개념에 속하는 몇몇의 단어들, 예를 들어 '제도'(institution), '이웃'(neighborhood)이란 단어도 누락되어 있다. 18세기와 19세기 초, 프랑스어에서 들어온 어구인 privatnaia zhizn'(사적 삶)은 교육받은 계층의 언어에서 쓰였다. 예를 들어 안드레이 볼로토프는 차르 파벨 1세의 privatnaia zhizn'(사적 삶)에 대해 쓴 바 있다. Andrei Bolotov, "Zapiski ochevidca", Pamiatnik pretekshikh vremian, Moscow: Sovremennik, 1989, p.198. chastnyi라는 단어는 또한 단어 obshchii(common)의 반대 개념으로 정의되고, 때로 예외를 표현하기 위해 사용된다. chast'는 u-chast'(운명; fate, lot)와 관계있다. 러시아어에서 '사적 삶'은 단어의 서구적 의미인 개인의 삶을 덜 강조하는 대신 개인의 의지에 전적으로 달려 있지 않은 '인간의 운명'이라는 개념을 더욱 강조한다.

후반 '러시아 정신'의 발견에 대해 논의할 것이다. 소비에트 시기에서 나는 아방가르드 예술가들의 새로운 아담부터 소비에트의 오이디푸스와 개척 영웅에 이르는 소비에트 인물의 모델 창조와 함께, 스탈린 시기와 스탈린 이후 해빙기 동안의 생존 방법을 연구할 것이다. 그 당시 모델이 되는 인물들은 재정의되거나 거부되고, 새로운 의식들은 대안적인 '나'와 대안적인 '우리' 둘 다를 긍정했다. 스탈린 이후 시기 동안 개인의 소유권에 의해 제한되지는 않았을지라도 개인적인 것은 다른 방식—코무날카 주거인들의 비주류적 미학의 추구와 그들의 개인적인 수집품들로의 시적 도피 및 강박적인 낙서, 사람 많은 주방에서 친구들과 기타 반주에 맞추어 부르는 비공식적인 노래 등—에 의해서 재구성된다.

1990년대, 사유화와 새로운 개혁들(대부분은 적절하게 시행될 기회를 가지지도 못했던 개혁들)의 시기에 서구와 러시아 정신에 대한 비평이 되살아난다. 어떤 이들은 러시아의 망명가들이 유라시아 대륙에서 새롭고 '기이한' 유토피아를 꿈꾸었던 시기인 1920년대부터 1950년대, 이들에 의해 개척된 이미지인 '유라시아 정신'에 대해서 생각하고 있다. 유라시아 이론은 모스크바에서 그 중심과 함께 있는 잃어버린 소련의 경계들을 복구하는 데에 새로운 정당성을 제공한다. 러시아 이념을 연구하는 철학자들과 유라시아 이론가들은 러시아 서점가에서 큰 히트를 쳤다. 1993년 누군가는 레닌 박물관과 붉은 광장 바로 앞에서 베르댜예프와 도스토옙스키의 철학 저서들, 오스발트 슈펭글러의 『서구의 몰락』을 샀을 수도 있다. 종종 전체 맥락 속의 독서 또는 환언된 독서를 통한 이 이념들은 위기의 시기에 어떤 유토피아적 위안을 제공할 거라 약속하는 새로운 이데올로기로 신속하게 그 자리를 잡아가고 있다. 그래서 러시아의 성격 모델과 그에 대한 저항의 논쟁사는 새로운 긴급성을 획득한다.

사적인 삶과 **러시아적인 삶** 사이의 대립은 유럽으로 여행하는 러시아인들, 러시아에 온 유럽 방문자들과 같이 문화를 교차하여 여행하는 사람들에 의하여 발전되었다. 그들은 일상의 존재 속에서 차이들을 관찰하였고 교차 문화적 교배의 산물들을 생산해내는 용어들로 그 차이들을 정당화하고 찬양하거나 탐구하였다. 그러나 문화적 차이가 문화적 우월성과 애국주의로 번역될 때 이 모든 관찰들은 신화적 지위를 획득하였다. '사적 삶'의 결여는 러시아적 선택을 가리키는 일종의 기호가 되었고, 또는 이와는 반대로 서구로 간 러시아 여행자들은 민주주의 문화의 영혼 없음을 비판하였다.

여행자들의 언급은 때로 그것이 개인의 정체성과 국가의 정체성 구축 방식을 결합하기도 하기 때문에 특히 흥미롭다. 국경 너머로의 여행은 일종의 제의이자, 단어의 수많은 의미에 있어서 경계 넘기이다. 표트르 대제는 외국의 도제방식이 새로이 유럽화된 러시아 지주의 교육이라고 주장하였다. 그 이후로 러시아 귀족들의 유럽으로의 모든 여행은 러시아의 운명에 대한 성찰을 불러일으킨다. 이 성찰들은 자주 조국에 있는 누군가를 향한 편지의 형태로 기록되고, 따라서 그것은 치료적이면서 동시에 교훈적이다. 예를 들어 러시아의 극작가 데니스 폰비진은 1770년대와 1780년대에 서유럽을 여행하였고 유럽에 대해 불평하는 수많은 편지들과 에세이들을 썼다. 자신의 누이에게 보내는 편지에서 그는 다음과 같이 쓴다. "대체로 나는 파리의 프랑스인들의 윤리적 삶이 매우 불쾌하다 . …여기 사는 모든 이들은 자신만을 위해 산다. 우정, 연대감, 존경, 감사와 같은 것들은 단지 망상일 뿐이다. 공손하라, 즉 다른 사람에게 반대하지 말아라, 상냥하라, 즉 무슨 생각이 들든지 거짓말하라―이것들이 un homme charmant(매력적인 사람)이 되기 위한 두 가지 규칙이다."[142]

폰비진의 '프랑스인'은 1세기 후에 쓰인, 우리가 위에서 살펴본 러시아 사전의 이기주의자에 대한 정의와 이상할 정도로 닮아 있다. 매력적인 프랑스인은 그 자신을 위해, 그리고 사회적 삶이라는 표피적 무대를 위해 존재한다. 비록 그가 폰비진의 상상 속에 존재하는 짚으로 만든 인간일 수도 있지만 그는 인간에 대한 러시아 개념에 대립되는 병치되어 있는 적 혹은 이방인을 구현할 것이다. 또한 인간성을 결여한 프랑스인은 "전혀 이성적이지 않다". (이것은 아마도 매우 모순적일 것인데 왜냐하면 러시아에서 계몽적 합리주의의의 창설자인 프랑스인이 "이성을 결여한 것"으로 나타나고 반면 [헤겔에 의하면] 철학에 가장 적합한 언어를 갖고 있다고 스스로 우쭐해하는 독일인들은 nemtsy―문자적으로 '벙어리들', 즉 러시아어를 못하는 사람들―로 불리기 때문이다.) 확연한 러시아의 귀족적 방식 속에서 폰비진은 러시아의 하인들 같은 복종적이고 친절한 하인들이 많지 않음을 개탄한다.[143] 그의 견해에 의하면 유럽의 하인들조차 매력적인 사람들이라는 개념에 의해 부패된 이기주의자들이다. 하인들은 사적 삶에 대한 권리가 주어질 가장 마지막 사람들일 것이다.

---

142 Denis Fonvizin, *Izbrannye sochineniia i pis'ma*, Moscow: Ogiz, 1947, pp.236~237. 75년 후에 폰비진의 이 문구는 도스토옙스키의 「여름 인상에 대한 겨울의 기록들」에 영감을 주었다. 게다가 외국 여행은 50년 후 프랑스의 퀴스틴 후작의 러시아 여행, 그 이후 도스토옙스키의 유럽 여행과 마찬가지로 폰비진을 자신의 조국에 더욱 관대하게 만들었다.
[퀴스틴(Marquis de Custine)은 프랑스의 귀족 작가로 많은 여행기들을 썼다. 특히 1839년 러시아를 여행한 후 쓴 작품 「1839년의 러시아」가 유명한데, 이 여행기에는 니콜라이 1세 치하 러시아의 사회, 경제가 묘사되어 있다. ―옮긴이]
143 *Ibid.*, p.239.

데니스 폰비진이 프랑스와 독일에서 부자연스러움, 위선, 그리고 인간성의 결여를 발견했다면 퀴스틴 후작은 러시아에서 "인간 존엄성의 결여"와 러시아인들의 매일의 행위의 인위성에 의해 충격을 받았다. 그의 책에서 니콜라이 1세의 페테르부르크 상류사회는 잘 짜여진, 훌륭한 독재의 공연에 참가하는, 호프만식의 인간성을 빼앗긴 자동기계 인간들에 비교된다. 러시아인들은 스스로를 교회, 국가, 관료제에 대한 자신들의 의무와 동일시한다. 러시아인은 그의 사회적·종교적 역할로부터 자유로운 독립적인 개인의 정체성을 소유하고 있지 않다. 러시아 귀족 집의 내부를 설명하면서 퀴스틴 후작은 부의 과시, 제국의 거대함과 "단정치 못한 가정, 사적 공간의 결핍과 아시아를 연상시키는 심오하고 자연스러운 무질서" 간의 모순을 지적한다.[144] 후에 러시아의 슬라브주의 철학자들이 "메시아적 집 없음"messianic homelessness으로 부른 것이 여기에서는 열악한 가정(살림)으로 나타나는 것이다. 퀴스틴 후작을 가장 놀라게 한 것은 프랑스 가구들 중에서 가장 신성하고, 사적으로 소중하게 여겨지는 물건인 침대가 러시아에서는 매우 드물게 이용된다는 사실이었다. 그는 "문명에 한참 뒤떨어진 나라들"에도 존재하는 단어 그자체가 의미하는 '침대'가 러시아에는 존재하지 않는다고 언급한다.[145] 그가 묘사하는 러시아 귀족의 집에는 잠자는 장소들—나이가 많은 혹은 몸이 좋지 않은 백작이 잠자는 나무로 만든 벤치, 남자 하인이 낮잠을 자기 위해 바닥에 놓은 베개들, 여자 하인들이 밤에 시간을 보내는

---

144 "L intérieur des habitations est également triste, parce que malgré la magnificence le l'ameublement, entassé à l'anglaise dans certaines piéces destinés à recevoir du monde, on entrevoit dans l'ombre une saleté domestique, un désordre naturel et profound qui rappelle l'Asie." Marquis de Custine, *Letters de Russie*, Paris: Gallimard, 1975, p.67.

145 *Ibid.*, pp.167~168.

칸막이 너머의 장소—만이 있다. 이것들은 커튼에 의해 "전시를 위한 침대"un lit de parade, 즉 외국 손님들에게 보여만 줄 뿐 사용은 하지 않는 호화스런 물체로부터 분리된다. 이 러시아의 '전시를 위한 침대'는 실제적인 가구라기보다는 이상적으로 존재하는 플라톤적 의미의 침대이다. '인간의 존엄성'보다는 외관 유지에 대한 러시아적 집착은 귀족 궁전들의 장엄하고 공적인 실내를 그들의 가정 실내와 구분하는 얇은 파티션들 속에 반영되어 있다. 퀴스틴 후작은 매혹적인 제국의 궁전 실내에서 잠자는 미녀와 그녀의 러시아적 정신을 발견하는 데에 실패했다.

유럽의 삶에 대한 폰비진의 언급과 퀴스틴 후작의 「러시아로부터의 편지」는 역사 연구와 문화 비평 둘 다에 있어 신뢰할 수 없는 텍스트들임에 확실하다. 폰비진은 러시아의 유럽 모방자들을 위해 교훈적 텍스트를 썼고, 반면 퀴스틴 후작은 반군주제적인 풍자적 팸플릿을 썼다. 그러나 이들은 러시아와 유럽의 비교 문화적 신화 속에서 어떤 공통의 장소들을 재현하고, 매우 다른 방식으로 루소라는 동일한 자연주의 철학자를 읽어낸다. 이것은 진실한 행위와 연극적 행위, 자연스러운 행위와 부자연스러운 행위 개념들이 경계를 가로질러 변한다는 것을 확언할 뿐이다. 자연과 문화, 사적인 것과 공적인 것에 대한 한 국가의 양극성은 다른 외국어로 명확히 번역되지 않는다. 러시아의 첫 망명자 중 하나인 표트르 차아다예프(그는 고국으로 돌아왔지만 정부는 그를 광인으로 선포하였다)는 집 없음과 고아신세가 러시아 운명의 근본적인 특징이라는 이론을 전개한다. "우리 러시아인들은 사생아들처럼 우리보다 먼저 이 땅에 살았던 사람들과의 어떤 유대나 유산 없이 이 땅에 와 있다. … 우리는 어제, 그 이전의 과거를 기억하지 못한다. 우리는 마치 스스로에게 타인이나 마찬가지인 듯하다."[146] 이 편지에서 차아다예프는 러시아인을 본질적으로 유목민이라 여기고 러시아인의 집을 스키타이인의 마차(그러나 바퀴가 없는)에 비교한 보날드와 같은 서구의 여행자들의 의견을 반향한다.[147] 오시프 만델시탐은 차아다예프를 일컬어 러시아 최초의 사적인 사람들 중 하나라고 말하였다. 그는 차아다예프에 대한 존경으로 프랑스어 'privatier'를 사용하고 이 단어에 인용부호를 붙인다.[148] 마치 러시아 전통에서 단어 chastnyi와 privatier가 외래적 특징을 갖고 있음을 강조하듯이 만델시탐은 차아다예프의 인격은 개인주의적인 의미를 결여하고 있다고 설명한다. 즉 그의 인격은 어떤 개인으로서 그에게 속하는 것이 아니라 "문화적·정신적 전통의 일부"였던 것이다.[149] 그러나 이 '전통'은 매우 교차 문화적이면서 이종적인, 프랑스 가톨릭의 반계몽 철학과 러시아의 문학적 상상력의 결합이었다. 프랑스에서의 외적 유형exile에서 러시아에서의 내적 유형으로 이동한 차아다예프는 러시아의 철학전통에서 가장 기이한 인물들 중 하나이다. "초월적 집 없음"transcendental homelessness이라는 사상은 이것을 국제적 근대성의 중요한 징후로 간주한 게오르그 루카치로부터 좀 더 직접적으로 서구의 독자

---

146 Petr Chaadaev, *Philosophical Letters and Apology of a Madman*, trans. and introduced by Mary-Barbara Zeldin, Knoxville: University of Tennessee Press, 1969, p.37. 러시아어 버전은 다음을 참고하라. *Stat'i i pis'ma*, Moscow: Sovremennik, 1989.

147 Andrzej Walicki, *History of Russian Thought: From Enlightment to Marxism*, Stanford: Stanford University Press, 1978, pp.87~91. 발리츠키는 차아다예프의 사상의 유래를 독일의 보수적 낭만주의자들뿐 아니라 루이 가브리엘 앙브루아즈 드 보날드(Louis Gabriel Ambroise de Bonald)와 조제프 드 메스트르 백작(Joseph de Maistre) 같은 프랑스 전통주의자에게서도 발견한다.

148 "그는 'privatier'라 부를 수 있는 사적인(chastnyi) 사람이다." Osip Mandelshtam, "Chaadaev", *Sobranie sochinenii*, NY: Inter-Language Associates, 1974, vol. 2, p.284.
  [오시프 만델시탐은 20세기 러시아의 위대한 시인들 중 한 사람으로 안나 아흐마토바, 니콜라이 구밀료프와 함께 러시아 모더니즘 유파인 아크메이즘을 대표하는 시인이다. —옮긴이]

149 *Ibid.* "마치 자신의 인격이 그 자신에게가 아닌 후세에게 속한다는 사실을 인식하듯이 인격에 대한 그의 태도는 겸손하였다. 그가 무엇을 하였든지 간에, 비록 그가 단순히 그것을 하지 않았을지라도 그것은 섬기기 위한 것이었거나 봉사로서 수행된 것이었다."

들에게 온 것이다. 차아다예프에게 그것은 **근대의** 전통이라기보다는 러시아의 고유한 특징이었다. 근본적인 차이는 '러시아의 집 없음'은 유럽의 근대성에서처럼 집과 뿌리를 상실한 결과가 아니라 유럽과 아시아 사이에 있는 러시아의 지리적 위치로부터 기인하는 항상적인 조건, 근대화를 촉진하는 것이 아니라 오히려 방해하는 것이라는 점이다.

차아다예프의 고찰은 그의 동시대인들을 뒤흔들었고 러시아의 가정과 공동체에 대해 생각할 수 있는 토대를 마련하였다. 그의 첫 철학 서한에서 뿌리, 집 그리고 문화적 정당성의 결여로 나타나는 것은 후에 슬라브주의 철학자들인 이반 키레옙스키와 알렉세이 호먀코프에 의해 재해석된 러시아의 우월한 운명이었다. 러시아의 '집 없음'은 개인주의가 아닌 자유와 사랑에 기반한 다른 종류의 공동체 의식과 교감으로 재평가된다. 슬라브주의자들은 차아다예프의 사회 비판을 거부하였다. 러시아의 집 없는 영혼을 공유하는 자들의 "자유로운 공동체"는 절대 왕정 및 권리들의 부재와 평화롭게 공존하였다. 차아다예프 자신은 러시아가 국가적으로 우월하다는 이 이념에 반대하였다. 호먀코프를 향한 대답에서 그는 다음과 같이 쓰고 있다. "아니다, 천 번을 말해도 아니다, 이것은 우리가 젊었을 때에 우리 조국을 어떻게 사랑했느냐 하는 것이 아니다. … 우리는 조국의 복지를, 좋은 제도를 희망했고 때로는 감히 더 많은 자유를 바라기도 하였다. … 그러나 우리는 조국이 세상에서 가장 강력하거나 행복한 나라라고는 결코 생각지 않았다. 러시아가 절대 원칙으로 의인화된다거나 … 모든 슬라브 민족들을 통합시키고 이리하여 인류를 갱생한다는 표면상의 사명을 가지고 있다고 우리는 결코 생각한 적이 없었다."[150]

슬라브주의의 민족주의는 그에게 추상적인 이념이자 기만, 거짓이었다. "신이여, 나 자신을 위해서가 아니라 항상 내 나라를 위해 조국을 사랑했음에 감사드립니다. 신이여, 내가 그 올바른 길로부터 벗어나 조국을 유혹하기 위해 시로든 산문으로든 (그것을) 현혹하지 않았음에 감사드립니다. 신이여, 내가 조국을 위해 추상적 이론을 결코 받아들이지 않았음에 감사드립니다."[151]

그러나 유럽의 개인주의에 대한 비판이 슬라브주의자들에만 국한된 것은 아니다. 1862년 파리 체류 중이었던 또 다른 망명자 알렉산드르 게르첸은 이반 투르게네프에게 논쟁적인 편지를 썼다. 이 편지에서 게르첸은 유럽의 프티부르주아의 가정, 자신의 작은 집과 수프 속의 "치킨 조각"에만 신경을 쓰는 개인이 속한 중산계급을 상세하게 비판하고 있다. 게르첸의 견해에 의하면 예술은 "한정된 평범함"limited mediocrity과 저속함에 대한 안락하고 가정적인 자기 만족감을 견뎌낼 수 없다.[152] 그리고 갑자기 몇 단락 후에 그는 파리에서 좋은 사적인 아파트를 발견한 것에 대한 큰 기쁨을 다음과 같이 묘사한다.

집의 건물은 그렇게 크지도, 화려하지도 않았지만 방의 위치, 가구, 모든 것이 안락함이라는 **또 다른** 개념을 가리키고 있었다. 거실 가까이에는 완전히 분리된, 침실 근처의 아주 작은 방이 있었는데 이것은 책꽂이와 책상이 있는 서재였다. 나는 방들을 지나 걸어갔는데 그것은 마치 오랜 방황 끝에 번호가 붙은 호텔 방이나 인간 무리가 아닌, 인간적인 거주형태, **자신**

150 P. Ia Chaadaev, *Stat'i I pis'ma*, Moscow: Sovremennik, 1989, p.350.
151 *Ibid.*, p.188.
152 Alexander Herzen, "Koncy i nachala, pis'mo pervoe", *Sochineniia v dvukh tomakh*, pp.353~356.

의 집un chez-soi을 다시 발견한 것과 같았다.[153]

이것은 자의식에 의해서는 다른 종류의 항구, 안전하지 않은 것, 항구적인 정신적 유배와 유목민을 추구하면서, 갑작스레 프라이버시의 유혹에 굴복한 방황하는 망명인의 덫인가? 여기서 개인의 "인간적 거주 형태"가 이상적 공동체가 아닌 경멸적인 "인간 무리"에 대립되는 것은 어떤 이유에서인가? 더구나 위의 언급에서 예술은 프라이버시에 반대되는 것이 아니라 마치 새 아파트의 침실과 책상과 책꽂이가 있는 안락한 서재가 병립하는 것처럼, 두 존재는 병립 가능하다. 추방당한 여행자로서 게르첸은 자신의 집un chez-soi을 발견하여 행복해하고 있다. 이 프랑스식 표현은 '자신'과 '집'을 함께 연결하여 자족적 만족감으로서의 프라이버시의 안락함을 강조한다. 망명중인 러시아 사상가의 집은 공적인 것과 사적인 것 사이의 모순이 성립되는 곳에 있다. 즉 공적 인간으로서 그의 취향들은 자신의 사적 취향들과 다르고, 자신의 집에 대한 바람은 비록 망명자의 프라이버시에 불과할지라도 유럽의 프라이버시 개념에 영향을 받는다. 그렇다면 왜 프랑스식의 '자신의 집'은 러시아어로 잘 번역되지 않는 걸까?

모든 인간이 내적 삶을 가지고 있는 반면, 사적 삶이라는 것은 최근의 문화현상으로 일종의 문화적 사치이다. 사회학자들과 역사가들은 여행자들의 언급들을 반향하는 이야기를 우리에게 제공한다. 고대 그리스에서 사적 인간을 지칭하는 단어는 '백치'idiot였는데, 이 단어는 비전문가와 무지한 사람을 가리켰다. 프라이버시 개념에 대한 유럽의 혁

153 *Ibid*., p.356.

명은 시민civic man에서 내적 인간으로의 전환을 보여 준다.[154] 로마법에서 "사적"이라는 용어의 정의는 "공적 임무를 수행할 의무로부터 벗어나지 않는 범위에서" 개인이 할 수 있는 것들로, 부정적인 함의를 갖는다.[155] 사적/공적 대립을 안정화시키는 방책은 역사를 통해 매우 크게 변동한다. '사적'이라는 것은 공적인 것으로부터의 면제와 가정생활, 둘 다를 의미한다. 프로이트의 친숙한heimlich/친숙하지 않은unheimlich의 패러다임에서 프라이버시는 두 측면을 갖고 있다. 그것은 애정어린 친밀함과 비밀, 숨김, 의심의 영역 둘 다를 지시한다.[156] 프라이버시의 변형은 자아self 개념의 발전과 직접 관계된다. 이런 측면에서 'private'는 많은 측면에서, 특히 그것의 역사적·비교 문화적 변화에서 기괴한uncanny 것으로 나타난다. 왜냐하면 한편으로 그것은 개인의 공적 역할의 결여나 박탈을 의미할 수 있고 다른 맥락에서는 인간성의 필수적인 요소를 가리키기 때문이다.

만약 플라톤의 『국가』에서 사람들이 개인의 거주지가 아닌 국가에 '거주한다'면, 칸트의 공식에서 자아self와 인간의 정체성은 개인의 집, 과도한 국가 혹은 혁명적인 쿠데타로부터의 유일한 피난처에 의해서만 정의된다. 새로운 자아 개념과 프라이버시의 발전은 법체계, 특히 재산법의 발전뿐 아니라 1500년~1800년의 기간 동안 유럽의 문화적 사고방식이 변한 결과이다. 이러한 사고방식의 변화 속에는 개인의 신체와 타인의 신체, 종교 의식의 변화, 점점 세속화되어 가는 일상생활, 식자

---

154 Paul Veyne, "Introduction", *History of Private Life*, Cambridge, Mass: Harvard University Press, 1987, vol. 1, p.1. [필립 아리에스 외, 『사생활의 역사』, 주명철 외 옮김, 새물결, 2002~2006]
155 *Ibid.*, p.163.
156 다음을 참고하라. Philippe Ariès, "Introduction", *History of Private Life*, 1988, vol. 2, pp.6~8.

층의 확산에 대한 새로운 태도가 포함된다. 당시의 과정 속에서 발견할 수 있는 것은 집과 취향에 대한 선입관뿐 아니라 종교적 측면보다는 세속적 측면에 더 가까운 자서전, 편지, 일기, 자신에 대한 내러티브를 구성하는 방식, 홀로 존재할 수 있는 어떤 방식이다.[157] 서유럽에서 사적인 것private의 번영은 두 가지 사회정치적 요인의 결과이다. 첫째는 공적 영역의 "비사유화", 즉 강력한 국가 발전으로 귀결되는 봉건적 의무의 철폐이다. 필립 아리에스에 따르면 두 번째는 사교적 행사와 주연 형태의 변화이다. 이것은 "공적인 것과 사적인 것이 하나로 혼동되는 것"에서 둘이 구별되어 사적인 것에 공적인 것이 포함되는 것으로의 변화이다.

　　루이스 듀몽에 의하면 "경험적 주체"와 "도덕적·독립적·자율적, 따라서 비사회적 존재"의 가치부여valorization라는 두 의미와 관련하여 개인주의는 근대 이데올로기의 명백한 특징이다. 그것의 반대는 전체론으로, 사회 전체에 특권을 주고 개개 인간을 경시하거나 종속시키는 이데올로기가 그것이다.[158] 17세기부터 19세기까지 영국과 미국 전통에서뿐 아니라 특히 18세기 프랑스 철학에서 발전한 개인주의는 프로테스탄티즘의 발전과 평등, 자유, 보편적 인간성(프랑스 혹은 앵글로 아메리칸 스타일), 재산과 관련되어 있다. 근대 초기에 개인과 물적 대상 사이의 관계는 사람들 사이의 관계보다 우세해지기 시작한다. 이런 측면에서 집은 개인을 보호하고 정의하는 가장 중요한 '것'이다.

---

157 그러나 러시아(모스크바) 문화를 단지 서구 사회 발전의 익숙한 단계(르네상스, 개혁, 또는 로마 법과 같은 것)에서 벗어난 것으로 생각하는 것은 그것의 주요한 메커니즘, 결핍이 장점이 되도록 하고 그 필요에 부합하는 효과적인 정치적 문화를 창조할 수 있는 능력을 간과하는 것이다. 이에 대해서는 다음을 보라. Edward Keenan, "Moscow Political Folkways".

158 Louis Dumont, *Essai sur l'individualisme, Une perspective anthropologique sur l'idéologie moderne*, Paris: Editions du Seuil, 1983, pp.303~304.

러시아에서 국가와 그것에의 봉사자들간의 탯줄은 보다 늦게 잘려졌다. 변덕스런 러시아 역사, 그리고 국가와 재산 사이의 밀접한 관계는 프라이버시의 발전을 고무시키지 않았다. 19세기 말 러시아의 법역사학자들은 고대 러시아 법률 코덱스에 '개인'person에 대한 어떤 단어도 없다는 사실을, 거기에서 '개인'(러시아어로 lico)이란 개인의 존엄성을 부정하고 일종의 노예제를 의미한다는 수많은 사실을 발견해 냈다.[159] 노브고로드와 프스코프의 법률과는 대조적으로 모스크바의 법 전통은 국가에 봉사하는 자들의 권리에 관심을 기울이지 않았다. 나아가 1649년의 법전은 인간의 가치를 인정하지 않는다. 즉 모욕이나 불명예를 끼치거나 혹은 그로 인해 고통받는 인간의 개념을 결여하고 있는 것이다. 사제를 포함한 모든 사람은 국가의 위계 속에서 직업과 위치에 따라 설명된다. 서유럽에서 전문적인 조합과 길드, 단체들이 유사한 환경 속에서 자신들의 구성원들을 보호했다면 러시아에서 그들은 어떤 권리도 지니지 못했다. 표트르 대제의 포고 "바보들duraki을 인정하는 것에 대해서"에서 바보들은 유산과 상류계급의 뿌리를 가졌으나 "국가에는 쓸모가 없는" 사람들로 묘사된다. 이 정의에서 18세기 초 러시아에서의 바보는 고대 그리스의 백치와 같은 사적 개인과 매우 유사하다. 사적 삶은 위험한 농담으로, 바보의 장난은 국가가 주의깊게 감시해야 할 것으로 나타난다. 국가에 대한 귀족계급의 의무적 봉사를 없애는 법령은 농노제 폐지 100년 전인 1762년이 되어서야 통과되었다. 공적인 것과 사적인 것의 구분은 서유럽보다 더 오랜 시기 동안 국가의 손 안에 있었다.

---

159 Vladimirsky-Budanov, *Encyklopedicheskii Slovar'*, St. Petersburg: Brokgauz and Efron, 1898, p.532에서 재인용.

표트르 3세와 예카테리나 여제 시절의 귀족들은 '군주의 격노'를 피하기 위해 공부를 하도록 장려되었다. 따라서 교육받을 허가는 군주로부터 왔고, 이것은 의무적으로 국가에 봉사하는 것으로부터의 해방과 같이 나아갔다.[160] 19세기 말까지 '인권' 개념은 러시아에서 그 어떤 특별한 의미도 갖지 못했다. 상속법에서 부모는 자손에 대해, 남편은 아내에 대해 절대적인 힘을 가졌다. 농부들은 완전한 권리를 소유하지 못했다. 폴란드인과 독일인, 유대인을 포함한 비 러시아 민족들의 경우 더욱 심각했다. 이들은 토지를 소유하는 데 매우 제한된 권리를 지녔고, 유대인들은 이주의 자유가 없어서 제한된 거주 지역[161] 내에서 살았다. 따라서 인구 중에 사적인 취향을 개발시킬 위치에 있는 그룹은 매우 적었다.

역사적 이유로 인해 19세기 러시아에서 문학 속에서 잘 알려진 고도로 세련된 삶을 창조한 이들은 중산 계층이 아니라 교육받은 귀족층이었다. 러시아 귀족의 개인적인 자기조형을 위한 다양한 방법들이 등장했다(리디야 긴즈부르크와 유리 로트만이 지적하듯이 귀족 여성들은 자기조형에 대한 선택권이 없었고, 이런 측면에서 그들은 농민들이나 하층 계급의 사람들에 더 가까웠다).[162] 새로운 유형의 사람들 가운데에는 민감하고 선량한 사람, 지적인 메시아와 낭만적인 반역자, 이성적인 사람, "수사학이 없는" 사람 등등이 있었다. 그러나 심지어 지적인 상류계급의 개

---

160 Vassily Kliuchevsky, "Nedorosl' Fonvizina", *Istoricheskie portrety*, Moscow: Pravda, 1990, p.353. 이 사항에 관해 조언과 도움을 준 토마스 배런(Thomas Barron)에게 감사를 전한다.

161 Pale of Settlement(러시아어로 Cherta osedlosti): 1791년(예카테리나 2세 시기)부터 1917년까지, 러시아 제국에 존재했던 일종의 경계선으로 유대인들은 이 경계 내에서 평생 거주하면서, 아주 예외적인 특별한 경우를 제외하고는 경계를 넘는 것이 금지되었다. ─옮긴이

162 Lidia Ginzburg, "The Human Document and the Formation of Character", *The Semiotics of Russian Cultural History*. p.208.

인도 그가 사람들에 의해 이해되건 버림받건 간에 종종 그 자신을 대중의 구세주로 조형하였다. 계급의 집단적 갈망과 대중의 구세주로서 개인의 자기 양식화 사이에는 현저한 불일치가 존재했다.

듀몽의 견해에 따르면 개인주의의 완전한 승리에 대해 말하는 것은 심지어 유럽의 맥락 속에서도 불가능하다. "한편으로 그것은 전능하였지만 다른 한편으로 그것의 반대자에 의해 끊임없이, 끔찍하게 시달렸다."[163] 전통문화와 개인주의라는 지배적인 근대 이데올로기들의 만남은 '문화적 동화'의 기이한 혼종들을 산출했다. 독일과 러시아의 어떤 지적인 서클들은 근대적 이데올로기와 휴머니티의 모델로서의 사적 개인이라는 개념에 반대하였다. 그들은 개인주의에 대한 집단적이고 민족적인 대안—독일의 Volk, 러시아의 narod—을 제시했다. 비록 러시아에서 '민중성'people's sprit(러시아어 narodnost')에 대한 두 버전이 존재할지라도 그중 어느 것도 '평범한 사람들'common people에 의해 창조된 것은 아니었다. 첫 번째는 니콜라이 1세의 조언자인 I.S. 우바로프에 의해 전개된 '전제정, 정교, 민중성'이라는 공식적인 군주정의 교리의 일부로, 이는 우바로프가 서구의 모델들로부터 직접 가져와 심지어 그것을 프랑스어로 설명한 것이었다. 여기서 '민중성'은 국가적이고 민족적인 정책을 상징한다. 민중 공동체라는 슬라브주의 버전은 민중성을 정치위에 있는 것으로 주장했다. 그러나 민중 공동체는 절대 군주정 그대로의 상태를 전적으로 지지하였다. 도스토옙스키는 「여름 인상에 대한 겨울의 기록」에서 서구의 개인주의인 '자유, 평등, 형제애(박애)'의 세속적 삼위일체에 대해 비판한다. 작가는 폰비진의 전통 속에서 (보들레르와

---

163 Louis Dumont, *Essai sur l'individualisme*, p.30.

벤야민이 바라본 방식인 '19세기의 수도'와 대조적으로) 파리를 "이성이 없
는" 사람들의 도시로 묘사한다.

Liberté, égalité, fraternité. 매우 좋긴 한데, liberté란 무엇인가? 자유이다.
자유란 무엇인가? 법률이 정하는 한계 내에서 모든 사람이 각자 원하는
대로 하는 동등한 평등인가? 사람이 원하는 것을 언제 할 수 있는가? 수만
금을 가졌을 때이다. 자유가 모든 사람들에게 수만금을 주는가? 아니다.
수만금이 없는 사람은 자신이 원하는 것을 할 수 있는 자가 아니라 누군가
가 원하는 것을 하는 자이다. … 법 앞에서의 평등, 그것이 제시되는 방법
에 있어서는 모든 프랑스인들이 그것을 개인적 모욕으로 간주한다. 나머
지, 형제애(박애)는 어떠한가. 이것은 가장 호기심을 불러일으키는 것이
다. … 프랑스인들과 유럽인들의 본성에서 대체로 그 어떤 형제애도 발견
할 수 없다. 발견되는 것은 고립된 개인osobniak[164]의 사적인 요소, 스스로
를 보호하고 정의하고 매매하려는 고양된 감정일 뿐이다.[165]

화자-도스토옙스키의 페르소나는 작가 자신의 첨예하게 모순적인
창조물인 '지하생활자'와 상당부분 유사하다. 그러나 이 텍스트에서 작
가는 허구적 틀을 피하고 있거나 오히려 표도르 도스토옙스키라는 자
기 자신을 뛰어난 '러시아적 인물'로 만들고 있다. 자신의 소설들에서
도스토옙스키는 우리에게 별난 인물들과 소설적 대화를 광범위하게 제

---

164 러시아어 오소브냑(osobniak, ocoбняк)은 단독 주택, 혹은 다른 사람들과 교류하지 않고 홀로 떨
어져 지내는 사람을 의미한다. —옮긴이
165 Feodor Dostoevsky, "Zimnie zametki po letnim vpechatleniiam", Iskaniia i razmyshleniia, p.186.
[도스토옙스키, 『악어 외』, 박혜경 외 옮김, 열린책들, 2010]

공하면서 개인의 자유, 인간의 존엄성 및 한계에 도달한 굴욕의 고통과 역설을 탐구한다. 그의 저널리즘에서 대화는 설득과 단일한 관점의 수사학에 의해 추진된다. 여기에서 개인적 특성과 개인의 권리들은 진실한 형제애 이념보다 덜 중요하다. '나'는 사회를 위해 자신을 희생해야 하고 "단순히 권리를 요구하지 않는 것이 아니라 반대로 사회를 위해 무조건적으로 권리를 포기해야 한다".[166] 도스토옙스키는 자신이 추구하는 것이 '비개인성'이 아니라 "유럽보다 더 높게, 더욱 발달한 높은 의미에서의 개인성이고", "사회를 위해 자신의 전부를 자발적으로, 완전한 자의식을 갖고 희생하는 것이 고도로 발달한 개인성의 지표"라 강조한다. 이것은 역설이다. 즉 인간의 삶을 개선시키는 것이 아니라 도처의 비인간적인 삶의 개념을 증진시키는 끝없는 자기희생이라는 사악한 순환으로 드러난다. 그것은 자기 자신을 위한 자기희생, 자기파괴의 영구화를 위한 희생이다. 도스토옙스키의 형제애는 최소한 이 세상에서는 프랑스 부르주아의 형제애fraternité보다 더 비실현적일 것이다. 왜냐하면 이는 죽은 자들의 형제애이기 때문이다. 도스토옙스키의 자유는 단지 '부르주아의 사적 자아'로부터의 자유이자 자기희생 하나만을 위한 자유이다. 도스토옙스키는 이것이 자신의 개인적인 시적 개념이 아니라 '자연법'의 개념이라 주장한다. ("수만금이 없는" 자유에 대한 1950년대 소비에트의 노래는 도스토옙스키를 비교의적으로 의역하고 있는 듯이 보인다. "너는 수만금을 가지고 싶은가"라고 가수가 아이러니를 가지고 시작한다. "아니"라고 소비에트 사람들을 가정하는 그의 대답이 울려 퍼진다. "너는 달에 가고 싶은가?" "그렇다." 이것은 아마도 도스토옙스키의 「여름 인상에 대

166 *Ibid*.

한 겨울의 기록」이후 수백 년 후, '어딘가 다른 곳에서의 삶'에 대한 또 다른 꿈의 진부한 예일 것이다.)

이런 관점에서 러시아는 세계에 '계몽'이 아닌 '빛의 비춤'illumination 으로, 물질적 풍요로움이 아닌 정신적 공동체성으로, 개인성individuality이 아닌 인격personality으로, '개인의 자유'freedom가 아닌 '영혼의 해방'liberty 으로 기여하고 있다. 이것이 러시아 메시아주의의 역할이다. 러시아에서 주요한 문화적 대립이 있다면 그것은 개인적인 것과 공적인 것 사이의 대립이 아니라 물질적 존재와 정신적 존재 사이의 대립, byt와 bytie 사이의 대립이다.

「러시아의 관점」The Russian Point of View이라는 에세이에서 버지니아 울프는 러시아 작가들에 대해 말할 때 자신이 진부하게 말하는 경향이 있다고 고백한다. 그러나 이 진부함commonplace이 수많은 분석적 발언들보다 문화적 신화들과 비교 문화적 차이들을 더 잘 드러낼 수 있다. 울프는 영어화자 독자들에게 러시아 문학이 주는 이질성을 강조한다. 예를 들어 빅토리아 시대 소설에서 장군의 러브 스토리는 그의 집, 환경, 사회적 매너들, 계급의 관습들과 함께 시작된다. 울프에 의하면 러시아 문학, 예를 들어 도스토옙스키, 톨스토이, 체호프와 같은 특출한 작가들에게서 이야기의 중심은 영혼이다. "이 이야기들은 항상 우리에게 어떤 애정, 포즈, 위선, 예를 들어 어떤 여성이 그릇된 관계에 빠진다거나 어떤 남자가 그의 환경의 비인간성에 의해 도착적이 된다든지 하는, 영혼의 병든 상태, 치유된 상태, 치유되지 않은 상태를 보여 준다. 이것들이 이야기의 핵심이다."[167] 울프의 견해에 의하면 러시아의 주인공들은 마치 그들이 전인류를 향해 말하는 것을 가능케 하는 "끔찍한 재앙 속에서 자신의 옷을 잃어버린" 자들처럼 나타난다. 러시아적 이국성이 존재하는 그녀의 논의에서는 빅토리아 시기의 (정교한 의상들과 매너를 소유한) '사회적 연극성'과 과거 혹은 미래, 현실 혹은 상상 속에서 어떤 계시적 의식에 의해 결정되는 '진정성' 사이의 흥미로운 대립이 나타난다. 또 다른 대립은 집과 그것을 둘러싼 환경 속에서의 삶과 영혼의 '집 없는 삶' 사이의 대립으로 이것은 러시아 문학 속에서 제시된 대립이다. 러시아 소설과 유럽 해석의 산물이자 러시아와 유럽 간의 기이한 애증의 산출물인 신비적이고 신비화된 러시아 정신은 개인적 삶이라는 유럽의 개념과 직면한다. 결국 중요한 것은 '개인적 삶'이 아닌 '내적 삶'이다. 따라서 '러시아의 정신'과 '사적 삶'은 양립할 수 없는 것이다.

'러시아의 정신'이라는 개념이 특별히 러시아적인 이념은 아니다. 19세기의 전환기에 역사가 니콜라이 카람진은 러시아 역사 속에 나타난 국가적 자부심에 대해 말하고 있지만, 그가 찬양하는 영원한 정신이라는 것은 러시아적인 것이라기보다는 '인간적'인 것이다. 정신은 19세기 후반에 '국가화'된다. 러시아 토양에서 창조적으로 '오독'된 독일 낭만주의주의자들, 특히 헤르더와 셸링의 도움으로 그것은 신성화되었다. 종종 독일 작가들을 창조적으로 혹은 원전이나 번역으로 읽지도 않고 다른 사람들이 재술한 유명한 문학잡지의 요약을 통해 흡수하였다. 러시아 정신이라는 이념은 독일 정신Geist에 대한 직접적인 응답으로 발전하였고 그것에 어떤 오이디푸스 콤플렉스를 갖고 있다(그것은 살해라기보다는 분노에 가깝다). 그 후 러시아 정신은 멜시오르 드 보규에[168]부터 시작하여 수많은 외국 여행객들에 의해 세상에 알려졌다. 정신은 육

---

167 Virgina Woolf, *The Common Reader*, New York:HBJ, 1953, p.182

168 멜시오르 드 보규에(Charles-Jean-Melchior de Vogüé)는 프랑스의 외교관이자 고고학자로 1849년(혹은 1850년)에 페테르부르크의 프랑스 대사관에서 외교관으로 일했다. —옮긴이

체의 수련뿐 아니라 계몽된 이성에도 대립한다. 그것은 심리학이 없는 프시케이다. 다시 말하자면 그것의 심리학은 문학적이지 결코 과학적이 될 수 없다. 러시아 문학은 정신의 심리학으로서 서구에 유명하지만 이것은 러시아에 대한 서구의 또 다른 오독이 될 수 있다. 도스토옙스키는 다음과 같이 썼다. "사람들은 나를 심리학자로 부르는데 이것은 사실이 아니다. 나는 더 높은 의미에서의 리얼리스트일 뿐이다." 후에 미하일 바흐친은 도스토옙스키에 대해 말하면서 작가가 심리학에서 "모욕과 굴욕을 겪는 인간 정신의 물화"를 보았다고 썼다.[169] 아마도 도스토옙스키 소설의 제목이 '백치'(고대 그리스어에서 사적 개인을 지칭하는 용어가 백치라는 걸 우리는 기억한다)임은 우연이 아닐 것이다. 도스토옙스키의 '백치'는 단지 정신적 결함이나 프라이버시, 병이나 일상성을 구현하는 것이 아니라 고통받고 방황하는 정신을 구현한다.

인격personality과 러시아 정신이라는 19세기의 개념들은 자아self와 사회에 대한 서구의 다양한 이해에 도전하면서 동시에 러시아-유럽적인 기이한 혼종을 드러낸다. 러시아 정신에 대한 담론은 독일 민족이나 Heimat[170]에서의 가정의 행복에 대한 담론과 마찬가지로 어느 정도의 인종적 순수함을 전제로 한다.[171] 러시아 정신은 러시아의 피와 분리

---

169 Mikhail Bakhtin, *Problemy poetiki Dostoevskogo*, Moscow: Sovetskaia Rossila, 1979, p.71. 내가 이것을 통찰하도록 도와준 알렉산드르 에트킨드에서 감사를 표한다. *Eros Nevozmozhnogo: Istoriia Psikhoanaliza v Rossii*, St. Petersburg: Meduza, 1993.

170 독일 단어 heimat은 때로 집(home)이나 조국(homeland)으로 번역되지만 그럼에도 불구하고 정확하게 대응되는 영어단어는 없다. 단어의 의미는 어떤 공간적·사회적 단위에 대한 인간의 관계를 의미한다. 예를 들어 인간은 출생과 유년시절, 그들의 언어, 최초의 경험과 습득된 기호에 의해 그들의 heimat에 구속된다. —옮긴이

171 뒤몽이 논의하고 있듯이 이는 헤르더의 주장이 아니라 그의 후대 해석자들의 주장일 것이다. Louis Dumont, *Essai sur l'individualisme*, pp.134~152.

될 수 없다. 그러나 이것은 용어에 있어 모순이 아닌가? 도스토옙스키의 세계에서 독일인들, 유대인들, 폴란드인들은 정신을 박탈당해 있지만 사람들의 이러한 있음 직하지 않은 조합은 러시아인들에 대하여 매우 기괴한 '타자'를 만들어 낸다. 또 하나의 이상한 일치는 제국에서 법적 권리를 박탈당한 사람들은 관습적으로 정신도 박탈당하게 된다는 점이다. 또한 도스토옙스키는 20세기에 작가 자신을 열렬하게 존경한 베르댜예프처럼 다른 국가들에서 국가적 혹은 종교적 감정을 표현하는 것을 저주한다. 예를 들어 도스토옙스키는 프랑스의 애국심을 조롱하고, 베르댜예프는 "유대인의 메시아주의"를 러시아의 메시아주의보다 더 협소하게 "민족적이고" 덜 "보편적"이라고, 러시아의 메시아주의가 세계에서 유일하게 "정신적으로 올바르다"고 말한다.[172] 더 나아가 '러시아인'은 진정한 전세계 인류를 상징하기에 이른다. 그 어떤 국가도 러시아인들이 그러했듯이 보편적이 되는 방법을 알지 못했다. "러시아인들은 인민people이 아니다. 그들은 인류이다."[173] 도스토옙스키에게 러시아 정신을 구현한 이는 푸시킨으로, 푸시킨 안에서 러시아 문학의 러시아 정신이 자신의 집(안식처)을 발견했다. 시인은 인간의 모델이자 러시아인의 모델이다. 예술적 추구가 개인적 추구의 자리를 차지했다. 자기

---

172 베르댜예프는 다음과 같이 쓰고 있다. "독일인들, 영국인들, 프랑스인들은 대체로 쇼비니스트이자 민족주의자들이다. 그들은 민족적인 자신감과 자기만족으로 충만하다. 러시아에서 민족적인 것이란 러시아의 초민족주의(supernationalism), 민족주의로부터의 해방이다.…공격적인 민족주의, 강제적인 러시아화는 러시아인들에게 낯설다. 이것이 러시아를 세계의 다른 나라들로부터 구별해 주는 독창적인 것이다. 러시아는 과거부터 현재까지 세계의 해방자가 되어 오고 있다." ("Dusha Rossii", p.65) 이것은 이반 4세의 시베리아 '해방'으로부터 시작되는 왜곡의 역사, 즉 러시아와 소비에트 제국의 역사를 매우 심하게, 신비적으로 왜곡하는 것이다.

173 Nikolai Riazanovsky, *A Parting of Ways: Government and the Educated Public in Russia 1801-1855*, Oxford: Clarendon Press, 1976, p.192.

조형, 사회적 상승, 반역에 있어 유일하게 필요한 영역은 바로 문화이다. 푸시킨은 모든 유럽의 모순을 해결하고 러시아 정신을 유럽의 불안Angst 으로부터 구할 수 있었던 '러시아의 슈퍼맨이자 보편적 인간'이라는 독특한 자질을 갖는다. 요컨대 러시아인들이 보편적 인간이라면, 인류의 선물을 요구할 수 있는 비러시아인들은 거의 없다. 대신 이 비러시아인들은 러시아의 재난에 대한 영혼 없는 속죄양으로 나타난다.

어떤 측면에서 러시아 정신의 이념은 러시아 문학과 문화와 관련되어서 환원적이다. 그것은 러시아인들의 풍요로움, 독창성, 다양성을 포괄하지 못한다. 더구나 푸시킨부터 만델시탐에 이르는, 자신들을 슬라브주의적인 신화들로부터 해방시키길 원했던 작가들조차 이 정신적이고 문화적인 해석들로부터 완전히 자유로워질 수 없었다. 로버트 벨크납은 무엇이 '도스토옙스키적인 것' 그리고 '러시아 정신'과 유사한가에 대한 통찰력 있는 해석을 제공한다.

도스토옙스키가 호프만과 고딕 소설로부터 배운 것을 애드거 앨런 포 또한 호프만으로부터 가져온 압축적이고 강력한, 매우 심리적인 형식 속에서 제공했다. … 분신, 환각, 비범하게 신성한 사람들, 고귀한 출생의, 아름답지만 무력한 여인들, 겁 많은, 최면에 걸린 눈의 섬광, 무서운 건물 안의 비밀 장소들과 어두운 계단들, 무시하거나 혹은 이국적인 탁월함을 요구하면서 보규에Vogué와 다른 유럽인들이 전형적이면서 이국적인 러시아인이라고 불렀던 수많은 요소들의 소유자, 그리고 사악한 사람들 및 비정상적인 정신 상태의 소유자들에 대한 탐구, 평범한 사람들보다 더 강력한 감정의 발화.[174]

여기서 러시아 정신은 외국의 유령 이야기 작가와 러시아 뮤즈의 이상한 창조물이다. 러시아 정신은 유럽 낭만주의의 귀신들린 집에 거주하고 있고 그것의 몰락은 어셔 가의 몰락보다 더 극적이다.

그러나 정신은 19세기의 종말과 함께 죽지 않았다. 그것은 20세기 망명자들과 외국인들의 작품 속에서 유토피아 공동체에 대한 신화와 함께 되살아났다. 베르댜예프는 "러시아 정신은 한 장소에 정착하기를 좋아하지 않는다. 그것은 프티부르주아의 정신도, 지방의 정신도 아니다. 러시아 민족의 정신 속에는 무한한 요구, 보이지 않는 도시인 키테지Kitezh, 보이지 않는 안식처를 향한 요구가 있다"고 말한다.[175] (키테지는 러시아의 민족적 유토피아의 장소이다.)[176] 과거 헤겔주의 마르크스주의자였던 베르댜예프에게 정신적 유토피아와 사회적 유토피아는 밀접하게 연관되어 있다. 이 미션의 목표는 일상을 초월하여 하늘이나 땅 어딘가에 유토피아를 구축하거나 상상하는 것에 있다. 19세기 중반에 러시아 역사를 상징적으로 재술하는 가운데 어떤 역사적 공동체들이 신화적 의미를 획득한다. 어떤 역사적 사실들은 상징적이 되고, 신화 발생적 사건들과 그것들의 역사적 구체성이 지워진다. 신화적이고 이상적인, 특히 뛰어난 러시아 공동체는 "그 어떤 외부의 보장 없이 사랑과 자유의 결합, 합창의 요소, 러시아의 공산 사회주의"를 구현하는 농민 공동체이

---

174 Robert Belknap, *The Genesis of Brothers Karamazov: Aesthetics, Ideology, and Psychology of Text Making*, Evanston: Northwestern University Press, 1976, p.192.
175 Nikolai Berdiaev, "Dusha Rossii", *Iskusstvo kino*, 3, 1990, p.68. 다음 또한 참조하라. George Kline, *Religious and Anti-Religious Thought in Russia*, Chicago: University of Chicago Press, 1968.
176 키테지(Kitezh)는 니즈니 노브고로드 주 북쪽에 위치했다는 전설상의 도시로 전설에 의하면 13세기 초 몽골과의 전투 중에 도시가 포위되자 주민들은 하나님에게 구원을 요청하는 기도를 했고, 그 결과 도시는 강 속으로 가라앉았다고 한다. ─옮긴이

다.[177] 농민 공동체는 개인과 독자성identity이라는 서구의 개념에 대한 번역 불가능한 러시아의 대립물인 정신적 모임, 공동체로서의 소보르노스트soboronost'의 한 예로 생각할 수 있다. 공통의 영성의 장소인 소보르노스트에서 소보르sobor의 문자적 의미는 모임, 예배당으로 소보르노스트는 권위, 영성과 권력의 형식적인 속성에 반대한다. 예배당 혹은 종교적 제도는 영에 대한 독점권을 가질 수 없고, 진정한 예배당은 영이 지배하는 장소이다.[178]

소보르노스트는 매우 반도상적이고, 반수사학적이며 반관습적이다. 사랑과 자유는 강요되지 않는데 왜냐하면 그것들은 언어 혹은 관습과의 연관 속에서 정의되지 않기 때문이다. 진실한 영성의 형식적 속성은 없다. 소보르노스트와 진실한 영성은 **의미할** 수 있는 것이 아니라, 단지 **존재할** 수만 있는 것이다. 그것들은 읽히거나 해석되는 것이 아니라 신비적으로 직감하는 것이다. 이런 이해를 배경으로 할 때 진정한 공동체는 마치 상징처럼 언어와 도상을 초월한다.

도스토옙스키와 호먀코프뿐 아니라 베르댜예프도 서구 사회와 러시아 공동체, 서구 문명과 "진정한 영성의 민주주의에 기반한" 러시아 문명을 대조한다. 베르댜예프에 의하면 문명은 단어 자체의 가장 정신적인 의미 차원에서 본질상 부르주아적이다. 부르주아적인 것의 본질은 이 세계가 문명화된 왕국이라는 것이다. 이 문명화된 왕국에서는 권력에 대해 세속적으로 갈망하고 삶의 쾌락을 열망한다. "문명의 정신

---

177 Berdiaev, "Russkaia ideia", *O Rossii i russkoi filosofskoi kul'ture*, p.67. 소보르노스트(sobornost') 개념은 슬라브주의자인 호먀코프가 처음으로 개진하였다. 베르댜예프는 서구 유럽의 기사도 정신에 러시아의 '공산사회주의 정신'을 대립시킨다.

178 *Ibid.*, p.189.

은 부르주아 정신이다. 그것은 덧없고 일시적인 것들에 스스로를 고착시킨다. 그것은 영원과 같은 것이 아니다."[179] 사적인 삶은 너무도 부르주아적이어서 논의할 만한 가치가 없다. 러시아의 공동체성에 대한 베르댜예프의 논의 속에서 독일의 철학적 은유(대부분 헤겔과 니체로부터 온 것)와 성경의 이미지들이 설교자의 리드미컬하고 주술적인 문체 속에서 합쳐진다. 이 텍스트에서 의심하고 심사숙고하고 질문을 던지고, 인용의 출처를 찾도록 허락된 이는 독자이다. 텍스트는 러시아 인텔리겐치아의 동일한 전체성totality ─ 베르댜예프의 용어를 빌리자면 '전체주의'totalitarianism ─ 을 복제한다.[180] 러시아 예배당(소보르)의 철학자들의 이른바 반권위적 반란은 신비적 권위주의의 형식을 제공한다. 우리는 베르댜예프에게서 철학자 자신의 목소리 하나만을 듣고 있고 이 유일한, 매우 개인화된 목소리는 반개인주의 공동체의 이름으로 말을 한다. 예배당(소보르)에 대한 진실은 해석을 넘어서는 것인데 왜냐하면 그것은 언어를 넘어서기 때문이다. 그것은 카리스마적 천재인 러시아 철학자를 통해서만 자신을 드러낼 수 있다. 베르댜예프는 독자와 대화하기보다는 그가 전향하기를, 자신이 쓰고 권위를 부여한 정신적 교감을 독자가 갖게 되길 요구한다.

　　다소 덜 낭만적인 시각에서 볼 때 농민 공동체는 많은 역사가들이

179 Nikolai Berdiaev, "Volia k zhizni i volia k kul'ture", Smysl istorii, Moscow: Mysl', 1990, p.170. 베르댜예프는 삶에의 의지와 문화에의 의지가 서로 대립한다고 말한다. 문화는 '삶의 가장 큰 재앙'으로 정의된다. 베르댜예프에 의하면 삶의 향유는 따라서 '문화'의 주된 적, 가장 비정신적이고 속물적이며 반공동체적이고 반민주적인 것이다. 사회는 결합, 즉 개인들 사이에서 자신들의 상대적인 자율성을 허락하는 제한되고 자발적인 연결 상태이지 소울 메이트들 간의 협회가 아니다.
180 "러시아의 인텔리겐치아는 항상 전체론적이거나 전체주의적인 세계관을 발전시키려 노력했는데, 이 세계관속에서 진실(pravda-istina)은 정의(pravda-spravedlivost')와 결합된다." Berdiaev, "Russkaia ideia", p.69.

동의하듯이 소울 메이트들의 자발적인 공동체가 아닌 국가가 농민들을 통제하기 위한 수단에 의해서 조직된 형식이다. 주술적인 담론들이 농민의 역할을 뒤덮는다. 소울 메이트들의 공동체의 전형으로서 농민 공동체를 사용하는 것은 윤리적인 문제가 된다. 농민 공동체는 사람들의 내적 삶의 일부를 이루면서 국가 통제라는 전제주의 형식을 내재화하고 도입시킨다.[181] 농민 공동체에 대한 논의에서 러시아 민족의 진정한 정신적 문화와 소보르노스트에 대한 강조는 문화적 관행, 실제 연계와

---

181 배타적인 러시아의 공동체이자 사람들 사이의 교감으로서의 농민 공동체는 슬라브주의 민족주의자들에 의해 1840년대에 발견되어 독일 역사가들에 의해 널리 알려졌다. 농민 공동체는 다른 유럽 전통의 특징─강한 소유욕과 이기적인 본능─을 결여한 인간 공동체의 연대감을 구현한다고, 인류의 모든 사회적 문제를 해결할 수 있다고 믿어졌다. 반대로 19세기 이래로 학자들과 역사가들뿐 아니라 서구주의자들은 공동체를 고대의 슬라브 제도가 아닌 독재적 통제의 매우 최신 형태로, 신비적인 러시아 정신에 의해 조직된 것이 아니라 러시아 차르들에 의해 조직된 것으로 보았다. 농민 옵시나(obshchina, 공동체를 의미─옮긴이)는 확장된 가족에 중심을 둔 것도, 개인적으로 땅을 경작하는 자들의 '사회 또는 결합'도 아니었다. 오히려 그것은 몇몇 농민 가족들의 이웃 공동체에 가까웠다. 법과 관습의 기이한 상호작용 덕분에 부동산에 대해서는 공동의 권리를 가진 반면 경작이나 농기구들은 개인 소유였다. 농민들은 공동의 의무(krugovaia poruka, 연대책임을 의미─옮긴이)에 의해 결속되었다. 한편 농민 공동체는 슬라브주의자들, 사회 민주주의자들, 볼셰비키의 수많은 신화들에 영감을 주었는데, 18세기 이전에 조세와 통제를 목적으로 러시아 왕정에 의해 확립되었을 것이라고 그것의 존재를 추정하기 위한 증거는 거의 없다. 러시아 농민 공동체는 그것의 전체주의적 정신, 자비, 반개인주의의 이미지와 함께 독특한 러시아 공동체의 이미지로 이상화되었고, 동시에 러시아의 보수주의, 후진성, 착취의 구현으로 폄하되었다. 옵시나의 역사에 대한 진지하고도 예리한 언급에 대해서는 다음을 참고하라. Richard Pipes, *Rossiia pri starom rezhime*, trans. Vladimir Koslovsky, Cambridge, Mass: Harvard University Press, 1980; Frances M. Watters, "The Peasant and the Village Commune", *The Peasant in Nineteenth-Century Russia*, Stanford: Stanford University Press, 1988, pp.133~157. 단어 'mir' [혁명 전 철자법에서는 'i'로 썼음; 현재 러시아어로는 мир이지만 혁명전에 мiр로 쓰였음을 저자는 지적하고 있다. 현대 러시아어에서 мир는 보통 세계, 우주, 평화, 농촌 공동체를 의미한다─옮긴이]는 '세계'와 '농민 공동체' 둘 다를 의미하고 '공간 속의 요소(물질)와 시간 속의 힘'으로 정의된다. 그래서 러시아에서 세계는 항상 러시아 스타일의 '지구촌'의 이미지 속에서 지각되었고, 농민 공동체는 우주적 '요소'(물질)와 힘으로 지각되었다(Dal', *Tolkovyi slovari*, vol. 2, p.330. 여기서 달은 호먀코프를 언급한다). 많은 속담들에는 러시아의 문화적 상상 속에서의 'mir'의 특별한 힘이 반영되어 있는데 예를 들면 다음의 표현들이 그것이다. "우주(mir)를 심판할 수는 없다" "우주(mir)와 논쟁할 수 없다"(Dal', vol. 2, p.331). 혁명 후 새 철자법에서는 '세계'와 '평화' 둘 다를 똑같이 의미하게 되었다.[즉 혁명 전, Dal' 사전에 의하면 mir가 현재처럼 평화를 의미하지 않았다 ─옮긴이]

사회 및 가정의 행위 형식들의 다양성을 종종 덮어 버린다. 농민들의 목소리는 소보르노스트 이념과 진정한 공동체 의식에 그리 큰 기여를 하지 않았다. (왜냐하면 그들의 토대는 독일 낭만주의가 아니었기 때문이다.) 그렇다고 우리가 중산 계급의 목소리를 들을 수 있는 것도 아닌데(이 중산 계급은 종종 인종적으로 섞여서 순수한 러시아인이 아니었다), 이 계급은 차르와 대중, 귀족과 농민의 틈에 끼여 있었다. 그들은 러시아 역사에 크게 기여했으나 러시아 이념사에서는 이방인으로, 외부자로 남아 있었다.

"자본주의의 사슬 속에서 가장 약한 고리"로 묘사되는 나라인 러시아에서의 마르크스주의는 수많은 전체주의의 신화들을 먹고 자랐다. 농민들에 대한 강조를 노동자들에 대한 강조로, 국가에 대한 강조를 도시에 대한 강조로, 농업에 대한 강조를 공업에 대한 강조로, 러시아적인 것에 대한 강조를 국제적인 것(혹은 베르댜예프의 용어로 "초민족[초국가]적인 것")에 대한 강조로 옮기면서 마르크스주의자들은 유토피아적인 메시아 신앙과 러시아 이념에서의 개인주의적 특성의 신봉자들에 대한 강한 비판을 그대로 보존하였다. 따라서 러시아 마르크스주의자들의 이상적인 '프롤레타리아'는 이상적인 전체주의적 농민과 너무도 거리가 멀었다(프롤레타리아는 보통의 러시아 노동자와 농부와도 거리가 멀다).[182] 소비에트 문화의 도상학은 서구의 마르크스주의에 기대고 있

---

182 레닌이 사회주의의 이단으로 간주했던 '건신'(God-building)은 1930년대 소비에트 문화의 주요한 기저텍스트였다. 카테리나 클라크(Katerina Clark)에 의하면 20세기 초 '건신' 철학은 공동의 전기(傳記)라는 서구의 이상들보다는 슬라브주의에 토대하고 있었다. 이에 대하여는 다음을 보라. *The Soviet Novel: History as Ritual*, Chicago: University of Chicago Press, 1981, pp.152~155; Nina Tumarkin, *Lenin Lives! The Lenin Cult in Soviet Russia*, Cambridge, Mass.: Harvard University Press, 1983; Richard Stites, *Revolutionary Dramas: Utopian Vision and Experimental Life in the Russian Revolution*, Oxford: Oxford University Press, 1989. 서구학자들이 유토피아 공동체의 슬

는 만큼이나 러시아의 기독교 유토피아주의에 크게 기대고 있다.

새로운 아담에서 새로운 오이디푸스로

1920년, 사회주의 유토피아 소설 「붉은 별」(1908)의 작가이자 이전의 '건신론자'God-builder, 볼셰비키인 알렉산드르 보그다노프는 삶을 조직하기 위한 새로운 원칙들이 '집단주의이자 일원주의'가 되어야 한다고 주장하였다. 이러한 집단주의는 '부르주아의 다원주의' 또는 개인의 다양성에 반대된다. 이것은 혁명적 일소─掃에 의해 성취된 예술, 정치, 일상의 '일원적 융해'를 요구한다. "집단주의는 인간의 삶뿐 아니라 자연의 삶을 묘사하는 데에도 빛을 비춘다."[183] 1921년 보그다노프는 정치와 미학에 직접 개입하는 것을 포기하고 의학으로 돌아섰으나 자신의 유토피아 비전을 결코 포기하지 않았다. 그는 혈액 트랜스 융합 연구소의 소장이 되었고 이 연구소는 그에게 과학과 꿈의 궁극의 혼융합을 제시했다. 1928년 혈액 트랜스 융합을 자기 자신에게 실험하던 중 보그다노프는 사망했는데, 이때는 시인 세르게이 예세닌이 자신의 정맥을 긋고 그 피로 자신의 자살에 대해 기록했던 때, 즉 시인의 자살이 있고 나서 몇 년 후에 불과했다. 보그다노프는 피로 작품을 쓴 또 다른 예이다. 그는 혁명적 집단성을 공고화했고, 자신과 타자, 예술과 삶 사이의 경계선을

라브주의 이상들과 러시아 마르크스주의 사이의 기나긴 연속성을 지적하는 반면 현대 러시아 역사가들과 지식인들은 러시아의 이념과 소비에트 이념 사이의 단절을 강조하는 경향이 있다. 후자는 민족적 인텔리겐치아에 의해 러시아 민족에게 부과된(강요된) 민족적으로 비러시아적인 (대부분 유대인들) 혁명가들의 작품으로 빈번하게 파악된다. 이것은 러시아 지성사와 역사적 기록 둘 다를 왜곡하는 것이다.

183 Alexander Bogdanov, "The Paths of Proletarian Creation", *Russia of Avant-Garde*, ed. John Bowlt, NY: Thames and Hudson, 1988, p.181.

폭력적으로 극복하였다.

비록 소비에트의 이상적 인간이 종교적 이상주의의 토대에 있어 러시아적 인격의 반대였을지라도 자기희생, 반개인주의, 금욕주의라는 구성 성분들은 구조적으로 유사하다. 혁명 이후 이미지들의 정치적, 미학적 레퍼토리는 새로운 소비에트의 남자들과 여자들의 자기조형을 위해 발전하였다. 이상적 동료상은 양쪽 성 모두에 제공되었는데, 이상적 동료는 강건한 남성성을 갖고 있으면서 한편으로 '부르주아의 심리학'을 거절하였다. 20세기에 먼저 개화한 심리분석이 새로운 인간의 창조를 내세운 러시아에서 파멸했다는 사실은 이런 측면에서 놀랍지 않다.[184] 바흐친 서클의 일원인 V. N. 볼로시노프는 프로이트 정신분석에 대한 강한 비판의 윤곽을 그려냈다. 그의 견해에 의하면 사회적 필요들은 성적 욕구들보다 더 중요하고 개인은 그 혹은 그녀의 '사적'이고 개인적인 무의식의 산물이라기보다는 '일상의 이데올로기'의 산물로 간주된다. "개인의 무의식은 그 어떤 것을 설명하는 데에 사용될 수 없을뿐더러, 반대로 사회적·이념적 매개체의 유리한 입장에서 설명될 필요가 있다."[185] 볼로시노프는 섹슈얼리티의 강조를 부조리, 데카당스 및 죽음이

---

184 이에 대해서는 다음을 보라. Alexander Etkind, *Eros nevozmozhnogo: Istoriia psikhoanaliza v Rossii*, St. Petersburg: Medusa, 1993.

185 Vladimir Voloshnov, *Marxism and the Philosophy of Language*, Cambridge, Mass: Harvard University Press, 1973, p.12. [미하일 바흐찐, 『마르크스주의와 언어철학』, 송기한 옮김, 한겨레, 1990] 볼로시노프에 따르면 프로이트는 사회적 측면을 희생하면서 인간 행동의 성적인 측면을 과대평가하였다. Vladimir Voloshinov, *Freidizm*, NY: Chalidze Publications, 1983, pp.178~185. 나는 볼로시노프의 프로이트에 대한 비판적 독해가 정신분석에 대한 마르크스주의자의 비판일뿐 아니라 서구의 개인주의에 대한 러시아의 문화적 비판, 일종의 비교문학적 독해 혹은 심지어 '섹슈얼리티', '자아', '사회'라는 개념들에 근거한 오독이라고 생각한다. 이러한 방식으로 볼로시노프의 논쟁은 그 자신에 반하는 것이 될 수 있고, 프로이트의 섹슈얼리티에 대한 그의 다소 강박적인 비판은 개인의 성적인 차원의 중요성을 계속하여 깎아 내린 러시아와 소비에트의 '일상의 이데올로기'의 반영이자 재현으로 읽힐 수 있다.

라는 결말로 이끌 것으로 예견되는 서구의 '부르주아 개인주의'의 표현으로 본다. 프로이트가 의식과 무의식 간의, 개인의 내적 갈등으로 묘사한 이 갈등은 '공식적'인 담론과 비공식적 담론 사이의 모순과 함께 특정한 사회의 '일상의 이데올로기'의 차원에 위치해야만 한다. 새로운 소비에트의 주요한 장면은 집단적인(혹은 오히려 에로틱하지 않은) 성교의 장면이고 여기에는 통통한 마마보이가 자신에 대해 고찰하는 공상적인 세기말의 장면이 없다. 소비에트 러시아에서 사회적 의식은 개인의 무의식을 인계받고, 보다 더 큰 국가적 차원에서 꿈의 작용이 발생하지만 이것은 치환과 압축, 억압과 부정이라는 유사한 메커니즘을 이용한다. 아마도 정신분석의 문제점은 그것이 너무도 강력한 이데올로기이자, 동시에 개인적이고 초국가적이라는 점일 것이다. 나르시시스, 쥐 인간, 늑대인간이 있는 프로이트의 신전은 아방가르드 예술가들의 새로운 아담부터 시작하여 내가 소비에트 리얼리스트들의 새로운 오이디푸스라고 부르는 개척 영웅 파블릭 모로조프에 이르는 영웅들이 존재하는 새 소비에트의 신전들보다 더 다양한 영웅들을 갖고 있다.

러시아의 새로운 인간은 19세기 사회민주주의자들의 미학적 상상 속에서 태어나 니콜라이 체르니솁스키의 소설 『무엇을 할 것인가』(레닌이 좋아했던 이 책은 혁명적 자기조형을 위한 청사진이 되었다)에서 불멸의 생을 부여받았다.[186] 그러나 혁명 후 새로운 인간은 점차 객관화되어 보다 덜 개성화되었다. 그 당시 필요했던 것은 본보기가 되는 혁명주의자와 영웅뿐 아니라 "사회주의의 작은 건설자들"이었고, 스탈린 시대에는

---

186 다음을 보라. Irina Paperno, *Chernyshevsky and the Age of Realism: Study in the Semiotics of Behavior*, Stanford: Stanford University Press, 1989.

"시스템의 너트와 볼트"가 필요했다.[187] 따라서 인간의 조형은 서로 갈등 관계에 있는 두 모델을 따른다. 한편으로 혁명적 아방가르드의 창조성과 지가 베르토프의 연상 몽타주에서 탄생한 인류학적으로 새로운 아담이 있는가 하면 다른 한편으로는 관료주의적이고 권위주의적인 몰개성화의 과정, 즉 규범적인 규칙, 창조적인 선택을 배제하는 규칙을 따르는 과정에 의해 대량 생산된 익명의 소비에트 시민이 있다. 그 결과 나온 모델들은 동일하지 않다. 둘은 때로 대립하지만, 종종 기이한 분신으로 나타난다. 지가 베르토프는 다음과 같이 쓰고 있다. "나는 아담보다 더 완벽한 인간을 창조할 것이다. 나는 한 인간으로부터 가장 강하고 날렵한 손을 취하고, 다른 이로부터는 가장 날씬하고 날랜 다리를 취하며 세 번째 사람으로부터는 가장 아름답고 표정이 풍부한 얼굴을 취하여 몽타주의 도움을 빌려 새로운 완벽한 인간을 창조한다."[188] 물론 여기서 '잘라낸다는 것'cutting은 단지 영화적 은유일 뿐이다. 아무것도 상처받지 않는다. 대신 소격(낯설게 하기)에 의해 과정이 정서적 혹은 육체적 고통을 치환하고 치료한다. 이 새로운 아담은 순수하게 러시아적인 혁명적 이상이 아니라 아방가르드라는 전 세계적 성서의 창조물이다.

1920년대 중반에 소비에트 언론은 국가 교육의 실제적 필요에 더 부합하는 교육학적 개념으로 이러한 예술적 개념을 대체한다. 교육학적 이상은 환상적인 새로운 아담 혹은 이브[189]가 아니라 개량된 고아, 이

---

187 새로운 소비에트의 인간을 만드는 것에 대해서는 다음을 보라. Rufus W. Mathewson, Jr., *The Positive Hero in Russian Literature*, 2nd ed., Stanford: Stanford University Press, 1975; Robert Maguire, *Red Virgin Soil*, Princeton: Princeton University Press, 1968.

188 Dziga Vertov, *Stat'i, dnevniki, zamysly*, Moscow: 1966, pp.54~55.

189 '새로운 아담'과 달리 '새로운 이브'의 형상은 1920년대 러시아 문학에서 좀처럼 찾기가 힘들고 다만 빌리에 드 릴라당의 환상적 이야기인 「미래의 이브」에서 상상되었던 것처럼 영화의 시작들

전의 집 없는 고아besprizornik 훌리건, 공산주의의 모범적 건설자가 된 내란의 아이이다. 고아원 혹은 집 없는 아이들의 캠프, 소비에트 집단의 교양소설 『도스토옙스키 코뮌학교 공화국』Republic Shkid 또는 후의 『교육적 서사시』Pedagogical Poem에서 묘사된 것과 같이 전일 교육과 준 군사 훈련을 받는, 외출이 금지된 공간은 모델이 되는 사회주의 공화국으로 변모한다.[190] 교육은 대체로 가장 혁명적이고 포스트 혁명적인 규제 중 하나이다. 소비에트 사람들은 완고하지만 그들을 사랑하는 선생님들에 의해 약간은 아이들로 취급되는데 이 선생님들은 젊은 개척자 운동의 초기 이론가가 그 운동을 시작하듯 사람들이 "아이같이 유치한 신비주의, 환상 제작, 개인주의, 카오스"를 박멸하도록 도와준다.[191] (그런데 이 소비에트의 교사는 정신분석가로 시작하였다.) 만약 1920년대에 공동체성에 대한 담론이 가족에 대립하여 집단의 동지애에 호의적인 것으로 뚜렷이 정향된다면, 1930년대에 가족이라는 메타포는 국민의 연인, 아버지, 남편, 할아버지의 역할 속에서 스탈린과 함께 뒤에 있다. 핵가족은 (자유연애에 대한 '극좌의 과격함'을 바로잡기 위해) 다시 장려되고 머리의 위치에 있는 스탈린 및 스탈린이 가장 신뢰하는 아들인 개척 영웅이자 집단농장 설립자인 파블릭 모로조프와 함께 삶보다 더 큰 소비에트의 가부장 제도에 충분히 헌신하지 못하고 길을 헤매는 가족 구성원들을 관리하기 위해 가끔 상기된다.

에서만 발견된다.

190 G. Belykh and L. Panteleev, *Respublika Sh.K.I.D,* Moscow: Molodaia Gvardiia, 1932. 교육에 대해서는 다음을 보라. Shelia Fitzpatrick, *Education and Social Mobility in the Soviet Union 1921-1943,* Cambridge: Cambridge University Press, 1979.

191 A. Zalkind, "The Pioneer Youth Movement as a Form of Cultural Work among the Proletariat", *Bolshevik Visions,* 2, p.90.

시골지역의 집단화가 진행되던 시기인 1930년대에 이야기는 시작된다. 젊은 개척자인 파블릭 모로조프는 자신의 친부에게 그를 쿨라크 kulak(부농)로 고발하였다고 통지한다. 그는 조국을 위하여 행동하고 후에 민중의 적에 의해 죽는다. 이것은 매우 전형적인 소비에트 버전의 오이디푸스 신화이고, 이 소비에트 신화에서 스핑크스와의 형이상학적 대화는 결여되어 있다. 눈멂은 소비에트 리얼리즘의 진부함의 일부가 아니다. 여기서 강조하는 것은 시야와 시계視界의 수수께끼가 아니라 명료한 교훈성이다. 글라스노스트의 시기에 대중 잡지 『불꽃』Ogonek은 부농이 아니라 몰락한 일반 농민(빈곤계층 바로 위의 '중간' 농민)이 된 소년의 아버지를 질투한 친모가 소년을 사주했다는 새로운 실제 증거를 주장하는 글을 게재했다. 이 개작된 이야기는 개척 영웅 파블릭 모로조프의 이야기가 가장 전통적 의미에 있어 단지 비극적 가족 소설이라는 것, 교훈적인 소비에트 동화라기보다는 사적인 집착 소설에 불과하다는 것을 보여 준다. 역설적이게도 『불꽃』에 실린 일부는 젊은 개척자의 전설만큼이나 시기적절하고 신화적인데 왜냐하면 1990년대에 사적 삶의 신화는 영웅적 집단성보다 더 중요하기 때문이다.

개척 영웅들 이외에도 노동 영웅들, 북극 탐험자들, 스타하노프와 같은 자들, 대조국전쟁의 영웅들이자 위대한 지도자들이 있었다. 위대한 지도자들은 사적 삶을 소유하는 것을 허락받았으나 그것은 그들이 스스로의 자연스러운 겸손함으로 포기를 선택할 수 있는 특권으로서만 가능했다. 지도자들의 사적 삶은 또한 커다란 비밀의 원천이고 그것은 도스토옙스키의 대심문관의 말을 빌리자면 '신비와 권위'를 그들에게 주었다. 소비에트 시민들에게는 지도자들의 사적 삶을 엿듣는 것이 장려되었다. 따라서 예컨대 레닌과 스탈린의 서재는 대중을 매혹시키는 대상이었고 그림에서 자주 묘사되었다. 스탈린 시대의 생존자들은 크렘린에 '스탈린이 일하고 있는 모습'을 보여 주는 하나의 불 켜진 창문이 항상 있었다고 회고한다. 그리고 거리에서 만나는 다정한 할머니들은 위대한 지도자가 사람들을 위해 오랜 시기 동안 한 것들에 대해 공감과 모성적 염려로 가득 찬 한숨을 내쉬곤 하였다.

스탈린을 대상으로 한 인물들은 소비에트 인격들의 모델이 되기가 힘들었다. 1960년대부터 1980년대까지 기록된 회고록들에서 스탈린주의의 생존자들은 개인의 운명과 러시아와 소비에트 인텔리겐치아들의 역할에 대하여 사유한다. 나데즈다 만델시탐은 스탈린 시기 동안의 타협의 해부학을 제시한다. 만델시탐은 전쟁 후에 도스토옙스키의『작가일기』를 재독하면서 인격, 개인, 국가의 운명에 대해 작가와 대화를 한다. 그녀의 견해에 의하면 20세기의 질병은 "인격의 위축"이지만, 그것은 부르주아의 개인주의 때문이 아니다. 스탈린의 러시아에는 두 유형의 비존재들nonpersons이 출현했는데 하나가 "시간의 짐을 어떻게 견뎌낼 것인가"에 대해서만 생각하면서 무기력 상태에서 살아갔던 인물이라면(이 그룹에는 그녀 자신 역시 포함된다), 다른 하나는 스스로를 구원하는 것만 생각했던, "쾌락을 위해 무엇이든 할 준비가 되어 있는"[192] 자기중심주의자들이다. 도스토옙스키와 반대로 만델시탐의 '자기중심주의자'는 명확한 소비에트 근원을 갖고 있고, 인격의 상실은 민족정신의 결과가 아니라 국가 권력과 전체주의의 결과이다. 그녀의 견해에 의하면 도스토옙스키의 국가 이념과 메시아적인 개인주의는 세계로부터의 망상적인 분리로 귀결될 수 있는데, 20세기 러시아는 바로 이것을 경험

192 Nadezhda Mandelshtam, *Kniga Vtoraia*, Moscow: Moscow Worker, 1990, p.12.

하였던 것이다. 그녀와 그녀의 남편이 경험한 집 없음은 불행히도 시적 메타포가 아니었다. '나'는 자신의 집, 심지어 인구밀도가 높은 공동 주택에서조차도 쫓겨날 수 있었다: "축소되고 파괴된 '나', 찾을 수 있는 모든 곳에서 피난처를 찾아다녔던 '나'는 그러나 그것의 무의미함과 거주 허가의 부족을 인식하고 있었다."[193]

1920년대의 문화 비평가이자 형식주의자들의 신봉자였던 리디야 긴즈부르크는 전쟁과 스탈린 테러 시기 동안의 생존의 메커니즘과 타협과 배반의 정도에 대하여 좀 더 자세히 해명한다.[194] 생존자인 그녀 자신은 절대적인 도덕적 권위의 독선적인 포즈가 아닌 관찰자와 명쾌한 분석가의 포즈를 취하고 있다. 그녀는 다음과 말한다.

인민은 적응, 정당화, 증가하는 무관심의 메커니즘을 통해서 기능하고, 단지 어떤 사람들에게만 이 메커니즘이 방해로, 인간적 품위를 가진 것으로 작동한다. 체제에 '일치하거나' 혹은 체제와 함께 기능하는 사람들 중에는 정직한 신도들, 자기최면을 건 사람들, 냉소적 순종자들이 있었다. 스탈린의 테러 시기에 '허위'는 일반적인 이념적 세계관 속에 거주한 것이 아니라 종종 억양 속에서, 체제와의 일치를 표면적·대중적으로 보여 주는 것 속에 있었다.

---

193 *Ibid.*, p.13.
194 긴즈부르크는 러시아의 모더니스트 인텔리겐치아의 비극의 원인이 "1920년대 후반 개인주의 및 엘리트의 정신적 삶의 모더니즘적인 콤플렉스와 포퓰리즘 전통과 사회 체계를 향한 의지의 콤플렉스 사이의 커다란 양립불가능성과 모순적인 충동에 의해 야기된 변화에 대해 그들이 때로 무지했기 때문이다"라고 쓰고 있다. Lidiia Ginzburg, *Chelovek za pis'mennym stolom*, Leningrad: Sovetskii Pisatel', 1989, p.310. 번역은 지은이에 의한 것이다. ('개인주의'와 '엘리트주의'라는 단어는 일반적인 경멸적 함의 없이 여기서 사용되고 있음을 밝혀둔다.)

충성과 협력의 이 과도한 전시는 내면의 생각과 공적 이데올로기 사이의 절대적 일치와 제거된 사적 삶을 공적으로 보여 주는 것이었다. 1980년대 작성된 기록의 마지막에서 긴즈부르크는 소비에트의 방어 메커니즘과 시스템 속의 균열들에 대해 숙고하고 있다: "삶의 과정에서 모든 종류의 방어 메커니즘은 계속하여 작동하였다. 그것들은 우리를 편안하게 발전시켰고, 그래서 우리는 공포의 비명을 지르지 않았다. 우리는 살아온 삶의 전체 그림이 아닌 단지 그 일부를 본다. 이 부분은 우리를 순응시키거나 혹은 우리 스스로가 그것에 순응한다. 그리고 이제, 나는 종종 회고적 공포를 경험한다. '굴욕의 심연'이 내 앞에 펼쳐진다. 어떻게 우리는 그 어느 것도 상실하지 않은 채 한 걸음 한 걸음씩, 이 심연 안으로 들어갔는가…?"[195]

1960년대 프라이버시의 재고안과 친구들로 이루어진 공동체

흐루쇼프의 해빙기에 리디야 긴즈부르크가 묘사한 사적 억양intonation은 공적 삶에서 특별한 의미를 획득했다. 새로운 아담과 새로운 오이디푸스에 반응하여 자기조형의 대안적 신화가 나타났는데 이 신화 속에서 주인공은 낭만적이거나 지적이었고, 진실한 도덕성이라는 구식 가치를 지향하였다. 비록 1960년대가 많은 측면에서 1920년대의 혁명적이고 매우 온화한(여기서 온화한mildly이라 한 이유는 대부분의 예술작품과 텍스트들이 쓸모없는 것이 되었기 때문이다) 아방가르드 담론으로 회귀했을지라도, 이 회귀는 많은 방면에서 수정주의적이었고, 특히 자아와 사적 삶에 대한 이해에 있어 그러했다. 공적인 집단은 비공식적인 친

---

195 *Ibid.*, p.335.

구들의 단체, 일시적인 소울 메이트들의 격식에 얽매이지 않은 한시적 공동체로 다시 쓰였다. 때로 소울 메이트들 중 하나가 다른 하나에 대해 보고할 수 있었고, 가끔씩 다른 누군가는 KGB로 불려갈 수 있었으나 10년의 감옥형이라는 농담이 이제는 단지 3년으로 줄어들었다는 소비에트의 일화가 말해주는 것처럼 브레즈네프의 시기에는 커다란 진보가 있었다. 어떤 측면에서 이 상상의 친구 공동체는 자신의 연약함을 아이러니하게 과시했다. 1960년대 말 프라이버시는 공적인 타협 시스템에 대하여 유일하게 명예롭고 비타협적인 반응으로 보이기 시작했다. 사람들은 프라이버시를 탈출구로 추구한 것이 아니라, 일상의 삶에 대한 공적 지도를 비이데올로기화하고(이것은 페레스트로이카 시기, 지식인들이 좋아하는 용어이다) 개인화하며, 대안적 공간을 갈망하는 방법으로 추구하였다. 그 시기 유명한 바르드[196] 노래들 및 불라트 오쿳자바Bulat Okudzhava는 일상생활의 대수롭지 않은 사건들과, 어린 시절의 거리들, 마지막 트롤리 버스, 덧없는 사랑을 칭송하였다. 오쿳자바 노래 중 하나는 그 자신의 소명, 조국, 심지어 그의 종교가 된 모스크바의 옛 거리 중 하나인 아르바트 거리의 일상의 삶을 찬양하고 있다.[197] 이 아르바트라는 종교는 길 모퉁이에서의 중요치 않은 일상의 에피파니를 구성한다. 해빙기의 바르드는 1920년대 혁명시인들이 그러했듯이 새로운 언어를 발명하려 노력하지 않았다. 대신 그들은 **사적인 억양**private intonation, 1960

---

196 바르드(bard)는 작사, 작곡, 공연을 모두 하는 시인-가수를 의미한다. —옮긴이
197 "너의 보행자는 위대한 사람들이 아니다/ 거리를 밟으며 그들은 자신의 길을 서두른다/ 오, 아르바트여, 나의 아르바트여, 너는 나의 종교이다/ 너의 길은 나의 아래에 있다.// 사천 개의 다른 길들을 사랑함에도 불구하고,/ 너에 대한 나의 사랑은 지칠 줄 모를 것이다/ 오, 아르바트여, 나의 아르바트여, 너는 나의 조국이다/ 그 누구도 너의 끝에 다다를 수 없을 것이다" (번역된 영어 표현은 시의 구어체, 억양 혹은 특이하고 멜랑콜리한 역설적 목소리를 전달할 수 없다. —지은이)

년대 인텔리겐치아의 절충적이고 시적인 은어가 되었던 사적인 구어체의 언어를 재발견하였다. 많은 노래들이 기념될 만한 가치가 있는 순간의 고독과 슬픔, 도시의 고립 혹은 향수nostalgia에 대한 것들이었다. 이 노래들은 단순히 고독에 대한 것이 아니라 고독할 **권리**에 대한 것, 사적인 슬픔을 경험하고 사적인 감정에 대해 노래할 권리에 대한 것이었다. 대부분의 소비에트 사람들은 이 시기에 사람들로 북적대는 공동 주택에 살고 있었고, 홀로 있는 것은 드물었겠지만 외로울 수도 있을 것이고, 따라서 자의식적인 고립이나 고독의 순간은 소중히 여겨졌다. 프라이버시는 비공식적인 일상의 예술적 실행들을 통해 갈구되었다. (바로 15년 전인 1940년대 말과 1950년대 초에만 해도 조셴코와 아흐마토바와 같은 시인, 작가들은 너무도 서정적이고 개인적이라는 이유로 비판받았다.) 1968년 프라하에서의 사건 이후 해빙기 세대의 극소수의 멤버들은 반체제 인사가 되었고, 그들의 사적 삶은 정치적 언더그라운드와 문자 그대로 동일시되었다. 대다수는 점잖은 전복과 공적 거짓-삶[198]으로부터의 사적인 후퇴로 스스로를 제한하였다.

1990년대에 "오, 아르바트여, 나의 아르바트여, 너는 나의 조국이다"라는 단어들은 매우 다른 함의를 가질 수 있는데 왜냐하면 아르바트는 전체주의적인 키치가 판매되는 모스크바의 첫째가는 상업 거리가 되었기 때문이다. 1960년대의 아르바트 거리는 그 이름을 유지하고 있지만 스탈린 정부의 유능한 멤버 중 한 사람의 이름을 따라 지은 이전의 칼리닌 대로는 지금 '새 아르바트 거리'로 재명명되었다. 포스트소비에트, 포스트공산주의, 포스트모던 시기의 현재, 접두사 '포스트'는

---

198 원서에는 li(f)e이로 되어 있다. —옮긴이

매우 유행하고 있고 번역 불가능한 수많은 단어들이 그것들의 양식화되고 유표적인 외국어 형태를 지닌 채 러시아어 속으로 들어왔는데 예를 들어 mental'nost', identichnost', manadzher, sponsor 등이 있다.[199] '공동의'communal와 '집단의'collective란 단어들은 극도로 드물다. 포스트소비에트의 공동체성에 대한 새로운 메타포는 '협력적인'cooperative 혹은 '합판회사'joint venture이다. 이전에 러시아어에는 프라이버시를 위한 단어가 없었다. 지금은 사유화privatization가 있다. 만약 소비에트에서 과거의 사적 삶이 공적 삶 속으로 옮겨지지 않았다면 현재에는 개인적 광고나 고독의 울부짖음, 유럽 남편이나 아내를 찾는 것에 특화된 『사적 삶』Chastnaia Zhizn'이라는 이름의 신문이 있다. 한 여성 독자는 신문의 운문 콘테스트에 화답하여 새롭지만 여전히 번역 불가능한(또는 최소한 그 어떤 유럽어에도 없는) 포스트소비에트의 byt의 모든 모호함과 역설을 보여 주는 2행 1연 시를 썼다. "무엇이 행해져야 하나? 나는 절망하지 않는다. 나는 나 자신의 삶을 가지고 있진 않지만 '사적 삶'을 갖고 있다." 여기서 '사적 삶'을 인용 부호 속에 넣은 이유는 이것이 여전히 사적 삶을 박탈당한 러시아 시민들의 '속성'이 아닌, 신문의 이름, 포스트소비에트 언어의 새로운 클리셰를 지칭하고 있기 때문이다.

진실truth, **진정성**sincerity, **가장**affectation

아래에, 진실에 대한 문화적 모험을 보여 주는 소비에트의 농담이 있다.

---

199 각각 mentality, identity, manager, sponsor를 의미한다. —옮긴이

한 남자가 신문 가판대에 와서 묻는다.

- "『진실』*Pravda*을 주시겠어요?"

- "남아 있는 『진실』은 없고, 우리가 가진 것은 『노동』*Labor*이 전부입니다"
라고 판매원이 대답한다.[200]

현재 이 농담은 『노동』 신문 또한 사라졌기 때문에 구식의 것이 되
었다. 『진실』지는 민족적 공산주의 야당의 목소리를 내게 되었고 이 신
문은 포스트소비에트의 지하철 노선에 있는 혁명 광장 역과 구 마르크
스 거리 역 사이에서 쉽게 구할 수 있다.[201] 진실이라는 단어의 가치폄하
는 다른 단어들 속에서 더 진실한 진실을 탐색하도록 자극할 뿐이었다.
러시아어에는 진실을 의미하는 두 단어인 프라브다pravda와 이스티나
istina가 있을 뿐 그 외 다른 신빙성 있는 단어는 없다. 프라브다는 정의,
정직을 환기시킨다. 이스티나는 'is'(est')에서 온 것으로, 존재하는 것에
대한 일종의 진실과 충실함을 의미한다. 정교 속담에 "프라브다는 하늘
에서 오고 이스티나는 땅으로부터 온다"[202]라는 말이 있지만, 이 두 단어
들은 매우 자주 그 의미들을 뒤집는다. 19세기 경 프라브다가 좀 더 구
어적인 단어가 되는 반면 이스티나는 문어에 속하게 된다. 소비에트의
일화뿐 아니라 러시아 속담들과 민속 경구들은 그것이 진실에 관해 언

---

200 이 농담을 모르는 소비에트 사회 외부의 사람들을 위해서, 『진실』과 『노동』은 소비에트 일간지
의 이름임을 밝혀둔다.

201 혁명 광장(Ploshchad' Revolyutsii) 역은 모스크바 지하철 노선 중의 하나로 아르바트-포크로프
노선에 있으며 1938년에 개통되었다. 마르크스 대로(Prospekt Marksa) 역은 1961~1990년까지 존
재했던 지하철 역으로, 현재의 역 명칭은 1935년에 처음 역이 개통되었을 때의 명칭인 오호트니
랴트(Okhotny Ryad)이다. ─옮긴이

202 Dal', *Slovar'*, vol. 3, p.379.

급할 때 모호한 입장을 취한다(그것들은 다른 종류의 담화에 속하는 이스티나에 대해서는 결코 말하지 않고 단지 프라브다에 대해서만 논한다). 한편으로 진실을 추구하는 자에 대한 경고들이 있다: "진실도 좋지만 행복은 더 좋다",[203] "만약 네가 진실을 말하면 너는 스스로를 곤란에 빠뜨리는 셈이다", "각각의 파벨은 나름의 진리를 갖고 있다" 혹은 좀 더 냉혹하게는 "표트르와 파벨에게는 진실이 있었다"라는 속담이 있다. 마지막 '진실'은 복음서의 진실이 아니라 페테르부르크의 페트로파블롭스크 요새(피터와 파벨 요새)에 있는 악명 높은 감옥 속에서 고문으로 받아낸 자백을 의미한다.[204] 다른 한편으로 프라브다는 영웅적으로 칭송된다: "진실은 불에 타지 않고 물속에서도 익사하지 않는다", "바르바라는 내 숙모이지만, 진실은 내 누이이다" 그러나 러시아어의 구어 문화에서 보이는 진실에 대한 이 흔한 애매모호함이 러시아 인텔리겐치아의 저작들에서는 거의 나타나지 않는다. 이런 점에서 러시아의 작가들과 지식인들은 러시아의 민족 전통에 충실하지 않다. 그들은 본질적인 이스티나, 쉽게 운을 맞출 수 없는 단어를 탐구하였다.[205] 그러나 하나의 특징이 동일하게 남아 있는데 그것은 진실이 '러시아적'이어야 한다는 것이다.

203 *Slovar' russkikh poslovic i pogovorok*, ed, V. P. Zhukov, Moscow: Russkii Iazyk, 1991, p.265.

204 Dal', *Slovar'*, vol. 3, p. 379.

205 Vladimir Navokov, "Leo Tolstoy", *Lectures on Russian Literature*, p.141. 나보코프는 그 예리한 관찰로 러시아 전통뿐 아니라 작가에 대해서도 숙고하면서 다음과 같이 말한다: "본질적인 진리인 이스티나는 운율을 맞출 수 없는 극소수의 러시아 단어 중 하나이다.···대부분의 러시아 작가들은 진리의 정확한 행방과 본질적인 속성들에 비상한 관심을 가져왔다. 푸시킨에게 그것은 신성한 태양 아래에 있는 대리석 같은 것이었다. 훨씬 더 열등한 예술가인 도스토옙스키는 그것을 피와 눈물의 어떤 것, 히스테리적이고 시국적인 정치와 땀으로 된 어떤 것으로 보았다. 체호프는 주변의 흐린 풍경 속에 침잠되어 있는 듯하면서 그것에 대해 미심쩍은 시선을 보냈다. 톨스토이는 머리를 기울이고 주먹을 꽉 쥔 채 그것을 향해 똑바로 나아가 한때 십자가가 서 있었던 장소, 혹은 자기 자신의 이미지를 발견하였다." [블라디미르 나보코프, 『나보코프의 러시아 문학 강의』, 이혜승 옮김, 을유문화사, 2012]

달Dal' 사전에 나와 있는 속담인 '러시아의 진실'은 '집시의 진실' 혹은 '그리스의 진실'과 반대로 긍정적인 자질을 지닌다. ("만약 그리스인이 진실을 말하고 있다면, 귀를 열고 들어라.")[206] 러시아적 진실과 진실된 행위에 대한 긍정은 19세기 러시아의 정체성에 대한 인텔리겐치아의 담론에 고유한 중요한 문화적 강박관념이다. 그것은 러시아와 서구의 관계, 서구화된 관습들, 규칙들, 행동법칙들, 합법성의 개념들, 법적 체계, 그리고 사회적인 것과 반사회적인 것, 합법적인 것과 비합법적인 것, 사적인 것과 공적인 것 사이의 경계에 대한 태도들과 밀접한 관계가 있다. 진실한 행위는 진지한 행위로 여겨지고, 서구의 관습적인 매너와 반대되는 것으로 정의된다. 러시아 단어 이스크렌노스트iskrennost'는 유사관계, 가까움, 근사성近似性을 시사한다. 이 단어는 '뿌리'koren'와 연관이 있고, 러시아의 진실성을 만드는 것은 훨씬 더 '근본적'인 것으로 나타난다.[207] 이러한 뉘앙스는 점잖은 외국인 관광객의 개인적인 관용의 한계 너머에 있는 대인적 공간, 친선과 진심어린 우정의 서로 다른 관례들(더 많은 접촉, 키스, 울음, 한숨)을 강조한다. 프라브다와 이스티나를 향한 탐구는 의례화된 반란들뿐 아니라 수많은 무의식적인 표현들을 생산해 왔다.

러시아인에게 '사적 삶'은 공적 삶에 반대되기보다는 내적 삶에 반대된다. 사적 영역은 러시아의 문화적 상상력 속에서 이국의 땅이나 마찬가지이다. 그것은 내부를 향한 여행이 아닌 외국, 주로 서구를 향한

---

206 "Koli grek na pravdu poshel, derzhi ukho vostro." Dal, *Slovar'*, vol. 3, p.379.
207 막스 바스머(Max Vasmer) 또한 단어의 어근 koren'(뿌리)과 iz로부터 가까운, 혹은 근처를 의미하는 고대 러시아어 iskren과 iskrennost' 사이의 연관성에 대해 언급하고 있다. *Etimologicheskii slovar' russkogo iazyka*, vol 2, Moscow: Progress, 1986, pp.140~141.

여행에서 발견되었다. 사적 영역은 비교문화적인 오류들을 보여 주는 주요한 코미디 극장이다. 유럽의 사적인 행위는 러시아 여행자들에게 가장되고 연극적인 것으로 보이고, 반면 러시아의 일상의 삶은 외국의 방문객을 부자연스럽고 과도한, 도스토옙스키적인 '스캔들' 장면들로써 놀라게 한다. 1770년대와 1780년대에 서구를 여행한 러시아의 희곡 작가 데니스 폰비진은 독일의 개인 소유 집들과 거리들이 너무 깨끗해서 "가장된 것처럼" 보인다고 썼다.[208] (더러운 것들이 별로 보이지 않는 것은 진정성, 인간성, 진실성의 결여를 드러내는 것으로 여겨진다. 깨끗함 그 자체가 문제가 아니라, 깨끗함을 과시한다는 것이 문제이다. 프로테스탄트가 아니었기 때문에 폰비진은 더러움을 제거한다는 미덕을 보는 데에 실패하고 있다.) 동일한 비판이 파리지앵의 도시 삶에 대한 작가의 묘사 속에서 다시 등장한다. "오락과 재미" 대신에 그는 "어리석은 가장"과 "관용이 없는 거짓"의 삶을 묘사한다.[209] 서구의 과도한 연극성을 비판하기 위해 사용된 가장이라는 단어는 프랑스어 기원을 갖고 있는데 이는 마치 그것이 서구의 연극성을 묘사하기 위해 필요한 단어인 듯하다. 폰비진의 이상인 "자연스런 행위"는 순수하게 토착적인 것이 아니다. 그의 여행들이 추구한, 결국은 좌절된 하나의 목적이 장 자크 루소를 발견하는 것이었다는 사실은 결코 우연이 아니다. 러시아 작가들은 이 프랑스 철학자를 매우 존경했고 인물, 관습성에 대한 철학자의 많은 발언들을 러시아어로 번역하였다.

유리 로트만은 이러한 비교문화적인 차이에 대하여 기호학적 해설

---

208 Denis Fonvizin, *Izbrannye sochineniia i pis'ma*, p. 255.
209 *Ibid.*, p. 237, April 1778.

을 제공한다. 유럽의 행위 혹은 "중립적 중간 계급"은 그것이 표트르 대제 시기 러시아로 왔을 때 첨예하게 기호화되었고, 유럽 삶의 이미지는 "유럽 삶에 대한 의식화된 연기 속에서 복제"되었다.[210] "비특수화된", "자연스런", 비의식화된 행위의 영역들은 교육을 가장 필요로 하는 영역들이 되었다. 표트르 대제 시기 새로운 엘리트 출신의 젊은이들은 유럽을 여행하기 시작하였고, 그곳에서 그들은 "유럽 삶의 사적 성향"에 충격을 받았다.[211] 따라서 표트르 톨스토이는 자신의 일기에서 18세기 초의 베니스를 "모든 사람들이 자신의 의지에 따라 바라는 대로 행동하는" 개인적 자유의 공간으로 제시한다. 그러나 일단 러시아의 귀족들이 더욱더 유럽적인 양식 속에서 행위하기 시작할 때 그들은 "무대 위에 영원히 존재하는 감정"을 갖게 되었다. 일상 행위의 연극성은 18세기 초 비판적인 패러디의 주요한 원천 중 하나가 된다. 유럽화와 잉여적인 문명성의 기호로 취급된 취향의 문제는 이국적 예의바름의 단순한 허식보다 더 중요한 진실한 정신성과 자주 대비된다.

그러나 진실한 민족적 행위가 부자연스런 이국의 생활양식들보다 배우기 더 어려운 것으로 드러난다. 서구 유럽의 유행을 따른 사람들만 조롱받고, 진실하지 않고 거짓된 것으로 묘사되거나, 그 가장성을 비판

---

210 *Ibid.* 로트만 설명의 문제점은 중립적인 '중간 계급의 유럽적 행위'를 18, 19세기 속에 놓는다는 점이다. 그러나 이것은 러시아 상황과의 날카로운 대립 속에서만 이해가능하다. 사실 서구의 사적 삶의 역사는 사적 행위에 대한 태도들이 계급과 특정한 문화적 맥락에 따라 변화되었음을 보여 준다. 예를 들어 앵글로 색슨 또는 스칸디나비아의 여행자에게 있어 이탈리아와 스페인의 중간계급의 일상의 행위는 명백하게 유표적이고 연극적으로 보인다. 따라서 러시아적 반응은 종종 묘사되는 것보다는 덜 극단적인 것이었다.

211 Iurii Lotman, "The Poetics of Everyday Behavior in Eighteenth-Century Russian Culture", *The Semiotics of Russian Cultural History*, ed. Alexander D. Nakhimovsky and Alice Stone Nakhimovsky, p.70.

받은 것은 아니었다. 폰비진의 여행 후 대략 50년 후에 슬라브주의자들은 표트르 대제 이전의 러시아 의복으로 돌아갈 것을 제안하였다. 보수적인 슬라브주의 유토피아 철학자인 이반 악사코프는 수염을 길렀고 자신이 전통적인 러시아 농부의 외투라고 불렀던 옷을 입기 시작했다. 동시대인들은 그가 "페르시아인처럼" 보였다고 비꼬았다.[212] 러시아 정신이 민족의상을 통해 어떻게 확인될 수 있는지 이해하는 것은 어렵다. 이러한 종류의 민족적 자기조형이 반드시 자연스런 행위를 이끄는 것은 아니다. 반대로, 근원으로의 회귀는 가장무도회처럼 보인다. 프랑스인처럼 보이는 대신에 그는 페르시아인처럼 보이고, 설상가상으로 명백히 러시아적 양식대로 입었는데도 결국은 서유럽의 문화적 상상력 속에서 특징적으로 나타나는 이국적인 동양인으로 보이는 것이다. 의복에 있어서 좋은 취향은 러시아의 문화적 정체성처럼 깨지기 쉽고 문화적 순수성의 조형 속으로는 모순과 역설적인 디자인들이 들어간다.

특히 미국의 프로테스탄트 문화들은 그 자신들만의 반연극성을 갖는다. 여기서 연극성은 공적 영역과 관련되면서 진본성authenticity과 프라이버시에 대립한다. 미국의 사회학자 리차드 세넷은 동시대의 미국 사회에서 특히 두드러진 '공적 인간의 몰락'을 선언하고, 19세기 파리 사회에 대한 일종의 향수와 그 사회의 고도로 발달한 사회적 연극성과 공적 삶에 대한 취향을 가지고 사태를 바라본다. 세넷은 진본성의 특권에 도전한다. 그는 유럽역사를 통해 세계무대(혹은 극장으로서의 세계, theatrum mundi)라는 메타포가 어떻게 점진적으로 평가절하되어 왔는가를 보여 준다. "공적인 삶과 사사로운 삶 사이의 부조화는 점점 더 커

---

212 Andrzej Walicki, *A History of Russian Thought from the Enlightenment to Marxism*, p.93에서 인용.

졌고 사람들은 덜 표현적이 된다. 심리적 진본성에 대한 강조와 함께 사람들은 일상의 삶 속에서 비예술적이 된다.…그들은 연극성이 친교에 특히 적대적인 관계에 있다는 전제에 다다른다.…연극성은 공적 삶과 특별하고 가까운 관계에 있다."[213]

러시아적 맥락에서 '진본성'과 '연극성'은 다른 역사를 갖고 있고 이 둘의 대립은 상이한 질서의 대립이다. 진본성은 원작자, 법적인 입증과 관계있다. 민주적인 합법적 문화에 거의 관심이 없는 절대 왕정 치하에서 발전한 러시아의 지적 전통 속에서 부정적으로 평가되지 않았다면 진본성은 무의미하다. 연극성 혹은 관습성은 도스토옙스키와 톨스토이의 저작에서 나타나듯이 그 둘의 이형異形 속에서 진실성과 대립된다. 러시아 문학은 우리에게 유럽의 좋은 취향의 규범들을 과시적으로 거부하면서, 말주변이 없고, 말이 유창하지 못하고 서투른 수많은 인물들을 제공한다. 그리고 이 모든 것들은 마치 언어 그 자체가 이미 타협적인 것으로 항상 범속성에 의해 위협받고 있다는 사실을 가정하면서 그들의 진실성을 재확인할 뿐이다.[214]

도스토옙스키는 『작가일기』에서 "거짓은 진실을 위해 필요하다"라

---

213 Richard Sennett, *The Fall of Public Man*, London: Faber and Faber, 1974, p.37. 공적 영역이라는 개념에 대해서는 다음을 참조하라. Jürgen Harbermas, *The Structural Transformation of the Public Sphere*, trans. Thomas Burger, Cambridge, Mass.: MIT Press, 1989. [위르겐 하버마스, 『공론장의 구조변동』, 한승완 옮김, 나남출판, 2004]

214 유럽에서, 특히 이탈리아와 프랑스에서는 연극성과 양식의 기교에 대한 유희적 감상의 전통이 있었던 반면 러시아에서는 그것들에 대한 강한 선입견이 있었다. 표트르 대제 이전의 러시아에서 연극성은 일종의 이교적 야단법석으로 간주되었고 이러한 태도가 18세기와 19세기에 걸쳐 지속되었다. 폴란드, 우크라이나와 달리 러시아는 매우 뒤늦게 극장의 세속적 전통을 발전시켰고 복장의 변화는 종종 악마적이거나 마법적인 것으로 인식되었으며, 1년 중 엄격하게 정해진 시간 동안에만 허용되었다. 이 종교적이고 윤리적인 태도가 러시아의 귀족에 대한 대중적 반응을 특징지었다.

는 모순적인 전제에 토대하는 유럽 법체계의 신뢰성을 비판한다. 도스토옙스키는 배심원 재판의 패러디를 보여 주거나 혹은 제도로서의 배심원 재판을 패러디로 변형시킨다. 도스토옙스키에게 그것은 단순한 구경거리, '과장스런 기계적 방법'이자 교묘하고 간사한 거짓 게임이다. 결국 작가는 문제에 대하여 자신의 자의식으로 충만한 유토피아적이고 '천사같은' 러시아적 해답을 제안한다. "우리는 이 메커니즘을, 진실을 폭로하는 기계적 방법을 …진실로 대체할 수 있을 것이다. 인위적인 과장이 양쪽으로부터 사라질 것이다. 진실을 폭로하는 데에서 모든 것은 단지 놀이가 아닌, 진정성 있고 진실한 것이 될 것이다. 구경거리도 게임도 아닌 교훈이, 교훈적인 사례가 등장할 것이다."[215]

이것은 우리가 인격에 대한 담론 속에서 목격했던 반관습적, 반수사적, 반법률존중적인 입장과 동일하다. 진실은 수사적이고 유희적인 게임의 반대이다. 그러나 의미심장하게도 단순한 진실을 향한 탐색 속에서 무대는 폐지되지 않고 행위 그 자체가 연극화된다. 도스토옙스키의 『작가일기』는 극적인 도덕극을 보여 준다. (1864년 이전에 러시아는 변호권이 없는, 고문을 통해 자주 왜곡되는 자백을 강요하는 검찰제도를 갖고 있었다. 변호제의 실행은 러시아의 법 관행에 있어 중심적인 것이 아니었던 배심원 재판과 함께 1864년에 도입되었다. 검찰관의 권위가 '단순한 진실을 폭로하는' 데에 항상 기여하는 것은 아니었고, 모든 자백들이 '진실한' 것은 아니었다. 물론 여기서 도스토옙스키는 러시아에서의 실제적인 관행이 아

215 Feodor Dostoevsky, "Dnevnik pisatelia", *Sobranie sochinenii v tridtsatikh tomakh*, Leningrad: Nauka, 1984, vol. 26, pp.53~54. 또한 다음을 참조하라. Gary Saul Morson, "Introduction", Feodor Dostoevsky, *Diary of a Writer*, trans. Kenneth Lantz, Evanston: Northwestern University Press, 1992; *The Boundaries of Genre: Dostoevsky's Diary of a Writer and the Traditions of Literary Utopia*, Austin: University of Texas Press, 1981.

니라 유토피아에 대해 말하고 있다.)

도스토옙스키가 사랑하였고, 독특하게 러시아적인 것으로 간주했던 자질들은 '순수한 마음'과 진정성sincerity이다. 문제는 러시아적 진정성이 서구의 진정성과 어떻게 비교되는가이다. 그것은 다른 역사를 가지는가 혹은 역사를 모두 부정하는가? (진정성에 대한 비교연구는 아직 확립된 학문 분과가 아니다.)

리오넬 트릴링은 유럽 맥락 속에서 진정성의 도덕적 역사를 고찰하기 시작하였다. 진정성에 대한 프랑스어와 영어 단어는 라틴어인 sincerus에서 그 기원을 갖는다. 이 단어는 사물들을 지칭하기 위해 사용되었고 18세기가 되어서야 사람에게도 적용되었다.[216] 트릴링에 의하면 진정성은 자의식적인 숙고를, 자신에 대한 그 자신만의 진실함을 확증하기 위한 필요성을 전제로 한다. 편지글의 진부한 문구인 "sincerely yours"는 자기의심의 요소와 그것을 떨쳐버리려는 노력을 반영한다. '진실성'authenticity은 세계에 대한 덜 주관적인 관계를 전제로 하고 그것은 포스트낭만주의 시대 때에 칭송된다. 진정성을 의미하는 러시아 단어인 이스크렌노스트iskrennost'는 순수함보다는 동족관계kinship를 시사한다. 이 단어는 러시아인들은 진실한 것으로 여기나 외국인들은 연극적인 것으로 지각할 수 있는 다수의 익숙한 의식들 속에서 스스로를 나타낸다.

러시아의 문학적 상상력은 진정성과 깊이 관련되어 있다. 도스토옙스키의 소설에서 수사학적이고 웅변적인 재능을 결여한 어눌한 인물

---

216 Lionel Trilling, *Sincerity and Authenticity*, Cambridge, Mass.: Harvard University Press, 1971, pp.1~26.

들은 종종 작가 자신의 러시아적 진실을 대변하기 위한 인물로 등장한다. 여기에는 『악령』의 키릴로프, 『백치』의 미시킨 공작이 속한다. 이러한 불분명한 언어적 표현성과 사회적 어색함이 진실되고 진정성 있는 것으로 읽힌다. 「여름 인상에 대한 겨울의 기록들」에서 도스토옙스키는 능변을 프랑스의 부르주아 문명과 확실히 연결시킨다. 도스토옙스키가 경멸적으로 쓰는 자연조차 파리의 부르주아들에게는 언어적 클리셰를 위한 구실이자 상실한 능변에 대한 향수이다. 프랑스 부르주아들은 자연 그 자체를 부자연스럽고, 수사학적이며 구성된 것으로 나타나게끔 만든다.[217] 그러나 러시아적 진정성은 도스토옙스키의 작품들에서 보이듯이 그 자체의 진부함commonplaces을 갖는다. 작가적인 진실한 인물들의 언어적 표현성의 결여는 종종 **과장되게** 반수사학적이고 **그로테스크하**게 어눌한 것으로 나타난다. 과장된 행동들과 함께 소설은 무성영화의 멜로드라마적인 인물들을 보여 준다. 도스토옙스키의 허구적 텍스트와 비허구적인 텍스트 속에서 일인칭 시점 인물의 드라마는 일인칭 시점 인물의 목소리가 자신의 진실함과 순수한 마음을 가장 과장되고 종종 스캔들적인 선언들 속에서 입증하려 노력하는 진정성의 멜로드라마다.

도스토옙스키의 소설들과 여행에 대한 기술 속에 등장하는, 호기심을 자극하는 또 다른 비교 문화적 전개로서의 독일 인물들이 '상업 문명'의 주요한 담지자들인 반면, 독일인들은 자신들의 자연스런 성격 개념 속에서 문화와 진정성에 대한 자신들의 특별한 태도에 대해 자부심을 갖는다. 니체는 『선악의 저편』에서 우리에게 아이러니한 묘사를 제

---

217 Feodor Dostoevsky, "Winter Notes on Summer Impressions", pp.205~207. 그와의 대화를 통해 능변과 어눌함에 대한 도스토옙스키의 태도를 알게 해준 도날드 팡거에게 감사를 표한다.

공한다. "독일인들은 '진정성'과 '강직함'을 좋아한다. 진정성이 있고 강직하다는 것은 얼마나 위안을 주는 것인가. … 독일인은 신뢰어린 푸른 텅 빈 눈으로 가서 보라고 스스로에게 말하는 반면 외국인들은 독일인의 셔츠를 독일인 자신으로 즉시 오해한다."[218]

감정의 영역에 있어서 러시아의 일상의 삶은 좀 더 의식화되고 좀 더 연극적이다. 러시아의 일상의 삶 속에는 서구인들에게는 과도하게 표현적인 행위, 감정의 분출로 보이는 것들을 향한 관용이 있다. 이는 옛 러시아의 소설들과 현대의 러시아 영화에 대한 유럽과 미국의 빈번한 반응에서도 나타난다. 러시아적인 진실한 행위 코드들은 서구의 대응물들보다 훨씬 더 감정적이고 외적으로 표현적이다. 집단적 보드카 음용이라는 '결사'bruderschaft의 의식들이 떠오르는데 이 독일식 표현은 러시아 정신(그리고 감정)에 독특하게 나타나는 어떤 것을 묘사하는 데에 기이한 쓸모가 있다. 정서성과 친밀함의 코드들은 소비에트의 외교 의식, 특히 구소련의 공산당과 이전의 '형제 사회주의 국가' 공산당의 제1서기관들, 즉 스탈린과 마오, 브레즈네프와 호네커 사이의 과도한 입맞춤에서 출구를 발견하였다. 이 러시아 스타일의 형제애적 입맞춤들 다음에는 소비에트 스타일의 동지애적 악수가 뒤따랐고, 진실이라는 연극 속에서 눈에 띄는 기호적 의식과 이웃 동유럽 국가들에 대한 소비에트의 '후원'이 조성되었다. 현재 속담처럼 남아 있는 러시아적 진심과 소비에트의 동지의식을 보여 주는 스냅사진들은 외국 관광객들과 망명자들을 대상으로 이전 동유럽 블록 국가들에서 팔리는 풍자적인

218 Friedrich Nietzsche, *Beyond Good and Evil*, trans. Walter Kaufman, NY: Vintage, 1966, Aphorism 244.[니체, 『선악의 저편. 도덕의 계보』, 김정현 옮김, 책세상, 2002]

엽서들에만 남아 있을 뿐이다.

'친밀함'intimacy에 대응하는 러시아 단어는 외국 근원을 갖고 있다. '친밀함'은 1920년대에 공공연한 비난을 받았고 1960년대에 긍정적인 함의를 갖고 재등장하였다. 그러나 1960년대에 이 단어는 대개 커플 사이의 친밀함보다는 진실한 친구들 모임 내의 친밀함을 지칭하고 있고, 우호적 친밀함의 문화는 공식적인 집단, 소비에트의 가족, 심지어 핵가족에 대립한다. 1990년대에는 새로운 친밀함에 대해 그 누구도 말하지 않지만, 한때 언더그라운드의 리더였다가 지금은 소원해진 예술가 드미트리 프리고프의 반어적 시속에서는 새로운 진정성이 울려 퍼진다. 여기서 진정성은 잡지 『불꽃』을 읽으면서 글라스노스트 시기 처음 몇 년 동안 행복한 공공의 영역에 참여하길 여전히 필사적으로 희망하는 지방의 구식 **지식인**의 목소리에 불과하다! 프리고프의 새로운 진정성은 복수의 서사적 틀로부터 도피하는 순진한 일인칭 주인공과 순수한 마음의 담론을 향한 허가되지 않은 향수의 행위이자 낯설게 하기의 행위이다. 사실 이것은 담론이 아니라 순수한 마음 그 자체, 그것이 바라는 이상적인 순수한 형태로는 한 번도 존재하지 않았던 어떤 것이다.

그 양식이 무엇이든지 간에 러시아의 국가 신화는 문명화되고 상업적인 서구의 자의식적인 사회적 연극성의 특징과 대립하여 극적인 진정성과 순수한 마음(그리고 순수한 피, 순종)의 균형을 유지시키고 있다.

쿨투르노스트: 전체주의적인 칠함 lacquer box

소비에트 러시아에서 '문화'라는 단어는 많은 접두사와 파생어를 획득하였다. 누군가는 문화 계몽 직업학교에 갔을 수도 있고, 어떤 이는 문화의 조직자kul'torg가 되어서 문화 견학의 일환으로 혁명 박물관에서 입체모형들을 보여 주거나 혹은 키로프 극장에서 발레 「스파르타쿠스」를 보여 주기 위해 젊은 공산당원들을 인도하였을 수 있다. 문자화되지 않은 소비에트의 에티켓 쿨투르노스트Kul'turnost'[219]는 국제 여성의 날에 고등학교 선생님에게는 노란 미모사 한 다발을, 숙모에게는 "붉은 모스크바"란 이름의 향수 한 병을 선물하도록 하였다. 만약 당신이 교양인이라면 당신은 피클 및 사교적 인사말과 함께 보드카 몇 잔을 마실 것이나 취하지는 않는다. 책장의 유리문 뒤에 당신은 제임스 페니모어 쿠퍼, 잭 런던, 알렉산드르 푸시킨, 알렉산드르 뒤마의 비싼 하드커버 전집, 혹은 『미국 비극』의 새 번역본을 놓는다. 왜 쿨투르노스트는 부과되고 내재화된 수많은 다양한 소비에트 러시아의 양식들을 포괄하는 걸까? 이것은 우리의 문화에 대한 생각과 어떤 연관이 있고, 이 둘은 어떤 뿌리를 공유하는 걸까?

소련의 마지막 시기에 한 언론인이 다음의 사실을 목격하였다. "독특한 러시아의 성격은 빵 배급을 기다리는 긴 줄, 러시아의 비능률뿐 아니라 러시아의 문화에 의해서도 형성된다.…러시아의 문화란 민주주의, 법, 교육, 식량 등 모든 것을 대체해 온 강력한 단어이다."[220] 독일 낭만주의자들에 의해 재고안된 라틴어인 '문화'라는 단어가 러시아 기원을 갖는다고 주장하는 것은 어렵지만, 러시아에서 이 단어는 수많은 마

---

219 쿨투르노스트(kul'turnost')는 문화성, 문화적 수준이 있는 상태, 교양 등을 의미한다. ─옮긴이
220 A. Bossart, "A ia ostaiusia s toboiu", Ogonek, 44, 1989, p.31. 다음에서 재인용. Irina Corten, *Vocabulary of Soviet Society and Culture*, Durham: Duke University Press, 1992. 코르텐(Corten)은 '문화'라는 단어가 소비에트 러시아 사회에서 어떻게 쓰였는지에 대한 수많은 훌륭한 예들을 제시한다. 명백히 이 단어는 포스트페레스트로이카의 비속어 속으로 들어갔고, 이제 쿨투르노(kul'turno, 문화의 부사형태─옮긴이)는 영어 'cool'과 유의어가 되었다.

법적 자질을 획득하였고 거의 백오십 년 동안 국가 정체성의 상징으로서 그 지위를 유지하였다. 19세기에 문화는 때로 문학과 유의어이고, 러시아인들은 피나 계급보다는 러시아 문학의 독자들이라는 독특한 공동체적 사실에 의해 정의되었다.[221] 러시아 사회에서 문학이라는 컬트를 입안하여 지도했던 비평가 비사리온 벨린스키에 의하면 "우리의 문학은 우리 사회의 윤리를 창조해왔고, 이미 몇 세대를 교육해 왔다. …(우리의 문학은) 상인과 소시민으로 구성되는 것이 아니라 우리와 함께 문학에 대한 사랑 속에서 오롯이 집중화된 교육을 받고 함께 성장한 모든 계급의 사람들로 구성되는, '중간계급'과는 다른, 사회속의 어떤 특별한 계급을 산출해 왔다."[222] 벨린스키의 언급과 페레스트로이카 시절 언론인의 언급은 인텔리겐치아의 문화에 대한 유사 종교적 컬트부터 세계를 미적으로 변형시키려는 아방가르드의 꿈들, 소비에트 러시아의 집단 문화화 정책부터 언더그라운드 예술의 반대들까지 이르는 문학 중심적이고 문화 중심적인 러시아적 세계의 탄생과 황혼을 포괄한다. 문화 중심적 세기의 종말은 세기 전환기에 예술의 쇠락을 반드시 보여 준다기보다는, 단지 사회 속에서 그것의 주요한 교육적·이념적 역할의 감소를 보여 준다. 러시아에서 문화는 주로 단수 형태로, 철자 "C"로 정의되어 왔다. 그것은 영혼의 순화라는 상상의 공동체, 문학적 귀족계층의 틀을 한정하는 일종의 시민 종교가 되어 왔다. 그것은 수많은 모순적인 현상 속에 반영된다. 문학의 번영과 검열의 번영, 국가 영웅으로서 시인

---

221 이는 단어의 첫 번째 뜻을 'cultivation', 두 번째 뜻을 지적인 '교육'으로 설명하는 달 사전에서 '문화'라는 단어가 많은 주목을 받지 않은 이유에 대한 설명이라고 할 수 있다. Dal's *Dictionary*, Vol. II, p.217.

222 Vissarion Belinsky, "Thought and Notes on Russian Literature", 1846.

에 대한 컬트와 시인의 박멸이 그것이다. 러시아 문화는 일상의 삶을 말살하는 것을 도우면서 동시에 사람들이 생존하는 것 또한 도왔다.

러시아 문학의 창조적 독자들이라는 초자연적인 공동체로서의 러시아 인텔리겐치아, 인민을 다른 사회 그룹들 및 민족 결합들로부터 러시아 제국 안에 포함시킨 이들은 19세기 말 '순수한 러시아 피'의 문제, 순수한 러시아 정신의 필요조건에 대해 골몰하였다. (20세기 말 가장 최근의 사례로는 실제 러시아 작가들이 아니라 소위 러시아어를 말하는 이들―대부분 러시아계 유대인들―에 반대한 추악한 캠페인이 있다.)

이반 키레옙스키부터 니콜라이 베르댜예프까지 러시아 문화는 상업적이고 '영원'을 좋아하지 않는 유럽 문명과의 대립 속에서 나타났다. 독일의 낭만주의 이념은 프랑스와 영국의 계몽주의와의 대립 속에 놓여졌다. 노베르트 엘리아스는 이 대립을 다음과 같이 설명한다.

> 프랑스와 영국의 문명에 대한 개념은 정치적 혹은 경제적, 종교적 혹은 기술적, 윤리적 혹은 사회적 사실들을 지칭한다. Kultur라는 독일 개념은 본질적으로 지적·예술적·종교적 사실들을 가리킨다. … '문명화'는 과정 혹은 적어도 과정의 결과를 묘사한다. …Kultur라는 독일 개념은 동작과 다른 관계를 설정한다. Kultur 개념은 범위를 한정한다. 문명화라는 개념은 사람들 간의 민족적 차이들을 어느 정도까지 감소시킨다. 그것은 모든 인간 존재들에게 공통의 것들 혹은 당위적인 것들을 강조한다. 반대로 독일 개념 kultur는 민족적 차이와 그룹 간의 특수한 정체성을 특히 강조한다.[223]

223 Norbert Elias, *The History of Manners,* trans. Edmund Jephcott, NY: Pantheon Books, 1982, p.5.

이 편극은 그러나 두 단어의 역사 자체가 이 대립을 내재화한다는 점에서 문제적이다. 달리 말해 프랑스어에서 '문명화'라는 단어의 역사는 진실한 문명화와 거짓의 문명화 사이의 전투를 노출시키고 똑같은 것이 문화라는 개념에도 적용된다.[224] 따라서 '문화' 또는 '문명화'에 대한 선한 혹은 악한 접근이란 없다. 왜냐하면 그것은 문화 또는 문명화의 이름으로 말하는 사람에게 전적으로 달려 있기 때문이다. 장 스타로뱅스키는 '문명화'란—여기서 나는 '문화' 역시 덧붙일 것이다—"위협을 하고 위협을 받는 것, 박해자와 박해를 당하는 자 둘 다로 간주되어 왔다. 그것은 그 지붕 아래에서 보호를 받는 이들에게 더 이상 안전한 피난처가 아니다"라고 쓰고 있다.[225] 러시아의 맥락에서 문화란 이러한 종류의 양날의 칼이다. 왜냐하면 그것은 생존하고 지배하는, 공동체를 창조하고 제거하는 일종의 방법, 미학적 해방을 꿈꾸는 방법이자 이 꿈들을 길들이는 방법이기 때문이다.

1862년 농노제 폐지 이후에 러시아 인텔리겐치아의 젊은 세대는 농민들을 교육시키고 문맹을 퇴치하려는 운동을 벌였다. 이 운동은 또한 대러시아의 민족 문화의 통합을 위한 운동이기도 하였다. 문화적 일치는 그 누구도 그 속에서 문학과 형이상학, 역사, 종교 사이의 명확한 경계선을 추적할 수 없었던 작품들, 19세기의 위대한 러시아의 문학적 고전 작품들을 통해 주로 정의되었던 러시아의 정체성에서 중심적인 것으로 간주되었다. 러시아의 고급문화high culture는 모든 국민들의 문화

---

224 이에 대해서는 다음을 참조하라. Jean Starobinski, "The Word Civilization", *Blessings in Disguise; The Morality of Evil*, trans. Arthur Goldhammer, Cambridge, Mass: Harvard University Press, 1993, pp.1~36.

225 *Ibid.*, p.31. 그는 문명화와 문화의 지도를 그릴 때 "중요한 것은 우리가 만드는 질적 판단이 아니라 가치의 명확한 체계와 경계선의 움직이는 패턴이다"라고 쓰고 있다.

가 되어야 한다고 생각되었는데, 이 문화는 한편으로는 러시아의 고전 텍스트들의 교훈적 대중화를, 다른 한편으로는 다양한 모든 대중문화에 대한 공격을 필요로 하였다. 러시아 인텔리겐치아의 교육자들은 농민 계급과 도시의 하위 계층에서 등장한 신흥 부자세대, 상업적 대중문화의 선구자들에 저항하여 러시아의 문화적 정체성을 보호하려고 노력하였다. 혁명 후 문화적 복수성의 시기 이후에는 국가의 후원을 받는 문화를 제외하고는 모든 문화에 대한 말살이 신속하게 뒤따랐다. 1930년대에 러시아 인텔리겐치아의 오래된 꿈, 하나로 통합된 전인민 문화를 창조하려는 꿈이 성취되었으나 그것은 비극적인 왜곡과 함께였다. 사회주의 리얼리즘의 전인민 문화는 혁명적 인텔리겐치아의 멤버들이 꿈꿨던 것도, 심지어 그들의 무모한 꿈들 속에 있었던 것도 아니었다.

'문화'라는 단어가 중요한 접미사를 획득한 것은 스탈린 시기인데 1920년대의 슬로건 '문화혁명'은 쿨투르노스트에 대한 옹호로 바뀌었다. 이 용어는 새로운 소비에트 러시아의 예술적 규범뿐 아니라 예의범절, 행동 방식, 음식과 소비재에 있어서의 안목 있는 취향을 포함한다. 문화화는 이데올로기를 일상으로 번역하는 방법이다. 푸시킨을 스탈린과 혼합하면서 마르크스-레닌 이데올로기를 식탁 예절과 함께 가르치는 것이 바로 스탈린의 '문명화하는 과정'이다. 물질 재산, 부드럽고 얇은 실크 드레스, 유행 지난 식기류, 집안의 장식들은 더 이상 프티부르주아적으로 취급되지 않았다. 오히려 그것들은 남녀 노동영웅들, 새로운 스탈린 질서를 열정적으로 따르는 자들을 위한 합법적 상으로 제시되었다. 모스크바는 미래의 제1의 공산주의 도시로, "전 세계에서 가장 문화가 발달한 도시"로 선포되었다. 모스크바 시민들은 지하철을 타는 것, 새로 수입된 맛있는 아이스크림을 먹을 수 있는 문화 레저 공원에서 산책하는 것에서 새로운 기쁨을 발견하도록 장려되었다. 문화화는 이전에 경멸받았던 지위와 재산에 대한 부르주아적 관심들을 합법화하는 방법을 제공하였다. 그것은 새로운 사회의 위계체계와 스탈린 엘리트의 특권을 정당화하는 동시에 숨겼다.[226]

사회주의 리얼리즘의 대중문화화의 목표는 기이한 헤겔-마르크스-스탈린적 양식 속에서 문화와 문명화, 고급예술과 저급예술, 공적 장르와 사적 장르 사이의 대립을 종합하는 것이었다. 클레멘트 그린버그를 비롯한 유럽과 미국 비평가들의 저작에서 사회주의 리얼리즘이 키치와 동등한 것으로 간주된다면, 소비에트 러시아의 맥락에서 '키치'라는 용어는 그 이후에 나타나 전적으로 서구의 대중문화를 가리킨다. 사실 스탈린 비평가들은 지속적으로 '진실한 소비에트 러시아 예술'을 위해, 그리고 '리얼리티의 소멸'에 반대하여 싸웠다. 달리 말해 그들은 이념적 올바름과 동등한 나쁜 취향에 대항하는 자신들만의 전투에 참여하고 있었다. 인텔리겐치아와 소시민이라는 오래된 대립은 재평가되었다. 이 과정의 결과로 모더니스트 인텔리겐치아는 제거되거나 동화되었고, 새로운 소비에트 러시아 인텔리겐치아의 많은 사람들이 1920년대에 소시민적이라고 불리는 양식과 취향들을 받아들였다.

통합된 사회주의 리얼리즘 문화는 웅대한 단일 양식을 갖고 있지 않았다. 그것은 차라리 좌파와 우파의 기괴한 합성이었다. 즉 귀족과 프롤레타리아 문화의 합성, 급진적인 아방가르드 수사학과 19세기 리얼

---

226 쿨투르노스트 개념에 대해서는 다음을 보라. Vera Dunham, *In Stalin's Time*, 1976; Sheila Fitzpatrick, "Becoming Cultured: Socialist Realism and the Representation of Privilege and Taste", *The Cultural Front, Power and Culture in Revolutionary Russia*, Ithaca: Cornell University Press, 1992, pp.216~217. 셀리아 피츠패트릭(Sheila Fitzpatrick)의 새 프로젝트를 내게 소개해 준 골포 알렉소폴로스(Golfo Alexoupoulos)에게 감사의 말을 전한다.

리즘의 순수한 빅토리아 시대 윤리의 합성, 세기 전환기 대중 소설의 해피엔딩과 폭풍우 치는 날씨의 합성, 러시아 고전들의 '긍정적 주인공들'과 슬라브 성자전의 '긍정적 주인공들'의 합성인 것이다. 일관적이고 통합된 유일한 것은 소비에트 러시아 권력에 대한 그것의 의존이었다.

몰로토프의 티 파티

모스크바의 벼룩시장에서 최근 나는 독특한 기계장치, 통합 문화 개념의 수많은 모순을 보여 주는 스탈린 문화화의 완벽한 페티시를 만나게 되었다. 그것은 검게 래커칠해진 배경에서 몰로토프와 스탈린을 국민 영웅으로 제시하고 있는 팔레흐 함[227]이었다. 팔레흐 함은 1930년대에 시작됐던 러시아 민족 문화의 공식적인 재발견의 한 예이자 스탈린 시기 일상의 의식들의 샘플이기도 하였다. 함 안에는 다음과 같은 내용의 작은 초대 엽서가 있다. "9월 13일 오후 5시의 티 파티에 몰로토프 부인이 당신을 초대하게 되어 영광입니다."[228] 필체는 구식의, 혁명 전의 우아하고 딱딱하면서 세련된 필기체이다. 내란과 대 조국전쟁의 장군이자 영웅인 몰로토프 부인 댁에서의 오후 티 파티는 스탈린 시기 상류사회의 의례를 완벽하게 보여 주는 것이며, 웅장한 스타일을 지닌 소비에트 러시아 신흥 부자들에 의해 실행된 마지막 귀족적 부활이다. 이 함은 스탈린 시기 엘리트의 일상의 삶을 깊이 통찰할 수 있게 하며 어떤 구식의 문화 이상들과 그것의 스탈린적 체현을 구현한다. 더 나아가 칠함이

---

227 팔레흐(palekh)는 이바노프 주에 위치한 마을로, 민속공예로 유명하다. 종이반죽 위에 템페라 기법으로 칠을 한다. 보통 이러한 방법으로 크고 작은 보관함, 브로치, 패널, 넥타이핀을 만든다.
　　—옮긴이
228 나는 이 함이 외국 시장을 겨냥하여 만들어진 인위적인 가짜라는 가능성도 배제하지 않는다.

라는 스탈린 예술과 공예의 산물은 1920년대에 키치로서 쓰레기 취급을 당하다가 1930년대에 재발견되었고, 1970년대에는 장식적 예술품으로 취급되었다가 오늘날 외국 손님들을 위한 가장 좋은 선물―러시아의 이국적인 물건인 잘 포장된 아름다운 함―이 되었다.

'전통적인 러시아의' 칠함이 사실은 매우 최근의 발명품이라는 것에 놀랄 수 있다. 혁명 이후 수공업자들과 이콘 화가들은 스스로 프롤레타리아 예술 협동조합을 조직했고, 전통적인 일본 양식의 칠함들을 장식하기 위한 러시아의 이콘 페인팅 기법들을 사용하기 시작하였다. 막심 고리키는 이것을 "혁명의 작은 기적"이라 불렀고 "수공업자들이 진실한 예술의 대가"로 변형되는 것을 칭송하였다.[229] 팔레흐 제작자들은 전근대의 러시아 방식들에 대한 향수를 갖고 있으며 그것들을 조립식(근대적) 포장의 형태로 소비하길 갈망하는 새로운 중간 계급을 위해서 러시아의 공예품들을 대량 생산하였던 19세기의 수공업자들kustars의 예를 따랐다. 이것은 유사 러시아 양식의 창조와 민족 부활에 기여하였다. 많은 '민속 예술'은 해외의 국제 전시를 위한 것이었고, 러시아의 생생한 전근대적 물건으로서 외국인들에 의해 소비되었다. 따라서 19세기 전환기와 스탈린 시대의 소비자 문화 사이에는 연속성이 존재한다.

발터 벤야민이 모스크바를 방문했을 때 그는 미래지향적인 기술과 진보의 속도에 매혹된 것이 아니라 구식의 러시아 장난감들과 대중 공예 박물관의 검은 칠함에 매혹되었다.

진홍색 내부를 지닌 무거운 작은 함들이 있었다. 겉에는 빛나는 검정 바탕

---

229 다음에서 인용됨. G. Zhidkov, "Laki", *Iskusstvo*, No 2, March-April 1947, p.33.

위에 그림이 그려져 있었다. … 밤에 세 마리의 말이 이끄는 트로이카 또
는 밤에 녹색으로 밝게 빛나는 덤불 옆에서 자신의 연인을 기다리는, 바다
처럼 파란 드레스를 입은 소녀. 그 어떤 밤의 공포도 이 견고한 래커의 신
화만큼 어둡지 않다. 이 래커의 자궁은 그 안에서 나타나는 모든 것들을
감싸 안는다. 나는 앉아서 담배를 팔고 있는 여성이 그려진 칠함을 보았
다. 그녀 옆에는 담배 하나를 얻기를 원하는 아이가 서 있다. 여기에도 역
시 칠흑 같은 어둠이 있다.…여성의 앞치마 위에는 '모셀프롬'Mosselprom
이라고 써 있다.[230] 그녀는 담배를 가진 소비에트 러시아의 마돈나이다.[231]

어두운 배경의 외부와 붉은 내부를 가진 이 전형적인 소비에트 러
시아의 알레고리적 인공물은 당대적 표층을 갖고 있다. 담배를 지닌 모
셀프롬의 마돈나는 소비에트 러시아의 이데올로기의 완벽한 판매원인
것이다.

밤의 검은 테러를 보지 못하는 사회주의 리얼리즘 비평가들에게 이
것들은 삶에 대한 긍정의 예이자 유용하고 장식적인 다채로운 대중 예
술의 예였다. 그러나 스탈린의 마지막 시기에 칠함은 스탈린 비평의 테
러를 재현하는 논쟁을 일으키는 이데올로기적 사물로 변했다. 사회주
의 리얼리즘 비평에서 중요한 용어 중 하나인 "현실을 소멸시키는 것"
은 우리가 "순수한 칠함의 비평"이라고 부를 수 있는, 이념적으로 올바
르지 않은 칠함에 대한 비판적 논의에서 온다.

1950년대 초 이 함들은 '민족 문화'의 논의의 중심이 될 뿐 아니라

---

230 Mosselprom은 Moskovskaya sel'skaya promyshlennost'(모스크바 농산업)의 약어로, 농산물을
  가공하는 모스크바의 기업 합동(트러스트)이다. —옮긴이
231 Walter Benjamin, "Moscow", *Reflections*, p.114.

'무갈등성'bezkonfliktnost'의 비판의 중심이 되었다. 이데올로기적 올바름은 복잡한 상황을 잘 해결하려는 행위이다. 이 함들은 '평범한 사람들의 정신'prostonarodnot'이 아닌 소비에트 러시아 '민중의 정신'narodnost'을 반영하는 것으로 생각되었다. 매너리즘mann'erizm이 아닌 '세련된 예술성' tonkii artistizm의 표본을 주는 것, '유사취향'vkusovshchina이 아닌 진짜 취향 vkus을 반영하는 것이다.

> … 어떤 팔레흐 화가들이 저지른 실수들을 자연주의, 단순한 모방kopirovka 또는 '팔레흐 방식'의 '가벼운' 양식화로 극복할 수 없다. 요구되는 것은 현실성을 좀 더 깊이 연구하는 것, 그리고 위대한 예술적 취향, 구성의 탁월성, 표현적이고 간결한 드로잉, 다른 종류의 장식 예술에 대한 관심과 함께 옛 작품들의 이념적 충만함ideinaia nasyshchennost', 삶을 긍정하는 정신, 색채의 밝은 즐거움, 미묘한 예술적 효과를 구성하는 팔레흐 예술들의 진보적인 전통을 발전시키는 것이다.[232]

스탈린 시기 비평의 따옴표 안에서 등장하는 모든 것들은 공격을 의미하는 것이었다. 그것은 모든 곳에 존재했던 보이지 않는 적의 단어들을 패러디했다. 이 경우 적들은 한편으로는 '자연주의', 다른 한편으로는 '양식화'였다. '공예', '인공물', '모방'이라는 단어는 스탈린 비평에서 부정적인 의미로 사용된다. 모방과 복제가 사회주의 리얼리즘의 실제적 관행에 중요했던 반면(대체로 대부분의 예술적 관행에 중요한 것처럼) 이론에 있어서 이것들은 맹렬한 비난을 받았다. 자본주의 세계에서

---

232 N. Sobolovsky, "Iskusstvo Palekha", *Iskusstvo*, N 6, Nov.–Dec. 1955, p.28.

직공들이 "권리를 박탈당한 가난한 거지들"이라면 소비에트 러시아에서 "민중의 예술가들은 자신들의 창조적인 개성을 긍정한다".[233] 예술가는 "민중의 천재"였고 작품의 전통적 본질nature에도 불구하고 예술가들은 "자연nature의 보물"로 불렸다.

칠함들과 미니어처, 작은 물건들은 대체로 사회주의 리얼리즘의 통합된 서사시적 양식에 있어 커다란 문제를 제시하였다. 그것을 창조하는 천재들은 "스탈린그라드의 전투"나 "1902년 바투미 노동자들과의 만남에서 연설하는 스탈린 동지"와 같은 새롭고 커다란 주제들을 작은 칠함의 공간 속에서 다루도록 강요받았다. 비평가들은 미니어처 화가들이 도시 조각물의 서사시적 양식들로부터 배우고 함들의 '건축학'에 대하여 좀 더 고려하도록 지시하였다(함들의 '비대함'plumpness은 현대의 신체 문화와 상충된다는 이유로 비난받았다). 그러나 사진과 같은 어떤 현대의 장르들은 거부되었다. 한 비평가는 칠함 위에 초상화를 위한 사진을 이용한 것을 비난하면서 팔레흐 화가들이 '야외'에서 래커박스를 만들고 독자적인 모델을 사용할 것을 호소하였다. 스탈린과 몰로토프의 함들은 그러나 야외에서 칠해지지 않았다. 스탈린 시기 '예술 비평'은 기이한 균형을 맞추는 행위, 예술에 대한 것이라기보다는 생존의 예술에 대한 것이었다. 비평은 예술가로부터 그의 삶을 희생하도록 할 수 있었고, 비평의 부족은 비평가로부터 그의 직업을 희생하도록 했다. 따라서 비평가는 대개 예술사보다는 문화화의 프로파간다와 이데올로기 측면에서 더 많은 훈련을 했다. 래커 미니어처를 그린 어떤 화가들은 야외 예술에 종사하길 강요받았지만 중요한 것은 비전의 불일치가 아니

---

233 *Ibid.*, p.26.

라 돌풍같고 변덕스런 권력의 불일치였다. 결국 '현실을 소멸시키는 것'은 재현에 대판 비평이 아니라 이러한 비평을 연마하는 것이다. 이것은 시스템 내부에 있는 내적 비판이었다.[234]

빈사상태의 사회주의 리얼리즘의 모든 상황 조절적 힘들이 생존해 가는 동안 몰로포트의 팔레흐 칠함은 더 비싼 차르의 달걀과 함께 벼룩 시장에서 팔리는 스탈린의 민속 예술 오브제, 완벽한 전체주의의 유물이 되었다. 티 파티로의 세련된 초대 수신인과 스탈린 시대 가족의 기념품의 역사는 알려지지 않은 채로 남아 있다. 그러나 몰로토프의 칠함과 함께 문화의 개념을 버릴 필요는 없다. 그것이 이국적인 민속 컬렉션으로 분류되어서도 안 된다. 어떤 의미에서 그 전에 있었던 것들 이후의 현재에는 꿈꾸는 '세계 문화', 혹은 오시프 만델시탐의 표현을 빌려 '세계문화를 갈망하는' 더 많은 방법들이 있다. 비록 이 갈망 자체가 유행에 뒤처져가고 있을지라도 말이다. 아마도 러시아의 정체성은 통합된 러시아 문화에 의존하지 않는 것을 발전시킬 것이다. 이 정체성이란 유사 러시아 양식 속에 있는 잘 세공된 기이한 생각을 초월하여 차이와 모순들을 인정하는 것이다.

소비에트 러시아의 노래들: 스탈린의 동화부터 「굿바이, 아메리카」까지

블라디미르 마야콥스키는 자살하기 몇 년 전인 1920년대에 쓴 자신의

---

234 예브게니 도브렌코는 '문학 정치의 메커니즘'을 '현실을 소멸시키는 것'으로 본다. "후에 '무갈등 이론'으로 불리는 모든 것들은 시스템을 위한 변명이자, 전체주의 문화의 특징이었다. 한편으로 시스템 그 자체는 갈등과 대결의 심리, 적과의 투쟁과 탐색의 컬트에 의거하고 있었다." Evgenii Dobrenko, "Pravda zhizni' kak formula real'nosti", *Voprosy literatury*, 1992, p.23.

시에서 "삶은 좋은 것이고 살아가는 것도 좋다"라고 썼다.[235] 또 다른 낙관주의자 이오시프 스탈린은 1930년대 말 숙청의 시기에 "삶이 더 즐거워지고, 더 좋아지고 있다"라고 썼다. 1960년대에 동일한 낙관주의적 메시지가 다른 양식과 다른 언어로 전달되었다. 스탈린 이후의 소련을 방문한 몇 안 되는 프랑스 지식인 중 하나인 이브 몽탕은 검은 터틀넥을 입고 「세시봉」을 불렀고 '해빙기 세대'의 소련 젊은이들은 그와 함께 "c'est si bon, c'est si bon"을 불렀다. 아무도 "너무 좋다"라는 것이 정확히 무엇인지 알지 못했다. 아마도 좋은 것은 선율과 목소리의 톤, 악센트, 검은 터틀넥이라는 비격식적인 편안함이었을 것이다.

낙관주의 정신이 1930년대부터 1960년대까지의 소비에트 러시아 노래들을 장악했다. 이 노래들은 byt의 페레스트로이카를 불러내었고, 일상적인 것으로부터의 도피를 칭송했으며 때로 실제 일상생활을 살아가는 데 도움을 주었다. 스탈린 이후 시대에 이 노래들은 대안적 공동체들을 위한 암호로 종사했다. "그 노래는 우리가 건설하고 살아가는 데에 도움을 준다. 그것은 우리를 앞으로 이끄는 친구와 같다/ 노래와 함께 인생을 통과하여 행진해 가는 사람은 결코 패배하지 않을 것이다!" 1930년대 가장 인기있던 뮤지컬 중 하나의 노래인 이 유명한 노래는 그 자체를 칭송하고 있다. 이는 자기지시적이고, 대중 창가의 중요성에 대한 대중 노래이다. 스탈린주의는 단순한 정치 체계가 아니라 정신적 경향, 삶의 방식이자 지속적으로 재연될 필요가 있는 거대한 전체주의적인 공연이었다. 선호된 장르는 더 이상 시나 소설이 아니라 대중 공연예술인 영화, 발레 그리고 조직화된 대중적 축제행사였다. 행동은 유토

---

235 Vladimir Mayakovsky, "Khorosho!", *Sobranie sochinenii v dvukh tomakh*, vol. 2, p.419.

피아 비전의 집단화를 향한 것으로 이는 「비행사들의 행진곡」The March of the Aviators이라는 유명한 노랫말에 잘 나타나있다.

우리는 태어났다. 동화를 실현하기 위해,
거리와 공간을 정복하기 위해.
이성은 우리에게 주었다. 팔을 위한 강철 날개를
심장을 위한 불타는 모터를.

더 높이, 더 높이, 더 높이
우리 날개가 비행하는 목표이다.
우리 프로펠러의 윙윙거리는 소리가
우리 국경선을 따라 평화를 전파한다.

우리의 날카로운 응시가 모든 원자를 관통하고
우리의 모든 신경은 대담하고 단호하다.
그러니 우리를 믿어라: 우리의 비행 함대는
그 어떤 최후통첩에도 대답할 것이라는 것을!

여기서 불타는 심장이라는 낭만적 메타포는 기계에 대한 사랑과 결합된다. 자신의 흉곽에 날개와 모터가 있는 이 유쾌한 인간 로봇은 미래주의와 구성주의 상상력의 산물이다. 혹자는 무용수들이 기계의 일부를 구현하는, 기복이 많은 유기적인 클래식 무용의 동작 대신 기계적인 동작을 하는 아방가르드 발레를 떠올릴 것이다. 이 노래의 주인공은 인간의 심장을 지닌 엔지니어, 창조적 예술가, 현대의 이카루스가 아니다. 구체적 개인도 아니다. 오히려 이 노래와 사랑에 빠지도록 예정된 (실제로 사랑에 빠졌다) 수백만 명의 사람들이 투영된 집단적이고 애국적인 '우리'이다. 이 노래는 1920년대와 1930년대 예술 사이의 두드러진 연속성 및 다른 전체주의 문화와의 유사성을 보여 주는 놀라운 역사를 지니고 있다.[236] 이 노래는 1920년대에 잘 알려지지 않은 팀이었던 시인 게르만B. German과 작곡가 하이트D. Hait에 의해 만들어졌고, 1930년대에 유명해져서 1933년에 공식적인 「비행사들의 행진곡」으로 채택되었다. 이 곡은 독일어로 번역되어 독일 공산주의자에 의해 불렸고 이후 노래의 기억하기 쉬운 멜로디는 노래를 자신들의 것으로 취한 나치의 상상력을 사로잡았다. "더 높이, 더 높이, 더 높이"라는 노랫말 다음에 그들은 "히틀러 만세 그리고 유대인 추방"을 노래했다(이것은 특히나 아니러니한데, 왜냐하면 노래를 만든 사람이 유대인이기 때문이다). 이것이 보여 주는 것은 기억하기 쉬운 애국적인 멜로디의 단어들이 하나의 전체주의 문화에서 또 다른 전체주의 문화로 얼마나 쉽게 이동할 수 있는가 하는 것이다. "우리는 동화를 실현하기 위해 태어났다"라는 구절은 당대의 중요한 슬로건 중 하나가 되었다. 그것은 광고의 로고처럼 기능했고 그림과 신문 기사들을 위한 표제로 빈번하게 재활용되었다. 이 단어들은 집단화와 기아, 숙청과 전쟁의 시기 동안에 불려졌다. 행진곡은 노동이라는 영웅적 공훈을 달성하는 동안 소비에트 러시아의 젊은이들의 사기를 진작시키기 위해 라디오에서 매우 자주 흘러나왔다. (자신의 어머니가 스탈린의 노동 수용소에서 5년 동안 복역했던, 소련의 망명자인 나의

---

236 이 노래에 대한 정보를 내게 알려준 펠릭스 로지너에게 감사의 마음을 전한다. Vladimir Frumkin, "Ran'she my byli marksisty: pesennye sviazi dvukh socializmov", Obozrenie, 17, to Russkaia Mysl', Paris, November 1985.

아버지는 모든 것이 잘 갖추어진 미국의 주방에서 TV를 켠 채 설거지를 하면서 자신만의 「비행사들의 행진곡」 버전을 여전히 자주 허밍으로 부른다.)

1930년대의 가장 유명한 작사가인 레베데프 쿠마흐Lebedev Kumach에 따르면 그 당시 사람들이 원했던 것은 '명확하게 애국적인 성격'을 지닌 노래, 노래로 된 슬로건, '노래로 된 포스터'였다. 1930년대 자신이 '스탈린시대 뮤지컬'을 위해 작곡한 노래들처럼 이 행진곡은 "뮤지컬의 관점에서…활기찬 리듬을 가진 유쾌한 행진곡이다. 말의 관점에서 볼 때 내적 플롯에 의해 구성된 노랫말들이 아니라 서정적 음조를 지닌…애국적인 내용의 가사이다."[237] 노랫말들은 속담이 되기 위해 도약한다. 새로운 소비에트 러시아의 노래는 논리적인 내러티브를 보여 주려는 것이 아니라 삶을 긍정하는 효과적인 행들과 슬로건들을 제공하기 위한 것들이다.

이 노래를 면밀하게 살펴보면 이 노래의 부조리함과 부적합성이 드러난다. 다른 것들 중에서도 "심장을 위한 불타는 모터"는 이 비행의 일반적인 성공에 대해서 우리로 하여금 우려하게 만든다. 그러나 대중적 노래는 면밀하게 읽히도록 만들어진 것이 아니다. 대중 공연 예술은 해석을 위해 만들어진 것이 아니다. 사실 그것은 공유된 경험 대신에 개인적 이해를 위한 그 어떤 시도나 해석에 대해 극도의 의구심을 나타낸다. 공유된 경험 중의 하나는 공포이다. 노래의 마술적인 힘은 낙관적인 행진속의 참가자들에 의해 내재화된 해석의 공포로 인해 강화된다.

노래는 읽히기 위해서가 아니라 동화 속 마법의 주문으로서 기억되고 반복되기 위해서 만들어졌다. 이것은 스탈린 시기 유토피아적인 일

---

237 Grigory Alexandrov, *Epokha i Kino*, Moscow: Polit. literatura, 1976, p.286.

상성commonplace의 창조를 이해하는 데에 매우 중요한 사안이다. 이 클리셰들은 단순히 낭만적이거나 사실적인 것이 아니다. '있을 법한' 관습들을 확립시키기 위해 혹은 주변 환경을 환유적으로 묘사하기 위해 사실적인 양식 속에서 진부한 것들을 사용하면서, 예전의 진부한 것들로부터 낭만적인 소원함을 증진시키는 것, 또는 모방적인 기능을 수행하는 것은 사회주의 리얼리즘 예술의 기능이 아니다. 사회주의 리얼리즘 예술은 아방가르드적 방식 속에서 대담하고 새로운 메타포를 창조함으로써 노골적인 수사학적 장치들을 내놓으려고 결코 계획하지 않는다. 오히려 사회주의 리얼리즘 예술의 상투어들commonplaces, 슬로건과 깜짝 놀라게 하는 어구들은 어떤 예측가능한 감정적인, 심지어 행위적인 유사 파블로프적 반응을 실제적으로 불러일으키는 마법적 힘으로서 집단적으로 기능한다. 「비행사들의 행진곡」을 이해하기 위해서는 가장 먼저 군중 속에서 그것을 부르는 것이 필요하다.

보리스 그로이스는 스탈린 시대 예술이 단지 아카데미즘이나 새로운 보수주의로의 회귀가 아니라 오히려 아방가르드 프로젝트의 더욱 과격한 연속이라는, 역설적이지만 매우 놀라운 주장을 전개한다.[238] 아방가르드 이론가들과 러시아 형식주의자들은 예술에서의 모든 새로운 시기를 어떻게 그것이 작동과 장치의 적나라한 방식을 제시하려 하는가라는 관점에서, 예술을 취소, 낯설게 하기, 비판적 부정성의 관점에서

---

238 Boris Groys, *The Total Art of Stalinism*, trans. by Charles Rougle, Princeton: Princeton University Press, 1992. 아방가르드와 사회주의 리얼리즘의 연관관계는 소비에트 러시아의 포스트모더니즘에 대한 현대의 논쟁에서 중요한 것 중 하나이다. 접두사 '포스트'와 '모더니즘'의 어근 사이의 공간을 차지하는 것은 진실로 무엇인가? 소비에트 러시아 문화에서 모더니즘 바로 그 다음에 오는 사회주의 리얼리즘의 자리는 무엇인가? 아방가르드와 사회주의 리얼리즘 사이의 관계에 대한 해석 그 자체는 역사에 걸쳐 변한다. 1960년대와 1970년대 많은 작가와 비평가들은 둘 사이의 단절, 방랑하는 아방가르드와 사회주의 리얼리즘 사이의 언어와 취향의 싸움을 강

본다. 사회주의 리얼리즘 예술은 19세기의 몇몇 사실주의자들이 그러 했듯이 단순하고 무의식적으로 언어의 투명성을 믿지는 않는다. 오히 려 사회주의 리얼리즘은 특수한 감정적 반응들을 자동적으로 보장하는 기법들을 이용하면서 의식의 조작을 의식적으로 조장한다. 더 나아가 프로이트나 융이 아닌 파블로프적 의미에서 의식을 집단 무의식으로 변화시키면서, 과격한 자기의식적인 '의식의 자동화'를 이념적, 이론적 으로 정당화하려는 움직임이 있다. 그로이스에 따르면, "스탈린시기 문 화는 파블로프 이론, 혹은 배우가 역할에 너무도 완벽히 빠져들어 자신 의 정체성을 잃어버릴 것을 요구하는 스타니슬랍스키 방법 속에서 그

조한다. 1980년대에는 '러시아'와 '소비에트 러시아' 사이의 급격한 불연속성에 대해 강조하면서 또한 둘 사이의 연속성을 강조하는 것이 좀 더 유행이다. 아마도 러시아와 소비에트 러시아 역사 에 대한 현재의 재배치 작업은 낡은 것과 새 것이라는 동일한 문제, 그리고 일상에 대한 담론에 서 매우 중요한 역할을 하는 변화를 이해하기 어렵다는 문제와 관계가 있는 듯하다.
일견 아방가르드 예술이 언어와 낯설게 하기에 대한 숙고인 듯 보인다면 사회주의 리얼리즘은 정확히 그 반대로 수사학의 은폐, 새로운 익숙화 시도에 대한 숙고이다. 이 시도는 아방가르드 의 낯설게 하기보다 좀 더 이상한 것인데 왜냐하면 불가능하고 환상적인 것을 익숙한 것으로 만 들려고 하기 때문이다. 사회주의 리얼리즘의 '리얼리즘'이라는 부분은 소련 시민의 매일의 존재 와 그 어떤 관계도 없다. 심지어 이것은 그것을 모방하거나 흉내내려 하지도 않는다. 요점이 되 는 것은 신화적이고 유토피아적인 세계를 시각화하고 그렇게 함으로써 그것을 실존으로 옮기 는 것이다. 이것은 몇몇의 러시아 포스트모더니즘 이론가들로 하여금 러시아인들이 포스트모더 니즘과 장 보드리아르가 묘사한 것과 같은 시뮬레이션의 관행을 고안해 냈다고 주장하게끔 만 든다. 사회주의 리얼리즘은 단지 다음의 한 의미—역사적으로 그것이 모더니즘 다음에 왔다는 것—에 있어서만 포스트 모더니즘적이다. 이념적으로 사회주의 리얼리즘은 모더니즘의 유산을 버렸다.
한편으로 사회주의 리얼리즘이 아방가르드와 공유하는 것은 전체적인—그리고 잠재적으로 전체화시키는—비전과, 1930년대에 유명했던 영화의 제목을 이용하자면, '삶의 길'로서의 예 술 이념을 위해 아름다운 것의 자율적인 영역으로서의 예술에 대한 거부이다. 물론 아방가르 드는 예술을 삶에 적용시키려는 프로젝트에 도달하지 않았고, 아마도 도달할 수 없었을 것이 다. 왜냐하면 아방가르드는 새로운 언어와 새로운 반주관적인 주관성의 창조적 탐색에 너무도 몰두해 있었기 때문이었다. 다음의 책을 참조하라. Peter Burger, *The Theory of Avant-Garde*, Minneapolis: University of Minnesota Press, 1984. [페터 뷔르거, 『아방가르드의 이론』, 최성만 옮 김, 지만지, 2013] 그러나 프랑스나 독일 모델이 아닌 러시아 모델에 의거하고 있는 보리스 그로 이스의 아방가르드에 대한 평가는 다르다.

것의 메커니즘을 드러내지 않으면서, 무의식을 형성하는 다른 모델들에 매우 관심이 있다".[239]

　그 조작의 전략들을 폭로하면서 사회주의 리얼리즘 텍스트를 텍스트로서 읽는 것은 스탈린 시기의 은폐에 대한 중요한 통찰력을 제공한다. 그러나 이것은 전체주의 스펙터클의 마법적 주문을 설명하지도, 비록 상상 속에서만이라도 노래의 부조리한 단어들이 어떻게 진실로 들릴 수 있게 만들어지는지 우리가 이해하도록 도와주지 않는다. 스탈린 시기의 마법적인 상투성commonplaces은 단지 그것들이 대중의 감정적 의식儀式 속에서 어떤 역할을 할 때만 상투성이 된다. 그것은 그 어디에도 존재하지 않는 가설적인 상투성이다. 그것들은 전능한데 왜냐하면 공포에 의해 활동을 제한하고 보호받기 때문이다. 그것들이 황제의 새 옷이라고 순진하게 폭로할 아이는 없다. 이러한 해피엔딩은 외국 동화에만 있을 뿐이다.[240]

---

239 *Ibid.*, p.67.

240 사울 프리들렌더(Saul Friedlander)는 나치 독일의 특징적인 죽음의 키치와 스탈린 시대 러시아의 좀 더 무해한, '삶을 긍정하는' 키치 사이의 차이에 대해 지적한다. "Kitsch and Apocalyptic Imagination", *Salmagundi*, Winter-Spring 1990, pp.201~206. 확실히 사회주의 리얼리즘의 세계에서 죽음에 대한 강조는 중요치 않다. 반면 전쟁 이후에는 죽음을 강조했다.(왜냐하면 사랑이 없었기 때문이다.) 제2차 세계대전 이전에 집필된 초기 사회주의 리얼리즘 소설은, 프로이트에겐 실례지만, 사랑이나 죽음에 의해 동기화되지 않고 오히려 노동, 프티부르주아적 자아 극복 드라마에 의해, 영웅적인 집단정신으로의 참여에 의해 동기화된다.(이에 대해서는 카테리나 클라크를 참조하라. Katerina Clark, *The Soviet Novel.*) 그러나 전쟁 이후 많은 전쟁 영웅들이 소비에트 러시아의 판테온 속으로 들어가고, 영웅의 죽음의 장면은 전쟁 이후 소비에트 러시아의 도상학(알렉산더 마트로소프, 조종사 가스텔로, 파르티잔 조야 코스메데미얀스카야 등)에서 중대한 것이 된다. 그 자체로서의 죽음이 아니라 영웅적 공적, 궁극의 승리, 고문받던 영웅의 공식적인 부활이 전면으로 나온다. 강조하는 바가 다를지라도, 공산주의의 사회주의 리얼리즘의 세계에서의 죽음에 대한 승리와 나치 예술에서의 죽음에 대한 칭송은 동일한 감정 및 행위구조를 조작한다. 밀란 쿤데라는 아름다운 사회주의 리얼리즘의 혁명적 행진을 묘사하고 있는데, 이 묘사 속에서 프랑스 공산주의자이자 초현실주의 시인인 폴 엘뤼아르는 공개처형 장면 주위에서 수행되는 춤에 체코인들을 초대하고 있다.(*The Book of Laughter and Forgetting*, London: Penguin, 1983.[『웃음과 망각의 책』, 백선희 옮김, 민음사, 2011] 처형된 자는 체코의 초현실주의자인 칼란드라이다.) 젊은 열광주의자들의 새로운 세대의 윤무는 처형장면을 시야에서 감춘다. 결국 후경

스탈린 정치체제 시기 소련의 새로운 지도는 또한 노래 속에서도 찬미된다.

우리나라는 아름다움의 땅,
우리나라는 기쁨의 땅,
인간이 이토록 영광스럽게 자유로운
그 어떤 나라도 나는 알지 못한다.
모스크바에서 멀리 떨어진 지방까지
남쪽의 강에서 북쪽의 바다까지
자신의 끝없는 조국의 주인처럼
인간이 걸어간다.

그러나 만약 적이 우리를 파멸시키려 하면
우리는 엄하게 얼굴을 찌푸릴 것이니
우리는 신부를 사랑하듯 우리나라를 사랑하고
어머니를 염려하듯 조국을 수호한다.

봄바람이 우리나라로 불어와
조국은 살아가기에 더욱 즐겁고 유쾌해진다.
어떻게 우리처럼 웃고 사랑할 수 있는지를 아는 사람은

에서 바그너의 「이졸데의 죽음」과 함께 처형되는 것과 삶을 긍정하는 집단적 행진의 음악 사이에 커다란 차이가 있다고 말할 수 없는 것이다(물론 이것은 은유적으로 말하는 것인데, 왜냐하면 히틀러와 스탈린에 의한 희생자들의 대부분은 훨씬 더 비연극적인 세팅 속에서 살해당했기 때문이다).

세계에 그 누구도 없다.[241]

이 노래는 스탈린이 좋아했던 유명한 뮤지컬 영화인 「서커스」의 노래인데, 뮤지컬은 러시아 남자와 사랑에 빠진 미국 서커스 단원의 이야기를 내용으로 한다. 소비에트 러시아의 국제주의와 휴머니즘의 위대함을 안 이후에 그녀는 소련으로의 이민을 결심한다(이 미국 스타는 당대 가장 유명한 여배우였던, 마릴린 디트리히 유형인 류보프 오를로바Lybov' Orlova가 연기했다). 영화 속에서 이 노래는 대중시위 가운데 미국의 스타가 소비에트 러시아의 애국자로 변신하는 과정에서 불린다. 작가에 따르면 이 노래는 새 정치체제에 바쳐진 것이었다. 풍부한 애국심과 억제된 에로티시즘은 영화와 노래 속으로 함께 들어간다. 노래를 부르는 목소리는 남성의 목소리이다. 사랑하는 조국은 그의 신부와 어머니이다(비록 신부는 가수일지라도 말이다). 애국적인 언어는 자연스러운 것이 된다. 일견 이 노래는 결코 해롭지 않고, (아이러니하거나 부조리적인 다양성이 아니라) 조국애와 삶을 긍정하는 웃음의 영원한 봄 속에서 정치보다는 자연에 대하여 노래하는 것처럼 보인다. 사회주의 리얼리즘의 도상학은 봄과 여름, 단 두 계절만을 알고 있었을 뿐이다. 겨울과 가을은 데카당한 서구만을 괴롭혔다. 조국의 무한한 공간은 그 어떤 상세한 지도에서도 발견될 수 없다. 소련의 더 정확하거나 덜 정확한 모든 지도들은 1920년대 말부터 일정 시간 사라졌다가 1990년대에 들어서야 다시 나타난다. 이 시기 이전에 가장 정확한 소비에트 러시아의 지도들을

---

241 작사가는 레베데프-쿠마흐(Lebedev-Kumach), 작곡가는 이삭 두나옙스키(Isaak Dunaevsky). 번역은 지은이.

만든 곳은 CIA와 외국의 다른 정보기관들이었다. 스탈린 시기에 지리학은 아마도 모든 학문들 중 가장 정치적이었을 것이다. 노래에서 다국적인 소비에트 러시아 연합은 지리학적 중심이자 이념적 중력의 중심인 모스크바와 함께 완전하게 통합된 나라로 제시된다. 이 재배열된, 비영토화된 나라 안에서 테러의 공간, 수용소들은 시야에서 사라지고 지도에서 부재한다. 조국의 유토피아적이고 이념적인 또 다른 지도, "아름다움의 땅과 기쁨의 땅"의 지도가 창조된다. 이 지도를 건축적으로 가장 잘 구현하고 있는 것은 신고전주의 기둥들과 위대한 시인, 지도자들의 모자이크 초상화, 땅 아래 러시아의 열대 유토피아를 꾸미기 위한 이국적 식물들이 있는 사회주의 리얼리즘 문화의 이상적 청사진인 소비에트 러시아의 지하철 시스템이다.

스탈린 시기 말인 1950년대 초에 세계에 대한 더욱 이국적인 지도가 그려졌다. 1910년대의 데카당한 피에로 형상인 알렉산드르 베르틴스키Alexander Vertinsky는 긴 망명 이후에 자신의 부르주아적 죄를 용서해달라 간청하면서, 그러나 자신의 옛 노래들과 멜로디들을 여전히 소유한 채 소련으로 돌아왔다. 금지되지 않았던 유일한 춤인 탱고가 되돌아왔지만 스탈린이 죽기까지 폭스트롯과 이후의 록앤롤은 '부르주아 데카당'과 '자본주의의 위기'의 상징으로 남았다. 여기에 베르틴스키의 비혁명적인, 비행하는 공상이 있다.

항상 폭풍우 치는 대양이 있는

바나나와 레몬의 노란 싱가포르에서

너는 폭풍 속에서 노래하며 웃고 있었고,

폭풍은 너와 함께 노래하고 있었다.[242]

이것은 학교가 남녀공학이 되기 이전인 1950년대 학교에서의 춤에 대한 기억을 환기시키는, 도시의 십대들이 좋아하는 노래였다. "지친 태양이 바다에 상냥하게 작별을 고할 때, / 이때 너는 내게 사랑이 가버렸다고 말하였다." 외국 바다에 대한 이 이국적인 노래들은 코스모폴리탄과 유대인 의사들, 악명 높은 '제국주의 세계와 시오니즘'에 대한 대숙청의 마지막 시기 동안에 불렸다.

'해빙 세대'는 스탈린 체계의 거대한 서사시적 양식을 공격하기 시작하였고 그 자신만의 멜로디를 만들었다. 이 시기 「비행사들의 행진곡」에 대한 패러디가 도시의 인텔리겐치아 사이에서 유행하였다. "우리는 동화를 실현하기 위해 태어났다" 대신에 그들은 "우리는 카프카를 실현하기 위해 태어났다"고 노래했다(러시아어에서 카프카는 스카스카[동화]와 운율이 유사하다).[243] 유머가 비-스탈린화de-Stalinization에서 중요한 부분을 차지하기 시작했다. 그 후 25년이 지나 글라스노스트 시기 동안에 스탈린 시기의 비극이 새로운 실험 영화 속에서 소극笑劇으로서 되돌아왔다. 1950년대 말과 1960년대 초, 스탈린 시기의 전체주의적 키치에 대항하는 전쟁에서 주요 도구는 격의없고 서정적이고 개인적이고 파편화된, 목소리의 새로운 톤이었다. 목소리의 톤은 감수성처럼 묘사와 이론적 패러다임을 거부한다. 토대가 되는 신화들에 대한 필연적 파

---

242 노래 가사는 앨범 혹은 개인 소유의 테이프에서 옮겨 적은 것이다. 텍스트에 있어서의 사소한 차이가 논의를 바꾸지는 않는다.
243 이 패러디를 내게 알려준 사람은 1960년대 도시의 민속학에 대해 해박한 백과사전적 지식을 가지고 있었던 펠릭스 로지너이다.

헤침이 부재하는 전체주의 뮤지컬의 공연을 분해시키는 것이 바로 목소리의 톤이다. 해빙기 동안 시인들은 다시 중심적인 역할의 수행자로 되돌아갔다. 엡투센코Yevtushenko, 아흐마둘리나Akhmadulina, 로즈데스트벤스키Rozhdestvensky, 보즈네센스키Voznesensky, 소비에트 러시아의 비트 세대를 구성하는 이들, 첫 포스트스탈린 시대에 새 노래들을 제공한 오쿳자바Okudzhava와 비소츠키Vysotsky와 같은 바르드 시인들이 이에 속한다. 해빙기에 톤의 혁명적 변화는 사회주의 리얼리즘의 구체화되고 얼어붙었던 클리셰뿐 아니라 좀 더 일상적이고 고안된, 위선적 리얼리즘을 녹이는 데 도움을 주었다. 이 변화는 '시어에서의 혁명'이라고 할 수는 없었다. 여전히, 구문론에 대한 혁명 없이 대행진의 낙관적 미학을 침식해 나가면서, 새로운 개인적 목소리가 전체주의적 일반화를 시적으로 파헤쳤다. 영웅적 서사시의 시대는 지나갔다.

1960년대는 잃어버린 소비에트 러시아 대륙, 그 대륙의 비밀스런 굴라크Gulag 지역과 폐쇄된 도시들을 낭만적으로 재정복하고 재배열하려는 시기이다. 새로운 혈통의 유목민들은 하이킹과 캠핑 여행을 찬양하고, 지루한 일과, 가정생활, 순응주의적 안정성에 반항한다. 범속성poshlost'에 대항하는 캠페인의 일부인 유목생활nomadism은 이제 목소리의 더 부드러운 톤 속에서 수행되었다. 1960년대의 사랑은 혼외 사랑의 경향을 띤다. 이 사랑은 야외에서 일어나는데, 지리학자와 스튜어디스의 낭만적 정사는 당시 여행에서의 에로스를 예로 보여 준다. 벨라 아흐마둘리나 시의 시작 부분은 서정적으로—만약 아이러니한 것이 아니라면—1950년대 말의 낭만적 장면을 요약하고 있다. "여기 소녀들이 있다. 그들은 사랑을 원한다, / 여기 소년들이 있다. 그들은 캠핑을 원한다."[244] (성차별은 동일하게 남아 있다. 소비에트 러시아의 소년들은 툰드라나 타이가를 탐험하기 위해 집을 떠나고 스튜어디스나 지리학자가 되지 않았던 소비에트 러시아 소녀들은 그리움의 작별을 노래하며 기다린다. 이것이 1960년대 유목생활의 대중적 신화학이다.)

이 새로운 유목생활은 그 당시 가장 유명한 기타 노래를 작곡했던 유리 쿠킨Iurii Kukin의 곡 중 하나에 반영되어 있다. 비소츠키와 오쿳자바의 노래들과 마찬가지로 이 노래는 공식적으로 유통되지는 않았으나 그럼에도 불구하고 수천의 젊은이들이 알고 있었다. 이 노래는 친구들과 친구들의 친구들 사이에서 교환되었던 비공식적인(그러나 금지되지는 않았던) 테이프의 형태로 유통되었고, 젊은이들의 구어 문화의 일부를 형성했다.

너는 그것이 이상하다는 것을, 아주 이상하다는 것을 안다.

나는 내가 완전히 바보라고 생각한다.

그러나 나는 안개, 단지 안개를 찾기 위한 탐험을 떠나려 한다.

그리고 그 탐험에서 내가 할 수 있는 것은 아무것도 없다.

다른 이들은 일상의 허드렛일에 사로잡혀 있다.

다른 이들은 돈을 벌려고 뛰어 다닌다.

그러나 상처와 슬픔에서 벗어난

나는 떠나려 한다. 안개, 단지 안개를 찾기 위한 탐험을 떠나려 한다.

안개를 찾고 타이가의 냄새를 맡기 위해.

244 Bella Akhmadulina, "Aprel'", Izbrannoe, Moscow: Sovetskii pisatel', 1998, p.31.

나의 여행 가방은 여로를 위해 꾸려진다.

남겨진 슬픔의 여운이

약간의 갚지 못한 빚이 있다,

그러나 나는 떠나려 한다. 안개, 단지 안개를 찾기 위한 탐험을 떠나려 한다.

안개를 찾고 타이가의 냄새를 맡기 위해.

「비행사들의 행진곡」처럼 이 노래 역시 여행을 꿈꾸고 있으나, 그 꿈은 집단의 비행이 아니라 개인적인 것이다. 확성기를 통해 청중이라는 **우리** 속으로 투영된 집단의 **우리** 대신에 이 노래는 내밀한 억양에 의해 함께 묶인 친한 친구들 그룹을 위한 조용한 목소리이다. 노래는 낭만적인 남성 여행자가 불렀고, 노래의 수신자는 조심스럽게 가방을 싸고 빚을 갚고, 방랑벽을 온화하게 용서한 비공식적인 연인이었다. 안개를 향한 탐색은 세상과 일상의 자질구레한 일들로부터의 시간적이고 공간적이며 개인적인 도피이다. 주인공은 단지 안개만을 찾는다. 즉 비물질적이며 덧없는, 아름다운 것을 찾는 것이다. 자욱한 안개는 노래를 시적으로 만든다. 이 노래는 타이가에서 악한이 나오는 모험 또는 출발의 행복에 대한 것이 아니다. 대신에 노래는 일상의 삶의 멜랑콜리한 추억들, 혹은 최소한 어떤 일상적 친밀함을 제공한다. 이 안개는 젊은 소비에트 러시아 인텔리겐치아의 상상의 공동체의 모습을 희미하게 만들 뿐 아니라 또한 동시에 그 윤곽을 나타내는 해빙기 시대의 익숙한 안개이다. 1970년대에 안개를 찾는 여행에 대한 노래는 다시 쓰였고, 그것의 패러디 버전이 내 세대의 고등학생들 사이에서 매우 유행했다. 60년대의 구속되지 않았던 낭만주의는 확실히 사라져 버렸다. 낭만적인 탈선의 타이가와 툰드라는 부분적으로는 공식화되고 부분적으로는 조롱되어 진부한 것이 되었다. 나이든 세대들의 클리셰로부터의 도피는 그 자체로서 클리셰가 되었고 진부함과 소시민성에 반하는 전쟁에 대한 도덕적 열정은 해빙기 세대가 무대 중앙을 차지했을 때에 약화되었다. 70년대에 노래는 대부분 패러디 버전으로 유행했다. "나는 돈을 찾아, 단지 돈을 찾아 떠나려 한다. / 단지 바보들만 이제 안개를 찾는다." 1970년대에 '테이프 문화' 노래들의 몇몇 시적 억양이 공식적인 콤소몰 낭만주의에 종사하기 위해 사용되었다. 그 당시 안개를 찾으려는 여행들은 시베리아의 건설 부지를 향한 필수적 여행으로 대체되었다. 70년대 초에 특히 선전된 콤소몰 건설 부지는 BAM으로 이것은 바이칼-아무르 철도 본선 Baikalo-Amursk Major Line의 축약어였다. 주요 건설 부지는 소비에트 러시아의 방어 체제와 군 복합체를 강화시키고 그 지역의 발전을 육성하는 데 종사했던 중국의 국경선과 가까운 위치에 있었다. 콤소몰 노래의 일부는 다음과 같다.

하늘이 노래 부른다—BAM을
바다가 노래 부른다—BAM을
BAM—이것은 젊은이들의 심장박동이다.

가사는 우리가 허밍으로 부르길 좋아하는 어리석고 우스운 결합들인 bam bam bam, bam, bam, bam…으로 채워져 있다. 우리의 아이러니한 설명 차원에서 보자면 BAM은 '러시아의 심장박동'이나 '젊은이들의 심장박동'이라기보다는 완전히 의미를 결여한 의성어의 소리이다. BAM, BAM, BAM은 정체기의 익숙한 클리셰의 소음이다. 그것은 전체주의의 몰락에 대한 전형적 노래에 매혹적인 리듬을 부여했다.

1970년대 초, 반항적이고 비판적인 도시 십대들에게 해빙기의 낭만주의─캠프파이어 노래부터 밝은 공산주의 미래와 진실한 혁명에 대한 시적 담론에 이르는 낭만주의─는 나쁜 취향이었다.

1970년대 초의 십대들은 동쪽을 향한 여행보다는 '노란 잠수함'을 타고서 서쪽을 향해 가는 여행에 더 관심이 있었다. 여기에 그들이 칭송한 비틀스의 여행에 대한 패러디적 재술이 있다.

그들은 노란 잠수함을 가지고 있고
우리는 붉은 잠수함을 갖고 있다.
붉은 잠수함, 붉은 잠수함, 붉은 잠수함.

이것은 소비에트 러시아의 자존심을 보호하기 위해 소비에트 러시아의 잠수함 산업에 대한 찬양을 노래하면서 '소련으로 돌아온', '이념적으로 올바른' 분노한 사람의 관점을 보여 주는 노래, 역설적으로 애국적이고 유머러스하게 냉소적인 그 노래를 집단적으로 번역한 것이다. 이 노래는 우리의 젊은 시절의 잠수함이라는 유토피아적 집단성을 '우리'(붉은 잠수함을 선호하는 이들)와 '그들'(서구에서 온 여행 동지들)로 나누는 공적이고 위선적인 목소리를 띠고 있다. 그러나 색깔은 쉽게 역전된다. 외국의 잠수함을 타고 여행한다는 꿈은, 비록 상당히 오역되고 오해되었을지라도, 오늘날까지 살아남아 있다.

새로운, 훨씬 덜 통합된 1970년대 젊은이들의 문화에서 소비에트 러시아의 상상의 지형학은 다시 재배치되고 서구의 상상의 지형학 역시 그러하다. 소비에트 러시아의 눈에서 보면 1960년대의 서구는 헤밍웨이와 피델 카스트로의 흑백 사진 속에, 이브 몽탕의 낙관적 노래 속에, 사람들로 넘쳐나는 공동 주택에서 자라난 소비에트 러시아의 인텔리겐치아에게는 낯설기만한, 외국의 국경선을 쉽게 가로지르고 넘쳐나는 침묵과 존재의 고독을 지닌 자유롭게 떠도는 인물들과 텅 빈 주관적 공간, 바람이 있는 안토니오니의 영화의 롱 테이크 속에 구현된 비물질적인 것이었다. 1970년대에 러시아인들은 반은 금지되고 반은 허용된 록 '기간들' 및 암시장에서 구입한 비틀스 테이프의 집단 청취에 대한 기억으로 점철된 「지저스 크라이스트 슈퍼스타」와 「루시 인 더 스카이 위드 다이아몬드」를 보고 들으면서 서구의 우주 생성론을 상상했다. 이 시기에 사람들은 10년 동안 외국어를 진지하게 공부하는가 하면 도시의 인텔리겐치아는 자신들의 아이를 소위 영어 혹은 프랑스 학교에 보냈다. 서구의 지형학은 덜 인상적인 것이 되었고, 브레즈네프의 냉전이 부활하면서 더욱 정치화되었다.

1990년대 초 유명한 록 그룹 노틸루스 폼필리우스Nautilus Pompilus가 부른 록이 그 시기의 히트곡이 되었다.[245] 이 노래는 러시아 악센트가 있는 다음과 같은 영어 후렴구를 갖고 있다. "굿바이, 아메리카―오 / … 내가 결코 가지 않을 곳."Good-bye Amerika -oh / ... where I will never be. 이러한 도피 노래 장르의 주제는 러시아의 자질구레한 일상에서 상상의 땅으로, 안개 긴 타이가 혹은 'K'가 있는 Amerika로 도주하는 것이다.

모든 노래가 그쳤을 때

245 이 록 밴드는 몇 세대 동안 소비에트 러시아 시민들에게 과학소설과 외국 바다로의 도피를 제공한 쥘 베른의 소설에 나오는 전설의 배 이름을 사용하고 있다. 19세기 프랑스와 영국의 대중 소설들은 소비에트 러시아의 인텔리겐치아의 아이들에게 비공식적 대중문화이자, 젊은 개척자들의 끝없는 이야기들로부터의 도피처가 되었다.

내가 알지 못하는 노래들을

끈적한 공기 속에서

나의 마지막 종이배가 부를 것이다.

굿바이, 아메리카─오!

내가 한 번도 가보지 못한 곳이여

영원히 굿바이

밴조로 내게 작별곡을 연주해 다오.

너의 물 빠진 청바지는

내게 너무 작아졌다.

우리는 오랫동안 배웠다,

너의 금단의 열매들을 사랑하도록.

굿바이, 아메리카─오

내가 결코 가지 못할 곳이여.

이 노래는 비틀스의 「Back in the USSR」이 USSR과 별 관계가 없듯이, USA와 관계있지 않다. 이 두 노래의 'USSR'과 'Amerika'는 지도상에 존재하지 않는다. 오히려 이 노래들은 냉전의 두 신화적 적들을 반사하는 이미지이다. 당대 러시아의 록그룹의 '미국' 밴조는 '러시아' 발랄라이카의 거울 이미지이다. 둘 다 모두 문화적 이국성을 지닌 유혹적인 도구이다. 귀향의 노래(우크라이나와 그루지야 소녀들이 동료의 따스함을 갖고 있는 USSR로 귀향하는 것)와 (미국을 향한) 작별의 노래는 서로 교체될 수 있다. 두 경우에서 이들은 젊은이들의 대항문화counterculture의 대안적 조국을 재현하는, '가 보지 못한' 나라를 찬미한다. 「굿바이, 아메리카」는 소비에트 러시아의 언더그라운드 문화가 사랑하는 아메리카에 고하는 작별, 암시장에서 구한 밀수입된 레코드의 오래된 노래들, 청소년들의 종이배, 그리고 수많은 상상의 여행을 고무시킨 아이러니한 붉은 잠수함에 고하는 작별이다. 여기서 아메리카는 미합중국이 아니라 러시아가 상상하는 신화적 서구를 상징한다. 돈이 있으면 실제로 미국을 여행할 수 있는 현재, 옛 아메리카와 비틀스의 서부, 그리고 신문 『프라브다』의 '자본주의의 악의 제국'—냉전의 안경을 통해 본 다른 측면에서의 상상의 땅—은 더 이상 존재하지 않는다. 그러나 러시아 록의 기이한 전자 리듬은 여전히 집시의 혼성곡, 트로이카의 종소리들에 대한 추억의 옛 노래들, 보름달이 뜬 밤, 어디론가 향하는 끝없는 길에 대한 재즈의 변주곡들을 포함한다.

　「굿바이, 아메리카」는 소비에트 러시아 문화에 고하는 작별, 그것의 반체제의 특징적 형식뿐 아니라 특징적 순응주의 둘 다에 고하는 작별이다. 이 노래는 너무 빨리 '작아진' 익숙한 대항문화, 더 정확히는 물 빠진 미국 청바지와 같은 주류에 고하는 작별이다. 「굿바이, 아메리카」는 또한 누군가의 젊은 시절의 유토피아적 환상의 땅에 더 이상 위안이 되는 귀향을 제공하지 않는 「굿바이, USSR」이다.

2장

공통의 장소들에서 살아가기: 코무날카

가족 로맨스와 공동의 유토피아

이것은 소비에트 러시아의 가족 로맨스의 또 다른 버전으로 "오래된 아파트에서"라고 제목 붙일 수 있다. 스탈린의 초상화 대신에 텔레비전에서 브레즈네프를 보여 주나, 그 누구도 듣지 않는다. 나의 부모님은 그들 생애 최초로 코무날카 내 우리 방에서 외국인 손님들을 맞게 된다. 우리의 이웃인 베라 숙모와 폐댜 삼촌이 집에 있다(러시아 아이들은 마치 대가족의 구성원들인 양 자신들의 이웃들을 '숙모'와 '삼촌'이라 부른다). 폐댜 삼촌은 보통 취해서 집에 돌아왔는데 만약 베라 숙모가 집에 들여보내지 않으면 긴 복도의 가운데, 즉 코무날카의 중앙 '복도'에서 우리 방으로 들어가는 입구를 막은 채로 곧장 쓰러지곤 했다. 아이였을 때 나는 종종 벽에 평화롭게 기대어 앉은 만취한 폐댜 삼촌과 놀거나, 혹은 삼촌의 손가락과 단추를 가지고 놀았다. 삼촌은 덧붙여 설명할 것이 별로 없는 이야기를 해주곤 했다. 외국인 손님들이 왔을 때 우리 모두는

코무날카 창문에서 보이는 광경 (사진: 마크 스테인보크)

방에서 소음이 새어나가는 것을 막고자 음악을 듣고 있었고, 엄마는 레닌그라드가 얼마나 아름다운지 외국인 손님들에게 말하고 있었다. "반드시 에르미타시 박물관에 가야만 하고 그 다음에는 푸시킨 자택 박물관, 그후엔 물론 러시아 박물관에 가야 해요." 대화 중간에, 외국인 손님이 러시아 박물관의 풍부한 소장품들에 대해 언급하고 있을 때 작고 노란 물줄기가 방문을 통해 들어왔다. 냄새나는, 당혹스러운 이 침입자는 저녁식사 테이블 바로 앞에서 작은 물웅덩이를 만들었다.

그 뒤로는 무슨 일이 일어났는지는 아무도 기억하지 못하는 듯하다. 아파트에는 페댜 삼촌과 베라 숙모를 대체하여 빵 공장에서 일하는 외로운 발랴 아줌마와 정신적 문제가 있는 아줌마의 아들 유라, 그리고 스스로 자신들을 '슈렌키스'라는 애칭으로 부르는 술주정쟁이 커플 슈라 숙모와 슈라 삼촌이 들어왔다. 외국인 손님들이 소비에트 러시아의 공적 장소들의 아름다움을 관대하게 즐기지 않았다면, 엄마가 몹시 당황하지 않았다면 이야기가 그리 예외적인 것이 되지는 않았을 것이다. 내 소련 친구들 중 하나가 말하길 어떤 이웃들은 다른 거주자들의 찻주전자 속까지 훔쳐본다고 했다. 그러나 이 장면은 사적이면서 동시에 공적인 가족 모임의 불안정한 안락함, 외국인들과 이웃들의 존재 속에 혼합된 편안함과 불안함과 함께 내 머릿속에서 집에 대한 기억으로 남아 있다. 따라서 나의 가족사진은 공공의 예의범절이라는 손상되기 쉬운 에티켓을 무색하게 만드는, 우리의 공동의 프라이버시의 최소한의 경계선을 너무도 쉽게 넘어온 페댜 삼촌의 피할 수 없는 오줌 줄기의 액자 속에 넣어져 있다(오줌 냄새는 너무도 지독하여 단순한 비유로 표현할 수조차 없다. 이것은 길들이기 어려운 어떤 것이다).

소비에트 러시아의 문화적 무의식으로서 어떤 것이 존재한다면 그것은 공적인 것과 사적인 것, 통제와 도취 사이에 있는 부실한 파티션들을 소유한 코무날카처럼 구조화될 것이다. 현재 우울한 황혼 속에 있는 소비에트 러시아의 '가족 로맨스'는 코무날카 이웃의 슬리퍼 소리에 의해서, 지역 주거 위원회의 꼬치꼬치 캐물어 대는 대표들에 의해서 희석되었다. 그것은 공산 사회주의 신화와 전통적인 가족의 가치 둘 다를 배신하는 집단의 로맨스였다.

공통 아파트는 현재 사라져 가고 있는 소비에트 러시아 문명의 시금석이었다. 그것은 특히 소비에트 러시아의 도시 삶의 형식, 결코 실행된 적 없는 유토피아 공산주의의 설계, 사회 통제의 제도, 1920년대부터 1980년대 사이에 경찰 정보원을 길러낸 토대였다. 이곳은 일상 삶의 복구를 위한 수많은 투쟁이 일어나고 그 중 대부분이 패배한 장소였다. 여기서 이웃들은 조용히 비마르크스주의적인 계급투쟁에 참가하였다. '가정의 쓰레기'가 승리하였다. 프라이버시는 금지되었다가 결국 모든 역경에도 불구하고 재조명되었다. 애정과 비하가 담긴 용어인 코무날카Kommunalka는 도시 중심에 있는 개인 아파트를 혁명 후 몰수해 재정착시키는 가운데 처음 출현하였다. 코무날카는 공용 장소에 통합된 다용도실(거실, 욕실, 서재는 '퇴폐적 화려함'이 되었다)들로 구성되는데 이 다용도실들은 이웃 동료들 간의 끝없는 불만이 꼬리를 무는 장소인 공용 욕실, 복도, 주방, 공동의 의무가 적힌 스케줄표가 걸린 공간에 대한 완곡한 표현이다. 대개 지방 주택 위원회에 의해 내던져진 서로 다른 사회 계급 출신의 완전히 서로 다른 이방인들로 이루어진 코무날카의 이웃들은 '상호 의무'의 전근대적인 관행에 참여하였다(모든 코무날카 거주민은 저 상징적인 '상호 의무', 즉 사랑과 증오, 질투와 애착, 비밀과 노출, 곤란한 상황과 타협의 이중구속에 의해 자신의 삶을 상처입히고 있을 것이다).

코무날카는 단순히 혁명 후 주택 위기의 결과가 아닌 주거에서의 혁명적 실험, 유토피아 이데올로기를 실행에 옮기고 부르주아적 평범함을 파괴하려는 시도였다. 따라서 코무날카는 소비에트 공동체의 특징과 공통의 장소의 모든 모순들을 잘 보여 주는 소비에트 러시아의 공통의 장소이다. 코무날카의 고고학은 유토피아 기획이 실행에 옮겨져서, 그곳에 사람이 살게 되고 개인과 집단이라는 역사 속에 위치하게 되었을 때 어떤 일이 발생하는지를 보여 준다.

코무날카는 소비에트 러시아의 특징적인 사고방식에 대한 은유로 나타난다. 그것은 수많은 소비에트 러시아의 농담을 위한 비극적이면서 희극적인 배경이었다. 그래서 스탈린을 묘에서 꺼냈을 때 사람들은 흐루쇼프가 "레닌의 코무날카를 재정비했다"고 농담했다(포스트소비에트 러시아 이후 코무날카는 훨씬 더 '사유화'된다).[1] 더 최근에, 러시아 민족주의 애국주의자들과 러시아 의회 구성원들의 행위를 대중매체는 상스러운 협박, 체제 순응, 집단적 죄의 '코무날카 전술'에 비유하였다.[2]

사실 코무날카는 레닌의 머리에서 나온 것이었다. 1917년 10월 혁명이 일어나고 바로 몇 주 후에 레닌은 개인 아파트들을 몰수하여 그곳에 사람들을 재정착시키겠다는 계획을 제시하였다. 이 계획은 공동 주택의 많은 건축 프로젝트들과 새로운 혁명의 지형학을 고무시켰다. 이 '부유한 아파트'는 레닌에 의해 "이 아파트에 영원히 거주하는 거주자의 수와 동일하거나 혹은 더 많은 방들이 있는 아파트"로 정의되었다.[3] 최소 생활공간은 1인당 10제곱미터, 가족당 13제곱미터로 정해졌다. 자

---

1 이 일화의 출처는 다음과 같다. *Istoriia SSSR v anekdotakh*, Smolensk, 1991, p.77.
2 Aleksander Kabakov, "Na chuzhom pole", *Moskovskie novosti*, 49, December 6, 1992, p.5.
3 Vladimir Paperny, *Kul'tura Dva*, Ann Arbor: Ardis, 1984, p.83.

신의 회고록에서 브로드스키는 자신의 가족이 거주한 생활 숙소를 "한 개의 방과 절반의 방"이라는, 시적이면서 매우 문학적인 표현으로 일컫는다.[4] 레닌의 포고에서 인상적인 것은 그것이 집과 공간에 대해 서유럽이나 미국에 사는 사람들이 익숙하게 이해하는 것과는 다른 이해를 제시한다는 점이다. 개인, 혹은 통계학상의 단위(레닌의 표현에 의하면 "주민 중 한 사람")는 방이나 사적 공간을 얻을 권리가 없었고, 몇 평방미터만을 얻을 수 있었다. 공간은 마치 존재하는 아파트의 실제 공간이 아니라 기하학 속의 추상적 공간처럼 수학적으로 혹은 관료주의적으로 나뉜다. 그 결과 주요도시에 있는 대부분의 아파트들은 이상한 공간들, 긴 복도들, 미로 같은 안마당을 지나야 나오는 검은 출입구들을 만들어 내는 종종 비기능적이고 믿기 힘든 방법으로 분할되었다.

코무날카를 키부츠 또는 룸메이트들과 함께 사는 단순한 아파트와 혼동해서는 안 된다. 1920년대 말 이후, 특히 스탈린 시기 동안 코무날카는 사회를 통제하기 위한 소비에트 러시아의 주요 제도 및 지속적인 감시 형태가 되었다. 그 당시 '독립 아파트'는 특권, 혹은 때로 특별한 행운의 기호가 되었다. 1950년대 말에서야 소비에트 러시아의 일상의 삶에서 사람들이 대부분 그들의 삶 최초로 비록 국유이지만 분리된 아파트에서 살 수 있는, 외딴 '마이크로 지구'[5]에 있는 코무날카에 재이주되는 새로운 혁명이 있었다. 이 빌딩 블록은 흐루쇼븨(Khrushchoby: 흐루쇼프와 슬럼가의 복합어. 역설적이게도 브레즈네프 시기의 예전 건축이 더

---

4 Joseph Brodsky, "Room and a Half", *Less Than One: Selected Essays*, NY: Farrar, Straus & Giroux, 1986.

5 micro-district(러시아어 микрорайон)는 주요 교통로에 인접한, 주택과 생활서비스 시설들을 갖춘 소비에트 러시아 최초의 현대 주거 건축 단위이다. ─옮긴이

높은 수준의 예가 되었다)라는 노골적인 명칭을 얻었다. '전원도시'의 이 암담한 버전은 그러나 여전한 주택 부족을 끝낼 수 없었다. 1970년대에 어떤 사람들은 변두리에 코퍼레이트 아파트[6]를 구매할 수 있는 허가를 받았다. 허가를 얻기 위해 때로 수십 년의 시간을 기다려야 했다. 그러나 사회 제도로서의 코무날카 및 소련에 종말이 오기까지는 40여 년이 걸렸다.

코무날카에 대한 나의 '많은 설명'에는 집단생활의 프로젝트와 유토피아적 건축으로서의 주택-공동체, 문학적 반유토피아와 실제 공동의 삶의 희비극들, 그리고 오늘날 코무날카에 대한 개인적 관찰과 그 거주민들의 일상의 행위들이 포함될 것이다. 코무날카의 고고학은 러시아와 소비에트 러시아의 공동체성의 폐허, 한때 비합법적이었던 사적 삶을 드러내는 데에 도움이 된다. 우리는 공동의 칸막이 뒤에 있는 소비에트 러시아 시민들의 눈에 띄지 않는 사적 행위를 엿보고, 이념적으로 옳지 않은 가정 쓰레기의 전시회, 많은 이론적 '사물들의 체계'에 도전하는 위험한 소유물들의 전시회에 방문할 것이다. 문화 민족지학자의 관찰은 자주 공동의 의무를 불이행하여 이웃으로부터 비난을 받은 코무날카 생존자의 기억들에 의해 때로 방해받을 것이다.

주택-공동체로부터 코무날카까지

소비에트 러시아의 1920년대는 예술제작과 삶의 제작이 교차하고, 서로 갈등하는 다양한 유토피아 프로젝트의 창조적 실험실로 나라가 변

---

6 cooperate apartment. 사람들(주주들)이 돈을 모아 건축한 아파트. 건축비의 최대 70%까지 정부로부터 대출을 받아 최대 20년 동안 상환할 수 있었다. —옮긴이

하는 독특한 시기였다. 러시아에서 '유토피아'는 예술작품으로만 받아들여지지 않았다. 허구적 유토피아들은 삶의 안내자이자 사회 변화를 위한 청사진이었다. 혁명적 건축가들은 건축을 제1의 예술 혹은 그 이상의 것, 혼란스런 세상에 질서를 부여할 혁명적 최고 구조의 물질적 구현으로 변모시키길 꿈꾸었다.[7] 마르크스와 엥겔스가 공산주의 삶의 상세한 청사진을 발전시키지 않기 때문에 모어와 캄파넬라, 오언과 푸리에 등의 그 이전의 유토피아들로, 태양의 도시들과 이카리아로 돌아갈 필요가 있었다.[8] 그들은 '인류의 사회주의적 재정착'을 야기할 사회주의 도시들을 위한 다양한 프로젝트들에 영감을 주었다. 새로운 혁명적 (유)토포그래피는 문화의 상투어들commonplaces과 공적·사적 공간들을 급속히 교체하기 위해 나아갔다. 아방가르드 디자인에서 장소 그 자체뿐 아니라 장소를 창조하는 방식에 혁명이 일어났다. 몽타주 사진의 대가들, 실험 영화 제작자들, 형식주의 이론가들은 관점의 몽타주, 삼차원의 부르주아 리얼리즘의 환상으로부터 해방된 삶의 새로운 차원을 열어줄 진실한 혁명적 전망을 꿈꾸었다.[9]

7 El Lissitsky, "Basic Premises, Interrelationships between Arts, the New City and Ideological Superstructure", *Bolshevik Visions*, ed. William Rosenberg, Ann Arbor: The University of Michigan Press, 1990, vol. 2, pp.194~195.

8 각각 토머스 모어(Thomas More), 토마소 캄파넬라((Tommaso Campanella), 로버트 오언(Robert Owen), 샤를 푸리에(Charles Fourier)를 가리킨다. 이카리아(Ikaria)는 정치이론가 에티엔 카베 (Etienne Cabet)의 소설 『이카리아 여행』(1840)에 나오는 유토피아다. ―옮긴이

9 장소 개념의 혁명은 의도적 분할(cut)과 접합(seam)이 있는 혁명적 토포스를 재창조하는 몽타주 사진과 유사하다. 첫째로, 클루치스(G. Klutsis), 리시츠키(El Lissitsky), 로드첸코(A. Rodchenko) 의 초기 사진 실험에서처럼 공간의 구성은 관점과 시점의 복수성이라는 급격한 전환을 요구한다. "모든 측면에서 보이는 것"이 구스타프 클루치스의 첫 혁명적 몽타주 사진 「역동적 도시」(Dynamic City)의 표제이다. 이후 관점의 유희는 공고화되고, 몽타주는 더욱 명시적으로 이념적이 되었으며 공간의 조직은 더욱 위계적이 되었다. 1930년대에 몽타주 사진은 공간을 통한 한 개의 노정―'공산주의의 승리'의 노정―을 가리킨 레닌과 스탈린이라는 당 지도자들의 형상으로 도배되었다. 이에 대해서는 다음을 참고하라. Margarita Typitsyn, "From the Politics of Montage to Montage of

'소비에트 땅'의 유토피아 지도에서 주택-공동체, 문화 궁전과 공원, 노동자들의 클럽과 예술가들의 노동 공동체, 그리고 이후의 집단 농장들이 아파트와 막사, 카페와 술집들에서의 옛 사교 형식들을 대체했다. 발터 벤야민은 '사적 삶' 및 '프티부르주아적 소박함'과 함께 러시아에서 사라진 것은 카페들이라고 지적했다: "자유로운 지식인과 마찬가지로 자유로운 교역이 없어졌다."[10] 노동자는 수영장을 선호해야만 한다. 사실 몇몇의 혁명 전 아방가르드 그룹들은 "대중이 천박함과 범속성poshlost'을 요구하는 장소"인 카페, 살롱, 카바레에 대한 전쟁을 선포했다.[11] 카페에서의 관계들은 이념적으로 올바르지 못한 방식들 속에서 너무 친밀하고 너무 우연적이고 집단적이며, 그릇된 양식 속에 있는 비정상적인 것, 무계급적인 것이 아니라 (부르주아적이지 않다면) 저급한 것이다. 카페는 변화가 아닌 대화를 위한 장소, 혁명이 아닌 작은 연극적 반란을 위한 장소이다. 카페 대신에 혁명적 예술가들은 거리로 나가길 소망했다. 그들의 슬로건은 다음과 같았다: "혁명은 궁전에서 대로로 좋은 취향의 예술을 옮겨놓는다."[12] 1920년대 말에는 제어하기 힘든 거리

Politics", *Montage and Modern Life*, ed. Matthew Teitelbaum, Cambridge, Mass: MIT Press, 1992, pp. 82~128.

10 Walter Benjamin, "Moscow", *Reflections*, p.109.

11 Grigorii Kozintsev, Leonid Trauberg, Georgii Kryzhitsky, Sergei Iutkevich, *Ekstcentrism 1922*, Ekscentropolis(이전의 페트로그라드), 1922, p.10. 살롱과 마찬가지로 카페는 예술적 의사소통의 규칙들로 간주되었고, 혁명적 예술가들은 이러한 예술적 자기-지시(self-reference) 방식을 회피하기를 원했다.

12 '거리'(street)와 마찬가지로 '대로'(boulevard)는 종종 의인화된다. 그것은 '군중'의 환유적 대체물로 등장한다. 현대성(modernity)의 주연 배우로서 군중이 강조된 것은 보들레르의 「현대 삶의 화가」(The Painter of a Modern Life), 아폴리네르의 파리의 「캘리그램」(Calligrams), 그리고 마야콥스키의 초기 시들인 「거리」(Street), 「거리의 표지들」(Street Signs)에서 볼 수 있다. 달리 말해 대로는 우리를 혁명 이전의 국제적인 아방가르드로 되돌려놓는 반면 군중은 이 새 질서에 봉사하기엔 너무도 무정부적인 개념이다. 그러나 짧은 시간이 흐른 후 기이한 선언문의 이 개념들은 소비에트 러시아 문화에서 하찮은 것이 되고, 외국 단어 '대로'는 소비에트 러시아의 공적 장소의 상

들에서 문화 휴식 공원과 스포츠 경기장에 있는 '조직된 야외'로 그 강
조점이 옮겨간다. 초기 아방가르드의 역동성과 그것의 이국적 악센트
를 환기시키는 '대로'는 광장, 행진과 집단적 축제를 위한 장소에 그 길
을 내어준다. 소비에트 러시아의 공원과 지하철역은 소비에트 러시아
의 도시 도상학을 구성한다. 1930년대의 모스크바 지하철은 새로운 유
토피아의 물질적 구현체가 된다. 이것은 유토피아의 섬이 아닌 지하에
위치해 있었다.

주택-공동체는 사회주의 도시의 소우주였고, 도시는 전반적으로
'사회주의 땅'의 소우주였다.[13] 그것들은 안에 다른 하나가 들어 있는, 동
일한 유토피아 도안을 반복하는 아방가르드의 마트료시카 인형들이다.
1918년에 제안된 첫 프로젝트들 중 하나는 그 이름을 푸리에의 팔랑스
테르에서 직접 갖고 왔다.[14] 흥미롭게도 75년쯤 전에 푸리에의 고안은
파리의 아케이드—상업 통로와 상품 전시의 역할을 한 탁월한 신화적
현대성의 장소—에 영감을 주었다. 이 장소에서 현대 도시의 한량들은

관물이 되길 멈춘다. 초현실주의 지형학과 거리에서 살롱으로의 움직임에 대해 영감을 주는 논문
으로는 다음을 참고하라. Susan Suleiman, "Between the Street and the Salon: The Dilemma of
Surrealist Politics in the 1930s", *Visual Anthropology Review*, 7, 1, Spring 1991.

13 혁명적 유토피아에 대한 역사적 묘사에 대해서는 다음을 참조하라. Richard Stites, *Revolutionary
Dreams: Utopian Vision and Experimental Life in the Russian Revolution*; V.E. Khazanova, *Iz istorii
sovetskoi arkhitektury, 1917-1925*, Moscow: A.N.S.S.S.R., 1963; *Sovetskaia arkhitektura pervykh
let oktiabria*, Moscow: Nauka, 1970; *Sovetskaia arkhitektura pervoi piatiletki*, Moscow: Nauka,
1980; Christina Lodder, *Russian Constructivism*, New Haven: Yale University Press, 1983; Moisei
Ginzburg, *Style and Epoch*, Cambridge: MIT Press, 1982. 유토피아에 대한 이론과 비교 관점들
에 대해서는 다음을 참조하라. Frank and Fritzie Manuel, *Utopian Thought in the Western World*,
Cambridge, Mass: Harvard University Press, 1979; Lars Kleberg and Richard Stites, eds., *Utopia
on Russian History, Culture and Thought*(Special issue of *Russian History*), 11/2-3, Summer-Fall
1984.

14 이 프로젝트를 만든 사람들은 벤게로프(Vengerov), 트베르스코이(Tverskoi), 부리시킨(Buryshkin)
이었다. Richard Stites, *Revolutionary Dreams*, pp.200~204.

한가롭게 산책하는 동안 단편적 깨달음을 얻는다.[15] 프랑스의 유토피아 이념은 지적인 동반자fellow-travelers[16]와 한가롭게 산책하면서 상품 문화를 근절하려는 의도를 지닌 소비에트 러시아의 주택-공동체에 충분히 영감을 주었다는 사실이 증명되었다. 이런 방식으로 동일한 유토피아의 요소가 초기 자본주의와 초기 사회주의 모두의 특징이 되는 것이다.[17]

새로운 집단성과 삶의 새 방법을 위한 고안들은 새 언어를 필요로 했다. 당시의 건축 저술들은 "블록-공동체", "주거 공간", "사회주의적 정착" 등의 일련의 신조어를 포함한다(유감스럽게도 그것들 중 몇몇은 소

15 Walter Benjamin, "Paris, the Capital of the Nineteenth Century", *Charles Baudelaire: A Lyric Poet in the Era of High Capitalism*, London: Verso, 1983, pp.155~177.

16 길동무, 동료 여행자를 의미하는 fellow traveler는 어떤 정치 조직의 이념에 동조하는 사람을 일컫는다. 동조자, 동반자라고 주로 번역된다. 한국 문학사에서는 1930년대 전후 프롤레타리아 문학에 동조한 작가들을 총칭한다.—옮긴이

17 자기 스스로를 "비-도시인"이라 부른 수많은 혁명 건축가들이 사회주의적 교외를 계획했다. 가장 흥미로운 프로젝트들 중에는 레오니드 베스닌(Leonid Vesnin)의 내부 정원 아파트 복합단지와 콘스탄틴 멜니코프(Konstantin Melnikov)의 녹색 도시(Green City, 1929)인데 후자는 사람들이 호텔의 개인 룸에서 살면서 공동의 교차지점으로 거대한 철도역을 갖는 기이한 교외 아르카디아였다. 농민 출신인 멜니코프는 주택-공동체를 고안한 사람들 중에서 보다 '개인적'이었다. 그는 공적인 것과 사적인 것 간의 이행의 영역에 특별한 관심을 기울였고 작은 개인의 침실을 공동의 공간과 연결하는 긴 복도를 창안했다. 멜니코프의 공간들 중 가장 상상력이 풍부한 것 중 하나는 공기가 수정같이 맑고 시인과 음악가들이 피로한 노동자들에게 이념적으로 올바른 자장가를 불러주는 '손나야 소나타'(잠의 소나타)라는 듣기 좋은 울림을 지닌 명칭으로 불리는 아로마 테라피 수면실이었다. 이 생각은 미국의 건축가 월러스 해리슨(Wallace Harrison)과 그의 후견인이자 뉴욕의 쇼맨인 "록시" 로스("Roxy" Roth)에 의해 실제로 표절되었다. 그들은 또 다른 종류의 노동자들의 천국인 라디오 시티 뮤직 홀 내에 오존 처리된, 태양광선에 많이 노출된 공기가 있는 특별한 대기를 만들었다. 멜니코프의 수면실은 혁명적 목적론으로 고취된 시적이고 상상적인 것이었다. 녹색 도시의 중심부에는 인간 형태 변화를 위한 연구소가 있었고 이 연구소의 행동학자들은 미래의 이상적인 사회주의 노동자를 제작하려 생각했다. 러시아의 유토피아는 대체로 서구의 대응물보다 덜 오락적이고 덜 여가지향적인 경향이 있다. (거대한 미식가 푸리에의 상상의 식도락 및 여가의 즐거움과 경쟁할 수 있었던 사람은 없었다.) 프랑스 초현실주의 프로그램과 반대로, 특히 무의식에 집중된 멜니코프의 녹색 도시 프로젝트가 만들어지기 4년 전의 최초의 선언문과는 반대로 러시아의 유토피아 꿈들은 혁명의 목적론을 뒤엎는 데에 영합하는, 좀 더 기이하고 좀 더 통제된 것이었다. S. Frederick Starr, *Melnikov: Solo Architect in the Mass Society*, Princeton: Princeton University Press, 1978, pp.49~50.

비에트 러시아의 관료주의의 은어가 되었다). '아파트'apartment라는 단어는 사실 거의 사용되지 않는다. 중심은 주택-공동체, 리처드 스타이츠의 표현을 빌리자면 "한 빌딩 속에 있는 사회주의"의 모델이었다. 집-공동체는 개인주의적 부르주아 구역을 급격히 재구조화하고, 부르주아 가족의 구성을 파괴하고 프롤레타리아 동지의식의 관계들을 제도화함으로써 이 구역들을 '이화'異化시키곤 했다. 주택-공동체 안에서 주방과 아이들은 부르주아 가족의 부담을 회피하기 위해 공동에 속했다. 이 시기 슬로건 중 하나는 "주방의 독재를 타도하자!"였다. 개인의 주방은 핵가족의 상징적 공간이자 일상의 자질구레한 일에 여성을 노예화하는 원인이었다.(비록 '여성 문제'는 혁명 이후 첫 5년 동안 광범위하게 논의되었으나 실제로 공동 주방에서의 가족 내 노동의 분화는 개인의 주방에서와 마찬가지로 매우 전통적인 양상으로 남아 있었다.)[18]

비록 많은 주택-공동체들이 1920년대 동안 도시와 시골지역에 건설되었을지라도 그것들은 널리 확산되지 못했고, 1930년대 무렵에는

18 알렉산드라 콜론타이(Alexandra Kollontai)는 자신의 중편 소설에서 내밀한 삶과 공공의 삶, 감정의 문제와 의무의 문제 사이에 구속된 일하는 여성을 제시하고 있다. 콜론타이 작품의 주인공들 중 하나인 바실리사 말리기나(Vasilisa Malygina)는 프티부르주아 여성을 정부로 둔, 새로운 소비에트 러시아의 기관원인 외도한 남편을 떠나 남자와 여자를 위한 공동의 건물 속에서 자아를 실현한다. 이야기는 주택-공동체를 짓는 시작단계에서 끝이 난다. 우리는 꿈들을 이루는 것이 아닌 꿈꾸는 것의 어려움에 대해 배우게 된다. 이 중편소설은 또한 교훈소설, 평범한 사람들을 위한 톨스토이적 동화 이야기의 전통 속에 있는 도덕적 이야기이다. 그러나 이 이야기는 새로운 일상(byt)을 구축하는 데에 존재하는 어떤 결정적인 모호함을 폭로한다.
주택 건설의 꿈들은 작가들 혹은 아방가르드 건축가들에게만 해당하지 않았다. 1920년대의 신문들은 독자들이 제안한 아마추어 유토피아 프로젝트들로 가득 차 있었다. 그중 한 논고「우리에게 주택-공동체를 달라」는, "붉은 화학자" 공장에서 일하는 노동자가 쓴 글의 일부를 인용한다. "우리는 작은 영국식 주택을 필요로 하지 않는다, 우리는 개인의 아파트를 필요로 하지 않는다, 우리에게 노동자의 가족이 다른 노동자들의 가족과 접촉할 수 있는, 공동의 방에서 서로 만날 수 있는 주택을 달라."(Komsomolskaia Pravda, Oct. 13, 1928.) 논고의 저자는 이것이 '유토피아의 문제'가 아니라 미래를 위한 프로젝트라고 강조한다. 유토피아 프로젝트의 수많은 저자들이 집단의 저작권과 그들 생각의 이성적이고 실제적인 토대를 선호했다.

다른 좌파적 과도함들과 함께 폐지되었다. 역설적으로 모스크바와 페트로그라드에 건축된 극소수의 주택-공동체들은 코무날카로 바뀌지 않고 인텔리 엘리트들을 위한 특권 주택이 되었다. 이 주택들은 칸막이로 나뉜 공동의 방들보다 더 넓고 호화로운 가족 주택을 제공하였고 이곳에는 후에 스탈린 지배층의 일부가 된 작가들과 건축가들이 거주하였다. 이 주택-공동체 중 몇몇은 긴즈부르크의 아방가르드 프로젝트의 예인 유명한 주택-배House-Ship처럼 반쯤 무너진 발코니에 나무가 자라고 구성주의 건축 재료들의 조잡한 질적 수준을 드러내는 모더니즘 건축의 폐허로 변했다.

새로운 "주거 지괴"dwelling massifs와 "정원 도시들" 대신에 1920년대 말 정부는 기존의 부르주아 구역들을 "주거 동지관계", "노동자들의 공동체" 등과 같은 중요한 명칭으로 재명명하면서, 이것들을 재구성하고 재구획하는 명령을 내렸다. 이것들은 코무날카들처럼 이후에 제도화된 이행적인 공동의 배치였다. 소비에트 러시아의 코무날카는 주택-공동체와 언어적 유사성 이상의 더 많은 것을 공유한다. 그것은 공동 주방과 공동 사용을 위한 다른 장소와 같은 혁명의 지형학의 요소들을 포함한다. 그러나 코무날카의 지형학은 종종 오래된 그리고 새로운 위계체계의 기이한 합성을 보여 주었다. 많은 경우에서 아파트의 소유주가 나라를 떠나지 않았을 때 그 또는 그녀, 그리고 가족은 침실을 점유했고 반면 새로운 이웃들이 거실, 서재, 손님방, 하녀의 방을 점유했다. 때로 아파트의 이전 하인들은 동일한 아파트에서 계속 살았는데, 이런 이유로 부르주아 가정의 옛 구조가 코무날카로 이식되는 것으로 드러났다. (가정 내 하인들과 유모들은 1950년대까지 존재했는데 이것은 사회주의 시스템의 이념적인 자기 이미지와 맞지 않는 소비에트 러시아 일상의 기이한 특징이다.)[19] 적절한 때에 당의 어떤 열렬한 팬이 아파트의 이전 소유주의 '부르주아적 계급 출신'을 공표한다면, 소유주는 수용소로 보내지고, 그의 방은 동일한 하인들을 계속 고용하고 공동의 위계체계 속에서 새로운 특권을 얻게 될 이념적으로 올바른 이웃들에 의해 점유될 것이다.

주택 부족과 도시 빈곤, 그리고 집단 주거의 다양한 형태들이 혁명 전후 러시아 삶의 일부였지만(도스토옙스키 소설의 주인공 마카르 데부시킨과 라스콜니코프, 그리고 그들이 살았던 지저분한 페테르부르크의 지구들을 상기해 보자), 집단 주거는 결코 특수한 이념적 제도가 아니었다. 소련에서 그것은 성문화되었고, 1930년대 중반에 코무날카는 사회를 제어하는 유능한 스탈린의 제도로 변모했다. 새로운 법률들은 여권 체제와 프로피스카propiska ─ 개인을 특수한 장소에 묶어놓는 거주 허가[20] ─ 를 강화했고, 당의 비밀 정보원 혹은 체제와 연합했던 지식인 엘리트들이 '주거 공간'을 갖도록 허락하는 새로운 특권을 확립했다. 이런 조건하에서 지방의 주택 위원회zhEK 관료들은 소비에트 러시아의 남녀를 '교육할' 권력을 획득하였고 주택위원회는 소비에트화의 중요한 지방 기관이 되었다. 리디아 긴즈부르크는 주택 위원회를 "공기, 화장실, 공간에 대한 인간의 권리를 부정하는 기관"이라고 묘사한다.[21] 소비에트 러시아의 코무날카 주택의 또 다른 중요한 형상은 관리인dvornik이다. 이 관료 역시 주택 위원회 및 지방 당국과 관련되어 있었다. 관리인들은 대부분 근래에 도시로 이주하여 많은 근무 ─ 그것들 중 가장 별 것 아닌 것

19 이 분야에 대해 내게 도움을 준, 스탈린 시기 일상의 삶의 전문가인 마야 투롭스카야(Maya Turovskaya)에게 고마움을 전한다.
20 프로피스카는 거주등록증을 의미하기도 한다. ─옮긴이
21 Lidiia Ginzburg, *Chelovek za pis'mennym stolom*, Leningrad: Sovetskii pisatel', 1989, pp.492~493.

은 마당을 청소하는 것이다—를 하는 대가로 주거 허가를 받았다. 그들은 정보를 제공했고, 감독했고, 주택 위원회 임원들과 함께 술을 마셨는데, 가끔씩은 계단을 쓸기도 하였다.

스탈린 시기 동안 코무날카는 보편화되는 동시에 눈에 띄지 않게 되었다. 그것은 일상 삶의 모든 곳에 있었고 동시에 그에 대한 공식적인 서술 속에서는 존재하지 않았다. 비록 부르주아의 고무나무에 의해 망쳐졌을지라도, 이상화된 '새로운 아파트'가 1952년의 그림 속에서 등장한다. 코무날카는 이상적인 소비에트 러시아의 공동체성에 대한 일종의 조롱이었으나 소비에트 러시아의 공동의 삶 속에 있는 일상의 실제적 방식들을 발견할 수 있는 이상적인 장소이기도 했다. 1920년대에 그것은 작가와 예술가들에게 영감을 주었으나 1980년대 후반에는 러시아의 역사가들뿐 아니라 해외의 역사가들의 상상력을 유혹하지 못했다.

주택-공동체가 이상적인 혁명적 세계의 소우주가 되었던 반면 코무날카는 실제 소비에트 러시아의 소우주, 소비에트 러시아 사회의 비이상화된 축소 이미지였다. 경제적 여건 하나만이 사회주의적 목가를 사회적 소극으로 변형시킨 데에 그 책임이 있는 것은 아니었다. 좀 더 근본적인 문제는 그 어떤 유토피아든 유크로니아u-chronia라는 사실이다.[22] 달리 말해 그것은 어떤 무시간성, 시간 흐름의 중지와 삶의 불변성을 가정한다.[23] 건축적 유토피아가 고려하지 않는 것은 역사와 거주 장

---

22 토마스 모어가 만든 유토피아라는 말은 '없는(ou) 장소(topos)'를 의미하는 그리스어 합성어에서 유래한다. 이에 빗대어 말하면 유크로니아는 '없는(ou) 시간(chronos)'이란 뜻이 된다.—옮긴이
23 유토피아의 게임 이론이라는 것이 있다. 이것은 특정한 역사적 시기에 대한 도피주의적 개념이자 정치적 프로그램의 법령을 위한 게임장으로 제시된다. 그러나 유토피아적 사고는 매일의 삶과 상상의 실존 사이의 관계를 끊어버리는 믿음의 비유희적인 도약을 관통해야 한다. 유토피아는 부패한 땅에서 '지상에서의 천국'을 종종 제시하는데, 이 천국은 부패한 땅을 회복하는 데 도

소들에 대한 내러티브이다. 따라서 유토피아적 공통의 장소들은 아파트에서의 '공동 사용의 장소'로, 이웃들 사이의 수많은 스캔들을 위한 허름한 무대로, 유토피아 공동체성의 폐허로 변모한다.

예술과 주택 위기: 벽장 속의 지식인들

욕망의 모호한 대상들: 침대들, 소파들, 그리고 서랍장들

우주선 인테그랄의 제작자이자 단일 제국의 고귀한 시민인 D-503, 예브게니 자먀찐의 디스토피아 소설 『우리들』의 주인공은 투명한 벽들로 둘러싸인, 건축적으로 완벽한 주택-공동체에 거주한다. 이런 집에서 사람들은 공중의 시선에 노출되어 영원히 살게 된다. '성행위의 날'에 지급되는 분홍색 쿠폰을 제시해야 커튼을 칠 수 있다. D-503의 생애에서 가장 놀라운 사건은 인용부호 속에 있는 '고대의 집'을 방문한 것이다.

나는 음침하고 질서가 없는 건물(그들은 그것을 '아파트' 집이라고 불렀다) 안의 무거운, 삐걱거리는 불투명한 문을 열었다.…하얀색의 천장, 짙푸른 벽들, 빨간색, 녹색, 오렌지색 표지의 책들, 노란 청동 촛대, 부처의 조각상, 그리고 그 어떤 규칙에도 부합하지 않는 왜곡된 곡선을 가진 가구들.…우리는 아기용의 작은 침대들이 있는 방을 지나쳐 이동했다(그때에는 아이 또한 사적 소유였다). …그리고 다시 방들, 반짝이는 거울들, 음침한 벽장, 참을 수 없이 밝은 소파들, 거대한 벽난로, 붉은 나무로 된 커다란 침대. 오

움을 줄 수 있다. 다음을 참조하라. Michael Holquist, "How to Play Utopia: Some Brief Notes on the Distinctiveness of the Utopian System", *Science Fiction*, ed. Mark Rose, Englewood Cliffs: Prentice Hall, 1976.

늘날 우리의 아름답고 투명하고 영원한 유리는 창문의 연약한 작은 사각형의 형태들 속에서만 존재하고 있었다.[24]

완벽한 주택-공동체에 사는 주민의 미래의 관점에서만 볼 때, 세기 전환기의, 진부하지 않다면 매우 평범한, 비주류적인 오리엔탈리즘이 과도하게 풍기는 부르주아 인테리어는 매우 이상한 것으로 나타난다. 이것은 러시아와 서구의 급진적 인텔리겐치아 서클 속에서 널리 비판의 대상이 되었던 바로 그러한 종류의 인테리어이다. 이 인테리어는 과도하게 나타난 프라이버시, 공상, 절충주의를 지니고 있다. 그러나 좋은 취향이라는 영원한 신권정치 속에서 낮은 천장과 괴상한 커튼들은 경치를 망치는 예기치 못한 비정형적인 구름 한 점 없는 항상적으로 밝고 푸른 하늘 아래서 살고 있는 이성적인 유토피아의 거주자에게 해방의 놀라움과 에로틱한 유혹을 약속한다.

고대의 혼잡하고 절충적인 인테리어는 분홍색 쿠폰 없이도 비합법적인 사랑을 나눌 수 있도록 은폐한다. D-503이 I-330을 향해 걷잡을 수 없는 감정을 경험하게 될 때 그는 인테리어에 대한 제어 능력을 상실한다. 그는 자신이 거대한 벽장과 사적인 가구의 어두움 속에서 사라질 것 같은 감정을 느낀다. 인테그랄의 제작자는 I-330뿐 아니라 구식의 부르주아 인테리어, 혁명 이전 시대의 금지된 구역의 고고학적인 유물

---

24 Evgenii Zamiatin, We, NY: Inter-Language Literary Associates, 1967, pp.26~27. [예브게니 자먀찐, 『우리들』, 석영중 옮김, 열린책들, 2009] 나는 여기서 예술에 나타난 소비에트 러시아의 공동 가정에 대한 미래의 분석에 대해 약간의 설명을 덧붙인다. 이 '고대의 집'은 안드레이 벨리의 소설 『페테르부르크』의 등장인물인 소피아 페트로브나의 쓸모없는 동양 문물로 혼잡한 방을 그 문학적 선조로 갖는다. 그러나 소피아의 방은 숨 막히는 아시아적 성향, 데카당하고 과도하게 여성적인 성향을 표현하고 있다. 『우리들』에서 가치는 역전된다. 아파트는 피난처가 된다. 여기서 인테리어는 여성화된다. 나이든 여성에 의해 지켜지고, 젊은 여성에게 추앙받는 유혹의 지점이 된다.

또한 사랑한다.

혁명 이후 첫 10년 동안의 소비에트 러시아 문학에서 주요한 '사적' 열정이 주거 공간이라고 말하는 것은 과장이 아닐 것이다. 진실로 정체성의 위기와 주택의 위기는 밀접하게 연관된다. 코무날카는 1920년 대 후반에 중요한 예술적 토포스가 되었다. 1920년대의 문학과 영화 속에서 '낯설게 하기'는 문학적 기법에 대한 은유일 뿐 아니라 또한 중요한 주제적 관심사—가족의 붕괴와 집의 상실—이기도 했다. 혁명 이후의 삶에서 낯설게 하기는 규범이 되었고, 더 이상 당연하다고 여겨질 수 없는 익숙한 것이었다. 사랑과 미움, 심지어 멜랑콜리는 모두 이차적 열정으로, 보통 그것들은 주거 공간zhilploshchad'에 대한 사랑으로 번역된다. 초기에, 코무날카가 아직 완전히 확립되지 않고 있을 때, 공동의 삶에 대한 불안이 이미 존재하고 있었다. 주택 공간과 가구에 대한 요구는 1920년대 문학과 영화에서 플롯의 주요한 동력으로 나타난다. 플롯의 발전은 종종 서랍장, 침대, 소파를 향한 모험을 뒤따른다. 공동의 삶의 문학은 사람들과 사물들 사이의 관계의 불안정성뿐 아니라 방의 인테리어와 내부 사이의 관계의 불안정성 또한 폭로한다. 사물들, 특히 서랍장과 소파들은 거의 초인간적인 힘을 부여받는 반면 사람들은 인간의 심리뿐 아니라 플롯을 이끌어나가는 자신의 역할과 예술적 연기 또한 박탈당한 채 때로 물화된다. 이러한 종류의 수많은 작품들에서 소비에트 러시아 언어의 슬로건과 클리셰는 모호하고 유머적인 텍스트와 함께 엮어지고, 시점의 패러다임은 내러티브로 변하며, 계급 갈등은 담론과 사고방식의 충돌로 나타난다. 이것들은 유토피아적 설계도와 집단교육학의 원대한 진지함으로부터 코믹한 위안을 제공한다.

미하일 조셴코의 「나이팅게일은 무엇을 노래했는가」What the

Nightingale Sang About는 주택 위기로 의해 연애가 형성되는 전형적인 코무날카의 로맨스이다. 서술은 문학 클럽 우두머리의 비판적 지도하에서 감상적 이야기라는 한물 간 장르를 시도하는, 사실 작가 조셴코 자신인 콜렌코로프라는 야심찬 작가적 창조물을 거치면서 멀어진다.[25] 『콤소몰의 진실』에서 주장된 수많은 발언들이 조셴코의 이야기들 속에서 인물들의 양식화된 견해로서 나타난다. 「나이팅게일은 무엇을 노래했는가」는 여지주의 딸 리자와 관습적으로 사랑에 빠지는 빌린킨 동무의 이야기이다. 빌린킨의 눈으로 볼 때 리자는 완벽한 가정적 여성이고 그녀는 "아침에 세수하지 않고 침대에서 나와, 두꺼운 펠트화 슬리퍼를 신고 집안일을 시작하는 러시아 여인의 매력적인 단정치 못함, 심지어 어수선함"을 소유하고 있다.[26] 그녀는 확실히 "인형 같은 마담, 부르주아 문화의 발명품"은 아니다. 이 시기에 코무날카가 완전히 확립되지 않았으나 그것의 도래에 대한 공포들은 이미 존재하고 있었다. 결혼은 새로운 안락함을 약속한다.[27]

연인과 밖에서 수차례 데이트하고, 구식의 코무날카에서도 연애한 후에 빌린킨은 리자에게 청혼하고 둘은 새 둥지에 대해 상상하기 시작

---

25 Mikhail Zoshchenko, "O chem pel solovei", *Izbrannoe v dvukh tomakh*, Minsk: Narodnaia Asveta, 1983, vol. 1, pp.403~422.

26 *Ibid.*, p.411.

27 빌린킨은 혁명 후의 위선자를 완벽하게 보여 준다. 그는 아파트가 공동의 것이 되길 두려워하는 리자의 어머니인 여지주의 환대를 남용한다. 동시에 그는 **소시민적인 일상**(meshchanskii byt), 소비에트 러시아의 프티부르주아적 존재를 비판할 기회를 놓치지 않는다. 따라서 소시민성(meshchanstvo)에 대한 비판은 인용부호 속에서 나타나는데 왜냐하면 그것이 독자가 독선적인 소시민으로 여기는 인물의 입에서 나오기 때문이다. 숨바꼭질 같은 서술 때문에 조셴코가 소시민성에 대한 비위선적인 비판을 추구하고 있는지 혹은 우리에게 소비에트 러시아의 공통의 장소와 소비에트 러시아의 감정적 삶의 일면을 제공하는지, 혹은 이 비판 자체에 대해 비웃고 있는지는 불명확하다. 마찬가지로 마야콥스키의 시 「마루샤가 중독되었다」(Marusia Got Poisoned) 또한 소시민성과의 전쟁의 위선을 폭로한다. 1장의 소시민성에 대한 논의를 참조하라.

한다. 리자는 침대 근처의 화장대에 대해 꿈꾸는데 이것은 빌린킨의 관점에서 보면 소시민적인 것이다. 빌린킨은 좀 더 야심찬 계획을 갖고 있는데, 그는 신혼부부에게 진실한 만족을 줄, 리자 어머니의 서랍장komod을 갖길 원한다. 그러나 이 불행한 서랍장을 둘러싼 갈등, 호감가는 프티부르주아적 상품은 빌린킨과 그의 미래의 장모 사이에 가족 간 스캔들을 만들어 내고 로맨스는 비극적으로 끝이 난다. 마야콥스키가 반복해서 말했듯이, "사랑의 배가 지루한 일상에 부딪혀 부서졌"던 것이다. 빌린킨은 역시 주택 위기를 두려워하는, 후에 빌린킨의 행운의 배우자가 될 운명인 젊은 딸을 둔 옵치니코바 부인의 새 아파트로 옮겨간다.

리자 어머니의 서랍장, 이 매우 뛰어난 물품이 로맨스와 중편소설의 낭만적 담화 둘 다를 파괴한다. 행복하지 못한 결말에도 불구하고 서랍장에 대한 사랑은 소비에트 러시아 문학과 삶에서 계속 지속될 것이다. 새로운 공동의 남자와 여자들은 그들의 연인들, 약혼자들과 부정을 저지를 수도 있으나 자신들의 가구에 대한 그들의 애착은 매우 충실하다.

유명한 초기 소비에트 러시아 영화인 「침대와 소파」(러시아어 제목은 「프티부르주아 3번가」Tret'ia Meshchanskaia, 감독은 아브람 롬Abram Romm이다) 또한 가구—이번엔 침대와 소파—를 둘러싸고 형성된 공동의 로맨스를 묘사하고 있다. 이 영화는 젊은 여자, 그녀의 남편(새로운 모스크바 노동자 대표), 그리고 남편과 함께 내전에서 싸웠던 인쇄업자인 남편 친구 사이의 삼각관계를 보여 준다. 친구가 부부의 집으로 이사를 오는데 왜냐하면 살 장소가 없어서이다. 이 영화는 소비에트 러시아 젊은이들의 구식의 교양있는 가정 공간과 충돌하는 모스크바의 공적 삶의 장면들을 에이젠시테인처럼 결합시킨다. 시나리오를 쓴 사람은 형식주의자 빅토르 시클롭스키이다. 플롯에 영향을 준 것이 마야콥스키의 비관습적인 삶의 방식—그의 연인 릴리 브릭과 그녀의 남편이자 시인의 친구인 편집인 겸 비평가 오십 브릭과 한 집에서 거주—이었다는 소문이 있었다. 어떤 경우든 바람직한 형식주의적 방식 속에서 플롯은 인물들의 심리에 의해서가 아니라 가구(침대와 소파)와 관련된 그들의 구조적 위치에 의해서 결정된다. 영화에서 침대와 소파는 음악의 연주석과 유사한데 플롯이 전개됨에 따라 남편과 친구가 자신들의 위치를 변화시켜 부부의 침대에서 구석자리의 소파로 이동한다. 영어 영화제목도, 러시아어의 영화제목도 사람을 언급하지 않는다는 것은 적절하다. 언급되는 것은 거리의 이름이거나 집안에서 중요한 물체들이다. 마리오 프라즈는 "나는 소파를 노래한다", "소박하지만 위엄있고 자랑스런" 물체를, 이라는 설교적 시가 있는 『인테리어 장식의 삽화 역사』를 쓰기 시작했다.[28] 혁명 이후의 러시아에서 소파는 보기 드문 사치품이지만, 그것을 향한 송시는 생각할 수 없는 것이다. 더구나 소파는 프티부르주아의 안락함과 편안함을 상징하는 의심스런 물체로 나타난다. 잠자는 것은 당연히 이념의 문제이고 이념적으로 옳아야만 한다.[29] (건축가인 콘스탄틴 멜니코프의 수면 연구소 프로젝트에는 잠자는 사람들을 감독하는 인간 형태 변화 연구소가 포함되어 있었다.) 남녀 주인공의 잠자는 방식과 그들이 꾸

---

28 Mario Praz, *An Illustrated History of Interior Decoration from Pompeii to Art Nouveau*, London: Thames and Hudson, 1981.

29 침대를 둘러싼 문화적 야단법석에 관해서는 다음을 보라. Olga Matich, "Sueta vokrug krovati: Utopicheskaia organizatsiia byta i russkii avant-gard", *Novoe literaturnoe obozrenie*, 11, 1991, pp.80~84. 올가 매티치(Olga Matich)는 문화적 '침대의 형성'과 새로운 일상의 신화학에서 그것의 역할을 논의한다. 이 논문을 내게 소개해준 이리나 파페르노(Irina Paperno)에게 감사를 표한다. 복잡한 문화 패러다임의 맥락 속에서 소파는 『무엇을 할 것인가』의 주인공, 못들 위에서 잠자곤 했던 모범적인 혁명가 라흐메토프의 '원형적' 침대와 같은 미니멀리즘적인 혁명적 침대의 반대 위치에 있다.

는 꿈은 그들의 무의식이 아니라 반대로 혁명적 의식을 드러낸다.

시작 장면에서 영화의 여주인공 류드밀라는 그녀의 남편의 시각에서 거의 가구나 애완동물처럼 묘사된다. 그녀의 영화적 속성은 고양이와 거울이다. 결말에서 류드밀라는 프티부르주아 인테리어의 여왕이 되는 것에서 해방된 여성으로, 그녀 자신의 삶의 주인으로 변모한다. 그녀는 자신의 아이를 맡기로 결정하고 시골로 가서 일을 한다. 반면 두 남자들은 잼과 차 한 잔과의 특이한 유대 속에 남겨진다. 이제 침대와 소파는 그들의 것이다.

롬Romm이 만든 영화와 같은 해에 완성된 유리 올레샤의 소설 『질투』 또한 다른 사람들의 침대와 소파들 사이를 여행하는 주인공을 제시한다.[30] 그는 룸펜프롤레타리아 혹은 룸펜 유한계급으로 변모한 지식인으로, 그의 성 카발레로프Kavalerov는 역설적으로 과거 궁중의 남자 주인공인 기사kavalery와 모험을 찾아 돌아다니는 기사caballeros andantes를 의미한다. 카발레로프의 남성적 자긍심은 그러나 집에 종속되어 있고 매 이동마다 도전받는다. 그는 가정의 바보 혹은 그에게 집을 주는 누군가를 위한 충실한 노예가 될 준비가 되어 있다. 따라서 그는 남성의 건강미와 유쾌한 자기만족을 발산시키면서 목욕 중 존재의 순수한 행복에 대해 노래하는, 소비에트 러시아의 자수성가한 인간인 바비체프를 질투하면서 동시에 그에게 열중해 있다. 결말에서 카발레로프는 중년의 과부 안누시카의 불편한 침대로 이동한다. 그러나 이 침대의 절반조차 영원히 그의 것이 아니다. 그는 자신의 소울 메이트, 또 다른 집 없는 예술가이

---

30 Iurii Olesha, *Envy*, Ann Arbor: Ardis, 1977. [보리스 필냐크·유리 올레샤, 『마호가니』, 석영중 옮김, 열린책들, 2005]

자 쓸모없는 마술 기계를 발명한 이반과 침대를 공유한다. 해고된 지식인은 그에게 집을 제공하고 혁명 이후의 공통의 장소에 속한 것들의 가장 일시적인 환영을 제공하는 사람들에게 때로는 문자적으로 때로는 은유적으로 그 자신을 파는 것이다.

눈물 속 웃음과 악마와의 계약

소비에트 러시아 문학의 풍자적 지형학에서 지식인들은 공간적으로 벽장과 관계있다. 다른 의심스런 벽장 활동 외에 이것은 그들이 책을 읽기 위해 숨는 장소이다. 혁명적 계급 범주들의 사이에 떨어진 사람인 지식인의 위치는 애매모호하고 그에게 속하는 내러티브는 연약하며 가변적이다. 조셴코의 단편 중 하나인 「여름 휴식」The Summer Break은 바로 그런 지식인, 벽장 안에서 "Who knows what"을 읽는데 공동의 전기를 사용하고 심지어 때로 전기포트로 마카로니를 요리하는 데 공동의 전기를 사용하는 지식인을 묘사한다. 결국 그의 이기심은 이웃들을 화나게 한다. 조셴코는 이 작품을 소비에트 러시아의 인텔리겐치아가 중대한 파국을 경험할 시기에 썼다. 많은 지식인들이 죽임을 당할 것이고 어떤 이들은 사라지거나 동면에 들어갈 것이다. 이 숙청을 피하는 극소수는 소비에트 러시아의 엘리트에 속하여 제국시절의 고전 양식에 따라 건설된 구식의 거대한 건물인 소비에트 러시아 작가의 집에서 따뜻한 화장실, 공손한 이웃 또는 아무 이웃도 없는 상태, 때로는 샤워실이 딸린 화장실을 즐길 것이다.

일리야 일리프와 예브게니 페트로프의 풍자소설 『황금 송아지』는 우리에게 코무날카의 첫 그로테스크한 재현들 중 하나—탐욕스러운 프티부르주아 이웃들과 소비에트 러시아의 반영웅, 그리고 이제 곧 패배자가 될 사람, 지식인으로 꽉 찬 "까마귀의 안식처"—를 제공한다.[31] "까마귀의 안식처"는 싸움터이다. 이웃들은 서로 연합하여 주기적으로 불운한 희생자들을 공격한다. 주인공인 파일럿 세브류긴이 실종된 외국 탐험가를 구하기 위해 북극으로 날아갈 때 그의 코무날카의 이웃들은 열성적으로 그의 방을 빼앗고는 그의 사적 소유물들을 버린다. 두냐가 방을 차지해서 그 방에 개인적으로 세를 놓은 여섯 침대를 놓고, 모든 이웃들은 모여서 함께 러시아 포크 댄스를 추면서 야단법석 축하를 한다. 그러나 영웅 비행사는 곧 돌아와 정부로부터 새 아파트를 얻는다.

3호 아파트의 새로운 희생양은 '공동 사용의 장소'에서 항상 불 끄는 것을 잊곤 하는 지식인 바시수알리 로한킨으로 결국 그는 아내에게 버림받는다. 여기서 주택 위기의 결과 잔인해진 사랑의 희생자는 여자가 아니라 남자이다. 그러나 그는 완전히 여성화된다. 그는 단지 자유주의적 인텔리겐치아의 비극을 반영할 뿐이고, 자신의 부정한 아내에게 약강격의 작별시를 쓴다.

로한킨은 무위라는 만성적 지식인의 병을 지닌 혁명 이후의 오블로모프로 제시된다. 그는 프티부르주아 가구의 쓸모없는 일부로 변한다.[32] 지식인에 대한 패러디는 소설의 중심 요소들 중 하나이다. 로한킨은 두 개의 표면적 운동의 표적인 지식인과 소시민의 형상을 구현한다. 한 운동이 프티부르주아에 반하여 좌파 예술가들에 의해 이끌어졌다면 다른 하나는 많은 경우 지식인들(부르주아에 대항한 지식인들 또한 포함)을

---

31 Ilia Il'f and Evgenii Petrov, *Zolotoi telenok*(Golden Calf), Moscow: Khudozhestvennaia literatura, 1990.
32 인물과 그의 서술구조에 대한 작가의 태도는 불안정하다. 조센코의 이야기들과는 달리 일리프와 페트로프의 소설은 현재의 서술자를 갖고 있지 않다. 비록 코믹할지라도 그 풍자의 대상은 덜 모호하다.

박멸하는 것으로 끝났던 정부에 의한 공식적 반지식인 운동이었다. 급진적인 인텔리겐치아의 신화학은 반지식인주의라는 소비에트 러시아의 공식적 신화학으로 바뀐다. 이 둘은 아마 서로 반대의 것으로 보이겠지만, 실상은 둘 다 소비에트 러시아의 체제로 '가려는' 예술적 좌파 인텔리겐치아의 비극적 시도를 폭로한다. 로한킨은 지식인의 자기혐오의 산물로, 은유적으로는 유대인의 자기혐오와도 연관된 어떤 것으로 여겨질 수 있을 것이다.[33] 그렇다면 다시 우리는 고등학교를 졸업하지 못한 코믹한 주인공을 비난해야 하는가 혹은 그 작가를 고소해야 하는가? 시간이 흐름에 따라 어떤 코믹한 인물들이 덜 우스워진다는 사실은 도움이 될 수 없다.[34]

공동 주거에 대한 수많은 개인적 경험을 소유한 작가인 미하일 불가코프Mikhail Bulgakov는 지식인들과 작가들이 가장 환상적인 방법을 써서 소비에트 러시아의 벽장으로부터 힘들게 탈출하려 한 소비에트 러시아 계급투쟁의 또 다른 측면을 우리에게 보여 준다. 자신의 프라이버시와 "침실이 아닌 식당에서" 식사할 권리를 지키기 위해 『개의 심장』The Heart of the Dog의 프레오브라젠스키 교수는 아주 특이한 실험을 한다. 그는 주

---

33 자신의 부정한 아내를 향한 시를 쓰면서 바시수알리는 "기도중인 늙은 유대인처럼 구른다"(p. 419). 그러나 이 암시가 시대적 맥락 속에서 어떻게 해석되어야 하는지는 불명료한데 왜냐하면 '유대인'이란 단어가 '외설적'인 단어들 중 하나가 되거나 혹은 소비에트 러시아 언론에서 결코 언급되지 않았던 1930년대 말 그것이 지니는 동일한 함의를 갖지 않기 때문에 다.
  나데즈다 만델시탐은 로한킨 속에서 숙청의 희생양이 되기 전에 시대의 공식적인 프로파간다를 선전한 러시아의 자유주의적 인텔리겐치아의 패러디를 본다. 그 당시 모든 지식인은 유사 지식인이 아니라 비존재(nonperson)가 될 위험에 처해 있었다. Nadezhda Mandelshtam, *Vospominaniia*, NY: Chekhov Publishing Corpotation, 1970, pp.345~346.
34 1993년, 「백치의 꿈」(The Idiot's Dream, 감독:피출Pichul)이라는 제목의 새로운 러시아 영화가 『황금 송아지』에 대하여 자유롭게 인용을 하는 가운데 제작되었다. 이 영화는 그 주요한 예술적 이념이었던 '재미없게 하기'에 중점을 두었다.

택 위원회가 소유권을 빼앗으려 하는 방을 차지하게 되는 새로운 생물체, 개의 심장을 가진 새로운 소비에트 러시아인을 만들어 낸다. 그러나 이 배은망덕한 소비에트 러시아의 프랑켄슈타인은 주택 위원회와 결탁하여 교수를 위협하는데, 이것은 파괴적인 프랑켄슈타인을 창조한 러시아의 혁명적 인텔리겐치아의 운명에 대한 알레고리이다.

주택 위기는 불가코프에게서 형이상학적인 중요성을 획득하고 따라서 집과 유사-집의 대립이 만들어진다. 유사-집에는 정신병원, 수용소, 병원뿐 아니라 작가연합의 그리보예도프의 집, 마르가리타의 애정 없는 관습적인 결혼 생활이 이루어지는 안락한 아파트, 그리고 새로운 소비에트 러시아의 코무날카 등이 속한다. 로트만에 따르면 "아파트, 특히 코무날카는 집의 가면을 쓴 카오스이자 진짜 집을 불가능하게 만드는 것이다. 집과 코무날카는 서로 대척관계에 있다".[35] '집'은 혁명 이후 모스크바의 특수한 삶의 구역이라기보다는 향수를 불러일으키는 꿈이 된다. 그것은 애정 어린 가정 및 정신적 자유의 기억들과 결합한다. 그러나 공동의 안티홈anti-homes 역시 많은 대안적 차원들을 갖고 있다. 악마의 작은 도움으로 불가코프의 인물들은 자신들의 코무날카에서 상상의 공간을 만드는 법을 배운다.

『거장과 마르가리타』에서 코무날카는 지구상에서 가장 환상적인 공간, 본디오 빌라도의 궁전보다 더 환상적인 공간이 된다. 불가코프의 어떤 지식인들은 소비에트 러시아의 체제에 대한 배반을 거부하지만, 종종 악마에게 자신의 영혼을 팔아넘기기도 한다.[36] 사탄의 무도회는 모

---

35 Iurii Lotman, *Universe of the Mind: A semiotic Theory of Culture*, trans. Ann Shukmann, NY: I. B. Tauris, 1990, p.191.
36 불가코프의 초기 작품들 중 하나는 유행에 따른 엘핏[작중 인물의 이름—옮긴이]의 집이 악마의

스크바의 코무날카 "5차원" 속에서 발행한다. "5차원을 조종하는 방법을 아는 사람에게 공간을 그 어떤 크기로―악마가 아는 크기로도―확장시키는 것은 별 문제가 되지 않는다"라고 악마의 조수인 코로비예프가 무도회 시작 전 마르가리타에게 설명한다. 그러나 정작 악마 자신이 놀라는 것은 모스크바의 "아파트 교환"의 속임수와 혁명 이후의 수도 내의 주거 공간의 확장 및 가분성可分性이다. 모든 복수의 차원들에서 코무날카의 실재성은 허구보다 더 환상적인 것으로 나타난다. 심지어 소비에트 러시아의 공동체성에서 허구의 5차원으로 가는 상상의 도피마저 소비에트 러시아의 공동의 계획들로부터 완전히 벗어날 수 없다.[37]

숫자인 13 아래에서 노동자들의 공동체(코뮌)로 변하는 과정을 풍자적으로 묘사한다. "주거의 동지의식"은 다음과 같이 그려진다. "75개의 아파트들이 수많은 사람들에 의해 점유되었다. 피아노는 침묵했고 대신 축음기가 되살아나 악의에 찬 목소리로 노래했다. 그들은 거실을 가로지르는 빨랫줄을 만들어 자신들의 시트와 속옷들을 넣었다. 난로는 뱀처럼 쉭쉭 소리를 내고 있었고 밤낮으로 메케한 연기가 계단을 뒤덮었다. 모든 램프들이 사라졌고 어둠이 자리 잡았다. 인간의 그림자가 서로 조우하였고, 슬프게 불렀다. '마리나, 마리나, 너 거기 있어? 이런 젠장' 아파트에서는 50개의 마룻바닥이 방을 데우는 데 사용되었다. 엘리베이터에 대해서는… 물론… 내가 무얼 말할 수 있으랴." "주거의 동지의식"은 "모든 집주인들 중에서 가장 훌륭한 자"인 혁명 이전 시기의 생존자, 지하층 아파트에 숨어 있는 "거무스름한" 보리스 사모일로비치에 의해 방어되고 수호된다. 그러나 그조차도 노동자들의 13번 공동체를 구하는 데 필요한 기적을 행할 수는 없다. 징발을 향한 모험은 파괴적인 소비에트 러시아의 카니발, "주거의 동지의식"을 태워 버리는 "지옥의" 불로 끝이 난다. 불가코프의 소설에서 소비에트 러시아의 공동의 집은 반혁명적인 떠들썩한 소동과 의례적인 파괴의 지점으로 변한다. 『거장과 마르가리타』에서 시인과 지식인들의 보호자인 미스터 크리스티는 악마 볼란드로 변한다. 불가코프의 허구적 세계에서 비관습적인 메피스토텔레스와 비관습적인 그리스도는 그들의 전통적인 적대감을 잊어버리고 자기만족적인 소비에트 러시아의 짐승들 및 새로운 세계 질서의 주인들과 투쟁하기 위해 낭만적 문명세계와 옛 신화의 동료 주인공들처럼 연합 세력을 형성한다. "Dom No 13. Elpit Rabkommunna", *Diavoliada*, Moscow: Nerda, 1925; repr. NY: Russica, 1980, p.127. 번역은 지은이.

37 알렉산드르 졸콥스키는 소비에트 러시아 후기에 반체제 지식인의 순교자가 되었던 불가코프와 만델시탐처럼 "비타협적인", "도덕적으로 깨끗한" 작가들과 비교하여 넓은 의미에서 소비에트 러시아 체제의 동조자가 될 바라는 "타협한" 작가들(올레샤와 일리프, 페트로프를 포함하여)에 대해 반대해서는 안 된다는 독창적인 견해를 내놓는다. 실상 이들은 러시아 인텔리겐치아의 동일한 신화에 참여한다. Zolkovsky, "Popytka zavisti u Mandel'shtama i Bulgakova", *Bluzhdaiushie sny: Slovo i Kul'tura*, Moscow, 1992, pp.177~211. 사실 불가코프의 몇몇 주인공들은 트레티아코

불가코프의 소설은 작가의 책상 서랍의 5차원 속에 숨겨져 있으면서, 1960년대까지 출판되지 못했다. 1930년대에 코무날카가 사회 제도로 확립되었을 때 소비에트 러시아의 공동체성에 대한 풍자적이고 희비극적인 재현들은 그 존재 권리를 상실했다. 1950년대에 가정의 인테리어 및 가정의 물체들에 새롭게 몰두하기도 했지만 공동의 삶의 희비극은 코무날카가 개념주의 예술가들의 전체주의적 유년시절에 대한 향수어린 지점으로 될 때인 1970년대 말까지는 예술 그 어디에서도 발견되지 않는다.

더 이상의 눈물은 이제 그만: 소비에트 러시아의 신데렐라

정체기의 마지막 '서사적' 영화들 중 하나인 「모스크바는 눈물을 믿지 않는다」Moscow Doesn't Believe in Tears는 소비에트 러시아의 전후戰後 역사의 30여년 간을 뒤돌아보면서 1950년대부터 1970년대까지의 소비에트 러시아 권력의 마지막 20년 간 집에 대한 열정을 소비에트 러시아의 주류 신화학의 맥락 안에서 요약해 주고 있다.

만약 프랑스의 신데렐라가 왕자를 통해 자아를 실현한다면 소비에트 러시아의 신데렐라는 노동계급인 미스터 라이트Right와 세 개의 방이 있는 아파트에서 자아를 실현한다. 여기에는 어떤 요정이나 유리 구두도, 부르주아 페티시즘의 의심스런 물체도 없다. 신데렐라 자신의 의지력과 영화 마술이 요정의 자질을 대신한다. 「모스크바는 눈물을 믿지 않는다」는 잘나가는 공장의 디렉터가 되고 마침내 개인의 행복을 쟁취한,

---

프와 같은 좌파의 혁명적 예술가들에 의해 장려된 일상(byt)과의 투쟁과 구조적으로 유사한, 매일의 삶에 대한 낭만적 반역에 참여한다.

시골에서 올라온 노동자 처녀인 카탸의 이야기이다. 이 영화는 미국의 오스카상을 받았는데 아마도 이것이 사실적인 배경, 반지식인주의라는 대중적 신화, 동화의 논리라는 방식에 있어 헐리우드에 가장 가깝게 간 소비에트 러시아 영화이기 때문이었을 것이다. 플롯은 다양한 주거 이동과 다른 사람의 아파트를 통해 획득된 거짓 정체성들, 질투, 사랑, 사기, 주택 위기를 포함하는 위기의 해결을 둘러싸고 발전된다. 영화의 반지식인주의가 확연히 드러남에도 불구하고, 노동계급의 인물들 중 하나는 적어도 음악적 취향에 있어서는 1960년대의 지식인으로 나타난다.

브레즈네프 정체기의 이 신데렐라는 스탈린 시기 신데렐라의 기이한 리메이크, 스탈린이 좋아하는 영화 「빛나는 길」Illuminated Road의 직물공이자 노동 영웅의 리메이크이다. 두 영화에서 일상의 삶의 문제는 영화 마술의 도움으로 처리되고, 역사는 끊어짐이 없는 단일 컷의 도움으로 지워진다.

「모스크바는 눈물을 믿지 않는다」의 세 여주인공들은 최근에(1950년대 말에) 시골에서 수도로 와서, 그들이 때로 숨기려 하는 곳인 노동자 기숙사의 방 하나에서 함께 산다. 어느 날 카탸는 교수가 없을 때 아파트를 관리할 기회를 얻게 된다. 카탸의 사회적 위치를 향상시키려는 생각에 사로잡힌 그녀의 진취적 친구는 파티를 열기로 결심하고 특권을 지닌 지식인 엘리트들 중 신랑감의 자격을 지닌 사람들을 초대하고 두 여자 친구들이 교수 딸 행세를 하게 된다. 신데렐라 이야기의 이 버전에서 왕자는 특권을 지닌 인텔리겐치아 구성원이다. 그에 반해 노동자 처녀는 가난한 의붓딸에 불과하다.

저녁 동안에 아가씨들은 꿈에 그리던 남자들을 만나지만 동화의 도덕적 논리는 이 남자들에게 미스터 롱Wrong의 유형이 되길 요구한다. 왜냐하면 거짓된 가식은 보상받을 수 없기 때문이다. 따라서 카탸의 새 남자친구, 로만Roman이라는 비러시아적 이름을 가진 TV 저널리스트는 그녀를 임신시키지만, 그녀가 모스크바에 영구 거주권이 없는 노동자라는 사실을 알고는 그녀와의 결혼을 거부한다. 사태가 카탸에게 나쁘게 돌아가기 시작하자, 기적이 일어나기 시작하는데 이 기적은 영화에서만 가능한 것이다. 우리는 학생 기숙사에 살고 있는, 기술 대학 시험을 준비하면서 울고 있는 임신한 카탸를 본다. 그후의 장면은 대략 15년이 지나 그녀가 자신의 십대 딸과 함께 살고 있는 방 세 개짜리 아파트에서 기상하는 장면이다. 심지어 그녀는 이제 공장의 디렉터이다.

이 장면은 거의 단절없이 나타나지만 사실 이것이 영화를 논쟁적으로 재미있게 만들 수 있었던 모든 문제들을 제거한다. 이 '행복한 기상'은 스탈린의 신데렐라 스토리에서 직접 취한 것이다. 그러나 자주 그러하듯이 방 세 개짜리 아파트는 행복을 가져다주지 않는데 왜냐하면 카탸의 개인적 삶이 공허하기 때문이다. 개인적 삶에의 몰두는 1970년대의 현상이지만 이것은 매우 신중하게 조직된 개인적 삶이다. 더구나 주거에 대한 열정은 아직 완전히 해소된 것이 아니다. 다시 기적처럼 카탸는 기차 안에서 그녀를 단순한 노동자 처녀 혹은 기술자로 착각하는 남자를 만난다. 사랑이 시작되고 그는 그녀의 넓은 주거 공간에 놀라, 그녀가 자신보다 사회적 위치가 더 높을 수도 있다고 자각하면서 한발 물러서는데 왜냐하면 그는 코무날카의 방 한 칸에서 살기 때문이다. 그러나 약간의 오해가 있은 후 그들의 친구들의 작은 도움과 일련의 놀라운 발견들의 도움으로 사랑과 진실이 우세하게 되고, 필경 연인들은 결혼하고 나서 카탸의 커다란 아파트에서 행복하게 살 것이다.

이따금 나타나는 홍미로운 연기와 개인적 영역에 대한 강조에도 불구하고 영화는 그것의 뻔뻔스런 반지식인주의와 소비에트 러시아의 권력구조에 대한 잘못된 재현으로 인해 너무도 구식이다. 당의 관리보다 지식인들이 모든 힘 있는 위치를 차지하고 대중의 질투의 대상이 된다. 더구나 모스크바로 상경하는 호감가는 지방인의 시점에서 제시되는 흐루쇼프의 해빙기는 평범한 사람들은 이해할 수 없는 지식인들의 표면적이고 가식적인 사랑으로 구성된다. 영화의 중심 기법, 여주인공을 공동의 학생 기숙사로부터 쫓아내 개인의 아파트로 보내는 장면은 역사를 지우는 방식이자 신화적 의식과 동화적 논리를 재건하는 방식이다.

정체기의 이러한 '개인 서사시'는 방 세 개짜리 아파트에서 대단원의 막을 내리지만 이것은 리얼리즘의 요소가 아니다. 1990년대에 와야만 삶의 급진적 페레스트로이카가 이전의 코무날카의 파티션을 붕괴시켰다. 방문자는 공용 벽의 폐허가 있는 이 잊을 수 없는 공간들을, 예전의 문들의 경첩을, 문화의 고고학자에게 특이한 발견물들을 비춰주고, 소비에트 러시아의 귀향이라는 기괴한 기억들을 불러일으키는 희미한 공용 전구가 걸려 있는 천장 구멍 주변에 얕게 새겨진 환상적 꽃들을 지나쳐 배회할 수 있다.

코무날카에 온 것을 환영합니다

"검은 입구"

러시아로 돌아가기 몇 년 전에 나는 귀향에 대한 첫 번째 꿈을 꾸었다. 꿈에서 나는 나의 집 앞에 서 있었고 들어가려고 노력했으나 할 수 없었다. 나는 문의 손잡이가 어떻게 생겼는지 기억하지 못한다.

그러고 나서 어떤 방법을 써서 나는 간신히 들어갔고 승강기 뒤에 있는 "작은 붉은 코너"라는 이름의 기이한 사무실, 항상 잠겨 있거나 혹은 항상 회의 중인 것으로 여겨지는 주택위원회의 문 바로 근처에 누군가가 숨어 있다는 생각에 겁을 먹고는 어두운 복도를 지나 재빨리 뛰어갔다. 나는 익숙한 유령, 사악한 낯선 사람, 어둠 속의 술 취한 사람에 겁을 먹고 있었다. 나는 그의 듣기 싫은 경멸적 위협에 뒤따르는 울려 퍼지는 웃음소리를 들었다. "Fuck your mother in the mouth, you little bitch… Stinking ass." 만약 내가 기쁘고 자신있게 이 저주들을 반복하기 위해 나의 혀를 비틀 수만 있었다면, 만약 내가 나의 부끄럽게 올바른 인텔리겐치아의 버릇을 잊어버리고, 모든 후두음 '흐' 소리를 낼 수만 있었다면, 그 술주정뱅이는 나를 보고 비웃는 것을 멈추었을 것이다. 나는 겁을 집어먹지 않고 우리 집에 들어가서 복도의 그 낯선 사람을 향해 공모의 윙크를 날려줄 수 있었을 텐데. 나는 바로 집에 들어가 있었을 텐데. 나의 꽉 눌린 입술은 강력한

코무날카에 들어서며 (사진: 마크 스테인보크)

'우'음을 발음할 준비가 되어 있었고 나의 목은 후두음을 뱉어낼 준비가 되어 있었다. 그러나 어찌된 일인지 폐쇄된 공기가 나를 막았고 소리는 나의 입술에서 얼어붙어 나의 외설스런 말들은 무음으로, 무해한 것으로, 들리지 않는, 무력한 것으로 남았다.

내가 들어가는 데 실패한 출입구는 집으로 가는 주요 출입구였다. 코무날카로 들어가는 것은 기나긴 '통과의례'를 요구한다. 폐허가 된 모자이크들과 유리병 조각들이 있는 어두운 복도를 지나 그라피티와 아스팔트 위에 반쯤은 지워진, 돌차기를 위한 놀이 선이 있는, 공동의 쓰레기로 가득 찬 안마당을 가로질러 가는 것이 그것이다. 소비에트 러시아의 가정을 방문하는 누군가는 공적 영역과 사적 영역 사이, 공식의 공동체성과 내부 서클 공동체 사이의 심오한 대립뿐 아니라 기이한 무인지대, 모든 사람에게 속하는 동시에 그 누구에게도 속하지 않는, 공적 생활과 사적 생활 양쪽에 모두 불편함을 창조해 내기만 하는 공간에도 또한 놀랄 것이다. 건물을 공동 주거용으로 재건축 한 이래로 첫 번째 문만 통과해서 오래된 집으로 들어가기는 힘들다. 첫 번째 복도는 가로질러야 할 공간에 불과하다.

복도는 러시아의 신화적 지형학에서 특별한 위치를 차지한다. 그것은 과도기의 공간, 공포의 공간, 집의 어두운 경계이다. 그것은 건물이 예전에 지녔던 우아함의 흔적들—모자이크의 일부들, 여기저기 휘갈겨진 외설적인 그라피티가 있는 부서진, 그리 고전적이지 않은 기둥들—을 보존할 수 있었다. 복도를 차지한 이들은 나이든 술주정뱅이들, 지역 바보들, 젊은 깡패들, 사랑에 빠진 십대들이다. 여기에서는 모든 종류의 비공식적인 의식들이 벌어질 수 있다. (낭만적 버전에서 우리는 약간 취한 동료들의 호의적인 웃음소리를 배경으로 세르게이 예세닌의 짧은 시 "삶은 매력적인 슬픔으로 가득 찬 기만이다"를 인용하면서 복도에서 마지막 작별의 입맞춤을 하는 십대를 상상하거나 싸구려 보드카 병을 손에 든 나이든 참전용사를 상상할 수 있을 것이다. … 더 어두운 곳에서는 복도에서 발생하는 기록되지 않는 모든 범죄들, 만취의 상태에서 벌어지는 강간에서부터 살인에 이르는 사건들을 우리는 묘사할 수 있을 것이다.)

소비에트 러시아의 바르드 시인인 불라트 오쿳자바Bulat Okudzhava는 검은 고양이들과 무서운 유령들이 사는 공동의 '검은 계단들'에 바치는 노래를 썼다. 코무날카로 들어가는 검은 입구는 소비에트 러시아의 무의식의 어두운 구석으로 이끈다. 노래에서 "울지도, 노래하지도 않는" 검은 고양이는 스탈린 시대의 의심들과 상호간의 공포를, 종종 같은 코무날카에 거주하는 밀고자와 피해자의 비극적 연루를 나타낸다. 노래의 마지막은 소비에트 러시아의 집단 멘탈리티에 대한 시적 반영이다. 해야 할 것은 "검은 계단에 밝은 새 전구를 넣는 것", 은유적으로 말하자면 하나의 집단적 조명이고, 그후 어두운 공포 중 몇몇은 제거될 수 있을 것이다. 그러나 웬일인지 집단적 무위가 공동의 공간들을 어둡게 하려는 음모를 꾸민다. 검은 계단은 소비에트 러시아의 공통의 장소, 모든 사람의 소유이자 따라서 아무도 책임을 지지 않는 장소이다. 그곳은 집단의 공포라는 유령이 요구되는 것보다 더 오래 살아남는 곳이다. 소비에트 러시아에서는 공적인 것과 사적인 것 사이의 어떤 접점도 없었고, 공간은 소비에트 러시아의 지하철에서와 같이 공식적 예의범절에 의해서도, 가정의 살림들로 혼잡한 구석에서 영향력을 행사하는 비문어적 친밀함이라는 규칙에 의해서도 지배되지 않는다. 사이의 공간은 고립의 공간이고 소비에트 러시아의 이 지대는 소비에트 러시아의 지형학의 변두리에 있는 공간이다.

많은 코무날카들을 칸막이로 나누는 전형적인 옛 페테르부르크 건물인 나의 집은 19세기에 도시의 경계가 되었던 카르포프카 강 근처의 볼쇼이 대로에 위치하고 있었다. 건물을 비러시아적 이름을 지닌 코스모폴리탄 신흥부자, 절충적 취향을 가진 페테르부르크의 부유한 기술자가 소유할 것이라는 소문이 있었다. 혁명 후에 현재 공동의 것이 된 모든 아파트들은 파티션으로 나누어졌다. 장식적인 앞 복도만이 우리에게 과거를 상기시켜 줄 뿐이다. 부유한 기술자는 역사에서도, 그리고 건물 위원회 사무실의 잘 보관된 거주자 리스트에서도 사라졌다. (그가 자유주의자였다는 소문이 떠돌았다. 그는 심지어 혁명 정부에도 협력하였다. 그러나 1926년 즈음에 그는 외국 여권을 얻어서는 "여행을 하러 갔다". 그는 아마 손에 푸시킨의 작은 시집 한 권을 들고 프랑스의 리비에라에서 폐결핵으로 죽었을 것이다. 아마도 그는 멕시코의 작은 마을에서 그 지역의 트로츠키 그룹의 아름다운 여성 멤버와 사랑을 나누던 중 심장 발작으로 고통받았을 것이다. … 나는 그가 파티션이 쳐진, 부분으로 다시 분할된 3층의 아파트로, 1937년 혹은 1942년의 숙청에서 사라지게 될 이름 없는 이웃으로 다시 돌아오지 않은 것이 기쁘다.)

기술자가 사라지면서 집의 단일한 서사narrative는 내부 공간처럼 부분으로 무한히 분할된다. 그것은 코무날카의 수많은 이웃들의 가로막힌, 미발달된 서사들을 양분한다. 세기 전환기의 변덕스럽고 절충주의적인 돋을새김 무늬가 있는 집의 초라한 전면은 새로운 소비에트 러시아 스타일과 양립할 수 없는 기술자의 국제적 취향을 당혹스럽게 상기시키는 것으로 남게 되었다.

내가 레닌그라드에서 여행 가이드로 일하고 있을 때 지방 도시에서 온 대부분의 젊은 개척자들을 위해 나는 여행객들을 페테르부르크의 절충주의에서 네바 강 근처의 광장에 있는 조화롭고 고전적인 건물들로, 팔을 뻗은 레닌 동상으로, 혁명 순양함 오로라로 데려가야만 했다. (브레즈네프 시기 레닌그라드는 심지어 구름조차도 소비에트 러시아의 고전적 모양들—솜털처럼 너무 폭신하거나 너무 얇지 않은 모양—을 갖고 있었고, 하늘은 동독 컬러 영화의 적당한 푸른색을 띠는, 일련의 공식 엽서에서 영구화된 구체적인 도상학을 갖고 있었다.) 버스가 나의 집 옆을 지날 때 나는 "가이드 지침 매뉴얼"에서 암기한 다음의 몇 줄들을 불가피하게 낭독하곤 했었다. "전면 오른쪽에 이상한 짐승들이 있는 이 건물은 외국 모델에서 온 것으로 고전적인 비율이 결여되어 있으며 어떤 건축학적 가치도 보여 주지 않습니다." 그러므로 입구의 외설스러움, 술주정뱅이들의 저주들, 전면의 '나쁜 취향'은 코무날카로 가는 길을 나타냈다.

공동의 이웃들: 구어적 역사와 계급 투쟁들

우리 집이 아니라 길을 가로질러 가야 하는 집, 레닌그라드/상트 페테르부르크의 한 코무날카로 들어가는 상상을 해보라. 우리는 뒷 계단을 지나 분리된 초인종들이 몇 개 달린 거대한 문 앞에 서게 된다. "페트로프는 벨 세 번, 하이모비치는 두 번, 스크립킨은 한 번, 겐나리제는 네 번." 이것은 분리에 대한 첫 긍정이다. 우리가 분리된 문을 가지고 있지 않더라도 분리된 초인종은 가지고 있다는 것, 분리된 주방이 없더라도 적어도 분리된 가스버너는 갖고 있다는 것이다. 만약 우리가 동일한 전기를 공유한다면 우리들 각각은 스위치를 갖고 있어야 한다. 비록 그것이 완전히 비합리적이고 불편할지라도 우리는 화장실 불을 켜기 위해 우리 방을 향한 긴 복도를 따라 걸어야만 하는 것이다. 극도의 혼잡함과 부과된 공동성의 상황 속에는 최소의 개인적 자산을 극도로, 거의 강박적으로 보호하려는 어떤 것이 있다. 당신이 몇 번의 벨을 울려야 하는지 기억하기만 한다면 다른 집을 호출할 일은 없다! 당신이 공동의 복도에 들어가면 슬리퍼 끄는 소리, 삐걱거리는 문소리를 들을 것이고 반쯤 열린 문을 통해 당신을 면밀히 주시하는 수많은 한 쌍의 눈을 목격할 것이다. 어떤 사람들은 무관심하게, 또 다른 사람들은 의심스럽게 혹은 필요할 경우 자기보호적인 환대로 당신을 바라본다. 손님이 아파트로 들어오면 그것은 모든 사람들과 관련된 일, 작은 사건, 가십과 논쟁거리가 된다. 코무날카의 문지방에서 발을 털고 오는 것을 잊지 말라. 좀 더 오랜 시간동안 완전히 발을 털지 않는다면 당신은 공동의 의무 목록표, 특히 복도 청소 시간표를 어기게 될 것이고, 당신을 초대한 주인은 상당한 공동의 불행을 갖게 될 것이다.

　이제는 이 상상의 코무날카의 이웃들을 만날 시간이다. 대부분은 나의 할머니의 커다란 코무날카에서 온 사람들이고, 다른 사람들은, 아마도 실제로 그런 사람들은 아니지만 그랬을 듯 싶은, 소비에트 러시아의 민간전승설화에서 온 사람들이다. 코무날카 집단의 구성원에는 겨울궁전의 바닥을 청소해야 한다고 주장했던, 한때 아파트의 첫 소유자의 하녀였던 글레보브나라는 노파가 포함된다. 그녀는 검은 서랍장에 차르 니콜라이 2세의 작은 사진을 숨기고 있었다. 카자흐스탄 소재의, 러시아화된 독일인들을 위한 특별 수용소에 전쟁 기간 동안 끌려가 있었고, 대러시아의 모든 국가들을 재현하는 19세기의 도자기 형상들을 갖고 있는 게르트루다 겐리코브나라는 독일 출신의 피아노 선생도 있었다. 이전에 스타하노프 운동 훈장을 받았으나 지금은 술주정뱅이인 콜랴 삼촌도 있었는데, 그는 가끔씩 게르트루다 겐리코브나와 함께 텔레비전을 보았다. 과거의 여자 가정교사의 행동 방식을 지닌, 러시아와 프랑스 고전 전집들을 가진, 인텔리겐치아의 구성원인 나이든 하녀 알렉산드라 이바노브나와 그녀의 모자란 숙모 라이사가 있었다. 싸구려 오드콜로뉴 "붉은 모스크바"를 풍기고 다니면서 반나체로 복도를 돌아다녔던 바샤 아저씨가 있었다. 그리고 마지막으로 외국을 항해하고 다녔던, 자신의 오랜 약혼녀 갈랴에게 페루산 속옷을 가져왔고 다음 해에 새 협동조합 아파트를 사겠다고 약속한 선원 니키타가 있었다. 갈랴는 나의 할머니의 첫 이웃들 중 하나인 클라바 아줌마의 딸로, 클라바 아줌마는 혁명 후 자신의 친구 알렙티나와 함께 마을을 떠나 페트로그라드로 갔다. 알렙티나는 혁명 이후 소비에트 러시아 정부, 그리고 그 이후에는 레닌그라드 공산당 위원회의 본부였던 스몰니에서 회계원으로 일했고, 당의 요양원에서 특별한 휴가를 즐기곤 했다. 클라바는 지역 지구당 조직의 비서가 되었고 '이념적 올바름'에 대한 코무날카의 권한을 갖고 있었다. 1950년대, 유대인 의사들의 숙청기간 동안에 알렙티나는 공동 주방에서 우리 할머니와 말하는 것을 그만두었다. 반면 클라바는 공동 복도에서, 할머니와 알레프티나 면전에서 자신은 모든 유대인들이 "기독교 아이들의 피를 사용하는" 죄를 범했다는 사실을 결코 믿지 않는다고 공포했다. 이 발언 이후에 알렙티나는 겁을 먹었고, 최소한 클라바 아줌마가 있을 때만 나의 할머니와 이야기하기 시작했다.

그러나 이건 30년도 더 전의 일이었고, 현재 클라바의 딸 갈랴는 공동 목욕탕의 알렉산드라 이바노브나의 개인 세탁실 빨랫줄에 자신의 외국 브랜드 속옷을 걸고 있는데 왜냐하면 알렉산드라의 "공동 재산에 대한 제국주의적인 방식"을 그녀가 거부하기 때문이다. 니키타는 주기적으로 게르트루다 겐리코브나를 "독일 돼지" 혹은 "유대놈"이라 부르면서(그녀는 유대인이 아니었는데 그는 그녀가 비러시아적인 성을 가졌다는 이유로 그렇게 불렀다) 그녀에게 소리를 지르고, 1941년에 무엇을 했었는지 묻곤 한다. 모자란 라이사 아줌마는 콜랴에게 침을 뱉곤 하는데 왜냐하면 술 냄새를 싫어해서다.

러시아 구술사의 이 놀라운 한 버전은 전체 국가를 많은 신비와 비밀을 가진 거대한 코무날카로서 보여 줄 것이다. 나이든 글레보브나는 바닥과 계단을 청소했던 사람의 관점, 에이젠시테인의 영화적 관점만큼 가치 있는 관점에서 러시아 제국 법원에서의 일상의 삶의 이야기들을 말해준다. 그러나 또 다른 이야기가 있는데 그것은 1937년에 지방 주택 위원회 회의에서 나이든 글레보브나가 군주제를 지지한다고 밀고 한, 글레보브나가 조사를 받으러 끌려갔을 때 그녀의 방을 일시적으로 차지했던 이웃의 이야기이다. 후에 이사를 가버려 자신의 방을 갈랴에게 준 또 다른 이웃인 옐레나는 다음의 비정상적인 이야기를 말하고 또 말하곤 했다. 그녀는 레닌을 향해 총을 쏜 여자, 위대한 지도자 살해 시도 혐의로 (1918년에) 사형 당한 파니 카플란을 20년 후인 1938년에 보았다는 것이다. 우리 이웃이 보았던 그 여자는 어린 풀잎 색깔의 작은 재킷을 입고 있었다… "아니 그것은 바다 물결 색깔에 더 가까웠고, 그녀는 배에서 경비병들에 의해 잔인하게 다루어졌으나 진짜 혁명가와 같은 위엄을 갖고 행동했었지…. 그녀의 아쿠아 빛 재킷에는 피가 묻어 있었어."

전쟁의 수호자들과 스탈린의 정보원―1950년대와 1960년대에 이전의 희생자들은 정보원들에 대해 말하기 시작했다―들에 대한 이야기들이 있었고, 1970년대의 이야기는 갈랴와 러시아에서 공부하던, '개발도상국'의 지도자를 아빠로 둔 갈랴의 사생아들에 대한 것이었다. 그 다음에는 이스라엘이나 미국으로 망명을 시도했던 시온주의 운동의 희생자들, '새로운 배신자들'에 대한 이야기가 뒤따랐다. 그리고 현재에는 공동의 생존자들과 리미트칙limitchik ─ 일시적 직업을 찾아 시골에서 도시로 와서 여러 제한 가운데 도시 공동체의 변두리에서 살고 있는 새로운 주변인들 ─의 이야기들이 있다. 코무날카는 계급 갈등의 지점이자 주방 전쟁이 일어나는 장소일 뿐 아니라, 현재에는 사라져 가는 소비에트 러시아의 민간전승설화가 보존되고 유지되는, 구식의 스토리텔링 및 신화 제작의 장소이기도 하다.

소비에트 러시아의 일상의 삶의 정신 병리학

한번은 부모님들과 한 방에서 성장했던 내 초기 기억들 중 생각나는 게 있느냐는 질문을 받았다. 내게 남아 있는 첫 번째 기억은 우리의 공동의 방을 구획했던 커튼의 감촉이었다. 내 어린 시절의 커튼은 장식적 아플리케가 있는 어두운 노란색의, 무거운 것이었다. 나는 우리 부모님들과 그들의 친구들의 말소리, 오쿳자바와 비소츠키의 노래를 엿들었던 것을 기억하지만 가장 기억에 남는 것은 바로 커튼이었다. 그것은 태고의 장면에 가까웠다.

파티션은 코무날카의 중심적인 건축학적 특징이다. 그것들의 대부분은 합판으로 만들어지고, 아파트 내에 있는 공적 영역과 사적 영역의 교차를 표시한다. 재산 몰수 이후에 오래된 방들과 복도들은 해가 들지 않는 뒷마당으로 난 창문 혹은 창문도 없는 기이하고 각진 공간을 만들어 내면서 칸막이가 쳐져 재분할되었다. 모든 세입자들은 자신들의 최소한의 프라이버시를 보여 주는 커튼과 스크린을 고안해 내는 것에서 그 상상력을 발휘했다. 합판으로 만든 파티션은 벽보다 훨씬 부서지기 쉬웠고 분할 그 자체보다 훨씬 더한 분할의 기호였다. 그것은 모든 소음들과 코고는 소리, 대화의 단편들, 이웃의 발소리 등 당신이 생각할 수 있는 모든 것들을 그대로 통과시킨다. 파티션은 친밀함을 보존하려는 것보다는 어떤 친밀함이 가능했다는 환상을 창조하기 위한 것으로 종사했다.

비밀엄수는 프라이버시의 환상을 유지하는 가장 중요한 방법 중 하나이다. 코무날카에서의 비밀엄수는 대안적인 공동체성을 찾으려는 게임이었다. 어떤 비밀도, 찾아야 할 특별한 것도 없는, 교사들이 지휘하는 공식적인 집단적 "숨바꼭질" 게임과는 상관없는 "비밀 묻기 게임"이라는 이름의, 유치원에서 우리가 하고 놀았던 비공식적인 아이들의 놀이가 있었다. 우리의 비공식적인 놀이는 우리가 좋아하는 작은 것들의 의식적 매장으로 이루어졌다. 이 의식은 친한 친구들 그룹에서 행해졌고, 유치원에서는 이를 숨겼다. 매장되는 '비밀'은 예를 들면 쓰레기통에서 발견한 선글라스 조각이거나 오래된 우표, 초콜릿을 싸는 반짝이는 포일 조각, 오래된 배지 같은 것들이었다. 요점은 공유되기 위해, 친구들 사이의 결속이 존재하기 위하여 무언가가 숨겨져야만 했고, 어떤 완벽한 것이 또 다른 것, 비공식적인 것, 공동체성의 보증으로서 노출되어야 한다는 사실이다. 이 비밀엄수는 고독한 것이 아니다. 그것은 사람들 속에서 더 극적인 것이 되어야 한다. 비밀 그 자체, 페티시가 된 쓸모없는 기념품은 단지 놀이를 위해 보존되었고, 그것은 코무날카에 있는 개인적인 수집품들의 어떤 양식들에 상응한다.

비밀 놀이는 반드시 개인적 프라이버시가 아닌, 대안적 공동체와 공동체 의식을 확립하기 위한 시도로서 어른들에 의해서도 수행된다. 공동의 사용 장소인 주방, 복도, 욕실은 공동의 이웃들에게는 전쟁터이자 놀이터였다. 공동의 삶에 대한 허구적·비허구적 언급들이 증언하듯이 화장실 사용은 가장 빈번하게 공동의 불일치가 일어나는 장이었다. 소련에서 흔치 않은 소모품이었던 화장실 휴지는 방에서 보관하다가 눈에 띄지 않게 화장실로 가져갔다. 화장실 다음에 오는 것은 읽기 위해, 또는 다른 용도를 위해 잘려진 신문 『프라브다』의 종이들이었다. 벽장 속 지식인의 형상은 문학적 의미에서가 아니라 문자 그대로의 의미에서 수많은 코무날카에서 매우 눈에 띄는 형상이다. (화장실은 종종 어떤 탐욕스런 독자에 의해 차지되곤 했다. 이웃들은 줄을 서는 것이 아니라 그들 방의 반쯤 열린 문을 통해 바라보고 엿들으면서, 언제 전략적 이동을 시작할 것인가를 계획하면서 신중해지려 노력했다. 그럼에도 불구하고 가끔씩 기다리는 것이 그들의 한계를 넘어서면, 사납게 문을 두드리곤 했다. 그리고 물론 화장실 불을 끄지 않은 이웃은 '인민의 적'으로 간주되었다.) 1970년대까지 (대개 화장실과 분리된) 욕실이 있는 아파트는 별로 없었다. 욕조가 있는 곳들은 자기도취적 씻기보다는 더 중요한 용무를 위해 사용되곤 했다. 나의 엄마가 중학교 학생이었을 때 엄마와 이웃집 딸은 한 번도 그 기능을 한 적이 없는 욕조를 가로질러 설치된 선반 위에서 숙제를 하곤 했었다. 이 욕조는 엄마의 공부방이, 사람들로 붐비는 아파트에서 그녀만의 사적인 공간이 되었다.

공동의 주방은 여성을 일상의 잡일들로부터 해방시킨다는 유토피아 건축가의 꿈과는 거의 닮아 있지 않다. 주방은 공동의 만남의 장소가 아니라 오히려 회피되어야 할 어떤 공동체성을 예증하는 장소이다. 최근에 인터뷰를 한 한 코무날카 거주민은 주방을 "가정의 나고르노-카라바흐"라고 불렸다. 왜냐하면 공동의 삶은 각각의 오븐과 싱크대 사용을 상세하게 표시하는 스케줄에 따라 끝없이 관료화되었고, 마찰이 일어날 잠재성이 항상 존재했다. 공동의 상호작용과 중재라는 짐이 여성에게 전적으로 부과되었다. 공동 주방의 세계는 모계사회라고 종종 불렸는데, 나는 그것이 선택에 의한 것이 아니라 불가피한 것이었다고 덧붙이는 바이다.

1960년대에 대안적인 '주방 문화'가 출현했다. 분리된 자신만의 아파트(레닌그라드에서 이것은 더욱 드물었다)에 살게 되었던 모스크바 인텔리겐치아의 구성원들은 자신들의 집에서 비공식적인 주방 모임을 갖기 시작했다. 이 주방은 1960년대, 해빙세대 문화의 일종의 비공식적인 살롱이 되었다. 가장 중요한 사안들은 사람들이 '실제로 이야기했고', 연애를 하고 때로 식사를 했던, 사람들로 혼잡한 주방에서 논의되었다.[38] 주방은 미묘하고 비격식적인, 그러나 그 세대의 특징이 되었던 우호적인 친밀함을 위한 완벽한 비공식적 무대를 제공하였다. 1960년대의 주방 모임은 집단성의 또 다른 형태를 제시하는데, 그것은 코무날카처럼 유토피아적이거나 소극적이지 않다. 그것은 친구들의, 비공식적이지만 반공식적이지는 않은 단체였다. 이 집단 속에서 애정과 우정의 결속들이 그 이데올로기를 조직했다(그러나 이런 우정들은 그 당시의 문화적 신화에 의해 너무도 많은 영향을 받았다). 1960년대의 주방 살롱은 성인이 된 아이들이 자신들의 비밀들을 매장하고 소비에트 러시아 삶의 예측 가능성으로부터 함께 도피하는 것을 지속적으로 축하하는 장소였다.

---

38 주방 문화에 대해 나에게 이야기해준 모스크바의 작가이자 언론인인 알라 거버(Alla Gerber)에게 감사를 전한다.

코무날카는 일상 행위의 연극성의 다양한 형식을 보여 주는 완벽한 무대이다. 공동의 상호작용의 주요한 특징은 '퍼포먼스 방해'로 불릴 수 있다. 커플의 내밀한 삶에 대한 공공의 침범은 많은 소비에트 러시아의 문학 작품들과 영화에서 코믹하게 나타나고 있다. 소비에트 러시아의 성性 연구학자들은 프라이버시의 부족과 방해에 대한 내재화된 공포를 성적 불만족과 노이로제의 주요 원천들 중 하나로 간주한다. 당황은 공동 삶의 가장 중요한 특징이다. 그것은 고독 속에서 발생하지 않는다. 당황은 다른 사람들 앞에서 자기 자신에 대한 조절능력 상실을 고통스럽게 자각하는 것, 자신감 상실에 대한 자기의식, 사회적 극장성의 예증적인 비유이다.[39] '당황'이라는 단어는 처음에 통행의 물리적인 방해를 지시했고, 18세기 이후에서야 사람들에 대한 언급에 적용되기 시작했다. 이런 면에서 공동의 복도에 소변을 봄으로 재산법과 외국 손님들 앞에서의 사회적 에티켓을 위반한 페댜 삼촌 사건은 나의 엄마가 일종의 개인적 수치로 내재화시켰던 전형적인 당황의 케이스이다. 당황은 너무도 빈번하여 의례ritual 그 자체로 변모해 버렸다. 의례적 당황의 결과들은 다양했다. 그것은 공동의 관용을 확립하는 것으로, 불가능한 상황 속에서 최소한의 그럴듯한 연회에 대한 타협을 이끌어내는 것으로 또는 지속적인 불관용과 억압된 분노로 나아갔다.

소비에트 러시아 공동체성의 최소 단위로서의 코무날카는 사랑스러운 것이자 동시에 숨 막히게 하는 것이 될 수 있다. 러시아의 '정치적 관행'들은 "안정성, 폐쇄된 균형, 위험 회피, …'그룹 내에서'의 행위와

---

39 Erving Goffman, *The Presentation of Self in Everyday Life*, NY: Doubleday, 1959. [어빙 고프먼, 『자아 연출의 사회학』, 진수미 옮김, 현암사, 2016]

표현의 많은 자유, 잠재적으로 불화를 일으키는 사안들의 만장일치적 궁극적 해결을 지향하는 강한 경향성"을 갖고 있다고 지적된다.[40] 코무날카의 생존 전략들은 이와 동일한 방식 속에서 자라났다. 많은 사람들은 삶의 사실, 안정성과 평화로운 정체에 대한 보장으로서 부과된 공동체성을 내재화했다.

코무날카의 무대에서는 보수적인 공공 견해의 합창이 우세했다. '지식인'은 벽장 안에서 독서하지 않는 것에 합의했고, 술주정뱅이는 주방 내 특별한 한 구석에서 잤고, 아이들은 공동의 복도에서 아주 조용히 자전거를 탔으며 슈라 아줌마는 말 전부가 아니라 정치적인 어떤 농담들만 당국에 보고했다. 공동의 전쟁터는 또한 타협의 장이었다. 브레즈네프 시기에 특히 확산되었던 알코올리즘은 삶의 사실로서 용인되었다. 사회 심리학자 알렉산드르 에트킨드는 알코올리즘을 정체의 메타포로 본다. (러시아어에서 자포이zapoi, 음주벽와 자스토이zastoi, 정체는 운율이 맞는다.) 술이 깬 맑은 정신으로 행동하라는, 세부적인 성취를 지향하라는, 대중과 차별되라는 장려는 없었다. 취하는 것은 생존의 가장 좋은 방법이었다. "알코올 중독자의 삶에서 최고의 순간은 그가 술이 깬 상태에서 이룬 성취가 아니라 자신의 동료들과의 취중 연합이다."[41] 고르바초프의 개혁이 알코올 중독에 반대하는 캠페인과 함께 시작했다는 사실은 놀라운 것이 아니다.

사람들이 옛 마을 공동체에서 살았을 때처럼 코무날카에서 개인주의의 표명 혹은 일상적이지 않은 행위들은 저지되었다. 당황에 덧붙여,

---

40 Edward Keenan, "Moscow Political Folkways", p.28.
41 Alexander Etkind, "Psychological Culture of the Soviets". 1992년 11월 라스베가스에서 개최된 소비에트 러시아 문화에 대한 학회에서 발표된 논문.

소비에트 러시아의 공동주거를 다룬 첫 소설들 중 하나의 제목이기도 한 질투는 관계들을 지배했다. 소설 첫 장면에서 어린아이 취급을 당하는 지식인은 샤워실에서 '새로 온 남자'의 노랫소리를 듣는다. 소비에트 러시아의 공동의 삶에 한정되지 않는 질투라는 현상은 기이한 사춘기적 감수성과 일종의 '역사적 미성숙'을 드러낸다. 그것은 "각 개인의 이득이 누군가의 손실로 간주되는 '제로섬' 예상에 의해 지배되는 산업화 이전의 공동체 관계들의 생존"을 반영한다. 러시아의 뛰어난 심리학자 이고르 콘에 의하면 "사회 정의로 위장한 질투의 독재는 평균 이상으로 더 잘하고 더 상승하려는 개인의 노력들을 효과적으로 막았다". 그것은 "개인의 성취에 대한 일반적 불신과 사회적 구별에 대한 공포"를 드러낸다.[42]

그러나 부과된 공동체성의 효과는 종종 모순적이고 역설적이었다. 사람들은 공동의 상호작용의 어떤 형태이든 증오한다고 주장했지만, 반면 그들은 공동의 구조들을 내재화했고 이후에는 그것들을 향수와 함께 회상한다. 현재 미국에 살고 있는 나이든 러시아 여성은 그녀의 전 생애 동안 참혹한 코무날카에서 고통 받았다. 그런데 지금 그녀는 외롭다고 불평한다. "적어도 최악의 경우에는, 차 주전자에 오줌을 싼 후에라도, 그들은 만약 네가 필요하다면 너를 위해 구급차를 불러주거나 요리를 위한 약간의 소금을 건네줄 거야.…내가 그리워하는 것은 바로 이 약간의 굵은 소금 알갱이란 말이야."

---

42 Igor Kon, "The Soviet Moral Culture". 1992년 11월 라스베가스에서 개최된 소비에트 러시아 문화에 대한 학회에서 발표된 논문.

인테리어 장식

'가정의 쓰레기'에 대항한 캠페인은 대다수의 코무날카에서 성공을 거두지 못했다. 사실, 마야콥스키의 희곡 「사물의 반란」The Rebellion of Things처럼, 소위 가정의 쓰레기는 이념적 숙청에 대항하여 반란을 일으켰고, 사람들에게 부과되고 내재화된 공동체성으로부터 보호해 주었던 프라이버시의 비밀스런 잔류로 남았다.

서랍장에 바치는 송시

발터 벤야민은 "사는 것은 흔적을 남기는 것"이라고 썼다.[43] 아마도 이것은 사적인 것에 대한 가장 훌륭한 정의 ─ 자기 자신과 다른 사람들을 위한 흔적을 남기는 것, 빼앗길 수 없는 기억의 흔적들 ─ 일 것이다. 코무날카에서 소비에트 러시아의 방은 가장 표면적인 방식 속에서 기념과 보존에 대한 강박을 보여 준다. 최소한의 프라이버시는 심지어 방이 아닌 방 안의 구석, 파티션 뒤의 숨겨진 공간이다. 소중히 여겨지는 사물은 거의 중요하지 않은 어떤 것들이었다. 예를 들면 펜, 책상, 서랍 속 편지, 조개껍데기, 작은 페티시적 물건들, 인간 욕망의 구현체들과 미적·이념적인 결함들이 그것이다.

레닌그라드의 코무날카에서 나의 옛집 이웃에 사는, 나이든 과부의 방에 들어가 보도록 하자. 비록 그녀는 거기서 거의 30년 동안 살아왔지만 그녀의 방은 1960년대에 '재건축되지' 않았다. 취향과 이념에서의 최근의 변화는 그녀의 방을 건드리지 않았다. 대신 류바 아줌마의 방은

---

43 Walter Benjamin, "Paris, the Capital of the Nineteenth Century", *Reflections*, p.155.

역사적 격변 동안 살아남은 어떤 가정적 멘탈리티의 오랜 시간적 지속
감을 보존하고 있다. 그 방은 또한 고무나무를 포함하여, 1920년대부터
1970년대까지 나쁜 취향이라고 여겨지는 모든 것들을 문자 그대로 보
여 주고 있다.

류바 아줌마의 방(4평 남짓)에는 1960년대 초기에 만들어진 서랍
장 버전의 작은 탁자, 침대, 테이블, 그리고 유행 지난 텔레비전 세트가
있다. 텔레비전은 현대적 편의의 제단과 같이 러시아 숄 위에, 테이블의
한가운데에 놓여 있다. 콘솔은 특별한 숭배를 가지고 취급되었던 이콘,
그리고 축음기 등을 덮는 데 사용되었던 특별한 황금빛 벨벳 천으로 덮
여 있다. 류바 아줌마의 방은 우리에게 농부들과 소시민들의 전통적인
집들을 상기시킨다. 민속학자들에 의해 수없이 표현되고 이상화되었으
나 실제로 어떻게 생겼는지 상상하기 어려운 러시아 농촌 집의 가운데
공간에는 요리에 사용되고 추운 밤 수면을 도왔던 옛 러시아 가정의 상
징인 난로가 있었다. 난로의 건너편 오른쪽에는 빛과 온기의 또 다른 원
천이 있었는데 이것은 정신적인 것이었다. 소위 붉은 구석이라 불리는
이곳에는 이콘이 있었고 이콘을 위해 초가 밝혀져 있었다. 소비에트 러
시아의 공적 장소에서 '붉은 구석'은 여전히 수많은 붉은 색―피의 색,
러시아 이콘의 색, 혁명의 색―이 있는 '레닌의 구석'으로 변했다. 코무
날카의 방들에서 난로와 붉은 구석의 기능들을 차지한 것은 텔레비전
과 작은 서랍장의 전시용 선반으로 여기에는 가장 귀중한 물품들이 보
관되어 있었다. 텔레비전의 인공적인 빛은 개인적 소유물에 푸른 그림
자를 드리우면서 서랍장의 유리문에 반사된다.

서랍장(하인 혹은 식기선반이라고도 불린다)은 옛 방식의 코무날카
방에 있는 가장 귀중한 가구이다. 그것은 모든 이념적 숙청―가정의

쓰레기에 반대하는 캠페인, 소시민성에 대한 시민전쟁, 문학적 아이러니—속에서 생존했다. 아마도 이전 소련 출신의 향수에 젖은 시인은 심지어 「서랍장에 바치는 송가」를 쓸지도 모른다.

항목의 발생은 역사적으로 매우 중요하다. 그것은 안락함, 집, 내부성의 개념들과 부르주아적 일용품을 상징한다.[44] 마리오 프라즈에 따르면 서랍장은 19세기 초에 "부르주아 집합과 귀족적 취향"으로부터 고안되었고, 방들에 "좀 더 내밀한 특징"을 주는 데에 주로 기여한다.[45] 19세기 중반에는 발터 벤야민이 지적하듯이 "사적 개인이 역사의 무대로 들어간다".[46] 반면 1920년대 중반의 러시아에서 사적 개인은 무대 뒤로 이동한다. 그러나 낡고 그리 호화롭지 않은 서랍장이 코무날카의 방에 개인적 자랑의 장소, 외재화된 인테리어와 개별화의 욕망의 표현을 남기고 있다.

류바 아줌마는 그녀의 작은 서랍장 위에 물건들을 조심스럽게 진열해 놓았다. 거기에는 그녀의 고향인 벨라루스의 시골에서 가져온 커다란 플라스틱 사과와 밝은 꽃 장식이 있는 중국제 보온병, 자연주의적인 도자기 개, 각기 다른 유리로 만든 꽃들(우아함이라곤 조금도 없는 이

---

44 가구를 의미하는 러시아어 mebel'은 땅이나 건물 같은 부동산과 대립하는 동산을 의미하는 프랑스어 meuble에서 유래한다. 단순한 저장 상자가 점차 기능과 예술의 대상, 현대의 서랍함과 안경갑의 원형이 되었다.

45 Mario Praz, *An Illustrated History of Interior Decoration*, p.56. 부르주아적 안락함의 성채인 유리로 된 캐비닛은 개인의 보물을 보호하기 위해 열쇠로 잠겨 있었고, 가족과 선별된 손님들의 개인적 즐거움을 위해서만 열렸다. 세기 말에 유리 캐비닛은 가정의 쿤스트카메라, 작고 특이한 수집품들과 골동품들의 개인 컬렉션, 서적광 및 세속과 동떨어진 병적인 색정광의 비밀 장소이다. 개인 컬렉션은 부르주아적 자기 구축의 주된 표현이었다. 다음을 참고하라. Emily Apter, "Cabinet Secrets: Peep Shows, Prostitution and Bric-a-Bracomania", *Feminizing the Fetish: Psychoanalysis and Narrative Obsession in Turn-of-the-Century France*, Ithaca: Cornell University Press, 1991, pp.15~39.

46 Walter Benjamin, "Paris, the Capital of the Nineteenth Century", p.154.

국적인 빨간 꽃들과 데이지)이 담겨 있는 세 개의 병들, 사모바르, 민속적인 소비에트 러시아산 자기 컵 세트가 있다. "네가 보다시피 여기에 나는 모든 걸 가지고 있지. 이게 나의 정물이야"라고 내가 그녀의 방 사진을 찍을 때 그녀가 자랑스럽게 말했다. 그녀가 묘사하기 위해 예술적인 용어인 "정물"still life을 사용하는 것이 흥미롭다. (그녀는 정물nature morte이라는, 고등학교 시절 의무적인 박물관 견학 때에 들은 익숙한 용어로 지칭했다.) 그녀에게 전시는 개인적 기억들 못지않게 명백히 미학적 자질로 물들어 있다. 그녀는 자신의 아름다운 자기 컵들로는 거의 한 번도 마시지 않았다. 그것들은 일상의 사용을 위한 것이 아니라 장식의 귀중한 대상들이다. 공동 복도들의 암울한 획일성과는 반대로 사물들의 밝음과 뻔뻔스러운 절충주의에는 무언가 유쾌하고 기쁜 것이 있다.

움직이지 않는 삶still life은 역사의 내러티브와 내러티브 그 자체로부터 분리되어 등장한다. 그것은 습관, 반복, 긴 지속으로서의 시간 개념을 반영한다. 노먼 브라이슨의 표현을 빌리자면 그것은 "문화의 잠" the sleep of culture이다.[47] 그러나 대대적인 파괴(혁명, 전쟁, 주택 위기, 기근, 스탈린의 숙청)가 잇달아 발생하는 문화, 습관, 반복, 매일의 안정성이 유지되기 너무도 힘든 문화 속에서는 움직이지 않는 삶을 상상하기가 힘들다. 러시아에서는 계속되는 위기에 직면하여 움직이지 않는 삶, 유지되는 일상의 구체성에 대해서만 말할 수 있을 것이다. 마치 박물관에 전시되어 있는 듯 유리창 안의 서랍에 놓인, 류바 아줌마의 소비에트 러시아의 기성품 컬렉션, 하찮은 개인의 유토피아와 대중적인 미학의 물건

---

47 Norman Bryson, *Looking on the Overlooked: Four Essays on Still Life Painting*, Cambridge, Mass.: Harvard University Press, 1990, p.8.

코무날카 내 류바 아줌마의 방, 레닌그라드, 1990 (사진: 지은이)

들은 움직이지 않는 삶, 제어되지 않는 변화의 소용돌이 속에서 그 어느
곳으로도 돌진하지 않는 삶에 대한 욕망에 바쳐진 일종의 기념비이다.

　　류바 아줌마의 방안에서 장식물들―동양 모티프의 카펫, 벽지의
평범한 장미들, 식탁보의 밝은 시골의 꽃들, 베개 커버의 커다란 땡땡이
무늬, 그리고 침대 위의 현대적인 담요의 기하학적 무늬들―은 충돌한
다. 확실히 그녀는 조화를 생각하면서 그것들을 선택하지 않았다. 그녀
는 단지 그녀가 얻을 수 있었던 것들을 수집하였고, 그것들을 따뜻함과
생생함으로 물들이려고 노력했다. 시골집의 머나먼 이미지들 및 커버,
냅킨, 레이스들은 벤야민이 부르주아 인테리어에서 묘사한 "완성도와
개인의 흔적"의 느낌을 주는 안락한 상인의 집이라는 혁명 이전의 이미
지들을 재창조한다.

류바 아줌마의 "정물" (사진: 지은이)

류바 아줌마의 "정물"(세부)

류바 아줌마의 방은 꽃들로 가득차 있다. 벽에는 소비에트 러시아의 장미들이 있다. 이국적인 빨간 유리 꽃들과 단순한 플라스틱 데이지들이 선반 위에 있고, 양식화된 금색, 노란색의 데이지들이 자기품들 위에 칠해져 있고 심지어 나무 호홀로마 스푼 위에는 빨간 꽃 패턴이 있다.[48] 확실히, 수많은 물건들은 이데올로기적인 공예품이자 문화적 신화의 산물들이다. 예를 들어 19세기 말부터 오늘날까지 꾸준히 아파트를 장식해 온 푸시킨, 차이콥스키 그리고 다른 러시아 천재들의 작은 흉상들은 고급문화에 대한 대중적 위신을 나타낸다. 유리 꽃들은 문화적 잡종, 퇴화된 아르누보와 저속한 도시 문화의 순수하지 못한 꽃들로, 진정한 대중문화를 찾으려는 지적인 민속학자들을 화나게 만드는 공예품들이다. 자기 컵들과 접시들은 레닌그라드의 도자기 공장, 이전의 황제 공장에서 온 것들이다. 그것을 만든 디자이너들은 차르의 휘장, 빅토리아 시대의 장미, 중국풍 꽃무늬들을 좀 더 민주적이고 민속적인 민족 모티프로 바꾸었다. 데이지, 들판의 꽃들보다 무엇이 더 민족적이고 '단순한 민속적 취향'을 더 표현할 수 있을까! 그러나 류바 아줌마의 도자기 위의 데이지들은 양식화된, 1960년대의 추상적인 데이지들이다.

류바 아줌마 옆집에는 다큐멘터리 영화 제작자인 올랴가 그녀의 12살 난 딸과 함께 살고 있었다. 그녀의 방 역시 개인적인 수집품들로 혼잡하다. 책장에는 푸시킨의 초상화들이, 힌두 여신들의 복제품들이, 바다 산호들, 외국산 검은 속옷 차림의 소비에트 러시아 여배우가 있는 달력이, 혁명 이전의 페테르부르크의 이미지들이 있다. 여기에는 장식품

---

48 호홀로마(khokhloma)는 17세기 니즈니 노브고로드에서 생겨난 러시아의 전통 민속공예이다. 보통 나무로 된 그릇이나 가구의 검은 배경 위에 붉은 색, 푸른 색, 금색으로 장식적인 무늬를 그려 넣는다. —옮긴이

들의 흔한 충돌과 양식들 간의 갈등이 있다. 올라는 내가 그녀의 방을 사진 찍는 것을 불편해한다. "당신은 내가 잡지와 달력에서 찢은 이 모든 그림들을 좋아한다고 생각하나요? 나는 벽의 구멍들을 가려야 해요. 당신은 이 벽지를 내가 좋아한다고 생각하나요? 그러나 어떻게 내가 그 것을 바꿀 수 있나요?" 진실로, 여기서 누가 '좋은 취향'을 가질 형편이 되는가?

인텔리겐치아의 방에서 누군가는 개인 수집품들의 '정물'과 유사한 것을 발견한다. 컵받침과 서랍 대신에 현대적이고 기능적인 양식으로 디자인되고 소위 사회주의 개발도상국이라 불리는 헝가리 또는 유고슬라비아에서 만들어진, 전체 벽을 차지하는 책장이 있다. 이 책장들은 서랍장의 그 어떤 장식적인 디테일들이나 다른 가구들의 페티시적 자질을 결여하고 있는 듯 보인다. 그러나 책장은 인텔리겐치아의 페티시 및 사회적 지위의 아이템이 되었다. 책장은 인텔리겐치아의 소유물임을 나타내는, 구하기 어려운 수많은 외국 작가들의 하드커버 작품집들을 보여 준다. 그러나 여기서 가장 중요한 공간은 엽서들, 아기 사진들, 턱수염을 기른 헤밍웨이 혹은 담배를 피우거나 피우지 않고 있는 비소츠키의 초상화, 멀리 떨어져 사는 친구들을 찍은 스냅 사진들, 크림 혹은 수즈달에서 온 장난감들과 기념품들, 외국 우표가 붙어 있는 봉투들, 오래된 책에서 떨어진 책장들, 예전 신문들을 오린 것 등의 전시를 위한 책꽂이 위 유리 접이문들 사이의 공간이다. 책장 유리 뒤의 이 좁은, 거의 1차원적 공간은 거주인의 이미지를 반영한다. 그것은 그 혹은 그녀에 의해 주의깊게 배열된 세상과의 접점이다. 소중히 여겨지는 물건들의 내러티브는 외부인에 의해 쉽게 재구성될 수 없다. 그것은 비선형적이고, 빈 점들로 가득 차 있으며, 기이하게 유의미한 진부한 것들,

비주류적인 집착들이다. 이 삶의 역사는 전기가 아니라 오히려 전기적 전설, 외적으로 만들어진 내적 삶에 대한 이야기, 진실로 중요한 것에 대한 이야기, 흔적을 남기고 일상성의 단조로움을 견디는 것에 대한 이야기이다. 종종 그것은 또한 사실이든 상상이든 어떤 여행으로의 도피, 이국적인 장소로의 여행이든 원하는 생각 속으로의 도피이다. 1960년대와 1970년대 초, 해외여행이 거의 불가능할 때 소비에트 러시아 시민은 유명한 텔레비전 프로그램인 「영화-여행자들의 클럽」(「내셔널 지오그래픽」의 소비에트 러시아 버전)을 통해, 또는 외국 우표들과 서구의 작가들, 화가들, 지식인들의 그림을 수집하는 것을 통해 '가상 여행'에 참여하였다.

책장 선반 위 개인의 전시품들이 완전히 개인적인 것은 아니다. 어떤 불문법이 헤밍웨이가 밖에 있고 비소츠키가 안에 있을 시기를, 파스테르나크가 밖에 있고 솔제니친이 안에 있을 시기를 모든 이들에게 말해 준다. 이후 솔제니친은 밖에 있고, 그의 장소를 고대 이집트의 이국적이고 무정치적인 아름다운 여왕 네페르티티가 차지한다. 이 복제품은 표 구하기가 매우 힘들었던 "투탕카멘의 보물들"의 이동 전시회에서 온 것이다. 현재 네페르티티 옆에는 과거와 현재의 정치적이고 시적인 영웅들을 대신하는 것처럼 보이는, 비러시아적인 미소를 띤 반쯤 헐벗은 외국의 매력적인 미녀 사진이 있다.

사적 수집품들은 문화적 신화들 속으로 깊이 스며들어 있다. 그것들은 한낱 베니어합판 파티션에 의해 지배적인 담론들로부터 분리되어 있다. 그러나 그 장소에서 이 신화들의 요소들은 창조적인 개인의 콜라주 속에서 재구성될 수 있다. 그것이 미적 통일성을 결여하고 있다는 것은 중요치 않다. 물건들/기념품들은 개인적 기억을 간직하고 있는 최소

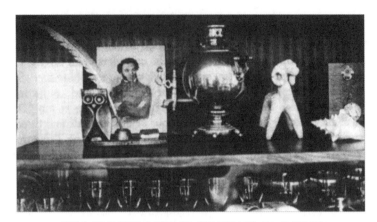

알렉산드르 푸시킨의 초상화가 있는 개인 전시 (사진: 마크 스테인보크)

유명한 시인 겸 가수 오쿳자바의 초상화가 있는 개인 전시 (사진: 마크 스테인보크)

의 저장고이다. 고가품과 저가품, 눈에 띄는 것과 사적인 것, 이 모두는 서랍장 이론이라는 어떤 평범함에 대해 질문하게 만든다.

사회학의 빈곤과 생존의 미학

피에르 부르디외는 "판단과 취향의 사회적 비판" 챕터를 알랭 브장송의 『19세기의 러시아인』The Russian in the Nineteenth Century에서 인용한 제사로 시작한다. "집안 하인들이 사라지는 것을 문화적인 삶이 견뎌낼 수 있을는지 우리는 알 수 없다."[49] 사회학자는 '예술의 기쁨'을 계급에 기반한 취향의 구조에 종속시키면서, 프랑스의 '문화 귀족'을 분석한다. 그러나 제사부터 본문까지 텍스트의 매끄러운 흐름은 러시아의 문화적 삶이 하인들의 사라짐뿐 아니라 예술과 일상의 삶에 대한 다양한 사회학적 접근들의 사라짐 또한 견뎌냈다는 사실에 대해서는 얼버무리고 있다. 부르디외는 예술을 일상의 삶으로 번역하는 '대중의' 운동을 "평범하거나 진부한 사물들에 미학적 지위를 부여하는" '귀족의' 운동에 대비시킨다. 그의 견해에 의하면 "대중의 취향은 삶의 일상적 상황에서 존재하는 에토스의 제도들을 합법적인 예술 작품들에 적용시키고, 그러므로 예술의 물건들을 삶의 물건들로 체계적으로 축소시킨다".[50]

그러나 러시아의 어떤 예들은 미학과 윤리, 무관심과 공감, 엘리트와 대중 사이의 대립이 그렇게 깔끔하게 기능하지 않음을 보여 준다. 사실, 대중의 미학은 전적으로 현실적이기보다는 종종 현실도피적이고 환상적이다. 심지어 그 속의 환상과 그럴듯함의 요소들은 그것들이

---

49 Pierre Bourdieu, *Distinction: A Social Critique of the Judgement of Taste*, trans. Richard Nice, Cambridge, Mass.: Harvard University Press, 1984, p.9.
50 *Ibid.*, p.5.

민속 이야기들 또는 공상과학 영화에서 그러하듯 복잡하고 모호한 방식 속에서 상호작용하는 경향이 있다. 나아가 대중의 취향은 절충주의적인데, 도시 중간 계급의 문화와 함께 그것은 때로 농부의 전前사실주의적 감수성 또는 (민족적 이국성의 덫에 걸리지 않기 위해서 과장되어서는 안 되는) 약간의 원시적 감수성을 보존하고 있다. 대중의 취향은 자주 밝은 색채들과 환상적인 장식들 쪽으로 기우려는 경향이 있다. 러시아에서 이콘 문화—그들의 정신적인, 그리고 회화적이고 장식적인 자질들—는 대중의 취향과 아방가르드 엘리트의 취향 둘 다에 영향을 끼쳤다. 부르디외는 두 개의 축소 단계를 거친다. 대중문화를 윤리적 투사로 축소하는 것과 윤리적 투사를 사실주의적 재현과 동등하게 하는 것이 그것이다.

일상생활, 특히 고도로 정치화되고 기호화된 소비에트 러시아의 일상생활에서 미학적이고 윤리적인 것은 일상의 미시적 실천에서 구별불가능하다. 나아가 코무날카의 가난한 거주민들의 미학적 경험을 부정하는 것은 비윤리적인 것이 될 수 있다.

류바 아줌마의 개인적인 가정 물건들은 범주화하기가 어렵다. 그것들은 사용가치이론과 교환가치이론 두 측면에서 너무도 쓸모가 없고, '초월적인' 현대 이론을 충족시킬 정도로 진정으로 원시적이거나 이국적이지도 않으며, 지극히 하찮고 평범해서 보드리야르의 시뮬라크르로 변화될 수도 없다. 이 사물들의 페티시적 측면은 흥미로운 심리학적 해석을 만들기엔 그 뻬딱함이 불충분하다.[51] 달리 말해 이 사물들은 순수

51 페티시즘에 대한 광범위한 이론적 담론에 대해서는 다음을 참고하라. William Pietz, "The Problem of Fetish I", Res 9, Spring 1985; "The Problem of Fetish II," Res 13, Spring 1987, pp.23~45; "The Problem of Fetish IIIa", Res 16, Autumn 1988, pp.105~123; Emily Apter,

하지 않은 구식 동기를 가지고 있다.

소비에트 러시아에서 인구 대다수가 경험한 물질적 결핍과 (빈약하게 위장된 사회적 불평등과 결합된) 부르주아의 일용품에 대한 공식적 비판은 개인의 물건들에 다른 문화적 의의를 부여한다. 서유럽에서 일용품에 대한 비판이 이차적인 대항 담론이라면 소비에트 러시아에서 그것은 주류 담론이었다. 가정의 쓰레기에 반대하는 운동을 하던 때에 오시프 만델시탐은 '가정의 물건'에 대한 장려를 자신의 기억의 시학과 "세계 문화에 대한 노스탤지어"의 초석으로 만들었다. 만델시탐의 자서전적 노벨라인 「이집트 우표」(1928)는 잃어버린 가정생활을 위한 건배로 시작한다. "나의 가족이여, 내가 너에게 문장紋章을 제안하니, 그것은 끓인 물이 담긴 컵이다. 고무 맛이 나는 페테르부르크의 끓인 물에서 나는 나의 실패한 가정의 불멸을 마신다. 시간의 원심력은 우리의 비엔나 의자와 작은 파란색 꽃들이 있는 독일산 그릇들을 흩날려 버렸다."[52]

동일한 원심력이 가정의 물건들을 사라지게 하고 주인공인 '나'를 박살낸다. 사물들의 운명은 사람들의 운명과 평행하다. 이 비엔나 의자

Feminizing the Fetish, p.5; Sigmund Freud, "On Fetishism", The Standard Edition of Complete Psychological Works and Letters, 24 vols., trans. James Strachey, London: Hogarth Press, 1953~1974, vol. 21, pp.152~157; Karl Marx, Capital, trans. Samuel Moore and Edward Aveling, ed. Frederick Engel, NY: Modern Library, 1906. 페티시 개념의 페티시화에 대한 담론으로는 다음을 보라. W. J. T. Mitchell, "The Rhetoric of Iconoclasm: Marxism, Ideology and Fetishism", Iconology: Image, Text, Ideology, Chicago: University of Chicago Press, 1986, pp.160~208; Naomi Shor, "Female Fetishism: The case of George Sand", The Female Body in Western Culture, ed. Susan Suleiman, Cambridge, Mass: Harvard University Press, 1986. 영국의 심리학자 위니코트(D. W. Winnicot)는 '과도기적 사물'에 대한 유용하고도 복잡한 이론을 갖고 있다. 다음의 책 또한 참고하라. Jean Baudrillard, For a Critique of the Political Economy of the Sign, trans. Charles Lewin, St. Louis, Mo.: Telos Press, 1981; De la séduction, Paris: Galilée-Denoel, 1979. 문화 수집에 대한 담론에 대해서는 다음을 보라. James Clifford, The Predicament of Culture, Harvard University Press, 1988.

52 Osip Mandelstam, "Egipetskaia marka", Sobranie sochinenii v trekh tomakh, vol. 2, p.5.

들과 작은 파란 꽃들이 있는 독일 그릇들은 과거 완료 혹은 문학의 불확정한 미래 속에 존재한다. 잃어버린 가정의 사물들은 예술을 통해서 복구될 수 있을 뿐이다. 시인은 "집을 봐주는 사람"이 되어야 한다.[53]

물론 코무날카에서 전시되는 공예품은 대량 생산된 물건보다 세계 문화의 흔적을 덜 갖고 있다. 그러나 그것은 미학적으로 기념할 만하다. 류바 아줌마의 완벽하게 기능적인 도자기 컵들은 쓸모없게끔 만들어졌고 따라서 아름답다. 이 컵들과 유리 꽃들은 만델시탐의 비엔나 의자 및 독일 그릇들과 관계있는 무언가가 있다. 그것은 바로 이들이 생존의 동일한 미학에 참여한다는 사실이다.[54]

자신의 책 『고통에 처한 신체』에서 엘레인 스캐리는 물질성이라는 것이 부서지기 쉽고 당연한 것으로 여겨질 수 없는 세상 속에서 "만들어지지 않고 있는" 위험에 항상 처해 있는 사물에 대해 말하고 있다.[55] 사물은 일용품 또는 페티시가 아니라 공예품으로, 세상을 만드는 데 도움을 주고 고통을 무력화시키는 인간 창조력의 산물로 다루어진다. 소

53 만델시탐은 미래주의의 유토피아주의와 상징주의의 형이상학 둘 다에 반대하면서, 후자를 언어와 세상의 물질성을 너무도 신속하게 초월하길 바라는, 언어의 "집을 잘 지키지 못하는 사람들"이라고 부른다.
54 공감할 수 있는 일상의 미학이 일상의 불안정한 소유물들의 문화적 의미를 설명하기 위해 필요하다. 이 미학은 몰역사적이지도, 보편적이지도 않다. 사물들의 불안정성과 귀중함에 호소하는 것은 그 자체 속에서 수사적으로 남용될 수 있다. 그럼에도 불구하고 이 미학은 일용품의 페티시즘 이론과 함께 발전되어야만 한다.
55 Elaine Scarry, "The Interior Structure of the Artifact", *The Body in Pain: The Making and Unmaking of the World*, Oxford: Oxford University Press, 1985, pp.278~326. 고립된 노동과 경제 생산의 맥락으로부터 나와서 사물들에 대해 생각하는 것은 수용의 맥락, 상호성, 책임, 응답의 투영 속에 위치하게 된다. 사물은 인간 지각력의 투영, 인식과 활동성의 투영으로 간주된다. 사물을 부정하는 것은 사회적 박탈일 뿐 아니라 지각의 박탈 및 지각력, 인간적 접촉, 투영의 힘, 수용에 대한 훼방이다. 비록 스캐리가 사물들과 공예품들 사이의 명확한 차이를 긋기를 원하진 않지만, 그녀의 연구에서 창조적인 자극이 결정적이고, 이 창조적 자극과 활동성에 대한 애정이 일상 존재의 미학을 구성한다.

비에트 러시아 상황에 특히 적용되는 것이 바로 사물에 대한 이러한 개념이다. 그곳에서 공예품은 개인의 기념품이자 프라이버시의 기념품이다. 그것은 일상적인 것에서 나와 개인의 역사 속으로 들어간 사물이다. 기념품의 소유자는 사물의 용도를 재고안하고 그것을 기억할 만한 것으로 만드는 작가이다. 수잔 스튜어트가 지적하듯이 기념품의 비극은 기억의 죽음, "묘비 없는 무덤"의 악몽이다.[56] 그것은 "흔적을 남기는 것"의 불가능성을 묘사하는 또 다른 방식이다.

코무날카의 개인 전시 속 사물들은 반드시 필요한 것들도, 단지 지위와 과시적 소비를 보여 주는 대상도 아니다. 만약 그것들이 어떤 필요를 보여 준다면 그것은 제1의, 가장 중요한 미학적 필요, 최소한의 이용 가능한 수단들을 충족시키는 미에 대한 욕망 혹은 적대적인 외부 세계를 미학적으로 '길들이는 것'이다. 그것들은 낯설게 하는 것에 대한 것이 아니라 기존의 소원해진 이념적 도안들을 거주케 하는 것에 대한 것이다.

유토피아의 폐허들

개념주의 예술로서의 코무날카

불확실한 물건들과 주변화된 가정생활에 대한 담론의 후기로서 나는 코무날카를 개념주의적 설치로, 일리야 카바코프의 작품들에서 나타나는 것과 같이 예술가의 꿈이자 악몽으로 고찰할 것이다. 카바코프는 모

---

56 Susan Stewart, *On Longing: Narratives of the Miniature, the Gigantic, the Souvenir, the Collection*, Baltimore: Johns Hopkins University Press, 1984.

스크바 개념주의의 기초를 놓은 사람들 중 하나이자 소비에트 러시아의 언더그라운드 예술의 마지막 흐름에 속한다. 카바코프는 자신이 "평범함commonplace의 형이상학"에 관심이 있다고 말한다. 그의 설치는 소비에트 러시아의 일상 삶의 텅 빈 극장 무대, 예술 속에 있는 코무날카의 미로처럼 보인다.

카바코프의 작품 속에서 단어와 이미지는 분리될 수 없었다. 그는 소비에트 러시아의 파운드 오브제found objects의 수수께끼 같은 언어, 그림 조합을 사용한다. 그의 개념주의적 코무날카들은 불가코프, 조셴코, 만델시탐부터 류바 아줌마, 1960년대의 인텔리겐치아에 이르는 소비에트 러시아의 가정 속에 새겨진 모든 상상의 공간을 기념화한다. 그것들은 또한 아방가르드 유토피아의 폐허들을 집에 받아들이는데 그 중에는 카지미르 말레비치의 흰 사각형이 있다.

「열 여섯 개의 줄들」Sixteen Strings이라는 이름의 설치예술은 상상의 공동 주방 안의 16개의 세탁 줄을 갖고 있다. 줄에는 쓰레기 조각, 일상 사물들의 단편들, 포장지들, 쓸모없는 골동품들이 걸려 있고 각각의 파운드 오브제는 '발견된 구句', 끝없는 공동의 대화들의 단편, 종종 강한 감탄, 요구, 불편, 추방된 이웃을 향한 간구 등에 대응한다. 발터 벤야민을 상기할 때 이 작품은 코무날카의 폐허 또는 흔적들—파편화된 공적이고 사적인 삶들—의 박물관이라고 부를 수 있다. 카바코프의 코무날카들 안에서 일상의 잡다한 것들은 종종 환상적인 사건들에 의해 방해받는다. 여기서 예술가는 캔버스의 하얀 사각형 속으로 사라지고, 주택위원회가 예술가의 어수선함을 탄핵하고 있을 때 주택위원회의 모임을 중단시키기 위해 외부 공간으로부터 외부인들이 도착할 수 있다. 어떤 아파트들은 그리 멀지 않은 미래에 발견될, 어떤 재앙들 이후에는 그리 환상적으로 보이지는 않을 카타콤들처럼 보인다.

카바코프의 공동의 주택들 및 공동의 이웃들의 앨범의 대부분은 빈 방, 하얀 벽 또는 하얀 페이지를 갖고 있다. 카바코프는 빈 공간과 정적을 파편들과 미로들을 조직할 그 자신의 예술적 힘의 형이상학적 한계로서 뿐 아니라 집단적 제어의 형이상학적 한계로서 소중히 여긴다. 바흐친은 정적에 대한 두 러시아 단어 티시나tishina와 몰차니예molchanie의 차이에 대하여 전자를 그 어떤 것도 소리를 만들지 않는 세계의 정적으로, 후자를 아무도 말하지 않는 사람들의 정적으로 구별했다. 카바코프의 빈 공간은 두 정적에 대한 공간적 대응이다. 그것은 목소리의 정적과 사물들의 정적을 포함한다. 그러나 이 텅 빔, 빈 공간, 하얀 페이지는 문화적 흔적들의 완벽한 텅 빔이 아니다. 빈 공간으로의 이 신비로운 도피는 1880년대 스테판 말라르메가 제안하고, 1920년대 말레비치의 수많은 흰 바탕 위의 흰 그림들에서 실현된 시적인 자기 소실을 연상시킨다. 그러나 말레비치는 코무날카의 벽 위에 자신의 흰 사각형을 놓는 것을 결코 생각하지 않았을 것이다. 그러나 카바코프는 그렇게 했다. 그의 개념주의적 코무날카들 중 하나는 "예술가 카바코프"라 불리는 이웃이 미쳐서, 자신의 더러운 옷들을 모든 공간에 던져 버리고 공동의 예의범절을 어겼으며 나체로 도망갔다는 루머를 만들어 냈다. 또 다른 루머에 의하면 그가 지방의 주택 위원회를 위해 그림을 그렸던 그 캔버스의 하얀 공간 속으로 사라져 버렸다고 했다. 사실, 4차원과 캔버스 위의 하얀 공간 속으로의 환상적 사라짐은 혼잡한 공동의 미로들과 공동의 의무의 짐에서 벗어날 수 있는 유일한 방법인 듯 보인다. 러시아와 소비에트 러시아의 형이상학은 주택위기에 의존한다. 캔버스 위 하얀 공간속으로의 카바코프의 비행은 소비에트 러시아의 문화 신화와 유럽 모더니즘의 신화를 벗어나지 않는다.

카바코프의 어떤 작품은 현대 예술 박물관의 「전위」Dislocation라는 적절한 이름의 전시회에 전시되어 있었다. 박물관의 순수하게 흰 벽을 그 틀로 하여 현대 예술 박물관에 놓여진(추방된) 코무날카 속에서 카바코프의 해프닝을 보는 것은 이상하지 않다. 이것은 아방가르드 유토피아의 처녀의 순백이 아니라 상업적 모더니즘의 관습적인 순백이다. 그러나 그때에도 다시 아방가르드적 도피의 순수함에 대한 향수를 느껴서는 안 된다. 사실상 카바코프의 예술은 양식들의 충돌을 위한 무대, 이국적이고 비교문화적인 만남, 유토피아에 대한 고찰—흰 것에 반反하는 흰 것, 다시 흰 것에 반反하는 것(흰 물감의 다층들, 이것은 결코 유의어 반복이 아니다)—을 이야기한다.

카바코프는 자신의 아파트에 괴짜 이웃들을 거주시킨다. 그들의 이

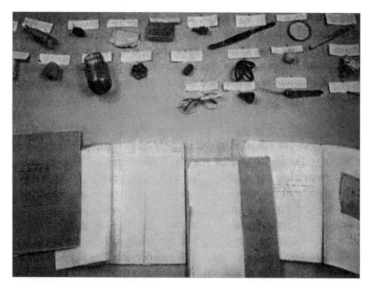

일리야 카바코프, 「아무것도 버리지 않았던 사람」, 1988

미지들은 결코 그려지지 않지만 그들의 개인적 수집물들은 우리를 위해 전시된다. 그들 중에는 수많은 쓰레기 수집가들, 서지광들, 재능없는 예술가들이 있다. "아무것도 버리지 않았던 사람", "음악을 사물 및 이미지들과 결합시킨 작곡가", 심지어 "그의 삶을 인물들을 통해 묘사한 사람" 등이 그들이다. 그럼에도 불구하고 이들은 끊임없이 공동의 단조롭고 고된 일 속에서 최소한의 미학적 경험들을 찾으려 한 예술적 사기꾼들이다. 이런 인물들 중 하나는 엽서들, 앨범들, 사탕 포장지들, 하찮은 요구들과 메시지들이 적힌 공고문들을 모은 수집가이다. 화자는 수집가가 강박적으로 조직하려 하는 이 우연한 항목들과 뜻밖의 공고문들이 '새로운 질서'를 제시하고 있다고 말한다.

> 어떤 끔찍한 방식 속에서, 말하자면 일종의 공동체성의 이념이 그것들(수집가의 공고문들) 속에 표현되어 있는데, 이는 우리 일상의 혼잡한 아파트들 속에서 우리 모두를 둘러싸고 있는 바로 그것이다. 그것들 속에서 기대되고 실현된 어떤 꿈, 리듬이 있는 정적과 조화에 대한, 어떤 조화로운 형상 속에서 모든 것들의 합일에 대한 궁극적 꿈이 울리고 있지 않았을까? 어떤 형상이든, 우리를 가까이서 둘러싸고 괴롭히는 모순들로 가득 찬 꽃이든, 별이나 피라미드든, 형상은 중요치 않다. 그것은 매일, 매시간 주위에서 울려 퍼지는 마녀의 연회 속으로 들어가는 어떤 행복한 유토피아의 이미지가 아닐까?[57]

---

57 Ilya Kabakov, *Ten Characters*, Londons: ICA, 1989, p.32. 1991년 4월 로날드 펠드만(Ronald Feldman)의 설치예술 카탈로그를 참고하라. 카바코프에 대한 더 많은 것들은 다음을 참고하라. Boris Groys, "Ilia Kabakov", *A-ya*, 2, 1980, pp.17~22; Claudia Jolles and Vitor Misiano, "In Conversation with Eric Bulatov and Ilya Kabakov", *Flash Art*, 137, November–December 1987, pp.81~83; Margarita Tupitsyn, "Ilia Kabakov", *Flash Art*, 142, October 1988, p.115.

유토피아 개념은 한 바퀴 돌아 다시 제자리에 왔다. 먼저, 혁명적인 유토피아 기획들은 코무날카 내 이웃들의 사소한 계략들, 혼잡한 우연들, 불순한 물건들로 격하되었다. 그리고 나서 소비에트 러시아 공동체성의 황혼기에 이 쓸모없고 파편적인 불완전한 사물들은 역설적 예술가이자 평범함의 형이상학자가 상상한 아마추어 수집가에 의해 새로운 유토피아적 조화 속에서 마법같이 재조합될 수 있다. 그러나 이 새로운 질서는 진지한 혁명적 유토피아도, 집단적 실천을 위한 이론적인 청사진도 아니다. 그것은 '재능없는 예술가'의 키치적 꿈, 그 이상도 이하도 아니다.

코무날카의 종말

1980년대 말 완전히 황폐해진 몇몇의 코무날카들이 예술가들에 의해 점유되었다. 그리고 갑자기, 거의 맨해튼의 중심지와 흡사하게, 그것들은 새롭게 출현한 수상한 협동조합들과 사업체들, 러시아에서 번성하는 불교의 이교 분파들, 또는 신비로운 무명의 점성술사들에 의해 재정복되기 시작했다. 가정 재산의 사유화를 허락하는 1991년의 법이 적용된 후에 코무날카의 '고급 주택화'라는 새로운 물결이 시작되었다. 그것은 최근에 생겨난 포스트소비에트 러시아의 법률 문화에 있어 가장 복잡한 관행들 중 하나로 나타났다. 그 법은 소비에트 러시아의 일상의 관행들의 예상치 못한(혹은 매우 예상 가능하지만 법적으로는 결코 설명 불가능한) 그물망에 불가피하게 얽혀들었다.[58] 사유화 정책은 수많은 대중

---

58 1988년에 소비에트 러시아 의회의 장관들은 시민들이 자신들의 아파트를 사는 것을 허락하는 수정안을 승인했다. 그러나 그 과정은 매우 느렸다. 1989년에는 단 0.03퍼센트의, 그리고 0.07퍼센트의 아파트 주민들이 자신들의 아파트를 '사적 재산'으로 만들었다. 1991년 7월에 소비에트 최고

의 비난에 부딪혔는데, 그 비난들 중 어떤 것은 70여 년 동안의 건물에 대한 공산주의의 결과였고, 또 다른 것은 옛 러시아의 민속적 관행들의 지속 및 재산과 프라이버시에 대한 특이한 태도들의 결과였다. 내 친구는 1991년 트롤리 버스에서의 대화를 내게 말해주었다. "그들은 바우처를 나눠 주려 해. 즉 우리는 사유화를 하려 해!" 이 말에 그의 동료가 "여자들이 있는 데에서 그런 말을 쓰지 마"라고 대답했다. 나이든 여교사는 자신의 방 하나짜리 표준 아파트를 사유화하려고 결심했을 때 그녀의 아파트 구역의 거주민들이 그녀를 국외로 추방하려 했던 것을 묘사하면서, 잡지 『불꽃』Ogonek에 불평의 편지를 썼다. 그녀는 스탈린 시기에 사람들로부터 시민권을 박탈할 수 있었던 공격들인 "네프NEP의 여자, 자본가, 사유 재산의 소유자"로 불렸다. 대중적인 속어로 사유화는 역설적이게도 prikhvatization(잡아채다, 움켜쥐다란 동사 prikhvatit'에서 온 것으로, 할 수 있다면 잡아채라를 의미함)으로 불린다.

사유화에 대한 다음과 같은 이야기가 있다. 우리의 여주인공은 신흥 부자, 국제적인 '합작 투자' 회사의 재정 책임자로 일하는 젊은 여성이다. 그녀는 창문은 돌출되어 있고 정면이 신고전주의적 양식에 따라 지어진 오래되고 꽤 황폐한 모스크바의 코무날카와 사랑에 빠진다. 그녀는 코무날카에 사는 이웃들에게 상당량의 금액을 주어야 하고 또한 다른 아파트에 만족할 만한 공간을 제공해야 한다. 더 나아가 주택 위원회, 지금은 쓸모없는 구식이 되어 가고 있는 옛 통제 기관의 살아남은 소비에트 러시아 관료들을 처리해야 한다. 여전히 수많은 격세유전

평의회는 아파트들의 완전한 사유화를 허락하는 법을 도입했다. *Ogonek*, 38, September 1991, p.18.

이 법률에, 특히 관료주의적 관행에 남아 있다. 그것들 중 하나는 현재 뇌물을 허용하는 것으로 기능하는 것 또는 국가 관료제의 공갈협박을 불문법적으로 인가하는 것으로, 이는 바로 주민의 허락에 대한 요청이다. 아르바트 거리의 코무날카 중 하나의 사유화에 대한 이 이야기에서 주택 위원회의 기관원이 최소 20,000달러의 뇌물(아마도 건물에 사는 모든 주민들의 일 년 수입을 합한 것보다 많을 것이다)을 요구했다. 이 뇌물이 거부되었을 때 위협 전화가 걸려오고 다른 성가시고 괴로운 일들이 시작되었다. 이 괴롭힘은 야망에 불타는 건물의 소유주가 국무총리 부인을 데리고 왔을 때에야 중단되었다.[59] 주택 위원회 구성원들은 여전히 권력, 보호, 편애라는 구체제의 최상의 언어를 이해하고 있는 것이다.

이후 건물을 사게 된 여자는 많은 코무날카 구성원들이 보았을 때 자신이 이전의 정부의 역할을 취하였고, 그들에게 정부가 항상 약속하였으나 지키지는 않았던 것, 그들 자신만의 아파트를 그들에게 제공하였다고 말하였다. 그녀는 모든 옛 규칙들을 준수하여야 했고 종속과 자격(권리)에 대한 태도를 극복하여야 했으며, 지하 경제의 새로운 구조와 싸워야 했다. 더구나 공동의 집단을 다시 정주시키는 작업은 전문적이라기보다는 좀 더 개인적인 것으로 판명되었다. 그녀는 재정적 지원뿐 아니라 심리적 도움을 제공해야 했던 것이다. 아파트의 새 소유주는 상호 의무의 옛 공동 구조 속으로 들어가 이전의 이웃들의 미래를 책임지면서, 그 집단의 일부가 되어야 했다. 이것들이 가정의 사유화에 대한 포스트소비에트 러시아의 '법률적 관행들'의 첫 경험들이었다. 한편으로 약간의 대담한 포스트소비에트 러시아의 엘리트 구성원들이 구 소

---

59 Celestine Bohlen, "Moscow Privatization Yields and Problems", *Sunday NY Times*, Feb. 28, 1993.

비에트 러시아의 관료제를 극복하고 서구적 양식의 개인적 주거라는 자신들의 꿈을 실현하기 위해 초인적인 노력을 발휘하였다. 다른 한편으로, 그럼에도 불구하고 생활 경제의 오랜 전통과 불안정한 정치력에 대한 최근의 경험 둘 다를 소유한 이전 코무날카 거주민들의 대다수는 자신들이 자본주의보다 오래 살아남을 것이고 자본주의가 작동하도록 만들거나 그 속에 살 필요는 없다는 것을 배웠다. 러시아의 사유화는 아직 시험을 거치지 않은 새로운 민주주의 법률들과 관료제의 오랜 관행들(이미 수많은 선행의 것들과 불문법적 규칙을 지닌 관행들), 뇌물 사이의 구불구불한 길을 따르고 있다. 1993년의 공식 통계에 따르면 러시아 영토내의 300만 명의 사람들이 코무날카에서 계속해서 살고 있다.[60] 코무날카는 사회 통제의 주요 제도가 되는 것을 멈추었지만은 여전히 그것은 포스트 소비에트 러시아의 삶의 필요불가결한 것으로 남아 있다.

귀향, 1991

소련을 떠나고 10년 뒤, 나는 레닌그라드에서 살았던 집에 방문하였다. 주 출입구는 막혀 있었고, 깨진 창문에는 「람보 II」, 「엠마뉴엘」, 브라질 드라마인 「노예 이사우라 IV부」를 광고하는 철 지난 비디오 가게의 포스터가 붙어 있었다. 볼쇼이 대로 79번에 위치한 집은 동일하게 보였지만 첫 인상은 실망스러웠고, 별다른 것을 환기시키지 않았다. 이 집은 나의 집이 아니었고, '원본'을 너무도 문자 그대로 잘 모방하여 재미없게 된 사기꾼 같았다. 나는 버스 정류장이 있었던 거리 위에 서 있는 나이 든 여성에게 "여기서 무슨 일이 일어나고 있나요?"라고 물었다. "수

---

60 이 통계는 러시아 뉴스에 의한 것이다(Novosti, August 10, 1993).

리중이에요"라고 그녀는 대답했다(remont라는 단어는 발터 벤야민이 모든 것이 수리 과정 중에 있었던 것처럼 보였던 러시아 여행 중에 배운 첫 단어였다). "언제 시작했나요?" "약 10년 전 혹은 그 전일걸요."

그래서 나는 정문을 통해 집에 들어가는 데 실패했고, 다른 쪽 마당의 부서진 나무 펜스를 통해 몰래 들어가야 했다. 이것이 입구에 대한 내 서사를 대체했고, 마당을 달리 보이게 만들었다. 나는 쓰레기 더미, 전화 줄, 낡은 가구의 일부분들, (아마도 페댜 삼촌의 것이었을) 낡은 슬리퍼들, 1979년 달력의 페이지들, 1960년대 한때 유명한 프랑스 가수가 녹음한 부서진 레코드 음반처럼 지금은 그 목적을 완전히 상실한 완벽한 조직의 파편들인 신비로운 일정표들과 그림들로 둘러싸였다. 내 생각에 나는 그 프랑스 가수의 노래를 알고 있는 것 같다. "Tombait la neige / Tu ne viendrais pas ce soir / Tombait la neige / Tout est blanc désespoir."[61]

쓰레기 사이를 헤치고 나는 올라갔다. 아파트는 기괴하게 보였다. 파티션들의 일부는 떨어져 나갔고, 우리 개인들 간의 공동의 상호작용의 뼈대는 부서졌다. 한때 이웃들을 위한 분리된 입구를 유지하기 위해 벽지 뒤에 숨겨져 잠겨 있었던 잘못된 문들은 열려 있었다. 우리 아파트의 토론장이었던 공동 주방은 크기가 줄어든 듯했고 공동 전화가 있었던 지루하게 긴 복도 역시 그러했다. 십대였을 때 나는 반쯤 열린 문 뒤에서 약삭빠르게 도청했던 호기심 많은 슈라 아줌마를 자극하기 위해 정교한 암호들과 연상적인 암시들을 사용하여 여기서 개인적 대화를

---

61 프랑스 샹송 가수 살바토레 아다모(Salvatore Adamo)가 1963년에 작곡, 노래한 "눈이 내리네"라는 곡이다. 우리나라에서도 많은 가수들이 번안하여 불러 사랑을 받았다. —옮긴이

나누곤 했다. 아파트는 무대 배경처럼 보였고 나의 모든 여행은 예측가능하고 뻔한 것처럼 보였다. 그것을 가정으로 만들었던 것은 공간 그 자체나 집 자체가 아니라 영원히 상실된 거주 방식이었다. 그러나 몇몇의 하찮은 것들이 남아 있었다. 우리의 노란 벽지 위의 단순한 하얀 사각형들과 집의 첫 주인의 '데카당'한 취향을 마지막으로 보여 주는, 천장의 꽃무늬 돋을새김이 그것이다. 불현듯 나는 벽지 위에 그려진 어떤 것을 발견했는데 그것은 꽃병과 창턱 위에 펼쳐진 책, 그리고 빈 중앙이 있는 창틀이었다. 그것은 약 12년쯤 전에 내 친구가 멀리 떨어진 지중해 나라의 유광택 포스터, 지금은 여행적인 키치로 여겨지는 것 주변에 그린 것이었다. 어두운 방에는 창문이 없었고 우리는 이것을 우리의 "유럽을 향한 창"이라 농담 삼아 불렀다.[62] 그때는 우리가 신화적인 유럽으로 보였던 곳으로 망명을 가려고 노력했던, 그러나 동시에 종종 코무날카로부터의 도피가 사실상 불가능하다고 생각되기도 했던 힘든 시기였다. 이제 진짜 외국 것이거나 가짜 외국 것이었던 그 포스터는 지역 술꾼이 훔쳐가거나 해서 사라졌고, 단지 꿈의 골조가 남아 우리와 우리의 이웃들을 그런대로 환기시키고 있었다.

나는 금이 간 주방 유리창을 통해 마당을 보았다. 구멍이 난 검은 발코니는 여전히 건물에 불안정하게 붙어 있었고, 소수의 뿌리째 뽑힌 식물들이 거기에 붙어 살아가고 있었다. 나이든 고독한 술주정뱅이가 지역 젊은이들의 비공식적 회합 장소로 사용되었던 뒤 출입문의 뚫린 구멍을 통해 들어와 걸어 다니고 있었다. 그는 옛 계단 구조물 근처에서

---

62 "유럽을 향한 창"이란 페테르부르크를 지칭하는 말로 표트르 대제는 유럽을 향한 창으로서 페테르부르크를 건설하고, 수도를 내륙 모스크바에서 발트해 연안 페테르부르크로 옮겼다. —옮긴이

소변을 보기 위해 멈추었다. 나는 아파트와 마당, 발코니, 쓰레기, 천장의 꽃무늬 돋을새김 등의 스냅사진을 몇 장 찍었다. 마당 중앙에는 죽음DEATH이라는 단 한 단어가 쓰인, 1940년대에서 온 것처럼 보이는 낡은 트럭이 서 있었다. 나는 트럭 사진이 좋은 사진이 될 거라 생각했지만 그것을 나의 부모님들에게는 보여 주지 않기로 결정했다. 부모님들은 그들의 성년의 대부분을 이 아파트에서 살았다. 그러나 내가 돌아가서 그들에게 페트로그라드스카야 거리에 있는 우리의 옛 집이 수리 중에 있다고 말했을 때 그들은 마치 기억에 대한 나의 다소 인위적인 탐색에서 멀리 동떨어져 있는 듯, 내 말에 매우 무관심한 듯 보였다.

"우리는 사람들이 마당에서 영화를 찍고 있다고 들었어. 아마 렌필름이었던 거 같은데.[63] 그리고 그들은 마당에 오래된 녹슨 트럭을 하나 가져다 놓았지. 필시 전쟁과 레닌그라드 봉쇄에 대한 영화였음에 틀림없어."

"아냐, 아냐, 그것은 어느 날 숲에 갔다가 돌아오지 못한 남자에 대해 쓴 시인 다닐 하름스에 대한 영화였어. 그리고 그후 다닐 하름스는 1937년의 어느 날, 담배 한 갑을 사러 나갔다가 돌아오지 않았지….[64]

63 렌필름(키노 스튜디오 렌필름)은 1914년에 설립된 러시아의 가장 오래된 영화사이다. ―옮긴이
64 다닐 하름스는 러시아의 작가이자 시인으로 1927년부터 1930년까지 레닌그라드(페테르부르크)에서 활동했던 문학그룹 '오베리우'의 멤버였다. 다닐 하름스는 1941년 소련당국에 의해 반역죄로 체포되어 정신병원에 수감되었고 1942년, 레닌그라드가 봉쇄되었을 때 병원에서 기아로 숨졌다. ―옮긴이

3장

일상의 장소들을 쓰기: 글쓰기광

심리학들에 의하면 일종의 병인 글쓰기광은 치유 불가능한 병, 전 세계에 반항하면서 운문, 희곡, 소설들을 쓰려는 악성 충동이다. 이 고귀한 병으로 인해 고통받지 않은 재능이나 천재가 있었는지 내게 말해 달라. 그 어느 글쓰기광 환자든지 간에, 가장 작고 가장 경미한, 오래된 글쓰기광 환자조차도 자신의 약한 마음 깊은 곳에서는 자신의 천재성을 믿는다. 누가 알아서, 누가 미리 말할 수 있겠는가? 셰익스피어나 푸시킨 역시 글쓰기광 환자, 천재적인 글쓰기광 환자였음에 틀림없다. …그들은 단지 운이 좋았을 뿐이다. 그리고 만약 운이 없어서 그들의 작품들이 출판되지 않았더라면 어떻게 되었을까?
— 아브람 테르츠, 「글쓰기광 환자들」

글쓰기광. 형식을 창조하려는 열광(mania)이 아니라 자기 자신을 다른 사람들에게 강요하려는 열광. 권력에의 의지에 대한 가장 그로테스크한 변형.
— 밀란 쿤데라, 『63개의 단어들』

그 누구도 껴안을 수 없는 것을 껴안을 수는 없다.
— 코지마 프루트코프

문학적 질병의 역사

글쓰기광(문자 그대로, 집필광)은 문학적 병, 쓰는 것과 작가가 되려는 것에 대한 제어 불가능한 강박 관념이다. 그것은 독특한 전염병, 위대한 문학Great Literature의 말썽거리 문제이다. 그것의 중대한 약점들은 열광적인 표절, 천재에 대한 질투 그리고 독자와의 가학·피학적인 변태적 관계이다. 글쓰기광 환자는 공통의 장소들common places의 영원한 거주자이자 문학에 대해 저속한 취미를 가진 남자 혹은 여자kitschman or kitschwoman이다. 천재와 글쓰기광 환자 사이의 관계는 일종의 애증의 관계 또는 건강하지 못한 상호의존 관계이다. 글쓰기광 환자의 바이러스는 넓게 퍼져 있고 러시아와 소비에트 문학의 역사가 보여 주듯이 그것을 치유하기는 힘들다.

글쓰기광은 여기서 광범위한 문화적 현상 또는 비판적 비유로 간주될 것이다. 그것은 과도하게 많든 과도하게 진부하든 이념적으로 옳지 않든 문화적으로 부적절하든 간에 그 시대에 있어 건강하지 못한 글쓰기로 간주되는 것을 가리킨다. 글쓰기광의 역사는 단수 형태의 글쓰기 예술과 복수 형태의 글쓰기 예술들 사이, 즉 어떤 문화들에서 민족 정체성의 핵심을 구성하는 文學과 그것을 위태롭게 만들 수 있었던 일상의 글쓰기 사이의 빈약한 관계를 보여 준다.

글쓰기광은 저작의 진부함, 닳고 상투적 표현들commonplaces에 대한 것뿐 아니라 문학 행위의 에티켓 위반에 대한 것이다. 글쓰기광 환자란 문학적 행위에 있어 그 취향이 나쁜 사람, 문학적 의사소통의 열악한 형식이나 자기표현의 양식들을 사용하는 사람이다. 문학적 행위란 존재하는 문학 제도와의 관계 속에서 글을 쓰는 것이다.[1] 보리스 에이헨바움

1 혁명 이전 러시아에서의 '문학적 제도'(literary institution)와 그 기능을 논하는 연구들로는 다음의 것들이 있다. William Mills Todd III, "Institutions of Literature in Early Nineteenth-Century Russia: Boundaries and Transgressions", *Literature and History: Theoretical Problems and Russian Case Studies*, ed. Gary Saul Morson, Stanford: Stanford University Press, 1986, pp.57~89; William Mills Todd III, "Literature as an Institution: Fragments of Formalist Theory", *Russian*

은 "귀족적인 아마추어 시 애호가"부터 전문 작가들의 출판 작품, 그리고 1920년대 후반 언론인들이 당대 사건들에 대해 쓴 신문 기사까지 이르는, 문학적 의사소통의 변화 형식 속에서 제시되는 문학의 연극적 삶과 가정적 삶을 구분한다.[2] '나쁜 작가'를 만드는 것은 문학적 상호작용의 과도한 '가정화'나 주어진 역사적 순간에 부적절한, 비상식적인 연극화가 될 수 있다. 개인의 병보다 더 위중한 글쓰기광 환자는 공공의 위협이다. 그것은 저술과 출판(혹은 출판하지 않는 것) 사이, 저술과 자기표현 사이의 긴장을 극화한다.

글쓰기광은 문학적 상투성을 서툴고 적절하게 다루는 것, 과도함에 대한 것이다. 즉 너무 많이 쓰는 것, 너무 많이 표절하는 것, 너무 과도하게 작가처럼 행동하는 것에 대한 것이다. 작가적 경험에서의 이 과도함은 감동적이거나 풍자적이거나 당황하게 하거나 폭로적인 것이 될 수 있다. 글쓰기광은 작가 및 강력한 문화적 위신을 가진 인물로서의 자기 긍정 및 자기 형성의 방법으로 기능한다. 글쓰기광은 또한 미학적 해방을 위한 자멸적 시도로 변모할 수 있다. 글쓰기광은 글쓰기와 자아 형성 사이의 관계의 문제, 문학의 경계들의 문제를 제기한다. 글쓰기광의 역사는 패러디에서 모방, 소원함에서 참여에 이르는, 상투성에 대한 태도에서의 뉘앙스의 진폭을 드러낸다.

Formalism: A Retrospective Glance, eds. Robert Louis Jackson and Stephen Rudy, New Haven: Yale University Press, 1985, pp.25~26; *Literature and Society in Imperial Russia*, ed. William Mills Todd III, Stanford, 1978; William Mills Todd III, *Fiction and Society in the Age of Pushkin*, Cambridge, Mass: Harvard University Press, 1986.

2 Boris Eikhenbaum, "Literaturnaia domashnost'", *Moi vremennik: slovesnost', nauka, kritika, smes'*, Leningrad, 1929, pp.82~86. 에이헨바움이 든 예는 푸시킨 시대의 시인인 야지코프(Iazykov, Nikolai Mikhailovich)이다. 야지코프는 자신의 시들을 출판하는 것에 반대하였고 전문적인 문학자가 되길 원치 않았으나, 푸시킨에 의해 장려된 새로운 유형의 작가였다.

러시아에서 문학은 항상 주요한 정치적·민족적 중요성의 문제였다. 도시 풍경에서 시인의 동상들은 차르와 당 지도자들의 동상들과 경합한다. 1991년 8월의 쿠데타를 일으킨 장본인을 포함하여 최근의 수많은 소비에트 당 지도자들이 가명으로 작품을 썼던 작가들이었다는 사실은 우연이 아니다. 예컨대 브레즈네프는 3부작의 긴 회고록을 썼다. 한때 KGB의 수장이었고 소련 공산당 제1서기관이었던 안드로포프는 탐정 소설에 빠져들었다. 악명 높은 긴급 위원회의 멤버 중 한 사람인 야조프Yazov는 "오세네프"('가을의'이란 뜻)라는 필명으로 서정시를 썼던, 소련 최고회의의 의장이었던 루키아노프Lukianov와 마찬가지로 시인이었다. 문학적 명망은 천재와 글쓰기광 환자, 러시아 문학의 왕관의 합법적 왕위 계승자와 절박한 사기꾼 사이의 대결상황을 만든다. 타인에 의한 조롱과 자기 조롱의 희생자인 나쁜 작가는 러시아의 문화적 신화학에서 가장 애처로운 주인공 중 하나이다. 그러나 글쓰기광 환자와 천재 간의 차이가 항상 명확한 것은 아니다.

영어 사전에는 심지어 글쓰기광에 대한 항목조차 없다. 이 특이한 광적인 사람은 '미국 유산'의 일부가 아닌 듯하다. 반대로 소련과 동부, 중부 유럽 국가들에서는 강박 관념은 아닐지라도 이 개념에 대한 분명한 선취점이 있다.[3] 비록 강박적인 글쓰기의 관행이 역사를 거슬러 올라갈지라도 그것의 위험성이 날카롭게 지각된 때는 근대 초의 시기, 특히 문어가 천재의 징표와 예술적인 독창성의 인印으로서 새로운 신성함을 획득했던 낭만주의의 출현과 함께였다. 강박적인 글쓰기에 대한 비

---

3 『로베르 대사전』(Le Grand Robert Dictionary)에 의하면 'graphomanie'의 연대는 1782년으로 추정되고, 형용사 'graphomane'은 20세기 초에야 나타난다. 옥스퍼드 영어 사전은 1827년의 책 제목에서 'graphomaniac'을, 1840년의 잡지 논문에서 'graphomania'를 인용한다.

평은 인구 중 식자율의 확산과도 일치한다. 이와 관련하여 끊임없이 자신들만의 목소리를 찾으려고 글을 쓴 18세기 영국의 수많은 하인 및 '숙녀-작가들'에 대해서 생각해 볼 수 있다. 글쓰기광은 문화 및 예술 현상들의 치료의 시기인 19세기 무렵 진단되었다. 막스 노르다우는 이것을 데카당 혹은 퇴화의 병, 문체적 측면에서 은유를 남용하는 에로틱한 글을 쓰려는 충동을 그 특징으로 하는 '서간광'書簡狂으로 스스로를 드러내는 심리언어학적 이상이라고 부른다. 글쓰기광 환자는 그/그녀의 정신적·도덕적 질병을 제외하곤 아무것도 쓸 것이 없음에도 불구하고 쓰려고 하는 만족할 줄 모르는 욕망으로 괴로워한다.[4] '정신적'인 것과 '도덕적'인 것의 병치는 매우 흥미로운 사실을 보여 준다. 몇몇 세기의 전환기에 그 예술적 자질이 어떠하든 간에 비실용적인 종류의 글쓰기, 과학적 조광증을 지닌 노르다우와 같은 의사들은 초자연적인 이상으로 기울어진다. 이 특이한 타락 이론에 따르면 어떤 작가든지 간에 아픈 남자 혹은 히스테리를 가진 여자이고, 항상 글쓰기광의 직전에 있다. 반대로 러시아와 동유럽, 중앙 유럽의 글쓰기광은 의학적인 질병이 아닌 문화적 질병이다. 글쓰기광은 민족 문학의 건강한 정전을 유지하기 위해 필수적인 차별적 용어이다.

나쁜 글쓰기라는 개념이 다만 문제적이기만 한 것은 아니다. '조광증'mania은 더욱 복잡하다. 그리스어에서 그것은 신성한 영감, 엑스터시, 광기를 의미한다. 사랑에 대한 소크라테스의 두 번째 말에서 플라톤은 그의 "현대 시기에" 조광증이 오해되었다고 한탄한다. 그것은 "빛나는

---

4 Max Nordau, *Degeneration*, NY: H. Fertiq, 1968. 이 책에 관심을 갖게 해준 찰스 베른하이머(Charles Bernheimer)에게 감사한다.

것", "신들의 선물"이자 "신성한 인도의 기호"이다. 나아가 진실한 시인은 그 영혼 속에 "뮤즈의 광기mania"가 없이는 존재할 수 없다. 시인이 단지 "아트"techne, technique에만 의존할 수 없기 때문이다.[5] 사실 현대 유럽어에서 조광증의 의학화는 새로운 것을 알게 하는 계시적 용법이다. 만약 우리가 언어적 잠재력과 유희하여, '글쓰기광 환자'라는 단어가 다른 역사적 순간에 나타났다고 상상한다면, 그것은 신성하게 인도된 시인을 의미할 수도 있을 것이다. 이러한 환상적인 추측 속에서 천재들과 글쓰기광 환자들은 그 역할을 교환할 수 있었을 것이다.

이 작은 언어 게임은 글쓰기광 진단의 결정적 불안정성을 가리킨다. 신드롬은 미학과 병리학, 사적 집착과 공적 괴롭힘 양자의 경계를 가로지른다. 이것은 글쓰기의 변화하는 역사적 지위와 문학의 성장하는 위신을 지시하는 중요한 문화적 징후이다. 누군가는 인용부호 안에 있는 글쓰기광과 인용부호가 없는 글쓰기광을 구별하려고, 혹은 '글쓰기광'을 구성하는 두 주요한 근원 ─ 작가를 몰아붙이는 것은 글쓰기에 대한 사랑 혹은 집착인가, 낙서를 향한 열정 혹은 권력에의 의지인가 (전자는 '글을 사랑하는 자들'로, 후자는 조건부로 '낙서광'이라 불릴 수 있다) ─ 에 따라 전문가들을 묘사하려고 노력할 것이다.

밀란 쿤데라와 안드레이 시냡스키는 동과 서의 글쓰기광에 대한 대안적 묘사를 제시한다. 『웃음과 망각의 책』에서 쿤데라는 "실제로는 아무것도 일어나지 않는… 중요한 사회적 변화가 절대적으로 부재하는" (즉 1970년대 말의 서유럽) 국가들에서 자기 자신에 대한 셀 수 없는 책들

---

5 Plato, *Phaedrus*, 244~245, NY: Macmillan Publishing Company, 1956, p.26. [플라톤, 『파이드로스』, 김주일 옮김, 이제이북스, 2012]

을 쓰고 출판하는 서구의 조광증에 대해 쓰고 있다. "만약 전반적인 고립화가 글쓰기광을 야기한다면 대중적인 글쓰기광은 전반적인 고립화의 감각을 강화하고 악화시킨다. 인쇄의 발명은 원래 상호 이해를 촉진시켰다. 글쓰기광의 시대에 책을 쓰는 것은 상반되는 효과, 즉 거울 벽이 모든 목소리들을 차단해 버리듯이 모든 사람들이 자신의 책들로 자기 자신을 둘러싸는 효과를 지닌다."[6]

이러한 글쓰기는 다른 사람들과 소통하려는 것이 아니라 그 어떤 종류의 인간적인 의사소통을 방해하려는 것이다. 이는 자기광고의 형식, 자아와 그것의 개인적 변형들에 대한 끊임없는 작문이다. 쿤데라는 불면으로 고통받으면서 고통스런 밤들을 ─ 손자들을 위한 가족 연대기의 방식이 아니라 (그들은 "그것에 눈꼽만큼의 관심도 없다") ─ 자신의 삶에 대한 책을 쓰는 데 할애하는 파리의 택시 기사를 만난 경험에 대해 말한다. 글쓰기광은 편지, 일기, 혹은 가족 연대기를 쓰는 것(자신 혹은 자신의 가까운 가족들을 위해 쓰는 것)에 대한 욕망이 아니다. 그것은 책을 쓰려는(미지의 독자들이라는 대중을 갖고자 하는) 욕망이다. 이런 의미에서 택시 기사와 괴테는 동일한 열정을 공유한다.[7]

작가이자 1960년대의 유명한 반체제인사인 안드레이 시냡스키에 따르면 글쓰기광을 조장한 것은 국가의 검열인데 왜냐하면 검열은 출판되지 못한 작가에게 "인정받지 못한 천재"이자 전체주의의 희생자가 될 기회를 주기 때문이다. 「글쓰기광 환자들」Graphomaniacs이란 이야기에

---

6 Milan Kundera, *The Book of Laughter and Forgetting*, p.92.
7 *Ibid.* 책의 다른 곳에서 쿤데라는 비록 그들과 관련하여 명백하게 '글쓰기광 환자'라는 용어를 사용하지는 않지만, 전체주의의 글쓰기광 환자들, 특히 낭만주의적인 시인-순응주의자들의 허구적 형상들을 제공한다.

서 글쓰기광 환자들의 클럽의 수장인 갈킨은 이를 다음과 같이 지적한다.

우리는 놀라운 나라에서 살고 있다. 모든 사람들이 쓰고, 또 쓰고, 심지어 학생들과 연금생활자들마저 쓴다.…우아한 문학적 표현을 향한 일반 대중의 성향. 당신은 이에 대해 우리가 누구에게 고마워해야 하는지 아는가? 바로 검열이다! 검열은 우리의 어머니이고, 우리 모두를 어루만지는 소중한 존재이다. 외국에서 상황은 좀 더 단순하다. 어떤 귀족이 자유시를 쓴 작은 책 한 권을 출판하면, 그것은 즉시 그 책이 쓸모없다는 것에 대한 증거가 된다. 아무도 그 책을 읽지도, 사지도 않고 귀족은 유용한 노동, 정력적인 일, 구강의학에 분주할 것이다.…그러나 우리는 우리의 전 생애를 즐거운 무시 가운데 살아가고 희망으로 스스로를 즐겁게 한다.…악마에게나 잡혀갈 국가 그 자체가 당신에게 당신을 인정받지 못한 천재로 인식할 권리 ― 이 얼마나 귀중한 권리인가! ― 를 준다.[8]

비록 체코슬로바키아와 소비에트 러시아로부터 망명한 두 망명자들이 각각 다른 각도에서 글쓰기광에 대해 쓰고 있지만 여기서 중요한 사실은 그들이 상문학의 문화high literary culture를 얼마나 크게 평가하는가이다.

현대의 망명 작가 사샤 소콜로프는 "우리(러시아)가 이해하는 좋고 오래된 칭호인 '글쓰기광 환자'가 현지(미국) 언어에 존재하지 않는다"고 쓰고 있다.[9] 18세기, 19세기의 영국, 프랑스, 독일 작가들은 '삼류시

8 Abram Terz(Andrei Sinyavsky), "Grafomany", *Fantasticheskie povesti*, Paris, NY; Inter-Language Literary Associates, 1967, p.80.
9 *The Third Wave*, ed. Olga Matich with Michael Heim, Ann Arbor: Ardis, 1984. 이 책에 관심을 갖

인'과 '여성시인', 다양한 접미사를 가진 모든 종류의 순수하지 않은 시인들, 글쓰기광의 표지들에 대해 풍자적인 언급을 하고 있다. 그러나 이런 풍자들은 (아마도 호르헤 루이스 보르헤스를 제외하고는) 유명해지지 않았고, '글쓰기광'이란 단어 자체는 구식이 되었다. '나쁜 작가'라는 상투적인 인물은 우리가 서투른 배우, 나쁜 경찰, 가짜 카우보이, 아마추어 갱스터, 또는 누군가의 사운드트랙에 맞추어 립싱크를 하고 노래를 표절하는 록 뮤지션을 발견할 수 있는 현대 서구의 신화학에서는 거의 존재하지 않는다. 글쓰기광은 비디오광에게 양보하였다. 쓰는 것에 대한 집착은 시대착오이자 스페인 독감과 같은 이국적인 질병이다.

러시아에서의 글쓰기광의 지속성과 생존은 모든 악조건들에도 불구하고 예술과 미학적 해방의 가능성에 대한 뿌리 깊은 국가적 믿음과 관련된 많은 것을 우리에게 말해준다. 러시아 문학전통에서 글쓰기광 환자는 모든 위대한 러시아 고전의 또 다른 자아이다. 많은 작가들이 나쁜 작가라는 원형적 인물을 창조하는 데에 상당량의 영감을 투자하고, 허구적인 글쓰기광 환자의 이름으로 나쁜 시 혹은 나쁜 산문을 쓰는 것에서 고의적인 기쁨을 누린다. 여기서 나는 황금세기부터 은세기, 그리고 마지막으로 포스트-글라스노스트의 전자 시대까지 러시아 문학의 대안적인 역사를 제공하는 걸출한 글쓰기광 환자들의 화랑을 제공할 것이다.[10] 글쓰기광은 추상적으로 진단될 수 없다. 글쓰기광에 대해 쓰기 위해서는, 질병을 극화하기 위해서는 글쓰기광 환자의 형상을 창조해야 한다. 나쁜 작가라는 모순적인 인물을 창조하는 것은 언어의 악마

게 해준 도날드 팡거에게 감사한다.
10 황금세기는 푸시킨, 고골, 투르게네프, 도스토옙스키, 톨스토이를 포함하는 19세기 러시아 문학을, 은세기는 모더니즘 시대와 겹치는 20세기 초를 일컫는다. —옮긴이

라는 악령을 쫓고 상투성이라는 보이지 않는 유혹과 관습성에 대항하여 싸우는 길이다. 많은 작가들이 문학적 전설이 되었던 가명들을 창조해 냈다. 동시에 많은 허구적 글쓰기광 환자들이 뒤이어 실제 삶을 얻었다. 글쓰기광은 작가와 인물, 작가와 그의 복수의 페르소나 및 가명들, 낭만주의적 천재들과 글쓰기광 환자들을 구현하는 허구적이고 반半허구적인 자아들 사이의 관계를 복잡하게 만든다. 20세기에 자기 스스로가 자초한 글쓰기광은 러시아와 소비에트 러시아의 아방가르드 전통에 대한 독특한 통찰력을 제공한다. 반면 결코 인정받지 못한 아방가르드 이후 세대 작가들의 글쓰기광은 사회주의 리얼리즘의 경험과 작가들의 윤리적·미학적 타협을 설명할 수 있는 어떤 실마리를 제공한다.

모든 다양성에도 불구하고 글쓰기광의 한 인물이 불변으로 남아 있고, 이것이 문학 제도들을 곤란하게 만든다. 아직 쓰이지 않은 다른 문화들에서의 글쓰기광의 비교사는 문학과 정치 사이의 상호작용을 가장 잘 드러내는 역사가 될 것이다. 글쓰기라는 골칫거리는 공식 기관에 의해 무해한 것으로 만들어질 수 있다. 그것은 웃음에 의해 묵살되거나, 가담되거나, 폭력적으로 파괴될 수 있다. 글쓰기광 환자는 순응주의자이자 동시에 버림받은 자가 될 수 있다.

나의 불완전한, 그러나 재현적인 글쓰기광 환자들의 화랑에는 19세기 러시아에서 가장 다작한 작가인 흐보스토프 백작Count Khvostov이 있다. 또한 푸시킨의 『예브게니 오네긴』의 낭만주의 시인 렌스키, 도스토옙스키의 『가난한 사람들』의 동정을 불러일으키는 애처로운 편지 작가 마카르 데부시킨, 『악령』에서 도덕적 우화와 경구를 쓰는 폭력적인 작가 레뱌드킨 대위, 알렉세이 톨스토이와 그의 사촌들이 창조한 문학적 페르소나인, 19세기의 가장 유명한 글쓰기광 환자인 코지마 프루트코프Koz'ma Prutkov, 체호프의 주부들과 나보코프의 여류시인이자 정신과 의사인 리자 프닌-윈드Liza Pnin-Wind를 포함하는 여성 낙서광들, 스탈린이 좋아한 영화 「볼가, 볼가」Volga, Volga에서 이상화된 민요가수이자 우편 집배원인 스트렐카Strelka, 자신들의 문학적 게임을 위해 삶을 바친 마지막 아방가르드 시인이자 모순적이고 전복적인 글쓰기광 환자들인 올레이니코프Oleinikov와 하름스, 사회주의 리얼리즘 작가들, 글라스노스트의 전령자들, 아브람 테르츠Abram Tertz의 글쓰기광 환자들의 클럽 멤버들이 있다. 마지막 두 예들은 향수를 불러일으키는 러시아 망명자로서 파트-타임 접수담당자이자 낭만적인 대학원생 그리고 1991년 여름, 우리의 기억할 만한 여정 동안 나와 함께 자신의 전 작품을 공유한 포스트소비에트의 택시 기사이다.

잊혀진 고전들

자신의 텍스트들과 실제 삶 둘 다에서 첫 번째로 광범위하게 패러디된 나쁜 작가들 중 하나는 흐보스토프 백작으로 그의 작품들은 18세기와 19세기를 잇는 것으로 평가된다. 동시대인들은 그를 '그라포프'(러시아어로 '백작'은 '그라프'이다)라는 별명으로 불렀는데 이것은 그의 과시적인 귀족주의와 글쓰기광이란 명칭이 나타나기 이전, 그의 글쓰기광에 대한 이중의 말장난으로 여겨질 수 있다.[11] 모든 경우에 있어 이 송시 작

---

11 '글쓰기광'이란 단어는 1822년의 『아카데미 러시아 사전』(The Russian Dictionary of the Academy)에 기재되지 않았으나 당시의 러시아 시인들은 다작의 작가들에 대한 코믹한 신조어를 창조하기 위해 프랑스어 혹은 모국어로 고전적 어근들을 가지고 유희하면서, 이 단어에 익숙해졌다. 비록 흐보스토프 별명의 언어적 모호함이 당시에 지각되지 않았을지라도 이것은 나쁜 글쓰기에 대한 이론적 은어의 유행을 개척한 아주 적절한 말로 판명되었다. 윌리엄 밀 토드 3세(William Mills Todd

가는 매우 많은 작품을 썼고 19세기 다른 어떤 작가들보다 오래 살았다. 흐보스토프 백작은 낭만주의 시인의 위신을 선택한 18세기 신사, 즉 시대착오적인 존재이다. 그는 친구들에게 자신의 문학작품들을 보내는 18세기의 관습을 선택하였고, 자신의 작품들로 친구들을 집어삼켰다. 그는 매일의 수당을 지급하고 때로 그가 학자의 위치를 부여하는 일련의 찬양자 서클을 유지하였다. 그는 크론시타트[12]의 선원들에게 자신의 대리석 흉상을 보냈고 전 러시아에 자신의 초상화를 배포했다.[13] 흐보스토프는 푸시킨 세대의 시인들이 썼던 많은 경구의 풍자적 주인공으로 더 잘 알려져 있는데, 이 시인들에게 그는 "신성한 어리석음"으로 의인화되었다. 만약 흐보스토프 백작이 존재하지 않았다면 그는 고안되었을 거라는 생각이 든다. 그는 문학적 인물로서, 수많은 허구적 글쓰기광 환자들의 실제 사건뿐 아니라 신화적 조상으로서 러시아 문학의 역사 속에 살아 있다. 흐보스토프 백작은 그가 자신의 시대의 문학적 에티켓을 넘어섰고 시적인 상투어를 남용했기 때문에 조롱받게 되었다.

러시아 문학어의 창립자로 추앙받는 푸시킨 또한 상투어와 클리셰의 문제에 심각하게 직면한 첫 시인들 중 하나였다. 만약 보들레르가 '진부함을 고안하는 것'만 꿈꾸었다면, 푸시킨은 사실상 그렇게 하지 않

III)는 흐보스토프에 대한 묘사에서 '글쓰기광 환자'라는 단어를 실제로 사용하고 있다. William Mills Todd III, *The Familiar Letter as a Literary Genre in the Age of Pushkin*, Princeton: Princeton University Press, 1976, p.56.

12 레닌그라드 주에 있는 군항도시로 핀란드 만에 있는 코틀린 섬에 위치한다. ―옮긴이

13 Iurii Tynianov, *Poetika, Istoriia literatury, kino*, Moscow: Nauka, 1977, p.306. 푸시킨의 「흐보스토프 백작을 향한 송시」("Ode to Count Khvostov")에 관한 논의에 대해서는 *Pushkin i ego sovremenniki*, Moscow: Nauka, 1968, pp.105~108를 참조하라. 구식의 것과 동의어로서의 '흐보스토프'라는 이름의 사용에 대해서 저자는 다음의 저서에서 논의된 카람진, 푸시킨, 큐헬베케르의 편지를 참고하고 있다. William Mills Todd III, *The Familiar Letter as a Literary Genre in the Age of Pushkin*, pp.55~56, pp.96~97, pp.175~176.

았다. 그는 교육받은 러시아인들의 상투어와 '민족의 지혜의 표현들'이 된 것들을 러시아어에 소개하였다.

『예브게니 오네긴』에서 푸시킨은 삶과 예술에서의 낭만적 클리셰를 평범하게 실천하는 형상인 렌스키라는 러시아 문학의 첫 '실패한 시인들' 중 하나를 창조하였다. 렌스키는 또한 자살하거나 결투에서 죽거나 정치적 이유로 인해 처형되었던 19세기, 20세기의 실제 시인들의 기이한 전형이 된 비극적 운명으로 인해 고통받은 첫 번째 형상이었다. 렌스키의 초상화는 낭만적인 클리셰들로 구성되었다. 그는 아름다운 어두운 색의 곱슬머리를 가지고 있고 마음속에는 자유와 피난처, 매력적인 순진무구함을, 영혼 속에는 열정을 지닌 인물이다. 그는 시를 쓰고, 칸트를 숭배하며, 임의의 낭만적 소설에서 찾아볼 수 있기 때문에 굳이 화자가 묘사할 수고를 하지 않는 금발의 러시아 미녀를 사랑한다. 렌스키의 상투성은 만약 매력적이지 않다면 무해한 것으로 나타나지만, 이것이 부분적으로 그의 죽음의 원인이 된다. 결투에서의 렌스키의 어리석은 죽음은 또 다른 사회적·미학적 클리셰의 음모의 결과이자 고귀한 행위와 삶과 문학 간의 매끈한 관계를 영속화하는 낭만주의적 자기형성의 결과이다.

결투 전날 밤 렌스키는 비가, 낭만적 상투어로 가득 찬 일인칭 고백을 쓴다.

내 봄의 황금빛 나날들이여,
어디로, 어디로 멀어져갔는가?
다가올 날이 나에게 무엇을 말하는가?
나의 시선은 그것을 헛되이 잡으려 한다,

깊은 암흑 속에 그것은 숨어 있다.

필요 없다. 운명의 법칙은 정당하니.

화살에 관통되어 쓰러지든

혹은 그것이 나를 지나치든

다 좋다. 불면과 꿈의

결정의 시간이 오고 있으니.

염려의 나날들도 복되고

다가오는 어둠도 복되거늘!¹⁴

렌스키의 비가는 카람진, 괴테, 바라틴스키, 큐헬베케르, 주콥스키의 언급들과 시행들을 결합한 것이다.¹⁵ "이것이 우리가 '낭만주의'라고 부르는 것이다, 비록 여기에서 내가 낭만주의를 많이 발견할 수는 없지만 말이다"라고 화자는 자신의 괄호 안 결말에서 반어적으로 말한다. 렌스키의 비가는 클리셰에 대한 모순적인 낭만적 태도—낭만주의의 상투어commonplace에 대한 용인할 수 없는 빚과 결합된 군중의 공통의 언어

---

14 Alexander Pushkin, "Evgenii Onegin", *Sochineniia v trekh tomakh*, trans. John Henriksen, Moscow, 1955, vol. 3, ch. 6, p.107. [알렉산드르 푸시킨, 『예브네긴 오네긴』, 김진영 옮김, 을유문화사, 2009]

15 렌스키의 비가의 상호 텍스트성에 대한 상세한 연구에 대해서는 다음을 참조하라. Iurii Lotman, *Roman Pushkina Evgenii Oneguin*, Leningrad: Prosveshchenie, 1983, p.299. 렌스키의 시는 낭만주의의 고정된 관용적 표현들의 열거로서 처음으로 묘사되고 있다. 여기에서 모든 직유들과 비유들은 관습적이다. "순진한 처녀의 생각처럼 명확한", "달과 같은", "달은 신비의 여신이다" 등. 여기서 직유과 은유는 완전히 자동화되어서 거의 어리석을 정도로 축소되어 제시된다. 푸시킨이 이 탤릭체로 쓴 것들은 상투적 표현들과의 거리를 보여 주고, 화자가 패러디하는 낯선 언어로 이것을 유표화한다. "Je ne sais quoi"(그 무엇)과 "안개 낀 먼 곳"은 푸시킨이 운문 형식의 유희적·구어적·산문적 문제와 꼬아서 짜 내는 고양된 낭만적 문체의 인용들이다. 다른 한편으로 소설의 초기 버전에서 렌스키는 푸시킨의 유형 간 친구들인 데카브리스트들과 많은 관점을 공유하는 정치적 자유사상가로 그려졌다. 이것은 나아가 낭만주의와 푸시킨의 관계, 그리고 반(反)자전적인 정치적 견해에 대한 추정과 자유를 향한 투쟁을 포함하는 푸시킨의 자기-형성과도 관계된다.

에 대한 비난—를 반영한다. 동시에 렌스키의 비가에서 죽음에 대한 기대와 사랑하는 이에 대한 작별은 '문학적 사실' 이상의 것으로 판명된다. 그의 낭만적인 상투어들은 그의 실제 운명을 예고하기 때문이다. 이 낭만적 관습들을 있을 법한 일로 만들려고 렌스키가 원하기 때문에 그는 그 자신의, 혹은 그가 창조적으로 모방한 시적 수사에 따라 사는 것으로 끝이 난다. 렌스키의 죽음은 낭만주의의 진부함에 대한 풍자적인 태도의 결과이다.

푸시킨은 렌스키의 관습적인 시 텍스트를 일상의 산문적 맥락 속에 놓는다. 시를 쓰느라 밤새도록 잠을 자지 못해 피곤한 젊은이는 "이상"에 대해 생각하면서 졸음 속으로 빠져든다. 낭만적인 영감의 장면이 일상의 글쓰기의 코믹한 장면으로 변한다. 렌스키는 낭만적인 자기형성이라는 자신의 유일한 양식을 허물어뜨리는 매력적인 모순으로 묘사된다. 그는 박식한 시인이며 "마음속의 일에 대해서는 무지한 사랑스런 젊은이"이다. 그의 세속적 포즈가 그의 순진함을 감춘다. 렌스키는 구체화된 패러디가 아니다. 화자는 그로부터 일정 수준의 아이러니한 거리를 유지하지 않는다. 렌스키에 대한 화자의 태도는 낭만적 클리셰에 대한 태도처럼 변화한다. 최후의 순간에 푸시킨은 렌스키의 비가를 자신의 텍스트 속으로 받아들인다. 푸시킨은 자신의 운율의 보격과 리듬 속으로 렌스키의 비가를 흡수한다. 패러디는 렌스키의 시를 향한 것이 아니라 시인으로서 자신을 양식화하려는 것을 향하는 것이다.

장의 마지막에서 수다스럽고 고백적인 사기꾼이자 푸시킨의 또 다른 문학적 자아인 화자는 렌스키의 비가의 모티프로 돌아가 푸시킨 삶의 몇몇 전기적 사실들 속으로 그것을 가져온다. 화자의 마지막 비가적 연에서 그는 삶에 대한 몇몇 사색적 고찰과 함께 mladost'(젊음)과

sladost'(달콤함)이라는 관습적 운韻과 같은 시적 상투어들과 자기 의식적인 유희를 결합한다. 우리는 쏜살같은 젊음과 그것의 이상들에 대한 진부함을 재검토하도록, 그리고 작가와 함께 그것들의 비극적 평범함 속에서 살아가도록 초청된다. 이 장 마지막 무렵에서 푸시킨은 진부함의 사실주의적인 재발견을 향해 움직인다. 푸시킨의 작품 속에는 일반적인 행복으로 이끌지 않는 어떤 비낭만적인(그리고 범속하지 않은non-poshlye) 일반적인 방식들에 대한 향수가 있다. 푸시킨은 때로 그가 젊은 시절의 친구들에게 보냈던 편지 속에 있는 말과 같은 단어들을 도용하면서, 혹은 이 표현들을 자신의 허구적 여주인공들에게 주면서, 종종 샤토브리앙을 인용한다("일반적인 방식들 속에 있지 않은 행복은 없다"). 그러나 일반적인 방식들은 행복에 대한 평이한 1차적 담화를 제공하기보다는 교차로를 제공한다. 유리 로트만은 푸시킨의 "일반적인 방식"의 모호함을 다음과 같이 지적한다. "일반적인 방식들의 형상은 삶의 건강한 산문과 범속한poshlaia 방식 사이에서 흔들리는 이중의 것으로 나타나고, 이에 상응하여 그것들에 대한 반항은 때로는 낭만적 에고이즘의 형태를 취하거나, 때로는 자유를 향한 자연스런 인간의 필요로서 등장한다."[16]

일반적인 행복에 대한 추구—여기서 '일반적인'은 '공유된'의 의미가 아니라 '평범한'의 의미를 지닌다—는 속죄의 고통을 추구하는 것에 사로잡힌 러시아 문학에서 푸시킨의 다른 플롯이나 기획과는 달리 일반적인 토포스가 되지 못했다.

긴 시의 마지막에서 푸시킨은 산문을 쓰려는 열망을 표현한다. 만

16 *Ibid.*, pp.350~351.

약 시인-푸시킨이 삶과 사랑 둘 다에서 시인이 되려는 강박관념에 사로잡힌 낭만적인 시인-글쓰기광 환자를 만들어 낸다면, 산문작가-푸시킨은 유명한 『벨킨 이야기』Belkin Tales의 작가인 이반 벨킨 혹은 『고류히노 마을의 역사』History of the Village of Goriukhino의 이름 없는 작가와 같이 다른 사람들로부터 들은 이야기를 기록하는 산문작가-복화술사라는 일련의 형상들을 창조한다.[17] 고류히노 연대기의 저자는 문학의 형상이 아닌 문학가라는 매력적이고 화려한 형상에 매혹되어 있다. 그는 영락한 지주라는 출신 배경을 지니고 있고 그의 문학 교육은 지역 교회지기로부터 교육받은 것, 기숙학교에서 세 달 동안 배운 것, 점성술부터 문법, 유명한 속담, 산발적인 음란한 일화들과 도덕적 이야기들까지 모든 주제에 대한 초보적인 정보를 포함하는 18세기의 유명한 개론서인 N.G. 쿠르가노프의 『최신 입문서』Newest Primer를 열심히 읽은 것이 전부이다.[18] 고류히노에서 온 신사는 무엇이든 그가 생각해 낼 수 있는 것으로 각각의 페이지를 채우겠다는 굳은 결심을 하면서, 스스로를 공책으로 만드는데, 이것은 글쓰기광을 위한 완벽한 처방이자 영광을 추구하면서 흰 페이지를 앞에 놓고 고심하는 것이다. 그는 장르에서 장르로, 반쯤 숙달한 관습에서 다른 것에 대한 반쯤의 무관심으로 옮겨 다닌다. 바이킹족의 류릭 왕자에 대한 서사시로 시작했다가 세 번째 줄에서 멈추어 그는 비극으로 방향을 전환하고(비록 여전히 류릭에 대해 쓸지라도), 그 후엔 다

---

17 Alexander Pushkin, "Istoriia sela Goriukhina", Sochineniia, vol. 3, pp.288~304.

18 쿠르가노프(N.G. Kurganov)는 러시아의 계몽주의자, 교육학자, 수학자, 상트 페테르부르크 아카데미 회원, 해군으로 여러 교과서들을 쓴 작가이기도 하다. 그가 쓴 책들 중 가장 유명한 것이 위에서 언급된 『입문서』(Pis'movnik)로, 이 책은 러시아어 습득을 위한 일종의 문법서이지만, 책에는 러시아어와 관련된 내용들뿐 아니라 여러 교육적이고 오락적인 내용들이 포함되어 있기도 하다. ─옮긴이

시 실패할 것이 분명한 발라드를 시도한다. 마침내 그는 역사를 쓰는 것에서 자기 자신을 발견한다. "재판관, 세기와 사람들의 목격자이자 예언자가 되는 것은 내게 있어 작가에게 가능한 최상의 위치로 보였다."[19] (이미 완성되었기 때문에 표절이 될 것이 분명한) 세계사를 쓰는 대신에 그는 그가 태어난 마을인 고류히노의 역사를, 러시아 삶에 대한 일종의 소우주를 쓰기로 결심한다.

지역 일화, 구술 신화, 문서의 기록인 마을의 역사―러시아 역사 혹은 그와 동등하게 '고귀하고 영광스런' 어떤 것의 역사에 비교되는 미시사―를 쓰는 것은 장르의 문제를 소환한다. 푸시킨의 '산문 집필'의 핵심인 허구와 역사 사이의 망설임은 화자의 비완결된 '역사' 속에서 익살스러운 역할을 한다(러시아어 단어 '역사'는 이야기와 역사 둘 다를 의미하는데, 이 경우 이 모호함이 유지될 필요가 있다). 기묘하게도 푸시킨의 반문학적 글쓰기광 환자는 푸시킨 가족의 마을 역사로부터 온 실제 에피소드들을 말한다. 이는 마치 유머와 허구의 도움을 받아야만 『고류히노 마을의 역사』가 정당화되고 작가적 기획이 될 수 있는 듯 여겨진다. 이러한 장르적 망설임과 산문 작가의 자기 양식화의 망설임은 예를 들어 『대위의 딸』, 『푸가초프 반란사』와 같이 허구와 역사라는 '이중의 텍스트'로 귀결되는, 역사를 포함하는 푸시킨의 후기 작품들의 특징이다.[20]

『고류히노 마을의 역사』의 연대기 작가는 우리에게 마을 문학가들의 몇몇 형상을 제공하는데 왜냐하면 고류히노에서 "과학, 예술, 시는

19 Ibid., p.294.
20 러시아 문학 전통에서 역사와 허구의 이중 텍스트에 대한 논의는 다음을 참고하라. Andrew Wachtel, An Obsession with History: Russian Writers Confront the Past, Stanford: Stanford University Press, 1993.

고대 이래로 융성했기 때문이다". 지역 인물들 중 하나는 대머리 아르힙으로 "그의 부드러운 작품들은 베르길리우스의 전원시보다 열등하지 않고 상상력의 아름다움에 있어서 수마로코프[21]의 목가들보다 훨씬 낫다. 비록 문체의 멋스러움에서는 우리 뮤즈들의 가장 최신의 작품들에는 뒤떨어지지만 재치와 공상에서는 그것들과 동등하다".[22] 만약 대머리 아르힙이 민속적인 바르드 시인이라면, 테렌티는 좀 더 근대적인 형상이다. 그는 철자와 문법을 익힌 그라모테이(종종 러시아 마을에서 읽고 쓸 수 있는 유일한 사람)라 불린다. 그러나 테렌티는 다양한 필적 예술에 있어 매우 탁월한데, 그는 양손으로 아름답게 쓸 수 있고, 죽음을 눈앞에 두고서는 오른발로 글을 쓰는 연습을 했다. 테렌티는 편지, 서류, 공적인 허가증들을 쓸 수 있는 것으로 알려진 서기였을 뿐 아니라 강박적인 필적 학자이기도 하였다. 혹은, 아마도 그는 문자 그대로의 의미에서의 순수한 글쓰기광 환자―물리적이든 관료적이든 개인적이든 어떤 종류의 글쓰기에 집착하는 사람―일 것이다. 테렌티는 이야기에서 두드러진 역할을 할 것으로 약속되나 이야기가 완결되지 않았기 때문에 그의 역할은 미스테리로 남는다.

19세기와 20세기 초에 걸쳐 '위대한 국가적 천재' 푸시킨에게 주어진 문화적 역할의 레퍼토리는 작가들과 시인, 복화술사들과 배우, 낭만주의적 고뇌자들과 무식한 학자들, 천재들과 글쓰기광 환자들에 대한 푸시킨의 레퍼토리보다 더 협소하다. 푸시킨의 문화적 운명은 유사 낭만적인 시인의 운명이자, 러시아의 국가 정신에 바치는 삶보다 더 큰 기

---

21 A.P. 수마로코프는 18세기 러시아 문학을 대표하는 작가 중 하나로 시와 희곡, 평론 등을 썼다.―옮긴이
22 Pushkin, "Istoriia sela Goriukhina", p.299.

넘비, 그리고 때로는 국가적 키치의 고전적 예였다.[23] 푸시킨은 자신이 그토록 두려워했던 동상으로서 구체화되었다. 오페쿠신이 만든 모스크바 소재의 유명한 푸시킨 동상은 소비에트 당국의 이념적 변덕을 좇아 도시 풍경 속에서 여기저기로 옮겨졌다. 푸시킨과 말하거나 산책하길 원하는 20세기 시인은 작가의 압도적인 기념비와 먼저 싸워야 한다.

그러나 푸시킨의 출처가 불분명한, 위경적인 분신들은 러시아 문화에 걸쳐 증식되었다. 첫째로, '사이비 푸시킨'이 있는데, 이는 대부분의 경우 실제 시인이라면 절대 쓰지 않는 수많은 가벼운 시들과 경구들을 쓴 작가이다. 20세기에 아브람 테르츠는 이를 채플린적 캐릭터의 일종으로 마술 기교들 중에 운을 맞출 수 있는 요령을 지닌 러시아의 코미디 극장의 인물인 '사기꾼 푸시킨'Pushkinshulluer이라 부른다. 테르츠의 푸시킨은 다소 이단적이고 신성모독적인 인물이지만, 훌륭한 작품인 「푸시킨과의 산책」에서 테르츠는 다른 누구보다 더 잘 푸시킨 텍스트의 핵심에 있는 미학적 놀이를 찾아내려 한다.[24] 이야기 「글쓰기광 환자들」에서 갈킨은 톨스토이와 체호프가 천재적인 글쓰기광 환자들이었다고 주장한다. 마찬가지로 쿤데라는 글쓰기광 환자와 위대한 작가가 글쓰기라는 동일한 모험을 통과한다고 주장한다. "시는 다소 어리석어야glupoveta

---

23 국가적 천재로서의 푸시킨의 정전화(canonization)에 대한 광범위한 문헌에 대해서는 다음의 책—Marcus Levitt, *Russian Literary Politics and the Pushkin Celebration of 1880*, Ithaca: Cornell University Press, 1989—과 그의 논문—"Pushkin in 1899", *Cultural Mythologies of Russian Modernism: From the Golden Age to the Silver Age*, eds. Boris Gasparov, Robert Hughes, Irina Paperno, Berkely: University of California Press, 1992—을 참조하라.

24 Abram Tertz, *Progulki s Pushkinym*, London: Overseas Publication Interchange Ltd., 1975. 후기 소비에트 지면에서의 시냡스키의 푸시킨 수용에 대한 논의와 작가의 푸시킨의 형상에 대한 논쟁에 대해서는 다음을 참고하라. Catherine Theimer Nepomnyaschy, "Andrei Sinyavsky's 'Return' to the Soviet Union", *Formations*, 6, 1, Spring 1991.

한다"고 푸시킨은 썼다. 동시대인들은 '시'를 '시인'으로 바꿔 '어리석은 시인'을 조롱하면서 종종 이 행을 패러디했다. 그러나 푸시킨의 행의 함정은 환언paraphrase에 대한 그것의 저항 속에 있다. 그것은 국가 시인이라는 모노드라마의 창조에 저항한다. 그리고 푸시킨은 동정에서 아이러니로, 농후한 문학성에서 보잘것없는 태평함으로 자리를 옮기는 변화무쌍한 예술을 초월한 첫 번째 천재적인 글쓰기광 환자이다.

도스토옙스키: 선과 악 사이의 글쓰기광

도스토옙스키는 우리에게 동정을 불러일으키는 작은 복사 담당자로부터 악마에 이르는, 글쓰기광 환자들과 창조자-사기꾼의 넓은 스펙트럼을 제공한다. 가난한 관리이자 강박적인 편지 작가인 마카르 데부시킨은 아마도 러시아 문학에서 가장 동정을 받는 글쓰기광 환자들 중 하나일 것이다. 마카르에게 편지를 쓰는 것은 그가 사랑하는 바르바르와의 의사소통의 수단이자 자기실현의 유일한 양상이다. 편지들에서 그는 작가 혹은 시인, 운문으로 쓴 책의 작가가 되겠다는 생각을 계속하여 밝힌다. 그는 자신이 네프스키 거리를 산책할 때 모든 공작부인들과 백작부인들이 그를 알아볼 것이기 때문에 작가로서의 존엄성을 유지하기 위해 자신의 낡은 부츠를 바꿔야 할지도 모른다고 상상한다. 편지들은 그에게 그의 문학적 문체를 향상시키는 충분한 기회를 제공한다.

문학적 문체는 바르바라의 답장만큼이나 마카르 데부시킨을 사로잡는다. 때로 그는 관습적인 서신 대화체를 간신히 유지하면서 자신을 위해, 자신에게 편지를 쓰는 것처럼 보인다. 푸시킨과 고골의 작품들을 마카르에게 주는 사람은 편지의 수신자인 바르바라이지만, 그녀에게 작가적 야망은 전적으로 부재한다.

발자크와 플로베르의 몇몇 주인공들은 실패한 시인들로 제시된다. 예를 들어 『잃어버린 환상』의 루시앙 드 뤼방프레와 『감정교육』의 프레데릭이 그러하지만, 프랑스의 19세기의 주인공들과 반反주인공들을 사로잡은 주요한 영감은 사회적 상승이다. 이것은 러시아 전통에서 매우 낯설다. 19세기 러시아 문학에서의 작은 인간은 단지 작가가 되려고만 열망할 수 있지, 발자크 소설에서와 같은 사회적 상승은 이들에게 거의 불가능하다. 사회적 유동성은 러시아 삶의 현저한 특징이 아니지만, 19세기 중반 이후에는 러시아의 새로운 인텔리겐치아뿐만 아니라 낮은 계층의 도시 거주민들도 더 많은 자유를 가지게 된다. 글쓰기는 문화적 명망에 가장 값싸게 접근할 수 있는 방법이다. 누군가에게는 세상을 다시 만드는 것과 동등할 자아 만들기는 주로 소설 작품을 통해 가능하다. 이처럼 러시아 문화에서 문학적 실행은 글쓰기광을 위한 완벽한 조건들을 창조하면서 미학적 해방 혹은 일종의 재탄생을 기약하는 정신성의 세속적 형태의 실행으로 지각되는 경향이 있다. 이런 의미에서 서간 장르는 문예적 글쓰기와 일상의 글쓰기 사이에 있는 경계선이다. 편지는 문학성의 변화하는 개념들과 문학의 이동하는 경계선들을 보여 주면서 문학의 안과 밖을 움직인다.[25] 벨린스키의 평가에 의하면 도스토옙스키를 '위대한 작가'로 만들고 마카르 데부시킨을 잠재적인 글쓰기광 환자로 만드는 것은 단지 소설적 프레임의 문제일 뿐이다.

마카르 데부시킨에게 편지를 쓰는 것은 집주인 혹은 동료 관리들로부터 매일 모욕을 받는 것이나 섬에서 산책하는 것, 마지막 남은 삼십 코페이카로 그녀에게 사탕 한 꾸러미를 보내는 것과 같은, 그의 일상의

---

25 다음을 참조하라. Iurii Tynianov, "O literaturnoi evoliutsii", Poetika, Istoriia literatury, kino.

경험들과 기쁨들에 의미를 부여하는 방법이다. 『가난한 사람들』의 마지막은 의사소통을 향한 애처로운 외침이자 그 어떤 것을 대가로 해서라도 글쓰기를 지속하려는 간청이다.

> 내 소중한, 사랑하는 이여! 그러나 당신은 내게 모든 것을 말해주는 편지한 통을 더 써야 하오. … 그렇지 않으면 이게 마지막 편지가 될 텐데, 그럴수는 없소. 이렇게 갑작스럽게 마지막이 될 수는 없소! 아니되오, 나는 계속 쓸 것이니 당신도 쓰시오. … 내 글에서 어떤 문체가 만들어지기 시작했다오. 오, 사랑하는 이여, 문체라니! 지금 나는 내가 무엇을 쓰고 있는지모른다오. 도무지, 아무것도 모르겠소. 다시 읽어 보지도 않은 채, 문체를고치지도 않으면서 단지 쓰기 위해서, 당신에게 좀 더 쓰기 위해서 지금쓰고 있다오… 내 소중한, 사랑하는 이여![26]

데부시킨이 쓴 편지의 마지막 행들은 절망적인 모순들로 가득 차있다. 그는 이를 알고 있고, 이것이 자신의 마지막 편지라는 사실을 인정하길 원치 않는다. 마치 영원히 시작하기를 원하는 듯, 의사소통의 끝과 단절에 저항하려는 듯 동일한 수신자인 바르바라를 향한 편지가 시작되고 끝이 난다. 심지어 마지막 행들에서 그는 문학적 문체에 대한 자신의 집착을 완전히 포기할 수 없다. 그는 그것을 자랑스러워하고 동시에 부끄러워한다. 그는 '글을 쓰기 위해', '(바르바라에게) 더 많은 편지를

---

26 Feodor Dostoevsky, *Bednye liudi*, Moscow: Khudozhestvennaia literatura, 1986, p.117. [표도르 도스토옙스키, 『가난한 사람들』, 석영중 옮김, 열린책들, 2010] 고골과 도스토옙스키의 관계에 대한 논의는 다음을 참고하라. Donald Fanger, *Dostoevsky and Romantic Realism*, Chicago: University of Chicago Press, 1967, pp.152~159.

쓰기 위해' 글을 쓴다. 이 두 요구들은 서로 모순적이면서 상호보완적이다.

데부시킨의 글쓰기는 그에게 존엄성을 부여하고 그의 일상의 추구에 문체와 감정을 준다. 그의 글쓰기광은 일종의 실존적인 글쓰기광, 잠재적인 해방의 행위이다. 미학적 해방, 경험으로부터 거리를 두고 그 경험에 대해 반성하는 방법은 그가 희망할 수 있는 유일한 자유이다. 이런 편지들에서 그는 진실로 그 자신만의 삶의 작가이지, 누군가의 놀이 속의 중요치 않은 인물이거나 인질이 아니다.

데부시킨과 문학과의 관계는 애증의 관계이다. 한편으로 그는 문학을 '진미'delicacy, ob'edenie라 부르면서 작가의 삶을 찬양한다. 다른 한편으로 데부시킨은 문학에 의해, 그리고 그의 삶을 '풍자문'으로 만들 수 있는 작가들에 의해 이용되는 것을 두려워한다. 그는 어떤 고양된 잠재력도 없이 산문 이야기에서 목소리가 없는 인물이 되는 것을 두려워한다. 도스토옙스키의 아이러니는 마카르 데부시킨을 그의 문학적 선조들, 푸시킨과 고골의 작은 인간들과 대면하도록 시도한다는 것에 있다. 데부시킨은 푸시킨의 삼손 브이린과 고골의 아카키 아카키예비치와 즉시 동일시된다. 푸시킨의 「역참지기」와 고골의 「외투」를 데부시킨은 자신에 대한 모욕으로 지각한다. "그들은 당신에 대해 풍자문을 쓸 것이고, 당신의 모든 공적·사적 삶은 문학을 향해 열린 채 던져진다. 그것은 모두 출판되고, 읽히고, 조롱되고, 가십거리가 되는 것이다." 그는 그곳에서 어떤 목적도 보지 못한다. "여기에 뭐가 좋은 것이 있는가? 이것은 혐오스러운 매일의 삶의 공허한 예일 뿐이다."[27] 이 책들은 그가 그 속에서 자신의 사적인 편지들, 꿈들을 구성할 수 있고, 그만의 문체를 발전시킬

27 Ibid., p.69.

수 있는 사적인 공간을 침범하는 것처럼 보인다.

도스토옙스키는 '가난한 사람들'에 대해 쓰는 것이 반드시 그들을 위해 쓰는 것을 의미하지 않음을 보여 주는 듯하다. 사실 데부시킨은 압도적인 열정들이 있는 대중적인 낭만적 이야기들, 교화적이고 때로 외설적이면서, 항상 적절히 해피엔딩으로 끝나는 이야기들을 선호한다. 그는 위대한 러시아 문학 너머에 있는 일상으로부터의 전환과 도피의 문학을 선택한다. 『가난한 사람들』은 자신의 작품 속에 인기있는 대중소설을 집어넣으려는 메이저 러시아 작가의 드문 공감적 시도 중 하나 (비록 도스토옙스키의 측면에서 다소 아이러니할지라도)이다. 소설은 16세기 시베리아 정복의 시기로 거슬러 올라가는 옛 러시아 전설의 낭만적 버전인 예르마크와 줄레이카에 대한 이야기를 말해주고, 『이탈리아의 열정들』이란 제목의, 라타자예프가 쓴 서구 양식의 소설에 대해서도 언급한다. 라타자예프는 도스토옙스키가 보여 주는 수많은 나쁜 작가들 중 하나이다. 만약 마카르 데부시킨이 글쓰기 그 자체와 개인적 생존을 위해 글을 쓰는 것에 사로잡혀 있다면 라타자예프는 N 백작부인의 이류 살롱에서 받아들여지고 그 책이 출판된 유명한 글쓰기광 환자이다. 라타자예프는 또한 책 삽화와 같은 인쇄물과 대중적 상호소통의 새로운 수단들에 관심을 가진 매우 유능한, 다작하는 근대적 인물이다. 이때 이 초기의 키치 작가는 의식적으로, 그리고 성공적으로 대중의 취향을 위해 글을 쓴다. 도스토옙스키에게 글쓰기광은 가난한 관리든, 귀족이든, 심지어 살인자든 간에 어떤 러시아인이든 그것에 빠질 수 있는 편재적 질병이다.

도스토옙스키의 또 다른 사악한 글쓰기광 환자는 『악령』에 등장하는 난폭하고 불성실한 술주정뱅이인 레뱌드킨 대위이다. 그는 작가적 야망을 갖고 있고 거미들에 대한 도덕적 우화들, 여자 가정교사에게 바치는 송시와 사랑시를 쓴다. 여기 레뱌드킨 작품의 전형적 예가 있다. "바퀴벌레가 살고 있었다 / 어린 바퀴벌레는 / 컵 속에 빠졌는데 / 그 컵은 파리약으로 가득 차 있었다. / 바퀴벌레는 공간을 차지했고 / 파리들은 소리치기 시작했다 / '우리의 컵이 꽉 찼다' / 그들은 주피터에게 호소했다. / 그러나 그들이 소리치는 동안 / 매우 고상하고 나이든 사람 / 니키포르가 다가왔다."[28]

푸시킨의 『예브게니 오네긴』의 '윙윙거리는 벌레들'(소설에서 단 한 줄 등장하는 카메오)과 함께 레뱌드킨의 영웅적 바퀴벌레는 20세기에 뒤따라오는 아방가르드 작가들과 부조리 작가들에게 영감을 준 19세기 문학 고전의 걸출한 곤충들이다.

도스토옙스키의 후기 작품들에서 긍정적인 주인공들은 글쓰기광 환자들의 반대가 되려는 경향이 있다. 그들의 말은 분명치 않고 그들은 혀가 짧으며 말솜씨가 없다. 『악령』의 샤토프와 키릴로프, 『백치』의 므이슈킨 공작, 그리고 알료샤 카라마조프가 그러하다. 도스토옙스키의 세계에서 작가적 집착에는 무언가 죄와 연관된 것이 있다. 말재주는 너무 쉽게 무신론적인 것이 될 수 있는 위험한 재능이다. 도스토옙스키는 마치 패러디를 통해 그 자신의 작가적 경솔함으로부터 자신을 정화하려는 듯, 나쁜 작가들을 자신의 텍스트로부터 쫓아내려 한다. 나보코프(자신의 텍스트 속에서 글쓰기광 환자들의 풍부한 형상들을 만들어 낸 또 다른 작가)에 의하면 도스토옙스키는 선을 묘사하려 할 때와 마찬가지로

---

28 Feodor Dostoevsky, *Besy*, Leningrad: Lenizdat, 1990, pt. I, ch. V, pp.155~156. "Zhil na svete tarakan, / Tarakan ot detstva / I potom popal v stakan / Polnyi mukhoedstva…" [표도르 도스토옙스키, 『악령』, 김연경 옮김, 열린책들, 2009]

318 공통의 장소

악을 묘사할 때도 종종 나쁜 글쓰기의 병에 굴복한다.

도스토옙스키는 '악의 평범성'banality of evil에 대한 자기의식적인 선구자이자 동시에 '선의 평범성'banality of the good에 대하여 무의식적으로 예언한 예언자이다. 그를 범속성의 심연 속으로 던진 것은 아마도 형이상학적인 갈등들의 멜로드라마적 시작에 대한 그 자신의 애호일 것이다. 이것은 도스토옙스키에 대한 나보코프의 아이러니하고 귀족적인 모던한 비평에 있어 중요한 사안이다. 『죄와 벌』(VII, 4)에서 나보코프는 "모든 도스토옙스키의 건축물을 윤리적·미학적으로 무너뜨리는" "찬미되는 클리셰"를 발견한다. 그것은 소냐와 라스콜리니코프가 함께 성경을 읽는 장면으로 도스토옙스키는 이 장면을 "살인자와 창녀가 영원한 책을 읽는 것"으로 제시한다. 이런 묘사 속에서 나보코프의 아이러니한 톤은 윤리적 분노로 바뀐다.

> "살인자와 창녀", 그리고 "영원한 책", 도대체 이 삼각형이란 무엇인가…
> 그 어떤 진정한 예술가도 혹은 진정한 도덕주의자도, 선한 기독교도도 혹은 선한 철학자도, 시인도 혹은 사회학자도 나란히, 단숨에, 돌풍 같은 거짓의 능변 속에서 살인자를 가난한 창녀와 같이 놓고 신성한 책에 완전히 다른 머리들을 숙이게 하지 않을 것이다. 기독교의 신을 믿는 자들에 의해 이해된 기독교의 신은 19세기 전에 창녀를 용서했다. 반면 살인자는 무엇보다도 먼저, 의학적으로 검사받아야만 한다. 이 두 사람은 완전히 다른 차원에 있다. 라스콜리니코프의 비인간적이고 어리석은 죄는 자신의 몸을 팖으로써 인간적 존엄성을 손상시키는 소녀의 곤경과 결코 비교될 수 없다. 살인자와 창녀가 영원한 책을 읽는 것은 얼마나 난센스인가. 더러운 살인자와 이 불운한 소녀 사이에는 어떤 수사학적 연관성도 없다. 오직 고

딕소설과 감상주의 소설과의 관습적 연관만이 있을 뿐이다. 이것은 파토스와 경건함의 걸작이 아닌 조잡한 문학적 속임수이다.[29]

나보코프의 도덕적 분노는 공통의 장소common place에 대한 우리의 고고학에서 중요하다. 멜로드라마는 "고양된 극적인 형식" 속에서 윤리에 대한 어떤 판단 규범을 제시하는 "일련의 드라마적인 관습"으로 정의되어 왔다.[30] 19세기에 멜로드라마는 "도덕적 상상력을 표현하는 것"으로 바뀌었다. 멜로드라마는 19세기 사실주의 소설과 감상주의적이고 고딕적인 대중 소설 간의 근친적이고 스캔들적인 관련성을 제공한다.

러시아의 문화적 상상은 멜로드라마적 방식에 대하여 좀 더 많은 관용을 베푼다. 멜로드라마에 대한 차후의 반응은 서구에서 그런 것보다 훨씬 덜하고, 더 뒤늦게 온다. 더구나 문학이 결코 목표가 된 적이 없었고, 문화적 자율성을 취하도록 강요받지 않았기 때문에 문학은 철학, 종교, 정치적 선동의 기능을 하였다. 그 후 멜로드라마는 청중의 측면에서 즉각적인 반응을 끌어내는 고양된 극적인 특별한 효과와 함께 다양한 갈등을 위한 완벽한 수단이 되었다.

도스토옙스키에 대한 논의에서 나보코프는 "감상적인 것"sentimental과 "감성적인 것"sensitive을 구별하길 원한다. "감상적인 것"은 "독자 속에 자동적으로 전통적인 연민을 불러일으키는 것을 의미하는 익숙한 감정의 비예술적인 과장"이다. "전통적인 것"과 "자동적인 것"은 여기

---

29 Vladimir Nabokov, "Crime and Punishment", Lectures on Russian Literature, NY: Harcourt Brace Jovanovich, 1981.

30 Peter Brooks, The Melodramatic Imagination, NY: Columbia University Press, 1985. [피터 브룩스, 『멜로드라마적 상상력』, 이승희 옮김, 소명출판, 2013]

서 동의어로 사용된다. 달리 말해 나보코프는 "전통적인 것"을 이상화 하지 않고 그것을 정서적이고 예술적인 측면 둘 다에서 클리셰의 영역 으로 간주한다. 나보코프의 견해에서 미학적인 것은 윤리적인 것에 대 응한다. 도스토옙스키의 결함은 이따금씩 아무것도 들으려 하지 않는 작가의 귀먹은 예술로, 이는 맹목적 도덕으로 귀결된다. 상당 정도 도스 토옙스키 때문에 러시아의 윤리학은 멜로드라마와 뗄 수 없게 되었는 데 왜냐하면 도스토옙스키 때문에 멜로드라마가 '러시아 정신'Russian soul 의 극장에서 특권 장르가 되었기 때문이다. 오늘날 도스토옙스키를 읽 을 때 우리는 언제 멜로드라마의 클리셰가 형이상학 혹은 감정의 깊이 로 통하는지, 멜로드라마에 대한 공포 때문에 인간 영혼에 대한 천재적 인 고찰이 우리를 언제 혼란스럽게 만드는지 구별하는 것이 종종 어려 울 때가 있다. 도스토옙스키는 멜로드라마 장르를 철학적 깊이까지 끌 어올린, 이 장르의 대가다. 동시에 소설가는 러시아와 유럽, 러시아인들 과 외국인들 속에 구현된 선과 악의 극적이고 예언적인 드라마들로서 러시아성Russianness의 철학뿐 아니라 러시아 철학을 위한 불행한 관습을 마련하였다. 도스토옙스키의 작품들 속에서 러시아 소년들의 영원히 '저주받은 질문들'에 대한 상연은 멜로드라마를 요구한다.

　　도스토옙스키의 이름으로부터 고양된 멜로드라마의 분위기를 가 리키는 러시아어 표현인 '도스토옙시나'Dostoevskishchina(도스토옙스키주 의)가 파생된 것은 우연이 아니다. 도스토옙시나는 도스토옙스키 소설 세계를 부조리로, 클리셰로 환원시키는 것이다. 러시아 민족주의의 새 로운 상표의 주인공이자 페레스트로이카 초기 주인공의 이름이 된 것 은 불행히도 바로 이 계시록의 진부한 예언자였다. 이것은 다시 읽히는 '대화적' 도스토옙스키가 아닌 멜로드라마적인 도스토옙스키이다. 악의 평범성을 가지고 노는 대가, 작은 악마들과 분신들의 인형을 부리는 대가가 아닌 러시아의 구원에 대한 예언자이자 형이상학적 대가다. 그러나 아마도 이것은 단지 그의 페르소나의 하나, 글쓰기광 환자, 위대한 소설가의 왜곡된 분신일 것이다. 그는 이반의 악마와 같은 하찮은 유령인가 혹은 진실로 소설가로서의 그 자신보다 더 강력한 무엇인가?

필명으로서의 글쓰기광: 코지마 프루트코프

아마도 19세기의 가장 칭송받는 다작의 글쓰기광 환자는 코지마 프루트코프라는, 거대한 정치적·문학적 야망을 가진 작은 인간일 것이다. 그는 옛 아르메니아인들과 돈 강의 코사크들에 대한 발라드, 「코린토스로부터 온 편지」Pismo iz Korinfa, 팜바Pamba성의 포위에 대한 스페인의 로만세로romancero,[31] 서정시들 「마치 하이네로부터인 양」Kak budto iz Heine, 슬라브주의적 헌정글들, 그리고 가장 중요하고 유명한 「러시아에서 동일한 사상을 소개하기 위한 프로젝트」Proekt: o vvedenii edinomysliya v Rossii를 포함하여, 수많은 희곡, 우화, 시, 아포리즘을 쓰는 자칭 천재적인 작가이다. 그의 야망은 세계 예술사를 재술하는 것에 그치지 않는다. 그는 삶 그 자체를 변화시키길 희망한다. 그러나 코지마는 자유로운 인텔리겐치아의 구성원이 아니라 극단적인 보수주의자이다.

　이 문학적 인물은 재치있는 젊은 자유사상가들인 알렉세이 K. 톨스토이와 그의 사촌들인 젬추즈니코프 형제들에 의해서 고안되었다. 1850년대 초에 이들은 그들의 '천재 친구' 코지마 프루트코프의 작품들을 잡지 『동시대인』Sovremennik에 발표하기 시작한다. 이 인물은 오랜 문

---

31 스페인 로망스들의 모음집으로 일종의 민속 발라드이다. ─옮긴이

학 경력을 소유할 운명을 지녔고, 그래서 그의 명성은 그를 창조한 작가들보다 더 오랫동안 지속되었는데 이것은 글쓰기광 환자의 생명력에 대한 강력한 증거이다. 1913년에는 프루트코프의 사망 50주년을 기념하는 성대한 축하행사가 있었는데, 이것은 아마 알렉세이 K. 톨스토이의 사망 50주년 기념행사보다 더욱 호화로웠을 것이다.

코지마 프루트코프는 괴물 같은 생기로 그 창조주 프랑켄슈타인을 괴롭히는 진부한 존재로 변모했다. 프루트코프 현상은 비록 독특하지는 않을지라도 그 자신의 생명을 얻는 문학적 혹은 패러디적 개성 창조의 드문 예이다. '프루트코프'라는 환대적인 이름을 사용하여 당대의 몇몇 작가들은 출판하기 시작했고, 원래 창조자들은 코지마란 필명으로 출판된, 사실은 코지마에게 속하지 않는 수많은 새로운 거짓 작품들과 싸워야만 했다. 그들은 진부함을 창조한 유명한 거장의 '독창성과 순수성'을 유지하려 노력하는 원작자의 사악한 집단의 희생양이 되었다. 젬추즈니코프 형제들은 『동시대인』의 편집자들에게 어떤 작품들이 프루트코프에게 속하는지를 설명하고 그들의 작품들을 자신의 것이라고 하는 네크라소프, 도브롤류보프, 파나예프를 비난하는 많은 편지들을 썼다. '프루트코프'는 원작자라는 매혹적인 형식, 글쓰기광의 가벼운 형식에 대한 정당화, 재치의 방종한 실행, 사회적 패러디, 여분의 작가적 재미를 제공했다.

코지마 프루트코프는 공식적인 관료적 진부함부터 주옥같은 시에 이르기까지 가장 탐욕스럽게 상투적 표현들commonplaces을 수집하는 자들 중 하나이다(프루트코프는 그것들을 '아포리즘'이라고 부르기를 좋아했다). 한 문장으로 그는 칸트의 숭고 이론을 요약한다. "받아들일 수 없는 것을 받아들일 수는 없다" 또는 "네가 받아들일 수 없는 것을 받아들일 수 있다고 네게 말하는 자의 눈에 침을 뱉어라"라는 또 다른 대안도 있다.[32] 그리고 나서 그는 낭만적 천재에 대해 다음과 같이 묘사한다. "천재는 평원 위로 어렴풋이 나타나는 언덕과 같다." 또는 "만약 네가 코끼리 우리의 푯말에서 '버팔로'를 읽는다면 너는 네 눈을 믿지 못할 것이다" 라는 어떤 원시적이고도 초현실주의적인 선언을 보라. (이 귀중한 지혜는 파이프를 재현한 르네 마그리트의 유명한 파이프 그림 아래에 새겨진 "이것은 파이프가 아니다"를 역전시킨 것이다.) 또한 인간 조건에 대한 일반적인 관찰들도 있다. "지혜는 거북이 수프와 같아서 누구에게나 접근가능한 것은 아니다", "어떤 사람들은 소시지와 같아서 네가 그들을 채우는 것으로 그들은 자신 속에 그것들을 가지게 된다." 유비와 동어반복은 프루트코프가 좋아하는 기법이다. 때로 그의 구문들은 "조심하라!"라는 비밀경찰의 명령처럼 도덕적이고 규범적이거나 "만약 네가 분수를 소유하고 있다면 그것을 폐쇄하여 쉬게 하라"라는 문구처럼 관료적이고 권위주의적이다.[33]

코지마는 문학적 진부함과 정치적 진부함을 혼합시킨다. 그는 '관청어', 공식 명령, 관료적 절차, 사법적 클리셰의 언어로 쓴다. 복사가의 언어는 문학어로 변모한다. 프루트코프는 아카키 아카키예비치(고골의 「외투」의 주인공)의 침묵과 마카르 데부시킨이 커다란 자기만족을 갖고 문학적 문체를 개선하려고 소심하게 시도했던 것을 다시 가져오고 있다. 프루트코프의 글쓰기는 '전제정, 정교, 인민성'이라는 공식적 이데올로기에의 순응과 복종을 옹호하는 옛 러시아 속담들을 혼합하면서

32 *Sochineniia Koz'my Prutkova*, Moscow: Khudozhestvennaia literatura, 1976, p.121.
33 *Ibid.*, p.120.

러시아 민족의 지혜라 통하는 것에 관청의kazennyi 언어를 적용한다. 그의 창조자들은 "인간적인 모든 것은 그에게 낯설다"라고 코지마에 대해 썼는데, 코지마는 관료주의적 기계, 공식적으로 승인된 상투어들을 말하도록 프로그래밍된 일종의 가상의 19세기 컴퓨터의 목소리로 종종 말할 때가 있다. 이 관료주의적 범속함kazennye poshlosti은 그것의 새로운 버전인 소비에트의 관청어 속에서 다시 패러디될 것이다.[34]

그러나 프루트코프는 자신의 작품들이 패러디로 읽히는 것이 아니라 오히려 '모방'으로 읽혀야 한다고 주장한다. 그는 모든 훌륭한 시인들의 작품들을 분석하였고 그들을 자신의 글쓰기에 종합하였다고 주장한다. 이것이 예술적 미메시스에 대한 프루트코프의 이론이다. 자연이 아닌, 그것을 성공적으로 모방한 다른 예술가들의 모방을 모방하라.

예술적 클리셰와 관습들에 대한 프루트코프의 반복 속에 있는 패러디와 모방 간의 관계는 매우 흥미롭다. 트이냐노프의 견해에 의하면 패러디는 패러디되는 질료의 존재를 필요로 한다. 즉 그것은 다른 텍스트와의 일종의 대화이다.[35] 대작大作들에 대한 프루트코프의 번역에서 때로 패러디되는 텍스트는 분명히 존재하였고, 이는 그의 교육받은 동시대인들에게 매우 명확한 것이었다. 다른 시들, 특히 경구들은 사물들의 현존 질서를 영속화시키는 속담과 같은 발언들과 러시아 문화 신화들의 낡은 표현들에 불과하다. 아이러니는 프루트코프의 텍스트들 속에 결코 써 넣어지지 않는다. 오히려 아이러니는 텍스트와 독자의 상호작용에서 기인한다. 독자는 코지마 프루트코프의 창조자들의 다수의 이

---

34 "Biograficheskie svedeniia o Koz'me Prutkove", Sochineniia, p.290. "관료주의적 범속함"이라는 개념은 매우 의미심장하다.

35 Iurii Tynianov, "O parodii", Poetika, Istoriia literatury, kino, pp.284~310.

중적 의미를 지닌 어구들double-entendres과 공범자가 되도록 초대된다. 그러나 프루트코프의 걸작들은 단순한 패러디로 환원될 수 없다. 시 「하사관 슈미트」에 대해 생각해 보자.

나뭇잎이 시든다. 여름이 지나간다.

하얀 서리는 은과 같다…

하사관 슈미트는 권총으로 자신을 쏘길 원한다.

기다려라, 광인이여, 다시금

잎은 소생할 것이다!

하사관 슈미트여! 정직하게 말하노니,

여름이 돌아올 것이다![36]

가을의 멜랑콜리부터 은빛 겨울의 기쁨에 이르는 모든 적절한 자연의 클리셰 가운데 베르테르와 비슷한 하사관 슈미트는 자살을 생각하고 있다. 시인은 강세를 잘못 놓고, 운을 파괴하고, 자연의 순환성에 대한 가장 확실한 논증을 제공하면서 그에게 용기를 주려 한다. "하사관 슈미트여, 정직하게 말하노니, 여름이 돌아올 것이다!" 이 시는 패러디와 모방을 초월한다. 시는 운율, 유희, 문체를 혼합하는 단순한 기쁨, 일종의 나이브한 작가의 월권이다. 이 시는 위대한 러시아의 천재인 프루트코프의 흉내낼 수 없는 순진함과 감상적인 온화함을 갖고 있다. 아마도 텍스트의 상냥한 어리석음과 기쁨들, 글 속에서의 우습고 장난스런

---

36 Koz'ma Prutkov, "Iunker Shmidt", *Sochineniia*, p.32. "Vianet list. Prokhodit leto. / Inei serebritsia…/ Iunker Shmidt iz pistola / Khochet zastrelit'sia."

버리기letting-go가 바로 프루트코프의 영원한 특징을 구성하는 것일 것이다. 자기만족적인 글쓰기광의 마스크는 문학적 원저자의식이라는 더 심각한 어떤 병들로부터 그의 창조자들을 자유롭게 하면서 동시에 그들에게 자신의 이름하에 결코 용납하지 못했던 놀이의 비관습적인 자유를 일정 정도 제공했다. (누군가는 이런 측면에서 당시의 문체들을 모방한 알렉세이 톨스토이의 역사적 연극들에 대해 다음과 같은 의구심을 갖는다. 그것들도 패러디로, 이따금씩의 코지마의 부주의한 모방으로 간주해야 하는가?)

코지마와 가장 가까운 외국의 친척은 플로베르의 시민의 봉사자 부바르와 페퀴셰이다. (우연히도, 부바르와 페퀴셰의 『통상 관념 사전』속에 열거된 두 개의 러시아 단어 "knout"[옛 러시아의 가죽을 엮어 만든 형구―옮긴이]와 "ukaze"[명령, 칙령―옮긴이]는 프루트코프의 작품에서 바로 온 듯하다. "knout"는 "러시아인들을 괴롭히는 단어"로 설명되고, "ukaze"는 "정부를 괴롭히기 위해" 사용되는 좋은 단어로 설명된다.)[37] 프루트코프는 자신의 편을 위해 러시아와 서구 사이의 관계에 대하여 좋은 평가를 내린다(지금 이것은 매우 시사적일 것이다). "왜 러시아인들은 외국에 머무르려는 반면 서구인들은 결코 러시아에 머무르려고 하지 않는가?―왜냐하면 그들은 이미 외국에 살고 있기 때문이다." 코지마의 동시대인들인 부바르와 페퀴셰는 점원들, 프랑스 부르주아의 관료주의적 관청어의 실행자들이자 그것의 자기만족적인 문화 시학의 대변인들이다. 그들의 가장 독창적인 사업은 19세기 지식의 백과사전인 『통상

---

37 Gustave Flaubert, *Bouvard et Pécuchet*, Paris: Gallimard, 1979, p.535. [구스타브 플로베르, 『부바르와 페퀴셰』, 진인혜 옮김, 책세상, 2006]

관념 사전』이다. 코지마의 창조자들처럼 플로베르는 부바르와 페퀴셰의 작품들에 끼어들지 않고, 가끔씩 이탤릭체로 자신의 아이러니를 나타내지 않는다. 그는 뚜렷한 패러디적 구성없이 인물들에게 자신의 어리석음을 말하게끔 한다. 열망에 가득 찬 코지마와 문학적 야망을 결여한 프랑스인 사촌들 사이에는 결정적인 차이가 있다. 부바르와 페퀴셰는 과학적이거나 혹은 유사 과학적인 글쓰기광 환자들이자 백과사전 마니아들이다. 사실 그들은 모든 문학 사업을 다소 경멸적으로 바라본다. 『통상 관념 사전』의 다음의 항목들을 보자. "문학: 게으른 자들의 직업", "예술, 이것은 병원으로 인도한다… 이것이 어떤 좋은 것에 봉사하는가? 사물들을 더 좋고 빠르게 만드는 기계들이 현재 그것을 대체하고 있다."[38] 이는 글쓰기광을 비교하는 데에 통찰력을 제공한다. 러시아에서 글쓰기에 대한 집착이 주로 문학적이라면 프랑스에서 작가적 집착은 최소 이 경우에 도덕적이고 과학적인 열망을 갖고 있다.

나보코프의 타자들: 여성 작가[39]와 아마추어 정신의학자

19세기 후반, 가장 조롱을 받으면서 동시에 가장 유명한 글쓰기광 환자들은 여성 소설가들과 데카당 여류시인들이다. 그들은 남성 글쓰기광 환자들을 다룰 때의 특징인 애매함 없이, 천재와 글쓰기광 환자, 문예belle letters와 상투적 표현들commonplaces에 대한 집착 사이의 경계를 위협하는 아이러니 없이 일관적인 경멸을 받는다. 여성 글쓰기광 환자들은 멜로드라마적인 상투성commonplaces의 미궁 속에 사로잡힌 구제할 길

---

38 *Ibid*., p.537, p.489. "Littérature: occupation des oisifs."
39 여기서 '작가'로 번역한 단어 "scribbler"는 희화적이면서 경멸적인 의미—글을 잘 못 쓰는 작가—를 지닌다. —옮긴이

없는 나쁜 작가들로 풍자된다. 이런 경우에는 러시아, 유럽, 미국 작가들 사이에 일치를 보인다. 예컨대 부바르와 페퀴세는 '예술인'artiste으로서 글을 쓰지만 "여성 예술인은 매춘부일 뿐이다".[40]

체호프의 단편들은 집착적인 여성 작가들로 유명하다. 「이오니치」의 투르키나 부인은 서리가 내린 어느 불명확한 날의 묘사로부터 시작하여 마을에 학교와 병원을 세우고, 방랑하는 예술가와 사랑에 빠진 젊고 아름다우며 인자한 백작부인에 대한 수많은 소설들을 쓴다. 투르키나는 매일 글을 쓰고 지방의 상류 사회 내의 일종의 의무적인 사회 관습 속에서 친구 무리에게 글을 읽어 준다. 그녀는 자신의 청자들에게 한 시간 정도의 기쁘고 안락한 권태 혹은 도피를 제공하면서 "삶에서 결코 일어나지 않는 일들에 대해서" 쓴다. 그녀는 출판하려는 열망을 갖고 있지 않은데 왜냐하면 그녀는 "돈이 필요치 않기 때문이다".[41] 투르키나 부인은 단지 문자적으로만 글쓰기광 환자의 자질을 가지는데, 그녀가 매우 많이, 광적으로 쓰지만 다른 한편으로 '권력으로의 의지'를, 작가가 되려는 욕망을 갖고 있지 않기 때문이다. 그녀는 글쓰기가 가정의 영역에 제한된 원형적인 '여성 작가'scribbler이다. 글쓰기는 그녀의 특권을 가진 손님들을 위한 매력적인 사회적 오락에 불과하다. 여성 작가가 좀 더 커다란 영감을 갖는 순간 그녀는 이것저것 휘갈기는 가정주부, 자신의 여성적 본성을 평범하게 만드는 문학적 매춘부로 축소될 위험에 처한다.

따라서 19세기 러시아의 여성 작가들은 항상 공적인 것과 사적인 것, 고상한 장르와 대중적 장르 사이의 울타리에 걸터앉아 있었다. 세기

---

40 *Ibid.*, p. 489. "La femme-artiste n'est peut-être qu'une catin."
41 Anton Chekhov, "Ionych", *Sobranie Sochinenii v dvenadtsati tomakh*, vol. VIII, Moscow: Khudozhestvennaia literatura, 1962.

의 전환기에, 특히 1905년 혁명 이후에 여성들은 다수의 베스트셀러를 썼다. 그 당시 가장 유명한 여성 작가는 『시대의 정신』The Spirit of the Time, 『행복의 열쇠』The Keys to Happiness, 『사랑의 멍에』The Yoke of Love를 쓴 아나스타샤 베르비츠카야Anastasia Verbitskaia였다. 베르비츠카야는 유행하고 있었던 니체적, 조르주 상드적인 수사학으로 야만적인 엑스터시를 많이 묘사해서뿐 아니라, 순문학에 대한 열망과 그것과의 유희로 인해서 스캔들을 일으켰다.[42] 도시의 새로운 독서계를 증거하는 베르비츠카야의 유명세는 고급문화와 저급문화 사이의 분리를 위협했고, 전통적인 러시아의 인텔리겐치아가 꿈꾸었던 통합된 국민 문화 개념을 위태롭게 했다.

시인 글쓰기광 환자들의 가장 공격적이면서 우스운 풍자 중 하나는 블라디미르 나보코프의 치명적인 여류시인인 리자 보골레포프(그녀는 남편을 자주 바꿔서 바람둥이 프닌Pnin/Wind으로 더 잘 알려져 있다)이다. 그녀는 기이한 미국의 흙에 이식된 얼빠진 러시아 지식인 프닌의 애인이다. 리자는 '망명한 삼류시인'으로 아흐마토바를 모방하여 썼다. "감상적인 작은 시들이 약약강격 속으로 걸어 들어가 생각에 잠긴 듯한 한숨을 쉬면서 둔중하게 앉았다. '내겐 어떤 귀중한 보석들도 없다 / 내 눈 주변에는. / 그러나 나의 핑크빛 입술보다 / 더욱 부드러운 장미가 있다.' / 조용한 젊음이 말했다. / '너의 심장은 그 무엇보다 부드럽다…' 그리고 나는 시선을 떨어뜨렸다."[43]

이것은 그녀의 시 모음집 『마른 입술』Dry Lips에 수록된 시들 중 하나이다. 리자는 안나 아흐마토바의 열광적인 모방자로, 이 여류시인의 높

42 Jeffery Brooks, *When Russian Learned to Read*, Princeton: Princeton University Press, 1985, p.159.
43 Vladimir Nabokov, *Pnin*, p.181. 리자 프닌이라는 여성 글쓰기광 환자를 상기시켜 준 엘리자베스 (Elizabeth Klosty Beaujour)에게 고마움을 전한다.

이 칭송되는 간결함, 시의 우아함, 시적인 과묵함은 그녀의 병적인 다변증을 야기시킨다. 러시아 문학 교수인 화자는 리자에게 그녀가 시를 못 쓴다고 말하면서 글쓰기를 그만두라는, 그녀가 명백히 받아들일 수 없는 충고를 한다. 리자는 "히스테리적인 나약함과 건강하고 보기 좋은 외모가 결합된, 매우 실용적이면서 아주 진부한 정신과 서정적인 폭발, 감상성과 불쾌한 기질이 결합된 여성들 중 하나"로 묘사된다.[44] 프닌과 그의 아버지가 매우 체호프적인 인물이라면 리자의 건강하면서 히스테리적인 면모는 도스토옙스키의 수많은 리자들과 리제들을 연상시킨다. 불쌍한 프닌에게 있어 리자는 그녀 자신을 매우 사랑스러우면서도 또한 매우 치명적으로 만드는 비속함을 지니고 있다. 그녀는 그의 '개를 데리고 다니는 여인'이자 시이다(안나의 저속한 오페라글라스와 회색 눈은 리자에게 미묘하게 반영되어 있다).

이 인물 속에서 '글쓰기광'이란 용어의 문학적이고 의학적인 의미가 함께 만난다. 리자는 아마추어 시인이자 아마추어 정신의로, '심리극학'psychodramatics이라 불리는 어떤 것을 실행한다. 수준 낮은 시와 정신의학은 아마도 나보코프에게 있어 가장 사악한 두 악들, 그의 수많은 예술 작품들을 고무시키고 작가가 계속하여 그것과 유희하는 악들이다. 그 자신의 말에 의하면 화자는 "산만한 비교"를 좋아한다. 그는 리자를 부활절 토끼에 비교하는데 이 토끼는 "서정적 달걀을 갖고 다니면서 온 집안에 그것을 놓아두며, 아이에 관한 초록색의, 연보라색의 시들에서 그녀는 아이를, 그녀가 원하는 연인들을, 페테르부르크(안나 아흐마토바

44 *Ibid*., p.142.

가 좋아했던 도시)를 갖길 원한다."[45] 문학 생산의 '부활절 토끼' 모델이 눈에 띄게 나타나는데, 이는 나보코프의 다른 실패한 시인들과 예술가들, 예를 들어 동일 소설의 빅토르의 미술 선생에겐 적용될 수 없다. 화자가 우리에게 전달하려는 바와 같이 리자는 단지 나쁜 소녀이자 나쁜 엄마(그리고 나쁜 **문학적인 엄마**)일 뿐이다. 그녀는 문학 연구자의 아내, 이후엔 정신의의 아내가 되는데, 그들은 그녀의 실패한 재능을 실천에 옮기게 했다. 그리고 그녀는 자신의 천재적인 아들 빅토르의 엄마이기도 한데, 빅토르는 물론 그녀의 '진부한 정신' 너머에 있다. 리자는 결코 작가가 될 수 없었던 러시아의 평범한 여주인공들 중 하나로 나타난다. 이런 경우 여성의 글쓰기광은 문학적 위반이라기보다는 여성적 에티켓의 위반이다. 리자 프닌은 나보코프의 세계에서 '인정받지 못한 천재'조차 되길 원치 않는데 왜냐하면 여성 작가를 위한 적절한 문학적 행위의 규칙들이 존재하지 않기 때문이다.

역설적으로 화자의 "산만한 비교"는 종종 화자를 그 자신의 서정적 폭발로 이끄는데, 이것은 패러디라기보다는 리자의 서정적 폭발을 모방하는 것이다. 리자의 눈을 다른 귀중한 원석(촉촉한 아쿠아마린 혹은 사파이어)에 비교하는 것과 그녀의 무결점에 대한 묘사의 상투성, "잘 정련되지 않은" 미는 리자의 시적 비유를 뒤따르는 것처럼 보인다. 게다가 리자는 불행한 교수 프닌과 재능있는 십대 빅토르의 이야기에서 단순한 엑스트라가 아니다. 사실 그녀는 플롯의 진행을 위한 낭만적인 방아쇠이고 화자는 그녀의 매력적인 비속함, 특히 그가 사랑스럽게 재창조하는 그녀의 글쓰기광에 매우 깊이 의존하고 있다. 이것은 글쓰기에

45 *Ibid.*, p.45.

대한 집착을 구조화하는 것, 그것을 유지하고 허구적 인물에게 제한시키는 것, 작가 자신으로부터 글쓰기광의 가면을 멀리하는 것이 얼마나 어려운지를 다시금 보여 준다.

민중의 천재와 개념주의적 경찰

아방가르드는 문학 환경과 문학 관례에 대한 주요한 도전을 보여 주었다. 나쁜 행위에 몰두했고, "언어가 만들어지는" 방법을 발견하기 위해 문화적 관습들을 뒤집었던 혁명 전 러시아와 유럽의 아방가르드 활동가들은 글쓰기광 환자와 난봉꾼의 모습을 취하였다.[46] 러시아 혁명이 일어나고 약 10년 후에 "부르주아 작가의 죽음"을 포고했던 수많은 아방가르드 은유들과 슬로건들이, 때로 슬로건을 만든 자들의 존재를 위험에 빠뜨리기도 하면서, 활기를 띠었다. 아방가르드의 "삶의 건설"은 문자 그대로 받아들여져, 글쓰기의 규칙뿐 아니라 관료주의적이고 이데올로기적인 "행위 규칙"이 되었다. 한편으로 공식적인 사회주의 리얼리즘의 규범은 제도화된 글쓰기광, 전근대적인 상투적 글쓰기의 형식, 수많은 약화된 사실주의 기법들 및 역시 약화된 몇몇의 혁명적 클리셰를 지닌 일종의 신고전주의로 간주될 수 있다. 다른 한편으로 수많은 페르소나와 별명들, 복화술사와 같은 화자들을 지닌 자의식적인 글쓰기광의 실천은 아주 큰 의심을 받으면서 "이념적으로 올바르지 않은 것"으

---

46 프랑스의 초현실주의자들은 그 운동의 초기 단계에서 순수한 글쓰기, 또는 순수한 글쓰기광, 플롯, 인물, 그리고 다른 잉여적인 요소들에 의해 더럽혀지지 않은 글쓰기인 "자동적 글쓰기"를 요구했다. 첫 번째 초현실주의 선언문에서 앙드레 브르통은 순수하게 자동적인 글쓰기를 성취하기 위한 정확한 설명을 우리에게 제공하고 있다(자동적 글쓰기에 대한 일종의 이러한 '명령'은 사실 그 자체로 모순이다).

로 간주되는데 왜냐하면 이것은 작가의 의도, 충실함, 믿음을 독자들에게 강요하도록 혹은 문화의 수호자들에게 문학적 규범을 보호하도록 허용치 않기 때문이다. 더구나 문학과 문자적인 것의 경계들은 쉽게 위반될 수 있고 문학적 기법으로서 글쓰기광을 실행한 조셴코, 올레이니코프, 하름스, 그리고 후기의 안드레이 시냐스키와 같은 실제 작가들은 검열을 받거나, 죽임을 당하거나, 혹은 재판에 회부되었다. 1962년의 시냐스키-다니엘 재판 과정 중에 시냐스키는 자신의 책에 표현된 견해들이 자신의 인물들에 의해 표현된 진술들로만 읽혀야 한다고, 자신의 텍스트에서 사용되는 "자유로운 간접 담화"는 그 자신의 견해가 아니라 문학적 장치라고 주장하였다. 그러나 그 어떤 간접적인 것도 그를 자유롭게 해주지 못했고, 은유의 대가는 투옥이었다. 1970년대와 1980년대 소비에트 후기의 언더그라운드 개념주의 화가들과 작가들—카바코프, 소로킨, 프리고프 등—이 문학적 기법으로서의 글쓰기광의 행위를 유일하게 정직한 예술적 행위로 간주한 것은 바로 이 때문이다. 인용부호 속에서 말하는 것은 진실하게 말하는 유일한 방법, 따라서 정체 시기 고도로 타협된 사회 속에서 진실의 가능성을 소원시하고 이에 의심을 품는 유일한 방법이었다. 1990년대 무렵에 1920년대와 1930년대의 영웅적인 글쓰기광 환자들은 다시 출판되어 서점에서 팔렸다. 그러나 이제 지상 위로 나온 그들의 충성스런 개념주의적 추종자들은 검열이 단순한 비판적 은유가 아니었던 시기 자신들의 영웅적 과거에 대해 때로 한탄하곤 한다.

1920년대에 미하일 조셴코는 서로 경쟁하는 나쁜 작가들의 악당 전시관을 창조하였다. 그들은 민간전승 캐릭터인 나자르 시네브류호프(고골의 루디 판코의 명예로운 손자인 파란 배불뚝이 나자르), 블로크와 나드손의 영감을 받은 시들인 「아가씨들, 아가씨들」, 「폭풍」, 「꽃잎들과 물망초」로 유명한 "미지의 눈에 띄지 않는" 서정시인 미셸 시냐긴, 혁명의 한가운데에서 연주하는, 별로 중요하지 않은 평범하고 하찮은 것들로 가득 찬 감상적 노벨라들의 작가인 콜렌코로프이다.[47] 사실상 조셴코의 모든 이야기들은 이러저러한 글쓰기광 환자들에 의해 쓰였다고 말할 수 있는데 왜냐하면 그것들은 "매일의 삶의 사소한 프티부르주아적 디테일들" 속에서 포착된 나쁜 글쓰기의 교훈적 예들이기 때문이다. 『비범한 사람들의 삶』(소비에트의 유명한 전기 시리즈)을 쓰는 대신에 조셴코는 유명하지 않고 눈에 띄지 않는 글쓰기광 환자들의 전기를 쓴다.

1927년부터 1929년 사이 수 차례 재판再版된 I.V. 콜렌코로프의 「감상적 노벨라」에 대한 네 개의 서문은 소비에트 러시아에서 변화하는 문학 풍조와 익살스런 검열을 보여 준다. 콜렌코로프 자신의 서명이 들어간 첫 번째 노벨라에서 그는 자신의 이야기들이 별 매력없는 "작은 인간", 평범한 사람obyvatel을 다루고 있다고 고백한다. 두 번째와 세 번째 서문에는 콜렌코로프가 "동조자들"fellow traveler(항상 당의 의심을 받고 있었던 작가들)의 우파에 속하지만 "페레스트로이카"의 과정 속에 있다고 주장한 익명의 비평가들인 K. Ch. 와 S. L. 의 서문이 있다. 문학 클럽의 창조적 글쓰기 선생인 미하일 조셴코의 도움으로 콜렌코로프는 곧 "자연파"의 주요 대표가 될 수 있었을 수도 있다.[48] 세 번째 서문에서 S.L. 은 선생(조셴코)이 콜렌코로프로부터 어떤 사례금도 받지 않았고, "감상적

---

47 Mikhail Zoshchenko, "Sentimental'nye povesti", *Izbrannoe v dvukh tomakh*, Minsk: Narodnaia Asveta, 1983. [미하일 조셴코, 『감상소설』, 백용식 옮김, 문학동네, 2011] 이 유명한 글쓰기광 환자에 대해 알려준 도날드 팡거에게 감사한다. 나자르 시네브류호프, 미셸 시냐긴, 콜렌코로프는 조셴코의 작중 인물들이다. ─옮긴이

48 *Ibid.*, p.365.

인 기록들, 한 편에서 다른 편으로의 성가시고 이데올로기적인 진동들"
이 글쓰기 교사와 아무 관계가 없음을 강조한다. 실제로 조셴코가 서명
한 1929년의 서문에서 작가는 아래의 마지막 고백을 한다.

> 이전의 오해들로 인해 작가가 비평가들에게 공지하건대, 이 이야기들이
> 말해지는 관점을 소유한 인물은, 말하자면 허구의 인물이다. 그는 세기의
> 전환기에 살게 된 평범한 지식인 유형이다. 신경쇠약, 이념적 진동, 주요
> 한 모순들과 멜랑콜리, 이것들을 우리는 우리의 "승진한 노동자"[49]인 I. V.
> 콜렌코로프에게 부여해야만 했다.[50]

여기서 작가는 글쓰기광 환자는 글쓰기광 환자이고, 문학적 기법은
문학적 기법일 뿐이라고 공개적으로 말하고 있다. 문학적 유희를 위한
시간은 끝났거나 거의 끝나가고 있고, 이념적으로 불안정한 글쓰기광
환자들과의 게임은 삶을 위협한다. 그러나 여기서의 솔직함은 또한 패
러디와 맞닿아 있다. 작가는 동일한 반어적 진실들을 말하고, 다른 서문
에서처럼 "중요한 모순들, 멜랑콜리, 그리고 이념적 동요"의 극복에 대
한 이념적으로 올바른 동일한 클리셰들을 전면에 제시한다. 더욱이 "똑
같이 건강하지 못한 사람들의 형제이자 아들인 작가 미하일 조셴코"라
고 지칭할 때는 조셴코 자신이 허구적 인물로 만들어지는 듯하다. 그는
역사의 전환기에서 단지 좀 더 반어적인 작가일 뿐 똑같이 동요하는 작
가이다.

49 좀 더 정확히 말하자면 소비에트 시절 책임있는 행정직무를 맡도록 발탁되어 승진한 노동자를 의
  미한다. —옮긴이
50 Ibid., p.366.

"콜렌코로프"라는 인물은 "개조 불가능한 낡은 사상을 가진" 동조자들에 대한 명백한 풍자를 위한 구실이다. 그러나 그것은 또한 모호함과 다른 문학적 기법들이 점차 제거되어 가는 혁명 전의 문학극장에서 스스로를 보호하려는 가면이기도 하다. 감상적인 글쓰기광 환자, 이념적으로 동요하는 동조자는 작가의 기이한 분신, 작가가 멀리하길 원하지만 동시에 그것 없이는 아무것도 할 수 없는 존재이다. 작가와 그가 사랑하는 글쓰기광 환자들과의 관계는 가볍고 일상적인 면식 관계이다. 시냐긴이 작가의 원숭이 털 코트를 훔쳤다면 콜렌코로프는 작가의 문학클럽의 학생이었다.

　콜렌코로프의 「감상적 노벨라」는 서문에 적힌 "이념적 동요들"을 드러내며 다양한 클리셰들 사이에서 움직인다. 혁명의 대변동의 시대에서 일종의 시대착오인 감상적 노벨라라는 장르는 카람진의 「가련한 리자」로 거슬러 올라가고 19세기 대중 문학에서 개화한다. 만약 그 탄생에 있어 감상적 노벨라가 양식들의 고전적 위계체계에 대한 반작용이라면 혁명 이후의 감상적 노벨라는 작은 개인의 혼란들을 묘사하면서 평범한 선common good이 평범한 악common evil에 대항하여 지속적으로 투쟁하는 영웅 서사시를 좋아하는 새로운 혁명적 위계를 교묘하게 파헤친다. 프티부르주아의 유물이자 혁명적 유토피아에 대한 반작용으로서 혁명 이후의 감상적 노벨라는 시대착오적이면서 동시에 반미래적이다. 그것은 개인적인 자기표현이라는 오래된 클리셰와 이제 막 공식적으로 구체화되고 있는 혁명적 일상의 언어를 동시에 보관하는 창고이다.

　「꾀꼬리는 무엇을 노래하였나」는 코무날카의 로맨스, 적어도 리자에게 있어서는 불행하게 끝나는 브일린킨 동지와 리자의 사랑 이야기이다. ("브일린킨"Bylinkin은 글쓰기광에 있어 또 하나의 위대한 이름으로 짧은 서사적 이야기, 고대 러시아에서 흔한 구술 장르인 "브일리나"bylina와 먼지 조각을 의미하는 "프일린카"pylinka라는 두 명칭을 가로지른다.)

리자는 브일린킨으로터 거의 시인을 만들어 낸다. 그는 「그녀와 저 사람에게」라는 제목의 시를 써서 『노동의 독재』라는 신문에 제출한다. 그러나 브일린킨 동지는 시인이라는 고된 길을 택하지 않는데, 왜냐하면 그는 좀 더 "미국화를 지향하는" 실제적인 사람으로서 "종이 위에 미친 생각들"을 쓰지 않기 때문이다(이것은 글쓰기광이라는 것이 서쪽—유럽—을 향해 움직일 때는 약해지는 러시아적 질병임을 증명하는 것이다). 달리 말해 브일린킨은 문학보다는 삶을 선호하는 것으로 종결되는 실패한 글쓰기광 환자(이상한 것이지만 이것이 가능하긴 하다)이다.

가구에 대한 논쟁은 로맨스를 깨뜨리고 노벨라의 낭만적인 담론을 파괴한다. 「꾀꼬리는 무엇을 노래하였나」라는 제목은 브일린킨과 리자의 로맨스가 한창일 때의 대화들 중 하나에서 직접 가져온 것이다.

브일린킨이 처녀와 교외로 떠나 밤이 될 때까지 숲을 거닌 때는 한창 때, 그들의 감정이 가장 고양된 시기였다. 거기서 쓰르륵거리며 우는 딱정벌레 소리와 꾀꼬리의 울음을 들으면서 그들은 움직이지 않고 오랫동안 서 있었다. 리조츠카[리자의 애칭—옮긴이]가 손을 비틀며 계속하여 물어보았다.

"바샤[브일린킨의 이름인 이반의 애칭—옮긴이], 이 꾀꼬리가 무엇을 노래한다고 생각하세요?"

바샤는 평상시처럼 대수롭지 않게 대답했다.

"무언가를 먹고 싶은 거죠, 그래서 우는 겁니다."

그리고 그 후, 처녀의 심리에 조금 익숙해진 후에 브일린킨은 좀 더 자세하고 모호하게 대답하곤 했다. 그는 새가 어떤 미래의 아름다운 삶에 대해 노래하는 것이라고 추측했다.[51]

　　서구 문화에서 가장 자주 인용되는 꾀꼬리는 여기서 앵무새 혹은 하찮은 로맨스에서 밝은 공동의 미래에 이르는 어떤 것에 대해 말할 수 있는 아마추어 글쓰기광 환자이다. 이 단락은 당대 모든 연인들의 클리셰를 희극적으로 상연한다. 비록 그녀와 그녀의 연인이 프티부르주아적인 로맨스에서 미숙할지라도 리자는 낭만적인 구애의 규칙을 진지하게 수용한다. 이 장면의 아마추어적인 연극성은 19세기의 낭만주의적 노벨라와 무성 영화들을 환기시키는 두 연인의 멜로드라마적인 동작에 의해 고양된다. 리자는 자신의 손을 비틀고 두 연인은 "움직이지 않고" 서 있다. 꾀꼬리에 대한 대화는 코믹한 효과를 강화시키는 이야기의 맨 마지막에 다소 서투르게, 기계적으로 부가된다. 소비에트의 감상적 노벨라의 인물들은 아마추어적인 낭만적 연인들이고 그들의 음유시인, 혁명 이후의 글쓰기광 환자 콜렌코로프는 아마추어 도덕주의자이다.

　　혁명적 변혁과 혁명 이후의 순응주의 시대의 감상적 노벨라의 불안정한 소비에트 작가는 그 자신만의 해피엔딩, 공산주의적 유토피아의 낭만적 꿈을 찾는다. 노벨라의 마지막 단락에서 무대의 측막에서 작가가 갑작스럽게 등장하여 독자를 향해 직접 말한다. 즉 꾀꼬리가 무엇을 노래했는가에 대한 질문에 작가는 나름대로 이렇게 대답한다. "작가는 300년 혹은 그에 못 미치는 시간 이후 도래할 미래의 진실한 삶에 대해서 그와 똑같이 생각하고 있다. 독자여, 이 훌륭한 시기가 속히 도래하

51 *Ibid.*, p.421.

기를. 만약 미래의 삶이 좋지 않다면 그 마음이 공허하고 차가워진 작가는 자신을 떠오르는 삶의 무대에서 잉여적인 형상이라 여길 것이다. 그리고 그때 그는 트램 아래에서 삶을 마감할 수도 있다."[52]

이 고백은 예언적이다. 약 5년 후인 1925년에 콜렌코로프는 문학 클럽의 창조적 글쓰기 교사, 자신의 삶에 공포를 느끼기 시작한 조셴코에 의해 죽음을 맞이한다. 만약 콜렌코로프가 트램 아래에서 죽지 않았다면 또 다른 글쓰기광 환자와 공식 작가가 그렇게 죽었을 것이다. 1930년대에 집필되었으나 1960년대까지 발표되지 못한 미하일 불가코프의 『거장과 마르가리타』의 베를리오즈가 바로 그런 경우이다.

스탈린 시대의 마지막 영웅적 글쓰기광 환자들은 소비에트 러시아의 마지막 아방가르드 그룹, 즉 다닐 하름스, 알렉산드르 베덴스키, 니콜라이 자볼로츠키, 그리고 그들과 가까웠던 시인들, 특히 니콜라이 올레이니코프로 구성되는 오베리우OBERIU에 의해 창조되었다. 이들은 조셴코의 시적 대응인이었다. 하름스와 베덴스키, 올레이니코프는 1930년대 말 스탈린 수용소에서 죽었다. 1925년부터 1935년 동안 존속되었던 오베리우는 사회주의 리얼리즘의 견고한 분위기 속에서, 그리고 시인들이 블랙유머로 대응했던 진부한 표현들의 체계 속에서 볼 때 모더니즘적인 시대착오였다. 니콜라이 올레이니코프는 코지마 프루트코프가 자신의 문학적 선조라 공포하였다. 그는 19세기의 전통인 나쁜 글쓰기를 자랑스럽게 지속해 나갔고 그 속에서 등장하는 문학적 곤충들을 특히 좋아했다. 「바퀴벌레」라는 제목의 시에서 레뱌드킨의 시로부터 가져온 이 행들은 제사로 사용된다. "'바퀴벌레: 바퀴벌레가 컵 속으로 떨어

---

52 *Ibid.*, p.435.

졌다.'—도스토옙스키."[53]

올레이니코프와 하름스에게 있어 코지마 프루트코프는 극소수의 숭배되는 고전들 중 하나였다. 사실 하름스는 서커스에서 저글링하는 사람의 색색의 공들처럼 서로 부딪치는 자신의 부조리한 주인공들로 푸시킨과 고골 같은 문학적 천재들을 사용하였다. 하름스의 무대에서 푸시킨과 고골은 코시킨과 므이시킨(인간고양이와 인간들쥐)을 쉽게 대신할 수 있다. 푸시킨의 생애에서 가져온 하름스의 일화들 중 하나에서 유명한 낭만주의 시인 주콥스키는 영감을 받은 글쓰기광의 순간에 실제로 푸시킨을 포착해 그를 "삼류시인"이라 부른다.

올레이니코프는 또한 자신을 위해 글쓰기광의 문학적 페르소나인 난폭한 마카르(난폭한 마카르를 의미하는 Makar Svirepyi는 막심 고리키—'비통한 막심'을 의미—를 따라 만든 것으로, 막심 고리키의 필명은 낭만적일 뿐 아니라 진지한 것이다)를 창조한다. 난폭한 마카르는 개인적이고 사회적인 수많은 이유 때문에 쓴 우화, 송시, 그리고 시들의 작가이다. 그의 많은 시들은 여자 친구들에게 우스꽝스럽게 헌사되는데 「옷 입는 것을 괴롭히는 서한」, 「망토를 구입하려는 타이피스트에게」, 「한 극장의 여배우에게 보내는 서한」과 같은 시들, 혹은 「중앙 흑토 지방의 작가에게 일어난 실화」와 같은 조소적이고도 도덕적인 이야기가 그것이다. 이 시들은 푸시킨 서클에서 사적인 이유에서 쓰거나 혹은 친구를 위해 쓴 "가정시"의 옛 전통을 재창조한다. 사실 그는 우리가 '포실리'poshly라는 단어를 사용한 첫 경우들에서 만난 바 있는 푸시킨의 유명한 포실리 마드리갈—범속한 마드리갈—의 전통을 지속하고 있다. 올레이니코

---

53 Nikolai Oleinikov, *Ironicheskie stikhi*, p.91.

프의 다시 쓰기 속에서 그러나 이 마드리갈들은 관습적이지 않다. 그것들은 19세기 초의 고위 귀족 사회의 관례로부터 추출된 후, 모든 사적인 것이 집단적인 중요성을 결여한 것으로, 사회적으로 위험한 것으로 간주되는 생기없는 소비에트의 일상 속에서 진열된 이상 전복적인 것이 된다. 상황에 대한 시들은 1930년대에 매우 일상적이 되지만, 이 상황들은 대단히 사회적이고 정치적이다. 마치 올레이니코프는 이 우스운 시들을 통해서 공식적인 집단성에 반항하는 장난기 많은 친구들로 구성된 사회를 창조하려는 듯하다.

올레이니코프의 시들은 또다시 코지마 프루트코프의 딜레마에서처럼 패러디 또는 모방의 문제를 제기한다. 게다가 만약 우리가 그것들을 '패러디'라고 부른다면 이는 문제를 해결하는 것이 아닐까? 코르네이 추콥스키를 포함하여 올레이니코프의 동시대인들은 그를 '천재시인'으로 여겼지만 유일하게 존재하는 그의 유산은 허구적인 글쓰기광 환자 난폭한 마카르가 쓴 시들뿐이다. '진짜' 올레이니코프, 가명이 없는 올레이니코프, 아방가르드의 위대한 천재가 쓴 걸작들을 구제하기 위해 우리는 계속 살펴보아야 한다.

레프 로세프는 "올레이니코프는 시 영역에서의 조셴코다. 그의 시학의 토대는 '초감각'transense이 아니라 '스카즈'skaz다"라고 쓰고 있다.[54] 달리 말해 올레이니코프의 시는 흘레브니코프의 시에서 그러하듯 언어의 지시적 의미를 넘어 순수한 기표의 유토피아적 영역 속으로 들어가려 시도하지 않는다. 오히려 그것은 혁명 이후 언어의 일상적인 연극성 속으로 뛰어든다. 스카즈는 보리스 에이헨바움이 고골 작품을 분석할

54 Lev Losev, "Ukhmylka Oleinikova", *Ironicheskie stikhi*, p.10.

때 작품에서 이야기에 영향을 끼치는 화자-인물의 존재를 제안하기 위해 도입한 용어이다. 올레이니코프의 페르소나는 다소 구식이고 심지어 18, 19세기의 도시성과 고상한 사회 내에서의 사회적 용도의 글쓰기를 상기시키는 시대착오적인 글쓰기광 환자이다. 자신이 행하는 관습들을 부조리한 것으로 자주 축소시키고 진부한 언어 표현들을 인용 부호 속에 넣어 버리는 구식의 장난기 많은 작가적 포즈는 시인 올레이니코프가 임박한 숙청과 자라나는 순응주의의 시대 속에서 취할 수 있는 유일한 정직한 자세이다.[55]

다닐 하름스는 올레이니코프에게 아래의 우정어린 시를 바쳤다.

숫자들의 지휘자, 우정을 비웃는 사악한 이여,
무엇에 대해 숙고하였는가? 아니면 다시 세상을 비난하려는가?
너에게 호머는 저열한 사람, 괴테는 멍청한 죄인,
단테는 너의 비웃음, 단지 부닌만이 너의 우상.[56]

하름스의 시는 전통적인 음보로 쓰였고 희극적인 동시에 비가적이다. 호머와 연관하여 "저열한 사람"이라는 단어를 쓴 것은 서구 문학 전통의 위대한 서사시의 아버지들조차도 올레이니코프의 시적 유희를 피

---

55 올레이니코프와 자볼로츠키에 대한 더 깊은 논의에 대해서는 다음을 보라. Lidiia Ginzburg, "O Zabolotskom kontsa dvadtsatykh godov", Vospominaniia o Zabolotskom, eds. E. B. Zabolotskaia and A. B. Makedonov, Moscow: Sovetskii pisatel', 1977, pp.120~131.

56 Daniil Kharms, Izbrannoe, ed. George Gibian, Wurzburg: Jal verlag, 1974, p.253. "Konduktor chisel, druzhby zloi nasmeshnik, / O chem zadumalsia? Il' vnov' porochish' mir? / Gomer tebe poshliak, i Gete glupyi greshnik, / Toboi osmeian Dant. Lish' Bunin tvoi kumir." trans. John Henriksen.

할 수 없다는 것을 가리킨다. 올레이니코프의 글쓰기광은 급진적이고 영웅적인 글쓰기광이다. 진부함으로부터 끊임없이 멀어지려는 것, 일상적 장르로서의 글쓰기를 장난스럽게 그러나 충실히 실행하는 것은 공식 문학의 규범과 사회 규범에 대한 저항적 도전이었다.

1935년, 어느 정보원이 올레이니코프의 파리와 바퀴벌레들에 대한 시들, 특히 그의 어린이들을 위한 이야기들이 영웅적인 소비에트의 과거를 "하찮게 만들"기 때문에 그의 책들은 압수되어 말살되어야 한다고 썼다.[57] 작가는 자신의 책들의 운명을 뒤따랐다. 올레이니코프와 하름스의 반어적인 글쓰기광은 그들의 삶을 대가로 가져갔다. 하름스와 올레이니코프는 체포되어 1940~1942년 사이 스탈린의 수용소에서 죽었다. 문학적 곤충들―만델시탐의 악명높은 풍자시에 나오는 거대한 콧수염을 지닌, 스탈린을 닮은 바퀴벌레(만델시탐은 이 시로 인해 수용소에 수감되었다)와 글쓰기광의 고상한 전통의 담지자인 올레이니코프의 부조리한 바퀴벌레―은 약간의 풍자와 불랙 유머로 사회주의 리얼리즘의 유토피아의 낙관적 정신을 오염시킬 수 있는 위협적인 존재였다.

전국민적인 글쓰기광: 스탈린의 뮤지컬부터 해빙기의 문학 클럽까지

사회주의 리얼리즘은 글쓰기광의 개념을 재정의하고 '수정'했다. 1930년대에는 스탈린적인 민간전승의 부활인 "민중의 천재들"이라는 사상을 전개하였다.[58] 개별 작가들이 아니라 민중(그것의 가장 추상적 의미에

---

57 Lev Losev, "Ukhmylka Oleinikova", p.7에서 인용.

58 민속학에 대한 스탈린 정책에 대해서는 다음을 보라. Richard Stites, "Stalin by Starlight", *Russian Popular Culture: Entertainment and Society since 1900*, Cambridge: Cambridge University Press, 1992, pp.64~97.

있어서의 나로드narod)은 만약 그들의 재능이 올바른 방향으로 흐른다면, 천재가 나올 수 있는 자원이다. 모든 사람은 예술가가 되도록, 그 혹은 그녀의 위대한 애국적 재능을 드러내기 위해 노력하면서 글을 쓰고 작곡하기를 격려받았다. 레닌 시대 동안 선언된 슬로건처럼 사회주의 치하에서 모든 요리사(kukharka, 가정 내 여자 요리사, 식모)는 국가를 통치할 수 있도록 변할 것이다. 스탈린 시대 동안에 모든 요리사는 문화 또한 생산하도록 당부받았다. 그러나 실제로는 단지 최고의 요리사로 지정된 소수만이 스타 반열에 오르기 위한 비법을 전수받았다.

스탈린이 좋아했던 영화들 중 하나로 그가 (과장 없이) 100번을 보았던 영화는 그리고리 알렉산드로프 감독의 「볼가, 볼가」였다. 이 영화는 바그너와 베토벤을 좋아하는 클래식 음악가 알료샤와 장래의 민중 시인이자 가수인 우편 배달원 스트렐카 사이의 "즐겁고 삶을 긍정하는" 러브 스토리로, 후자를 연기한 이는 소비에트의 마를렌 디트리히라 여겨지는 스탈린 시기 최고의 여배우 류보프 오를로바였다. 혼자 모스크바에 가서 상을 받기 위해 스트렐카의 노래를 훔치려는 지방 관리 브이발로프의 음모에도 불구하고 이야기는 새로운 공산주의 모스크바로의 영광스런 행진 속에서 해피엔딩으로 끝난다('브이발로프'byvalov는 영화의 맥락에서 소비에트의 법률과 규칙들을 평범하게 만드는 '오브이바텔' obyvatel'[속물]과 연관된다). 감독의 말에 의하면 영화는 "민중의 창조성"에 바쳐진 것으로, 대중적 글쓰기광으로 표현될 수 있는 "민중의 천재"를 증명하는 것이다.[59] 민중의 창조성을 표절하려는 관리의 시도는 공개적으로 드러나 비판을 받는다. 영화는 러시아의 민속예술, 혹은 러시아

---

59 Grigorii Alexandrov, *Epokha i Kino*, Moscow: Politizdat, 1976, p.216.

민속예술의 공식적 재발명을 위한 스탈린의 캠페인을 보여 준다. 이 고도로 프로그램화된 민중 문화 버전은 1920년대의 프티부르주아의 대중음악―"축음기 로망스"와 다른 도시의 노래들, 탱고, 재즈, 서구 데카당의 모든 기호들―뿐 아니라 부르주아의 외국 클래식 음악 역시 부정한다. (애국적인 러시아의 클래식 작곡가들, 특히 스탈린이 좋아했던 차이콥스키와 글린카는 물론 민중 문화의 일부이다.)

글쓰기광의 자질을 지닌 학생들이 생각하는 이 영화의 가장 재미있는 특징은 영화의 원저자가 각본과 그 각본이 말하는 원저자의 미스테리를 반영하는 듯 보인다는 것이다. 사실 마야 투롭스카야가 제시하듯 이 영화의 대본을 쓴 사람 중 하나가 정치적 이유로 영화 크레딧에서 그 이름이 지워졌을 때 그는 유령 작가가 되어 버렸다.[60] 그는 바로 유명한 시인이자 모스크바 아방가르드 극작가인 니콜라이 에르드만으로 영화가 세상에 나왔을 때는 망명 중이었다. 에르드만은 「자살자」를 비롯하여 수많은 영화 대본을 썼고 대중 장르를 모방한 수많은 작품들, 오데사 로맨스, 탱고, 그리고 특별한 사건에 대한 시들의 작가로서 사적인 서클 내에서 잘 알려져 있었다.[61] 사회주의 리얼리즘 코미디들을 위한 이 가장 유명한 그의 대본들을 우리는 어떻게 읽을 것인가? 그것은 패러디, 사회주의 리얼리즘 양식으로 쓰인 반어적 글쓰기광의 글쓰기인가? 아마도 이 영화는 허구의 작가, 즉 노골적으로 사회주의 리얼리즘의 공식적으로 강령화된 상투적 표현들을 사용하는 양식화된 사회주의 리얼리

---

60 나는 마야 트롭스카야와 1991년 뉴올리언스에서 발표된 그녀의 논문 "Volga, Volga"로부터 매우 큰 도움을 받았다. 그녀의 연구는 에르드만과 닐센의 이름이 사라진 것과 영화의 자막을 고찰하고 있다.

61 Nikolai Erdman, "Stikhi i intermedii", P'esy, intermedii, pis'ma, dokumenty, Moscow: Iskusstvo, pp.165~171.

스트-글쓰기광 환자, 반어적인 예식의 지휘자이자 국가 수장으로부터 버림받은 니콜라이 에르드만에 의해 창조된 것으로 보아야 할 것이다. 블라디미르 라도스틴(라도스트radost'는 "기쁨"을 의미한다)이 말하듯, 이 영화가 평범한 사회주의 리얼리스트의 작품이었다면 과연 스탈린은 영화를 100번이나 보았을까?

사회주의 리얼리즘을 이전의 수줍은 아방가르드 예술가들에 의한 공식적 클리셰들의 교묘한 조작, 패러디로 축소해 버리는 것은 분명 불가능하다. 사실 조셴코를 포함하여 많은 예술가들과 작가들은 자신의 이름으로 미취학 아동들을 위한 일련의 "레닌에 대한 이야기들"을 쓰도록 강요받았다. 새로운 진지함은 심지어 가장 "즐겁고 삶을 긍정하는" 장르들에서조차 글쓰기광 환자들이 점점 그 세력을 키워 나가고 있는 공식적인 관청용어들을 만들어 내고, 낯설게 하고 그것과 투쟁하는 것을 허락하는 언어의 극장을 금지하였다.

아브라함 테르츠의 1960년 이야기인 「글쓰기광 환자들」은 수많은 문학적 신화들 사이의 투쟁을 무대화하고, 소비에트-러시아의 맥락에서 글쓰기광이라는 병의 역사와 그것의 미학적, 정치적 복잡성을 정리하고 있다.[62] 테르츠는 글쓰기광 환자의 관점에서 이야기를 쓰면서 조셴코와 올레이니코프의 전통을 잇고 있다. 나아가 이것은 글쓰기광 환자의 자서전적 이야기이다. 주인공은 인정받지 못한 사회주의 리얼리즘의 천재인 파벨 스트라우스틴으로『기쁨을 찾아서』라는 미출판 소설의 작가이다. 그는 자신의 소설의 여주인공처럼 한때는 헌신적이고 열정

---

62 시냡스키와 테르츠 사이의 관계, 그리고 가명을 만드는 것에 대해서는 Donald Fanger, "Conflicting Imperatives in the Model of Russian Writer: Sinyavsky/Tertz", *Literature and History*, ed Gary Saul Morson, pp.111~124를 보라.

적이었으나 현재는 나이가 들어 대충대충 일하고 "여성 질환으로 진이 빠져 버린" 지친 여인인 아내와 함께 살고 있다. 그들의 조숙한 아들인 파블릭은 아이 글쓰기광 환자로서 연필을 쥐고 있을 때마다 다양한 환상적 생명체에 관한 이야기들을 쓴다. 부자 사이의 질투는 이야기를 통하여 우스꽝스럽게 나타난다. 스트라우스틴의 아들은 아버지의 이상한 분신이지만, 자신의 천재성 혹은 글쓰기광을 아들이 거울처럼 보여 주고 나아가 이 둘을 혼동하고 있다는 사실을 아버지는 잘 알지 못한다.[63]

어느 날 스트라우스틴은 시야에 들어오는 희생물에 자신의 시를 강요하고 19권의 시집을 출판한 음흉한 다작 시인 갈킨을 만난다. 갈킨은 스트라우스틴을 글쓰기광 환자들의 클럽에 데려간다. 그 구성원들로는 퇴직 대령들, 체호프와 유사하게 코안경을 쓴 나이든 여성들, 예세닌의 방식으로 글을 쓰는, 푸시킨의 것과 비슷한 구레나룻을 기른 젊은 성직자들, 식물학 교사, 아코디언처럼 펼쳐지고 "시, 그림, 조각의 종합"을 제공하는 섬게 모양의 책의 저자들이 있다. 또한 유명한 게이 바이올린 연주자의 옛 아내인 극작가가 있는데, 이 여성은 자신을 남성으로 지칭하고 관료제 꼭대기를 비판하며, "단지 정치적인 이유로 인해" 작품들을 출판하지 못하고 있다.[64] 글쓰기광 환자들의 클럽의 자의식이 강한 의장 갈킨은 1920년대와 1930년대의 유물로, 아방가르드의 시대착오적 아류이며 올레이니코프와 다른 실험적 시인들의 양자이다. 대체로 글쓰기광 환자들은 소비에트의 기쁨을 황량하고 진부하게 동질적으로

---

63 파블릭의 글은 매우 비범하고 아버지의 글보다 더 재미있는 것으로 나타난다. 이것은 이전의 아방가르드 작가들과 1930년대 시인들―하름스, 올레이니코프, 추콥스키―이 쓴 부조리한 아동 문학을 우리에게 상기시킨다.

64 Abram Tertz, Andrei Sinyavsky, "Grafomany", p.95.

묘사하는 1950년대의 공식적인 소비에트 작가들보다 더 다채롭고 다양한 그룹으로 제시되는 것이 틀림없다.

「글쓰기광 환자들」의 텍스트를 통해 일종의 발견object trouvé으로서—발견되었다가 부인되고 다시 발견되는—지속적으로 등장하는 문장이 있다. 그것은 글쓰기광 환자의 점진적인 자기 인식에 대해서뿐 아니라 저작 과정에 대한 독특한 식견을 제공한다.

> "덥고 답답한 날이었다. 푸시킨 대로는 건조했다. 공기 중에서 다가오는 폭풍의 기미를 느낄 수 있었다." 나는 소설 『기쁨을 찾아서』를 이렇게 끝낼 것이다. 나는 페이지 조판 교정쇄에 이것을 반드시 넣을 것이다. 다가오는 폭풍은 풍경에 활기를 주고, 사건에 반향된다. 그것은 타티아나 크레체트에 대한 바딤의 사랑과 혁명에 대한 가벼운 암시이다.[65]

이야기는 푸시킨 대로에 대한 낭만적 영감의 순간을 경험하는 주인공으로 시작한다. "공기 중에서 다가오는 폭풍의 기미를 느낄 수 있었다"는 인용부호 속에서 처리된다. 이것은 날씨에 대한 여상한 언급이 아니라 위대한 시적 발견, 잘 익은 밀의 색깔을 상기시키는 금발을 지닌 타티아나에 대한 혁명적 영웅의 사랑을 묘사하는 자신의 사회주의 리얼리즘 소설을 위한 적절한 결구이다. 이 문장은 스트라우스틴의 잠재적으로 아류적인 사회주의 리얼리즘 소설에도 적합할 것이다. 그것은 사회주의 리얼리즘의 묘사가 19세기 리얼리즘의 주요 관습들 중 하나인 상상의 '혁명적 양식'을 어떻게 '자연스럽게 만들고' 변형시키는가에

---

65 Ibid., p.77. "Bylo zharko i dushno."

대한 훌륭한 예이다. 이 문장은 스트라우스틴의 관점에서 보자면 기대, 미래의 폭풍과 그것의 젊은 힘에 대한 파토스를 전달한다. 스트라우스틴의 시적 직관은 리얼리즘과 낭만주의를 영광스런 혁명적 찬미로 역사적으로 변형시키는 것을 교훈적으로 압축하는 본보기가 될 만한 상투적 표현을 발견하도록 그를 이끈다. 그러나 스트라우스틴은 자신의 문학적 커리어를 영원히 변형시킬 다가오는 또 다른 폭풍우, 글쓰기광을 폭로하는 폭풍우를 알지 못한다.

다가오는 폭풍에 대한 행은 글쓰기광 환자들의 초지각적인 집단적 무아지경의 장면 속에서 다시 등장한다. 갈킨에 의하면 작가는 언어 속에서 자신을 표현하지 말고 그 존재를 지워야 하고, 그런 후에만 작가는 "세계에 대한 가장 정확한 동의어"를 파악할 수 있다. 여기서 갈킨은 자신을 언어에 내어주고 창조적으로 자신을 지운다는 모더니즘 미학의 주요 명제를 공식화한다. 이것은 '텍스트 속에서 화자로서의 시인의 소멸'에 대한 말라르메의 유명한 문장과 생산자-시인 또는 복화술사-시인이라는 러시아 아방가르드 이념에 대한 그 자신의 버전이다. 글쓰기광 환자들이 집단적으로 문학적 관습들과 클리셰들에 대해 더듬더듬 목소리를 내고 있을 때 스트라우스틴은 자신의 주옥 같은 문학적 표현인 "공기 중에서 다가오는 폭풍의 기미를 느낄 수 있었다"를 또렷이 듣는다. 그는 자신의 미발표된 작품이 집단적으로 표절되어 사회주의 리얼리즘의 대가들인 페딘, 파데예프, 숄로호프, 파우스톱스키 등에 의해 클리셰로 변했다고 그 즉시 주장한다. 그러나 누가 누구를 표절하고 있는지는 분명하지 않다. 스트라우스틴인가, 혹은 이미 자리잡은 소비에트의 대가들인가, 아니면 갈킨 클럽의 그로테스크한 멤버들인가? 그리고 표절과 패러디, 모방을 어떻게 구별할 것인가? 따라서 인용부호 없이 첫 번째로 사용된 다가오는 폭풍에 대한 진부한 행은 다수의 수식어들을 갖게 된다. 그것은 무의식적인 상투어에서 혁명의 목적론과 억제된 낭만적 힘을 결합하려는 자연애호적 파토스 및 사회주의 리얼리즘에 대한 패러디로 변모한다. 마지막에서 갈킨은 이 행은 어떤 중요한 의미도 없는 닳아빠진 클리셰일 뿐이라 주장한다. 결국 글쓰기광의 생산물(결과물)은 그것을 동기화하는 영감, 욕구, 강박관념보다 중요하지 않다. 미출판된 글쓰기광을 선언하는 작가 갈킨은 이 행이 글쓰기광을 인간적이고 미학적인 자기의식의 구현으로 만드는 독창적인 실패라고 주장한다. 스트라우스틴에게 있어 자신의 아름다운 문장의 결과물인 폭풍은 그 자신으로 하여금 스스로의 글쓰기광을 인식하게끔 만든다.

이야기의 극적 사건은 천재와 글쓰기광 환자 사이의 투쟁이 아니라 글쓰기광의 다양한 양식들 사이의 투쟁, 즉 확립에 대한 거부와 공식적인 확립, 자의식과 무의식, 아방가르드의 유희적 자기 소멸과 사회주의 리얼리즘의 순응주의 사이의 투쟁에 있다.

글쓰기에 대한 집착은 또한 작가적 명성에 대한 집착으로 확대된다. 이야기 속에서 사회주의 리얼리즘 작가들과 간신히 살아남은 작가들, 그리고 1920년대 세대의 아류들은 적어도 러시아 고전들에 대해 자신들이 공통으로 질투하고 있다는 것에는 동의한다. "글쓰기광 환자들"은 새로운 공산주의 모스크바의 거리에서 젊은 세대들과 즐겁게 인사를 나누며 사회주의 리얼리즘의 기념비로 변모한 19세기 위대한 고전들의 장엄한 키치화를 폭로한다. 심지어 레프 톨스토이의 손톱과 결핵에 걸린 체호프의 침이 미학적 대상으로 구체화된다.

그러나 위대한 작가들의 자기 구축 신화의 몇몇 요소들은 러시아의 위대한 고전작가들, 모더니즘의 후손들, 그리고 알려지지 않은 사회주의 리얼리즘의 천재들에게도 적용된다. 이런 요소들 중의 하나는 작가와 그의 일상byt과의 영원한 투쟁이다. 즉 예술과 삶의 대립, 혹은 좀 더 정확히 말해 예술과 아내 사이의 대립이 그것이다. 갈킨은 스트라우스틴에게 만약 그가 작가/글쓰기광 환자 공동체에 속한다면 자신의 예술과 느슨한 스타킹을 신고 신선하지 않은 커틀릿을 튀기는 아내로 체현되는 그의 가족 중 하나를 선택해야 한다고 말한다. 이것은 그리 놀라운 것이 아닌데, 왜냐하면 러시아와 소비에트 문화에는 러시아 문학사의 팜프파탈 중 하나인 나탈리야 곤차로바-푸시키나-란스카야부터 시인의 자기희생적인 아내, 기억의 담지자이자 그녀 스스로가 작가이기도 한 나데즈다 만델시탐에 이르는, 작가들의 '착하고' '악한' 아내들에 대한 나름의 신화가 존재하기 때문이다.

「글쓰기광 환자들」은 상투적 표현과 예술적 발명, 알려지지 않은 천재들과 글쓰기광 환자들, 정전이 된 러시아의 위대한 고전 작가들과 새로운 소비에트 작가들 사이의 근친상간적인 관계 속에 존재하는 수많은 역설들을 탐구한다. 제목은 이야기의 마지막 행에서 반복된다. "'글쓰기광 환자들'(내 삶에 대한 이야기들 중에서)." 따라서 글쓰기광 환자들의 클럽을 방문하는 이야기는 또한 글쓰기광 환자들에 대한 글, 소비에트의 일상의 삶의 진창에 빠진 분개한 잠재적 사회주의 리얼리스트에게 새로운 영감의 불꽃을 약속하는 글을 쓰는 것에 대한 이야기이다. 그러나 글쓰기광에 대한 글쓰기라는 생각은 그리 독창적이지 않은 것으로 판명된다. 우리는 글쓰기광 환자들에 대한 이야기를 읽고 있는 것인가 혹은 글쓰기광 환자인 갈킨과 그의 복화술사 스트라우스틴에 의한 이야기를 읽고 있는 것인가? 이야기가 전개될수록 천재와 글쓰기광 환자 사이의 갈등은 속담 속의, 폭풍을 기다리는 봄의 대기처럼 흐릿해진다. 아마도 러시아 문화와 멜로드라마적 열정을 지닌 소비에트 문화의 도처에서 싸워 온 이 마니교적 결투는 작가들과 비평가들에 의해 동일하게 크게 과장되어 온 듯하다.

글라스노스트, 글쓰기광 그리고 대중문화

글라스노스트의 초기는 신문에 기고한 수많은 편지들부터 회상록, "진실한 이야기들", 의견들과 광범위한 정치적 분야에 대한 폭로들에 이르는 글쓰기광과 다양한 병적 다변증을 고무했다. 침묵의 세월들은 소리 높여 이야기하고 들으려는 커다란 필요를 만들어 냈고 점진적으로 강화되는 검열로 인해 출판을 위한 폭넓은 가능성들이 강구되었다. 누군가의 첫 독자로서 검열에 대해 생각하지 않고도, 암시, 은유, 일화의 '우의적인 언어' 속에서 기저텍스트를 정성들여 만들지 않고도 글을 쓰는 것이 가능해졌다. 그러나 러시아 문학이 애매모호한 이중적 말을 견뎌 낼 수 있을까? 어떤 시인들은 우의적 언어가 본질적인 문학어라 주장하였고 민주주의하에서 예술의 역할에 대해 질문하였다.

몇 년 전 잡지 『영화의 기술』*The Art of Cinema*에서 "대중문화"에 대해, 보다 더 넓은 의미에서 단수형의 문화culture와 복수형의 문화cultures에 대한 논쟁이 시작되었다.[66] 논의를 자극한 것은 타티아나 아노히나(아마도 필명일 것이다)의 노벨라 「이자벨라 베드포드」, 갈킨의 클럽 멤버에 의해 집필된 텍스트의 출판이었다. 사실 당초 그녀의 작품은 "글쓰기광"이라는 모욕적인 코멘트와 함께 편집자들에 의해 거부되었다. 「볼

---

66 이 노벨라는 *Iskusstvo kino*, 6 (1990)에 발표되었다.

가, 볼가」의 스트렐카처럼 타티아나 아노히나는 톨랴티 시의 우체국에서 일한다. 그녀의 말에 의하면 글을 쓰고 책을 읽고 영화를 보는 것은 "자기인식", "사회와 그 혼잡으로부터 해방"되는 방법이다. 그래서 만약 그녀가 글쓰기광 환자로 불린다면 그녀는 구식의, 글쓰기광의 이상적 유형인데, 이런 유형에게 글쓰기와 독서는 상상을 통해 일상의 고되고 지겨운 일로부터 해방될 수 있는 수단이다. 그녀의 남주인공들과 여주인공들은 외국 이름을 지니고 있으나 놀라울 정도의 소비에트적 리얼리티를 갖고 있다.

1980년대 초에 쓰인 「이자벨라 베드포드」는 소비에트 러시아 지방의 우울한 일상으로부터 공손하고 미소짓는 "인간적인 사람들"의 땅으로 도피하는 여행 이야기로, 외국 이름을 가진 소비에트 지방 여인의 시각에서 쓰였다. 어느 날 이자벨라 베드포드는 일을 그만두고 자신의 아들 토마스와 함께 낡은 버스를 타고 떠난다. 그때까지 그녀는 인기 있는 치료 테스트(잠자기 전에 베토벤의 머리를 그리는 것), 요가 연습, 유명한 배우 안드레이 미로노프의 영혼을 돕기 위한 정신적 호소, 미국의 제국주의적인 핵 건설을 탄핵하는 것을 그 세부 사항으로 포함하는 소비에트 대중문화의 삶을 살고 있었다(그녀는 심지어 핵폐기물을 장미꽃잎 더미로 변형시키길 꿈꾸고 있다). 「이자벨라 베드포드」는 '여성적 글쓰기'의 완벽한 사례이다. 비록 러브 스토리는 없지만, 그 주요 인물들은 여성들이고 여성에 의해서, (만약 그것이 일반인들을 위해 집필되었다면) 아마도 여성을 위해 집필되었을 것이다. 이것은 헤밍웨이의 "여성 없는 남성" 세계의 반대, 남성이 거의 없는, 아이들과 여성의 세계이다. 아래에 이자벨라가 길 위에서 그녀 자신의 모든 "존재의 벌거벗은 본질들"을 포착하는 장면이 있다.

두 번째 날에 그녀의 감기는 끝이 났고 세 번째 날에 그녀는 일을 그만두었고, 이날 집 창문 아래의 좋은 자리에 커다란 노란 버스를 가지고 왔다. … 그 안에는 유명한 작곡가, 학자, 예술가, 철학자들의 전기들뿐 아니라 스티븐슨, 뒤마, 쥘 베른, 디포, 푸시킨, 고대 그리스 작가들의 작품들이 있는 커다란 도서관이 있었다. … 이자벨라는 자신과 아들 토마스를 위해 약간의 따뜻한 옷들, 특히 여행에 중요한 것을 모았다. 한 장소에 그녀는 좋은 냉장고를 설치했다. 그녀는 옛 클래식 음악과 현대의 우주음악 테이프가 든 신기한 녹음기를 얻었고, 200년 동안 사물들을 확대하고 있는 확대경부터 망원경에 이르는 광학 도구들을 가져왔다. … 심지어 자기방어를 위한 레이저 리볼버를 갖기를 원했다.[67]

이자벨라의 노란 버스는 쥘 베른의 노틸러스나 비틀스의 노란 잠수함과 같은 도피의 마법적 수단이자 소비에트 대중문화의 희귀한 저장소이다. 일견 이것은 그녀의 버스 도서관이 소비에트적이지는 않다고 우리에게 말하는 듯하다. (유일하게 언급된 러시아 작가는 푸시킨이다.) 소비에트적인 것은 책들의 배열과 "위대한 사람들의 삶"과 같은 대중을 위한 시리즈 속에서 대중화된 고급문화의 컬트이다. 이야기에서 이국적인 모든 것들에 대한 매혹은 현대 서구의 대중적 가공품들, 예를 들어 맥도날드나 코카콜라 같은 것과는 아무런 관계가 없다. 이 이국의 땅은 1980년대 초 소비에트의 암시장에서 높은 평가를 받은 뒤마, 월터 스콧, 쥘 베른으로부터 온 것이다. 그것은 19세기의 대중 도시 문화의 희귀한 견본으로 살아남았으나 소비에트의 지방에서 얼어붙은 것이다.

67 *Ibid*., p.120.

「이자벨라 베드포드」는 대중문화가 개인 관찰자와 독자에게 강력한 미학적 경험을 제공할 수 있다는 사실을 보여 준다. 동시에 그것은 1980년대 소비에트의 대중문화가 얼마나 구식이었는지, 19세기의 고전들과 중편 소설들이 당대 소비에트 신문의 선전 구호, TV 뮤지컬의 노래, 코미디들과 어떻게 공존했는지를 드러낸다. 흥미롭게도 『영화의 기술』의 편집인들은 이야기를 대안적인 언더그라운드 문화의 견본으로, 재현에 대한 실험과는 아무 상관이 없고 따라서 어떤 전복적이고 아방가르드적인 현상이라 할 수 없는 것으로 부른다.[68] 이러한 평가는 낡은 공식적 클리셰, "민중의 문화"와 "민중의 창조"에 대해 흥미롭게 재고할 단초가 될 수 있다. 이 노벨라는 또한 대중문화의 자연발생적인 생산이 미국에서 그러한 것처럼 상업 단체들에 의해 독단적으로 계획되는 대중문화와 다르다는 것을 암시한다.

아노히나의 이야기는 규범적이지 않다. 그것은 고급문화와 대중문화, 원초적이고 놀라운 시적 발견이 있는 무의식적인 소비에트의 상투적 표현들과의 병치 속에 존재하기에 놀라운 것이다. 그것은 개인의 정신적 해방의 유일한 수단으로서의 절박한 미학적 욕구이자 실존적인 필요로서의 글쓰기이다. 구식 노란 버스 속에서의 갑갑한 도피에 대한 이 이야기는 혼자만의 방이 없이 글을 쓰는 소비에트의 상황에 대해 많은 것을 폭로한다. 동시에 「이자벨라 베드포드」의 출판 후에도 타티야나 아노히나는 작가처럼 처신하는 것을 거부했다. 대중문화 문제에 대한 텔레비전 프로그램에 출연해 달라고 반복적으로 요청했을 때 그녀는 현대의 전기 매체가 그녀의 사적이고 창조적인 세계에 개입할까 두

---

68 *Ibid.*, p.115.

려운 듯, 이를 공손하게 거절했다.

문학 제국의 마지막 경찰: 드미트리 프리고프

글라스노스트가 산출한 문화적 행복의 말미에 모스크바 개념주의의 영웅 드미트리 프리고프는 다가오는 파국, "전지구적 파국" 즉 "러시아 제국 정신" 및 위대한 글들이라고 칭송되는 것들에 의해 "사회문화적 멘탈리티"socio-cultural mentality라 정의된 것의 소멸에 대해 경고하였다. 이 파국은 슬라브주의와 자유주의적 서구주의자들의 추종자들에게 영향을 미치고 있는데 왜냐하면 양쪽 다 제국적이고 문화중심적인 멘탈리티의 산물이기 때문이다. 도스토옙스키적이고 니체적인 어떤 기분 나쁜 모호함이 있는 「문학가 여러분들, 당신들에게 굳건한 건강을 기원합니다」라는 글에서 프리고프는 "러시아의 유럽화를 위해 싸운 작가들, 우리가 선험적으로 알고 있는 바와 같이 매우 고귀하고 실용적인 충동에 사로잡힌 작가들은 …그들 자신의 무덤을 파고 있거나 혹은 자신들이 앉아 있는 아름다운, 수세기 된 가지를 자르길 원하는 이들이다. 그 결과 그들은 별 의미 없는 사회문화적 현상으로서, 러시아 문학의 완전한 소멸과 대면할 것이다"라고 반어적으로 말하고 있다.[69] 작가라는 존재가 일종의 이상으로서 존재했던 러시아 문학 제국의 종말은 '모든 성스러운 것'의 종말, 모든 유형의 러시아 신의 죽음이 될 수 있다. "드미트리 프리고프는 그렇게 말했다"는 프리고프 자신일까 아니면 그의 문학적 페르소나이자 분신, 유명한 글쓰기광 환자 드미트리 알렉사니치라는 후기

---

69 Dmitrii Prigov and Svetlana Beliaeva-Konegen, "Krepkogo vam zdorov'ia, gospoda literatory", Strelec, 3, 70, 1992, p.209.

소비에트 문학의 평범한 사람인가? 혹은 작가 자신이 범속화하려 했던 문화 제국에 대한 향수를 지닌 영웅적 글쓰기광 환자인가?

프리고프는 러시아 문화에서 시인의 신화에 대해, 즉 러시아의 두 번째 정부이자 국가의 양심으로 간주되는 이에 대해 종종 고찰한다.

누군가에게 나는 평범한 시인이나

우리 러시아의 운명 때문에

나는 국가의 양심이 되어야 한다.

그러나 내게 어떤 양심도 없다면 어찌해야 하나.

내게 몇몇의 시들은 있으나 양심은 없으니

무엇을 해야만 할까?[70]

프리고프는 러시아의 시적 신화를 패러디하면서 동시에 소중히 여긴다. 그의 억양은 구어적이고 나이브하다. 그의 일상의 언어는 시적 은유, 구호, 문학적 상투어를 희석시킨다. 프리고프는 종종 시의 리듬을 아방가르드 양식이 아닌 일상의 양식 속에서 깨버리는데 이는 마치 시인이 바깥의 소음과 판에 박힌 일상의 혼란에 의해 단순히 방해받아 시행들이 시인과 수신인이 갑작스레 흥미를 잃어버린 대화처럼 불완전하고 미완된 채로 남아 있는 듯하다. 깨진 행은 프리고프의 시적 서명이다.

1970년대 말 이후 모스크바 언더그라운드 문화의 영웅인 드미트리 프리고프는 글쓰기광 환자들이 아닌 개념주의자 클럽의 베테랑이었으나, 이 서로 배타적인 두 클럽 사이에는 밀접한 관계가 있다. 프리고프

---

70 *Lichnoe Delo No*, ed. Lev Rubinstein, Moscow: Soiuz-Teatr, 1991, p.266.

의 반+허구적인 구현체, "강한 시들"과 "약한 시들"의 작가이자 「외로운 경찰」에 대해 고찰하여 시를 쓴 드미트리 알렉사니치는 갈킨 클럽의 젊은 회원이었을 수도 있다. 1970년대, 수많은 최고의 작가들과 예술가들은 마치 이 텍스트로부터 의미를 빼앗아 그것을 재활용되는 일련의 기호로 만들려고 하는 듯, 침체된 소비에트 문화 텍스트의 상투적 표현들로부터 거리를 두면서 자기 사색적인 글쓰기광 환자들로 변모했다. 프리고프는 비록 그것에 역설적 의미를 부여했을지라도 자신만의 서명을 구체화한 사람, 가장 권위있는 개념주의 작가들 중 하나였다.[71] 10년 이상 프리고프는 개념주의의 열정적인 자기 구축과 삶의 창조에 몰두하였다. 그의 경우에 평범한 사람인 드미트리 알렉사니치는 드미트리 프리고프 자신을 대체한다. 시인과 개인적으로 만났을 때 누가 말하는지는 결코 명확하지 않고, 말하고 있는 사람이 누구인가가 중요한지 그렇지 않은지도 분명치 않다. 동료인 개념주의 시인 레프 루빈시테인이 지적하듯이, "프리고프는 텍스트를 위해서라기보다는 드미트리 알렉사니치의 이미지를 위해서 작업한다".[72]

1980년대 이후로 드미트리 알렉사니치는 코지마 프루트코프부터 올레이니코프에 이르는, 자신에게 실제 예가 되는 글쓰기광의 선조들의 고전적 주제들에 계속 몰두하고 있다. 비평가 프리고프가 향수를 느끼며 자주 회상하는 것은 글쓰기광이라는 주제를 통해서 그의 작품 속에서 재창조된다. 푸시킨으로부터 도스토옙스키, 올레이니코프의 희곡

---

71 프리고프의 그림들 중 하나는 신문 『진실』의 맨 앞면의 검은 잉크 얼룩 한가운데에 커다란 글씨들로 자신의 서명을 재현하고 있다. 그의 이름은 작가의 말들 중에 있는 "마법의 텍스트", 1980년대 삶에 대해 언론이 언급하는 무의미한 문장들 중에서 유일하게 의미있는 것이다.

72 Lichnoe Delo No, ed. Lev Rubinstein, p.207.

으로 기어간 곤충들은 그의 시학에서 특별한 역할을 한다. 프리고프는 "바퀴벌레-machia"(tarakanomakhiia)에 대한 일련의 시들을 창조했다.

비가 온다, 바퀴벌레와 나는
젖은 창가에 앉아 있고,
저 먼 곳을 바라본다, 안개로부터
바라 왔던 나라가 떠오른다
마치 경계 저편의 어떤 연기처럼
나는 어떤 흡족함을 가지고 말한다:
자, 털투성이야, 날아가자! —
나는 못 난다, 내가 할 수 있는 유일한 것은
뛰는 것 —
그래, 뛰자, 뛰자…[73]

"강한 시들"의 사이클에 속하는 이 시는 푸시킨의 「청동 기마상」의 행들, 새로 건설된 제국의 수도에 대한 표트르 대제의 숙고, "꿈의 국가"로의 비행에 대한 고리키의 낭만적인 산문시의 이미지들을 사용하고 있다. 나아가 곤충에 대한 열광은 명백히 개념주의 글쓰기광의 일부다. 개념주의 동료 시인은 작가를 무한한 실을 잣는 거미에 비교한다. "그는 파르카가 아니라 아라크네이다."[74] 작가는 좋아하는 인용들로 자신의 그물을 만들지만 동시에 개념주의적 심리작전과 상호텍스트적인 기

73 Dmitrii Prigov, *Slezy geral'dicheskoi dushi*, Moscow: Moscow Worker, 1990, p.25.
74 Mikhail Aisenberg, "Vmesto predisloviia", *Lichnoe Delo No*, p.17.

교들로부터 빠져나오는 출구를 구상한다. 끝에서 드미트리 알렉사니치는 시적 효과를 포기하는 듯 보인다. 친절한 유모처럼 그는 자신의 아이 같은 행들이 유희하게끔 놓아둔다. 프리고프는 '새로운 진정성'의 옹호자이다. 그것은 물론 인용부호 속에서의 진정성이지만 때로 그 부호들을 파괴하기도 한다. 그러나 이 진정성은 시인이 개념주의의 그물을 거쳐 여행하고, 글쓰기광 환자들의 클럽에 대한 자신의 빚을 갚은 이후에만 성취된다. 개념주의의 순수하게 지적인 성격, 의미를 급진적으로 비우고 기표와 기의를 분리시키려는 시도에 대한 강한 자부심은 프리고프의 수많은 시들의 마지막에 있는 깨진 행들 속에서 자신을 드러내 보이는 진정성의 이 기이한 파토스를 간과하는 경향이 있다. 이 '새로운 진정성'은 수정을 넘어 스스로와 타협한 1960년대의 1인칭 서정적 내러티브에서 온 오래된 어떤 것의 위치를 대체한다.

프리고프의 우주에서 가장 '진실한' 주인공들 중 하나는 경찰이다.

문학가들의 집 식당에서

경찰이 맥주를 마신다

자신의 일상적인 방식대로 마신다

문학가들을 보지도 않고

그들은 그를 바라본다

그의 주변은 밝고 텅 비어 있고

그들의 모든 예술들은

그가 있을 때에는 아무 의미도 없다

그는 삶이다

의무의 형태로 나타난 삶

삶은 짧고 예술은 길다

투쟁에서 승리하는 것은 삶이다.[75]

프리고프의 경찰은 러시아 문학의 마지막 낭만주의의 영웅이다. 그는 시인이 아니다. (그러나 그는 작가들의 집을 완전히 버릴 수 없는데 아마도 그곳의 맥주가 특별히 맛있어서일 것이다.) 경찰의 형상은 소비에트 아이들을 위해 물건들을 고쳐주는 친절한 경찰 스툐파 아저씨를 묘사한 1960년대의 애니메이션에 대한 회상이다. (스툐파 아저씨 이야기는 아이들이 성장하여 KGB를 위해 일하는 실제 삶의 경찰들을 알게 되면서 점차 덜 유명해졌다.) 프리고프의 외로운 경찰은 삶 속에 존재하는 마지막 시인, 낡은 문학 중심적 세계의 수호천사이다. 때로 프리고프의 경찰은 하얗게 차려입은 그의 도시 신부인 앰뷸런스를 수행하는 소비에트의 영웅 혹은 상징주의의 영웅과 흡사하다. '경찰'은 복합 캐릭터로 그것은 늙어가는 스툐파 아저씨의 일부, 아포칼립스의 백마 탄 기사의 일부이자 러시아의 '이유 없는 반란'의 기운을 지니고 있다. 그는 또한 자신이 더 이상 쓸모없어질 때의 유토피아를 꿈꾸는 선지자이다.

경찰이 공원을 산책한다

때는 늦가을

모자를 쓴 머리 위로

75 Dmitrii Prigov, *Slezy geral'dicheskoi dushi*, p.21.

아치모양의 출입구 같은 하늘이 창백하다.

미래는, 거짓말이 아니라,
가로수길들 사이에 나타난다
현명한 사람들 사이에서
그의 직무가 사라질 때.

제복이 필요하지 않을 때
권총용 가죽케이스, 리볼버도 더 이상 필요치 않을 때
모든 사람들은 형제가 되고
개개인은 경찰이 될 것이다.[76]

"거짓말이 아닌 것"은 시인이 진실과 진정성에 도달할 수 있는 가장 가까운 것이다. 경찰의 유토피아는 모든 차원에서 자신을 지우는 것으로, 그가 꿈꾸는 세상에는 경찰이 필요 없고, 드리트리 알렉사니치도, 프리고프 그 자신도 필요 없다. 모든 사람이 형제인 세상에 대한 꿈은 개념적 소격conceptual estrangement과 노스탤지어를 통해 진지하게 만들어진 러시아와 소비에트의 상투성이다.

결국 위대한 개념주의 시인이자 영웅적 글쓰기광 환자는 "그가 꿈꾸는 나라들"에, 그 나라의 영웅적인 제국의 문화적 과거에 속한다. 글

---

76 Dmitirii Prigov, "Milicioner guliaet v parke", *Lichnoe Delo No*, p.206. "Milicioner guliaet v parke / osennei pozdneiu poroi / I nad pokrytoi golovoi / Vkhodnoi beleet nebo arkoi./ I budushchee tak nelozhno / Iavliaetsia sredi allei / Kogda ego ischeznet dolzhnost' / sredi osmyslennykh liudei. / Kogda mundir ne nuzhen budet / Ni kobura, ni revol'ver / I stanut brat'iami vse liudi / I kazhdyi ― Milicioner."

라스노스트는 문화적 언더그라운드의 권위있는 거미줄을 부수었다. 검열의 폐지와 실제 경찰의 소멸(1990년대에 경찰들의 기능은 '보디가드'가 맡았다)과 함께 비록 그가 유토피아 시에서 꿈꾸던 방식은 아니지만 개념주의적 경찰 또한 더 이상 쓸모가 없어진다. 포스트소비에트 지식인들은 아포칼립스의 이미지—밀레니엄의 종말, 소비에트와 러시아 제국의 종말, 위대한 문학의 종말, 개념주의적 글쓰기광 클럽의 종말, 결국은 대파국의 상황—에 매혹된다. 드미트리 알렉사니치 프리고프는 "최후의 모히칸" 중 하나로, 러시아 문학의 위대한 제국의 역설적인 순교자로 남는다.

누군가는 비록 작가가 러시아의 개성을 보여 주는 모델이 되기를 그만둘지라도, 문학은 제국보다 더 오래 살아남기를 희망한다. 러시아의 파국에 있어 러시아 철학의 이 진부함은 제국과 함께 점진적으로 사라질 것이다. 묵시록적인 '러시아의 꿈'에 대한 대안이 '아메리칸 드림'이 아니라 다른 종류의 포스트 제국적인 사유가 될 수 있지는 않을까? 이행의 힘든 시기에 유토피아적이지만 덜 파국적인 어떤 것에 대해서는 왜 꿈꾸지 않는가?

러시아의 글쓰기광 환자가 멸종된 종(적어도 멸종되어 가는 종)이 되면서, 누군가는 상실에 대한 향수를 느끼고, 글쓰기에 대한 어떤 종류의 순수하고 완전한 사랑(권력에의 의지가 없는 사랑)이 지속되길, 자기 구축에 대한 열정이 지속되길 원한다. 요컨대 글쓰기광 환자들의 클럽이 없는 글쓰기광, 제국 밖에서의 글쓰기광, 경찰이 없는 글쓰기광, 그 자체를 위한 글쓰기광을 원하는 것이다. 가상의 어느 열정적인 사람은 이중 언어의 글쓰기광 환자이자 과거에 망명한 자이다. 그녀의 필명은 아냐 크라시바야(아름다운 아냐)이다. 그녀는 개념적 시인이 아니라 파트

타임 접수 담당자로 낭만주의를 공부하는 대학원생이다. 사무실의 컴퓨터로 일하고 공손하게 자신의 고객들을 유지하면서 아냐는 순수하게 "이타적인" 글쓰기광에 대해 꿈꾸고 작가가 되겠다는 열망보다는 글을 쓰겠다는 큰 열망을 갖고 있다. 다음은 코지마 프루트코프가 표현하곤 했던 것과 같은 아냐의 미완의 초고, 「미완성의 것」d'inachevé이다.

> 순수한 글쓰기광은 병이 아니라 치료의 형태이고, 말하는 것이 아니라 글쓰기 치료, 마지막 행까지 누군가가 쉽게 한 일을 추적하는 방식이다. 글쓰기광은 여가에 대한 꿈, 지엽적인 삽입어구와 "친애하는 나의 친구"를 향한 길고 난해한 문장들에 대한 꿈, 영국식 정원에 있는 웃자란 나뭇가지들처럼 화려하게 장식된 글자들이 있는 끝없는 서간 로맨스에 대한 꿈, 또는 막간의 지겨움을 즐기면서 부드러운 컴퓨터 버튼을 누르는 리듬적 기쁨을 주는, 이메일을 주고받으면서 진행되는 연애에 대한 꿈이다. 당신은 당신의 비행기가 대서양을 횡단하는 긴 여행을 위해 출발하는 동안에도 계속해서 쓰고, 녹화된 비디오테이프 속의 승무원이 설명할 때 무지방 오렌지 주스 한 컵을 편안히 마시면서도 계속 쓰고 있다. **위급상황**에서도 당신은 어딘가 어떻게든 **탈출구**가 있기를 바라면서 쓰는 것을 멈추지 않는다.[77]

---

77 여기서부터 크라시바야의 초고가 산만해지기 시작한다: "서구에서는 거의 '쓰지' 않는다. 출판하거나 (어떤 정리상태에서) 보관하거나, 또는 '돈이 되는 글쓰기광graphomoneya'에만 관여한다: 머릿속에 떠오른 것을 쓰는 것이 아니라 돈을 만드는 것을 쓰는 것이다…." 내가 이 부분을 가져온 이유는 크라시바야가 여기서 러시아와 서구, 글쓰기광graphomania과 '돈이 되는 글쓰기광 graphomoneya'이라는 다소 단순한 대립을 설정하기 때문이다. 결국 이것은 신세계의 돈이 되는 글쓰기광의 성공과 유명세를 단순히 부러워하는 구세계의 구식의 글쓰기광이 하는 말처럼 들린다.

글쓰기광 환자와 함께 택시를 타다

가장 최근의 러시아 여행 동안 글쓰기광에 대한 나의 학문적 추적은 개인적으로 나를 당황하게 만들었던 사건으로 마무리되었다. 글쓰기광에 대해 자발적으로 연구하는 학자인 내가 글쓰기광 환자의 기니피그가 되었다. 이 사건이 일어난 때는 내가 새로운 포스트소비에트의 시인이 될 만한 유일한 사람을 만났을 때였다. 그는 러시아와 프랑스가 공동 제작한 영화 「택시 블루스」를 통해 이미 불멸을 획득한 새 러시아의 신화적 영웅인 택시 기사였다.

모스크바에서의 어느 날 새벽 1시 30분에 나는 택시를 탔고 가능하면 자연스럽게, 내국인처럼 보이도록 노력하고 있었다. 예세닌과 비슷한 금발의 곱슬머리를 지닌, 치아 중 금니가 있는 잘생긴 젊은 택시 기사는 테이프의 노래를 듣고 있었다.

"이 노래 좀 들어 봐요." 그는 말했다. "이렇게 대단한 노래를 당신은 들어 본 적이 있나요?"

"노래의 리듬이 아주 좋네요." 나는 조심스럽게 말했다.

그는 왼손으로 노래의 비트를 따라 두드리기 시작했다. "이제 가사에 주목해 봐요.…이건 천재의 작품이에요."

"단지 약간의 친절"이라고 테이프 속 남자 목소리가 노래를 불렀다.

"단지 약간의 친절."

"이것은 나의 가장 훌륭한 작품이에요"라고 그가 말했다.

우리가 두 번째로 노래를 들었을 때 나는 가사를 칭찬했다.

"이 노래 가사는 정말 친절하네요." 내가 말했다.

"그래요, 저는 정말 이 가사가 좋아요." 그가 대답했다.

그가 노래를 세 번째로 틀었을 때 나는 더 이상의 칭찬이 힘들어지기 시작했다.

"매우 좋은 노래네요." 나는 말했다. "당신이 노래를 썼나요?"

"네." 그가 대답했다. "이것이 내 두 번째 녹음이자 정확히 스물네 번째 나의 노래예요."

"아!" 나는 공손하게 대답했다.

네 번째로 노래를 들었을 때 나는 노래가 진짜 좋아졌고 오른발로 비트를 따라 두드렸다. "단지 약간의 친절, 맞아요, 당신은 우리 모두가 필요한 것을 정확히 알고 있어요. … 단지 약간의 친절. … 단지 약간의 친절. … 단지 약간의 친절."

이 행복한 분위기와 함께 나는 집에 도착했다. 이것은 실화이다.

4장

포스트코뮤니즘, 포스트모더니즘

소비에트 세계의 종말: 바리케이드부터 시장까지

1989년 여름에 나는 9년 만에 다시 레닌그라드로 갔다. 나의 친구들은 다음과 같은 일상적인 질문을 했다. "얼마나 있을 거야?"

"2주 가량" 나는 대답했다.

"나는 네가 일주일만 머물까 봐 걱정했지."

"왜?" 나는 물었다.

"우리는 다음 주에 있을 세상의 종말을 기대하고 있거든."

그때 나는 내가 러시아에, 예의상 심심풀이로 하는 말의 관습을 아무도 지키지 않는 나라에 있음을 자각했다. 1991년 7월, 다시 소련을 방문했을 때, 묵시록적인 분위기는 지나간 것 같았으나 내가 떠나고 10일후에 오랫동안 기다린 재앙이, 아무도 더 이상 믿지 않았던 속담 같은 일이 일어났다. 8월 19일에 나는 보스턴에서 CNN을 보고 있었다. 화면에서 뉴잉글랜드 역사상 가장 빠르고 예상하기 힘든 허리케인 밥Bob에

흐루쇼프의 동상과 사진작가의 그림자 (사진: 지은이)

대한 소식을 붉은 광장의 탱크가 대체했다. 묵시록적인 세기말의 상투어—"세기의 종말", "파국", "미래에 대한 공포"—가 헤드라인에 흘러넘쳤다. 미하일 고르바초프가 자신의 측근들에 의해 "권력에서 축출된" 것으로 보도되고, 보리스 옐친이 탱크에 오르고 있을 때, 허리케인 밥은 "아무런 힘없이 수백만의 뉴잉글랜드인들로부터 떠났다".[1] 소비에트의 탱크들이 '텔레비전, 라디오 방송국을 폭풍처럼 강타하고' 상륙을 저지하고 있을 때, 수영복을 입은 뉴잉글랜드의 피서객들은 '폭풍을 이겨내고 있었다'. 어떤 시기에 대한 충격적인 비유가 사실상 '휴가를 방해'한 듯했다. 즉 부시와 고르바초프, 뉴잉글랜드 사람들과 러시아인들은 자신들의 휴가로부터 벗어나도록 강요받았다. '비상조치들'은 양국에서 취해졌고 가게에서 양초는 동이 났다.

탱크들이 모스크바 거리들을 지나갈 때 나 역시 '전력부족'shortage of power을 경험했다. 이때에 나는 내가 재앙이 '자연스러운' 특징을 지니는 미국에 있다는 것을 깨달았다. 미국의 미디어 용어에서 '전력부족'은 어떤 정치적·사회적 혹은 은유적 함의를 갖지 않는 상투적인 표현이다. 그것은 단지 실제적인 불편함, 예를 들어 더 이상 텔레비전을 볼 수 없는 것과 같은 것을 의미한다.

'두 비상 상황', 미국에서의 자연 재앙과 소련에서의 정치적 재앙이 텔레비전 시간을 차지하기 위해 서로 다투고 있었다면 자연적이고 정치적인 클리셰들은 커뮤니케이션의 새로운 수단들로서 신속하게 경계를 넘기 시작했다. 수많은 소련의 망명자들이 살고 있는 브라이튼, 매사추세츠에서 사람들은 식료품을 쟁여두기 위해 뛰쳐나왔고, 어느 누구

---

1 *Boston Globe*, Aug. 20, 1991.

도 자신들이 소련에서의 전력부족이나 여타의 다른 부족에 대해 걱정하고 있다고 말할 수 없었다. 반면 바리케이드가 쳐진 모스크바에서 여전히 텔레비전으로 중계되는 프로그램은 냉전의 끝에 대한 평화적 제스처의 일부로서 위성을 통해 러시아로 송신되는, 어디에나 존재하는 CNN이었다. 러시아인들에게 러시아의 사건들에 대한 정보의 유일한 원천이었던 CNN은 허리케인 밥에 대한 위협적인 소식 및 비상조치들에 대한 충고와 함께 탱크 꼭대기에 있는 옐친의 모습들을 훌륭하게 삽입하였다. 참혹하고 파괴적인 허리케인이 플로리다에서 시베리아로 몰아치고 있고, 곧 정점에 달할 것이라는 루머가 바리케이드에 퍼져나갔다. 막간의 광고에서 "집, 아이들, 그리고 재미"에 대한 낙관적이고 위로적인 메시지들이 사라졌고, 허리케인 밥은 마지막 파괴와 함께 모스크바로 접근해 가는 불길한 묵시록적인 영웅으로 변했다. 총리 야나예프가 국가를 '소유'할 수 없는 진부한 허구적 악마에 불과했다면, 진짜 영웅은 미국식 이름을 가진, 계시록의 창백한 말 탄 기사 '밥'이었다.

자연적이고 정치적인 재앙들은 해석의 재앙들을 해명한다. 잠재적인 세기말의 두 파국들이 세상의 종말을 가져오지 않았던 것은 분명하다. 그러나 1991년 8월의 쿠데타는 세기의 분수령이 되었다. 왜냐하면 쿠데타로 말미암아 공통의 문화 텍스트, 애매한 이중의 의미들과 글라스노스트의 끝까지 질문되지 않은 채 남아 있었던 인텔리겐치아의 신화적 지위를 공유한 소련 및 러시아의 문화 제국의 종말이 촉발되었기 때문이다. 쿠데타 이후에 러시아의 삶을 언급하는 모든 것은 포스트소비에트, 포스트글라스노스트처럼 접두사 '포스트'를 갖게 되었다. 이 러시아의 포스트들은 포스트전체주의의, 포스트모던의, 포스트식민지시대의, 포스트산업화의 등등처럼 외국의 것들에도 덧붙여졌다. 그렇다면 이 전치사들은 겹치는 것일까?

　1991년 8월의 쿠데타는 구경거리로 중계되었고 글로벌 커뮤니케이션 시스템의 득을 보았다. 그러나 CNN에 접근할 수 없었던 모스크바와 레닌그라드 사람들은 소비에트의 텔레비전을 보고, 보여 주지 않는 것을 추측하면서 무슨 일이 일어났는지 생각해 내야 했다. 내 친구는 탱크가 모스크바로 오고 있다고 엄마가 깨워서 일어났다고 했다. 친구는 이것이 처음엔 질 나쁜 농담, 소비에트의 편집증적인 진부한 예라고 생각했다. 그녀는 텔레비전을 켰다. 모든 채널들이 발레 「백조의 호수」를 보여 주고 있었다. 그때서야 그녀는 무언가 끔찍한 일이 일어났음을 깨달았다(이와 유사하게 티미쇼아라에서 학살이 있었을 때 루마니아 텔레비전은 포크 댄스를 방영했다). 진부한 클래식 볼거리, 소비에트인들과 비상 의회 멤버들 둘 다에게 안전하고 가장 덜 혼란스럽다고 여겨지는 「백조의 호수」는 사람들 사이에서 자연스럽게 받아들여져 내재화된 정체라는 낡은 진부함을 다시 가져왔다. 여기서 「백조의 호수」의 발레 공연은 자율적인 예술작품이 아닌 소비에트 대중매체의 구경거리로 이해되어야만 한다. 백조들과 흑조들에 의해 관습적으로 의인화된 악에 대한 선의 승리를 이야기하는 「백조의 호수」는 러시아와 소비에트의 전통주의의 아이콘이다. 그것은 차르의 화려함과 고전 예술에 대한 향수, 구식의 기교, 질서를 간직하고 있는, 스탈린이 좋아하는 발레 중 하나였다. 브레즈네프의 시기에 「백조의 호수」는 발전된 사회주의의 최고의 스타일로 간주되었고 서구를 위한 가장 바람직한 상품, 향수를 불러일으키는 러시아의 진기한 물건의 일종이었다.[2] (최근 「백조의 호수」는 포스트소

---

2 수전 손택의 견해에 의하면 「백조의 호수」에 대한 사랑은 "나쁜 취향"과 시대에 뒤떨어진 모든 것

비에트 러시아의 펀드를 모으기 위해 보스턴에서 공연되고 있다.) 쿠데타 당일에 모든 글라스노스트 프로그램들의 장소에서 위대한 러시아 발레를 의식적으로 보여 주는 것, 공식적인 우울함과 공식적인 낙관주의라는 계산된 막간과 함께 텔레비전 아나운서들의 익숙한 절제된 톤은 사람들로 하여금 브레즈네프의 정체의 시기를 다시금 체험토록, 행간들과 작은 백조 치마들의 우아하고 고전적인 점프들 사이에서 공식적인 텍스트를 읽는 오래된 관습을 회복하도록 만들었다.

쿠데타의 스타일은 옛 스탈린적인 KGB의 야만성을 결여하였다. 오히려 그것은 합법적인 척하려는 옛 소비에트 스타일과 온화한 브레즈네프의 화해였다. 비상 의회는 대중의 타성에 호소하기를, 유행어는 별로 없지만 소비에트 사람들을 향해 호소하면서 탱크의 현존에 의해 보호되는 더 좋은 음식에 대해 약속한 브레즈네프 시대의 의미없는 담화의 기적적 힘을 되찾기를 원했다. 그러나 결국 그것은 고도의 브레즈네프주의의 스타일이 더 이상 소비에트 정치를 아우를 수 없음을, 호의와 공포의 상호 타협에 의해 견고화된 '인민'과 권력에 대한 전후戰後 소비에트의 문화적 신화들이 과거의 5년 동안 변성되었음을 드러내었다. 의회의 연설에서 소비에트의 클리셰들이 러시아 민족주의 우파의 묵시록적인 수사학과 함께 사용되었다. 예컨대, 신화적 적은 법과 질서를 방해하였고, 국가를 '통제할 수 없게' 만들었으며, 국가를 완전한 카오스

들에 대한 탐미주의적 감정가들의 배타적인 "진영"에 속하는 것들을 규정하는 것들에 포함된다. Susan Sontag, "Notes on Camp", *Against Interpretation*, NY: Doubleday, 1990, pp.275~292. 비록 세련된 탐미주의의 몇몇 요소들이 후기 소비에트와 포스트소비에트 예술에서 발견될지라도 누구도 차이콥스키의 발레, 공식적인 기교의 일부가 특정 진영에 속한다고 생각지 않는다. 미국의 탐미주의자들은 자신들의 젊은 러시아 동년배들이 「백조의 호수」보다 「터미네이터」를 더 좋아할 수도 있다는 것에 놀랄 것이다.

로 만들었다는 것이다. 그러나 절망적이고 비독창적인 언어, 유머와 에 너지의 결여는 비상 의회의 선언문을 소비에트 담론들과 그 담론들의 타락에 대한 일종의 아이러니로 만들었다. 비상 의회의 연설을 읽는 소 비에트 텔레비전의 남자 아나운서는 계속 더듬거리며 클리셰들을 말하 면서 그것들을 뒤섞어 문화적 무의식의 유사 프로이트적 실수들을 만 들었다. 예를 들어 개혁의 "지속"prodolzhenie 대신 그는 "극복"preodolenie을 말했다. 유혈사태krovoprolitie의 위험에 대해 경고하는 대신 그는 "유혈정 치"krovopolitie의 위험에 대해 경고했다.

비상 의회에 의해 공식적으로 금지된 러시아의 대안 언론이 다음 날 보여 준 것은 필수적인 코믹한 위안과 새로운 지도자들로부터 거리 두기를 목표로 하는 전복적인 언어 게임들과 클리셰와의 자의식적이고 반어적인 유희였다. 신문『스메나』Smena는 국가 비상 의회(러시아어로는 GKChP)의 약어를 가장 잘 해독하기 위한 우스꽝스러운 대회를 시작하 였고, 사람들의 반응이 너무도 커서 신문은 "제때 참여하지 못한 사람들 에게 유감의 마음을 전합니다. 우리는 다음 쿠데타를 기다려야 하고 그 때 우리는 새로운 대회에 대해 공지할 것입니다"라는 농담으로 결론지 었다.[3] 고르바초프가 비상 의회의 행동을 지지하도록 초청되었을 때 그 는 단호하게 대답했다. "당신들 모두는 돌대가리들이다." 고르바초프가 실제로 이 단어들을 사용했는지는 중요하지 않다. 중요한 것은 '좋은 취 향'과 진실되고 유의미했던 공식적 문체를 전체적으로 위반했다는 사 실이다. 이것은 오래된 브레즈네프식의 클리셰와 글라스노스트의 절충 적 담론을 강요하는 것에 대한 그의 저항의 표시였다.

3 *Smena*, Leningrad, August 22.

한편 CNN에서 그것은 여느 때와 마찬가지로 비즈니스였다. 한편으로 일부의 용감한 유럽 기자들이 이미지들을 러시아인들에게 되돌려주면서, 몇몇 참가자들의 증언에 따르면 바깥 세계와의 커뮤니케이션이 끊어지지 않은 채 전 세계가 그들을 보고 있다고 그들에게 확신을 주면서, 모스크바의 바리케이드에 있었다. 다른 한편으로 외국의 시청자들에게 이 사건은 "소련의 위기"라는 밝고 새로운 로고와 이미지 아래의 다큐멘터리 장면과 결합되어, 즉 소비에트의 위기가 미국인들에게 미칠 영향, 예를 들면 주식 정보에 대한 방송 화면과 결합되어 관습적으로 구조화되었다. 탱크 위에 있는 러시아 군인들의 이미지들은 미국의 보디빌더들 및 "Soloflex" 운동 기계와 결합되었는데, 이 운동기계는 강한 남자들과 이들을 더 '건강하고 자연스럽게' 보이도록 만드는 그들의 준군사적 용품들의 성적 측면을 부각하였다. 이런 식으로 관객들은 비선형의 복합적인 담화들을 받아들이고 있었다. 텍스트의 행들 사이처럼 탱크들의 줄 사이에서 광고들은 우리에게 또 다른 드라마, 해피엔딩으로 끝나는 좀 더 '자연스런' 드라마, 개인적 성장을 다룬 성장소설을 제공하였다.[4]

현대의 러시아 지식인들 사이에서 가장 유명한 포스트모더니즘 이론가인 장 보드리야르의 관점에서 미디어 문화 시대에 "파열적 사건"은 더 이상 발생할 수 없다. "전쟁은 더 이상 발생하지 않을 것이다"라고 보드리야르는 걸프전이 일어나기 1주일 전 자신의 에세이 『리베라

---

4 쿠데타 기간 동안 쿠데타를 사용한 광고들은 미소 관계의 낡고 새로운 클리셰들을 드러낸다. 독자적인 소비에트 사업가들은 스톨리츠나야 보드카를 위한 새 광고를 내놓는다는 핑계하에 쿠데타 당일에 붉은 광장에서 항의중인 군중의 사진을 "스톨리츠나야 보드카: 러시아인이라는 자부심"이라는 자막과 함께 유럽으로 내보냈다. 많은 측면에서 역설적인 이 사건은 새로운 광고의 틀 안에서 옛 지하 정치 전술들을 폭로한다.

시옹』에 썼다.[5] 시뮬레이션의 조건은 역사적 변화, 위기, 재앙 혹은 파국 catastrophe에 대해 생각하는 것을 어렵게 만든다. 보드리야르의 견해에 따르면 텔레비전이 지배하는 시대에서 우리는 항상 사후après coup 또는 "광란의 주연 이후"after the orgy를 이미 살고 있는데, 왜냐하면 우리는 영구적인 전력 부족이 내재하는 전지구적 무관심의 시대에 살고 있기 때문이다.

카타스트로프("over"를 의미하는 cata와 "to turn"을 의미하는 strephein의 결합어), 즉 뒤집힘 overturning은 자연에서가 아니라 극장에서 유래된 것으로 고대 그리스 비극에서 대단원을 가리켰다.[6] 카타스트로프는 실존의 일상적 흐름을 방해하기 때문에, 급격한 패러다임의 변화에 영향을 준다. 카타스트로프를 경험한 사람들은 인간 존재의 규정하기 힘들고 덧없는 '실제'real로의 특권적인 접근에 대해 주장했다. 그러나 카타스트로프의 실제적 경험은 그에 대한 기억, 일상에 대한 그 영향과 흔적에 의해 대체된다. 카타스트로프적인 것의 과격한 특징은 인간 종과 미디어, 양쪽의 생존을 위해 신속하게 흡수된다.

쿠데타의 후유증들은 전지구적 의사소통의 역설적 효과와 문화 상호간의 오해뿐 아니라 포스트코뮤니즘과 포스트모더니즘 사이의 관계를 제기한다. 쿠데타는 역사가 진실로 시뮬라크르로 변해 버렸음을 보

---

5 Jean Baudrillard, "La guerre n'aurait pas lieu", *Liberation*, 4 Janvier, 1991. 이 논문을 보여 준 마틴 로버츠(Martin Roberts)에게 감사한다.
6 메리 앤 도안이 언급하듯이 "카타스트로프는 극적인 것과 지시적인 것의 사이 지점에 있고, 이것은 진실로 그것의 매력의 일부이다". Mary Ann Doane, "Information, Crisis, Catastrophe", *Logics of Television*, ed. Patricia Mellencamp, Bloomington: University of Indiana Press, 1990. 이 모음집에 있는 다음의 에세이들도 나의 주제와 관련이 있다. Stephen Heath, "Representing Television"; Margaret Morse, "An Anthology of Everyday Distraction: The Freeway, the Mall, and Television"; Meagan Morris, "Banality in Cultural Studies"; Patricia Mellencamp, "TV Time and Catastrophe or Beyond the Pleasure Principle".

여 주는가 혹은 반대로 포스트모더니즘의 아이러니가 정치적 행위와 양립할 수 없음을 보여 주는가?[7]

이 질문은 쿠데타 직후에 바리케이드로 나아갔던 러시아의의 젊은 '포스트모던한' 예술가들과 역사가들에게 주어졌다. 그들과 인터뷰를 진행한, 역시 포스트모던한 기자의 목격에 따르면 그들은 "기적적으로 열린 국제공항으로 가서 선량한 여피들처럼 고국을 떠나는 대신에 거리로 나갔다".[8] "당신들은 도대체 왜 바리케이드를 향해 나아갔는가?" 가 첫 번째 질문이었다. 여기에 현대 아방가르드 예술의 큐레이터이자 포스트모더니스트 비평가인 빅토르 미시아노의 대답을 인용한다.

그 경험은 "순수 예술"이자 거대한 퍼포먼스였다. 사건에 대한 가장 충격적인 은유는 "바리케이드 역"이라 불리는 전철역 근처의 바리케이드였다. 우리의 바리케이드는 1905년 혁명의 기념비 바리케이드의 맨 꼭대기에 지어졌다. 그것이 아무것도 방어하지 않았던 그 방식대로 지어졌다. 그러

---

7 자연적인 것과 정치적인 것의 분리뿐 아니라 재앙과 파국의 개념은 두 문화에서 다르다. 쿠데타 동안에 언론인이었던 나의 소비에트 친구들은 건강에 대한 미국인들의 집착과 자연 재해에 대한 공포를 비웃었던 반면 미국 언론은 '정치적' 파국에 열광하는 소련인들에 대해 다소 아이러니한 반응을 보였다. 사실 1991년 8월 17일에 『뉴욕 타임스』는 임박한 군사적 쿠데타에 대해 경고한 알렉산드르 야코블레프를 "멜로드라마적 과장"이라고 표현했다(야코블레프는 글라스노스트의 창립자 중 하나이며 고르바초프의 옛 친구이다). 『뉴욕 타임스』 기자들에게 멜로드라마이자 전형적인 러시아의 묵시록적 예견으로 보였던 것은 불행히도 역사로서 일어났다. 멜로드라마와 블랙코미디 혹은 블랙희비극은 소비에트 역사의 주요 장르로 나타난다. 1991년 8월 19일의 쿠데타에 대한 제3자의 정치적 예측에 대해서는 라디오 베이징을 참조하라. 라디오 베이징은 소련에서의 8월 19일의 쿠데타 사건들에 대해 많은 정보를 제공하지 않았고, 그 대신에 국가 경제의 위기 원인으로 묘사된 "미국에서의 메이저 폭풍"에 대해 상세하게 보도하였다.

8 Alexey Tarkhanov, "How the Post-Modernist Revolution Has Built Art-Historical Barricades", Seance, 5, St. Petersburg, 1991, pp.9~10. 자신들의 쿠데타 경험을 나와 공유해 준 나의 레닌그라드, 모스크바 친구들―빅토르 미시아노, 세르게이 솔로호프, 류보프 아르쿠스, 이오시프 박스테인, 타티야나 아르자마소바, 레오니드 고즈만, 나데즈다 아즈기히나, 다닐 돈두레이, 자라 압둘라예바, 니나 일린스카야와 올렉 일린스키―에게 감사한다.

나 의미론적인 관점에서 보았을 때 문화적 상징들 속에는 커다란 모순이 있었는데 왜냐하면 새로운 혁명이 옛 혁명에 적대적인 이상들의 이름으로 방어되었기 때문이다. 이것은 전형적으로 포스트모던한 혁명이다. 그런데 쿠데타 동안에 나는 "예술과 정치"라는 논문을 쓰고 있었고, 그래서 전문적 관점에서 사건들에 관심이 있었다. 거리에서 나는 혼자가 아니었다. 모든 사람들이 그곳에 있었다. 쿠데타가 성공한다면 협잡꾼들과 예술가들 모두가 희생자가 될 것이라는 사실은 비밀이 아니다.[9]

바리케이드의 건설은 모스크바 파티의 또 다른 종류인 듯하다. 그러나 빅토르와 만나는 와중에 나는 그가 예술과 정치에 대한 자신의 전문적 관심을 넘어서 말하도록 강요했고 그는 두 진실한 순간이 있었다고 고백했다. 하나는 자신을 억류하고 있던 자들이 준 텍스트를 읽는 고르바초프를 그가 텔레비전에서 보았을 때인데, 이때 이전의 소비에트 지도자는 나이가 들고 신성해 보였다. 심지어 그의 억양은—메시지가 아니라 다시 억양이다—그의 공포를 배신하는 것이었다. 또 다른 진실한 순간은 상징적인 바리케이드에서 사람들이 발포 소리를 듣고 뛰기 시작했을 때, 그들이 바로 탱크의 방향으로 뛰어가서 사실상 탱크에 의해 둘러싸였던 때였다. 아마도 아이러니와 공포, 미학적인 자기 성찰과 파괴적 경험들이 서로 맞물려 있을 것이다. 그것들 사이에서 무언가를 선택할 시간조차 없는 경우가 종종 있는 것이다.

실제로 KGB에 체포되어 5~6년 일찍 군대에 소집된 화가 콘스탄틴 즈베즈도체토프는 자신이 "낭만적인 사내"였고 그가 "평생 동안 그

9 *Ibid.*, p.10. 러시아어의 영어 번역은 지은이가 했다.

경험을 꿈꾸어 왔다"고 고백하였다.[10] 그 경험은 그에게 "카니발이자 투우"였다. 쿠데타 미학의 가장 놀라운 아이러니들 중 하나는 쿠데타 사건 동안 모스크바의 백악관 위에 있었던, 핏빛 소련기에 대항하는 세 가지 색깔의 러시아기를 콘스탄틴 즈베즈도체토프와 안드레이 필리포프가 새로운 설치 예술로 제작했다는 사실이다. 즈베즈도체토프는 8월 19일에 바리케이드가 있는 러시아의 백악관 쪽으로 갔는데 이때 바람을 막기 위해 깃발을 가져갔고, 좋은 목적을 위해 이것을 기부해서 행복했다. 정치적인 상징을 무언으로 표현하는 이 대상, 미학적 대상의 이러한 실용적이고 정치적인 사용은 현대 미국의 팝아트 개념들과 '미국기가 훼손'되지 않도록 경계하는 새로운 보수적 관점 둘 다에 반하는 것이다. 워싱턴의 백악관 위에서 휘날리는 재스퍼 존스의 미국기를 상상하기는 힘들 것이다.

쿠데타의 경험은 어떤 미학적인 트롱프뢰유 효과를 가지고 있다. 사건 전날 소비에트 텔레비전은 1990년대 중반에 승리할 군사 쿠데타를 예견하는 알렉산드르 카바코프의 묵시록적인 과학소설 「돌아오지 않는 사람」The One Who Doesn't Return을 방영했다. 그러나 때로 삶은 예술을 모방하는 척만 하고 사실은 예술을 속인다. 충격적인 미학적 대단원을 위해 만들어졌음에 분명한 아포칼립스는 일어나지 않았다. 쿠데타는 성공하지 못했다. 심지어 가장 반어적인 지식인들조차 영향력이 없는 끊임없는 시뮬레이션에 대한 내재화된 의식뿐만 아니라 그들의 거리를 상실할 수 있다. 실패한 쿠데타의 사건들은 일종의 카타르시스적인 경험, 공포 상실에 대한 찬양, 침묵과 분노의 세월들에 대한 보상이 되었

10 *Ibid.*, p.10.

다고 많은 사람들이 나에게 말했다. 다른 사람들은 그것이 새로운 협력 식당들이 배달한 많은 양의 공짜 음식, 음악과 탱크가 있는 일종의 카니발이었다고, 탱크들이 어느 편에 서 있는지 그 순간 완전히 확신하는 사람들은 아무도 없었다고 말했다.

그래서 쿠데타는 실제로 일어났는가? 아이러니하게도 러시아 맥락에서 이러한 보드리야르적 질문은 쿠데타가 성공했다는 가정하에서만 제기될 수 있다. 달리 말해 쿠데타가 성공했다면 쿠데타는 결코 일어나지 않았다고, 파열적 사건이 아니라 단지 질서의 복원이라고 말할 것이다. 그러나 그 순간 '치명적 평범함'fatal banality은 승리하지 못했다. 일상의 행위는 변하였고, 사람들은 권력에 반응하는 새로운 클리셰를 거부했다. 극한의 순간에 사건들의 카타르시스적 연극성은 시뮬레이션들의 악순환의 내재화된 구조 속에서 '전력부족' 효과를 가져왔다. 잠재적인 파국 또는 적어도 파열적 사건은 자기도취적인 이론화와 자기발생적인 지적 역설을 방해하였다.

실패한 파국 혹은 해피엔딩이 없는 재앙보다 무엇이 더 좋을 수 있겠는가! 소비에트의 쿠데타는 20세기 후반의 쿠데타로서, 실패한 러시아 혁명들 중 가장 신속한 것이었다. 아포칼립스는 군사 작전과 전략에서뿐 아니라 그 양식에서도 실패한 시시하고 잘 조직되지 못한, 흥미진진하지도 않은 멜로드라마였다. 그러나 쿠데타 이후 일상의 삶이 쿠데타 그 자체보다 훨씬 더 지루한 상태로 되돌아갔다. 일상의 삶은 사람들이 어떻게 생존해야 할지 모르는 번역 불가능한 러시아의 일상byt 속으로 가라앉았다. 일부 아이러니한 러시아의 언론인들은 소련의 폐지가 연극적인 필요였다고 지적했다. 즉 바리케이드를 만드는 데 참가한 사람들은 지루해지기 시작했고 자신들의 단조로운 일과에 환멸을 느꼈으며 새롭고 흥미진진한 위험한 사건이 그들의 상상력을 북돋았다. 따라서 러시아의 경우에 문제가 되는 것은 아마도 사람들이 항상 '쿠데타 이후의 삶을 이미' 살고 있다는 것이 아니라, 자신들의 지루한 일상성 dailiness을 없애 줄 쿠데타를 기다리면서 살고 있다는 것에 있을 것이다.

역사적 변화의 한가운데서 러시아의 포스트모더니즘 이론은 꽃을 피웠다. 어떤 소련 시대의 작가들은 기이한 애국적 열의를 보여 주면서 사실상 러시아인들이 포스트모더니즘, 특히 포스트모더니즘의 묵시록적인 분야를 고안해 냈고, 보드리야르에 의해 후에 기술된 "치명적 평범함"과 시뮬라크르의 시대를 살아가는 첫 번째 사람들이라고 선언했다. 이 관점에서 보자면 사회주의 리얼리즘은 문자적으로 러시아 모더니즘의 공식적인 파멸 이후에 온, 그러나 그것의 유토피아적 주장들을 일부 계승한, 포스트모더니즘이란 말이 나타나기 이전의 포스트모더니즘이다.[11] 브레즈네프의 정체기는 그것의 마지막 타락의 단계였다. 그러므로 러시아에서 포스트모더니즘의 시뮬레이션은 그것이 서구에서 이론화되기 훨씬 이전에 일상의 삶에서 경험되었다. 많은 후기 소비에트 포스트모더니즘 예술가들과 비평가들은 모스크바로부터 퍼져 나오는 유일하고 진정한 포스트모더니즘의 거대서사를 제시한다.

러시아의 포스트모더니즘이 주로 보드리야르와 관련되는 것은 우

---

11 이 접근에 대한 좋은 예는 다음의 글이다. Mikhail Epstein, "After the Future: On the New Consciousness in Literature", *Late Soviet Culture: From Perestroika to Novostroika*, eds. Thomas Lahusen with Gene Kuperman, Durham: Duke University Press, 1993, pp.257~289. [미하일 엡슈테인, 『미래 이후의 미래』, 조준래 옮김, 한울아카데미, 2009] 엡스테인의 다른 글들은 그러나 창조적이고 유희적인 다양한 철학적 접근들을 보여 준다. 이메일에서의 러시아 포스트모더니즘에 대한 열띤 논의에 대해서는 *Post-Modern Culture*, November 1992를 보라. 마저리 펄로프(Marjorie Perlofff)와 아르카디 드라고모셴코(Arkadii Dragomoschenko)는 러시아 포스트모더니즘의 거대서사에 대한 흥미로운 비평을 제공한다.

연이 아니다. 그의 권위적인 목소리와 유사종교적인 메타포의 선택 속에서 강화된 통합적인 묵시록의 비전, 치명적 평범함으로 축소된 일상의 문화는 수많은 유럽의 철학자들과 예술가들이 탐구했던 혼성의 순수하지 못한 문화들, 다양한 목소리, 특이함에 대한 관심 및 실험적인 불확정성보다 러시아 사상가에게 훨씬 더 흥미로웠다. 그들에게 포스트모더니즘은 단지 다수의 해석들 속에서만 유희적·반국가적·세계주의적·디스토피아적 꿈으로 존재할 것이다(이 경우에 사회주의 리얼리즘은 확실히 적합하지 않다). 보드리야르의 경우 그는 그것의 전통적 버전과 포스트모던적 버전, 둘 다에서 러시아의 묵시록적 사고와 직접 유희한다. 러시아의 묵시록적 사고는 베르댜예프, 도스토옙스키와 함께 읽히고 이 둘을 통해서 해석된다. 러시아의 포스트모더니즘 이론은 러시아 신화의 변형, 20세기 후반의 러시아적 사고와 서구적 사고 사이의 조우에 좀 더 가깝다.

포스트모더니즘 문화의 특징 중 하나는 거대서사의 상실이라는 포스트소비에트의 상황과 특히 관계있다. 거대서사의 소멸은 해방적이면서 동시에 무서운 것일 수 있다.[12] 1991년 8월의 쿠데타는 소비에트학sovietology의 주요 서사뿐 아니라 장엄한 소비에트 서사의 영웅적이고 코믹한 대단원이었다. 그것은 소비에트의 공동체성과 통일된 소비에트 문화 텍스트에 대한 상실감을 남겼지만 첫째, 이 문화 텍스트를 정확히 구성하는 것이 무엇인가, 둘째, 그것의 어느 부분이 더 이상 존재

---

12 보드리야르와 F. 제임슨과 같은 포스트모더니즘 이론가들이 모더니즘 프로젝트의 상실과 실패, 역사 변화의 가능성과 유토피아 드림으로 지각했던 것의 상실에 대해 애도한다면 장 프랑수아 리오타르(Jean-François Lyotard)와 크레이그 오웬스(Craig Owens), 제임스 클리포드(James Clifford), 할 포스터(Hal Foster)는 독창성에 대한 요구와 유토피아의 유혹로부터의 해방과 함께 복원된 목소리들의 새로운 다양성과 이종성을 찬양한다.

하지 않는가에 대한 명확한 합의는 없다. 나아가 불일치라는 명확한 형식뿐 아니라 명확한 순응주의 또한 생산한 소비에트의 거대서사의 상실이 전적으로 찬양되는가 혹은 부분적으로 애도되는가의 문제가 남아 있다. 이 서사의 죽음이 위선과 애매모호한 말의 제거를 의미하는가? 혹은 그것은 모든 이상들을 중재하는 것으로 끝났던 일종의 이상주의의 상실인가? 미래와 과거를 연결시키고 일상으로부터 계속하여 도피하는 파국적인 서사를 어떻게 처리할 것인가? 러시아에서는 현재를 묘사하고 그와 직면하는 것보다는 '미래 이후'의 시간, '역사 너머'를 상상하는 것이 종종 더 쉽다.

쿠데타가 발생한 지 2년이 지나 러시아를 방문하면서 나는 시간에 대한 변화된 지각에 충격을 받았다. 언어에서의 어지러운 변화들과 그보다 훨씬 덜한 일상에서의 변화뿐 아니라 눈덩이처럼 불어나는 역사적 변화와 초인플레이션에 대응하여 사람들은 오로지 현재 속에서 살기 시작했다. 그 당시의 우스운 격언은 10월 혁명 전날, 아마도 레닌의 발언으로 추정되는 "어제는 너무 이르고, 내일은 너무 늦다, 따라서 오늘 저녁이다"라는 말이다. 사람들은 상상할 수 없는 경제적 변화에 적응하고, 역사적 시뮬레이션의 어떤 상황 속에서 살면서, 때로 돈 한 푼 없을 때도 있지만 결코 유머를 잃지는 않으면서 이 원칙에 따라 살아가고 있는 것 같다. 예술과 이념의 영역에서 새로운 물결들이 좀 더 새로운 물결에 자리를 내주었고 포스트모더니즘은 이미 유행에 뒤처진 것이 되었으며 자유주의 역시 그러했다. 삶, 예술, 역사 등 모든 것이 일시적이거나 유행처럼 보인다. 나는 최신의 흐름을 잡기 위해 애쓰면서 이 가속적인 리듬을 따르려 시도하지 않는다. 대신 파국적 서사를 보류시키려는 희망 속에서, 그리고 이미 과도하게 새로운 차원들이 주는 현기증을 피하기 위해 나는 일상의 장소들의 길을 따르고 그것들에 대해 비관습적으로 재술할 것이다.

거대서사의 상실은 변화하는 도시 경관 속에서, 추락하는 기념비들과 떠오르는 인형들 속에서 그 자신을 선언한다. 문화적 경계들의 유사한 변동이 더 이상 인텔리겐치아에만 속하는 것이 아니라 새로운 사업가들, 옛 러시아 상인들의 신비로운 후예들에 의해서 공유되는 글라스노스트와 포스트글라스노스트의 예술과 문화 속에서 발견될 수 있다. 포스트소비에트 러시아의 재구성된 지도들, 아르바트 거리에서 팔리는 키치 전시들로부터 우리는 '예술 작품'으로 방향을 전환할 것이고, 스탈린에 대한 오랜 컬트부터 누드라는 새 컬트에 이르는 키치의 역사를 통해 소비에트 역사가 어떻게 제시되는지, 일상의 신화들이 일부 여성 예술가들, 작가들, 영화감독들의 작품들 속에서 어떻게 복원되는지를 살펴볼 것이다. 새로운 문화적 다양성은 불가피한 모순들을 만들어 낸다. 영화, 실험적 소설, 개념주의의 '고급 예술'이 키치의 역사를 다시 보여 주고 일상의 삶을 복원한다면 새로운 사업가들의 갤러리들은 예술과 삶으로부터 스캔들을 만들어 내고, 다시 태어난 상업 문화는 유사러시아적 스타일 속에서 그 자신만의 신화적 역사를 경건하게 발전시키면서 예전의, 그리고 새로운 러시아의 좋은 취향을 다시 열망한다. 결국 1990년대에 공식 소비에트와 언더그라운드의 반체제 의미에서뿐 아니라 전통적 러시아의 의미에서 '문화'는 깊은 위기에 빠지게 된다. 검열의 종말 이후에 독자층의 종말이 뒤따랐고, 새로운 경제적 현실들이 문화의 역할을 더욱더 평가절하했다. 1990년대를 되돌아보면, 페레스트로이카는 러시아 문화의 '황금기'이자 러시아 인텔리겐치아의 영광스런 황혼기로 나타난다.

글라스노스트 산책하기: 추락하는 기념비들과 떠오르는 인형들

글라스노스트의 가장 놀라운 사건은 거리 삶의 귀환이었다. 식료품 줄은 더 이상 공적 의견을 말하기 위한 유일한 포럼이 아니었다. 신지학 설명서부터 섹스의 비밀, 톨스토이 전집부터 터키에서 만들어진 면 팬티에 이르는 모든 것을 전시하는 광장과 시장들, 공개적인 토론 클럽들과 키오스크(간이매점)들은 과잉적인 거리 오락을 제공한다. 거리의 음악은 수감자들의 로망스부터 비틀스를 모방한 음악, 오케스트라에 고용되지 않은 멤버들의 위대한 공연부터 전쟁 베테랑이 연주하는 아코디언 음악에까지 이른다. 윈도 쇼핑은 옛 국영상점의 윈도 속에서 전시되는 것이어서가 아니라 바깥에서 전시되는, 아마추어 상인들에 의해 창턱에서 전시되는 것이기 때문에 다시 흥미로워졌다. 다음과 같은 브레즈네프 시대의 오래된 농담이 유행했다. "육류 없나요?" "당신은 가게를 잘못 찾아 왔습니다"라고 점원이 대답했다. "우리에게 없는 건 생선입니다. 육류 없는 곳은 길 건너에 있습니다." "육류, 생선, 통조림 음식"이라는 브레즈네프 스타일의 유쾌한 간판을 지닌 글라스노스트 시기의 윈도 안에서 음식 대신 옷, 와인, 스니커즈를 팔고, 바깥에서는 기념품들과 말보로 담배를 판다. 이 물건들은 옛 소비에트의 소비자 중심주의consumerism의 왜곡된 거울 이미지와 통합된 문화의 예측 가능한 억제된 욕망들을 반영한다. 여기에는 가게 기호와 진열되는 대상들 사이의 완벽한 부조화, 더 이상 아무도 놀라게 하지 않은 부조화가 있다(이 부조화는 항상 있어 왔다). 반대로 의심스럽고 이상한 것으로 보이는 둘 사이의 일치가 있다. 가게의 윈도는 옛 기호들, 새로운 소비 품목, 도시 군중들이라는 수많은 반향들을 중첩시킨다.

1927년의 모스크바 방문 동안에 발터 벤야민은 혁명 이후 모스크바에서 위태롭게 된 한 인간 종은 자유롭게 유영하는 방랑자이자 문화적 관찰자, 군중의 안과 밖에 동시에 있는, 관계되지만 소원한, 즉 그리 많이 관계되지 않는 **한량**flaneur이라고 썼다. 그는 단지 "동조자"fellow-traveler이다. 모스크바에서의 삶에 대한 벤야민 자신의 언급은 모스크바를 묘사하기 위한, 질주하는 현재를 기록하고 예상 가능한 이념적 서사에 굴복하지 않으며 물질적 증거를 수집하기 위한 외국 한량의 마지막 시도이다. 벤야민은 마르틴 부버에게 다음과 같이 쓰고 있다. "나는 '모든 사실성이 이미 이론'이고 따라서 어떤 연역적인 추론, 어떤 예언도 삼갈, 심지어 어떤 판단에도 일종의 제한이 있는 그런 현재의 순간에 모스크바에 대한 설명을 쓰기를 원한다."[13] 그는 통계적이거나 과학적이지 않은 사실들, 삶의 미완료된 불완전한 조각들, 물질적 파편들, 현재의 순간적인 콜라주들을 모으길 원한다. 그는 이것이 혼란의 시기에 가장 정직하고 비판적인 운동이라 믿는다. 1930년대 초의 사실 수집가는 러시아를 더 이상 여행할 수 없었다. 거리의 삶은 더욱 이념화되어 세계에서 가장 효율적인 스탈린 지하철의 유토피아 선들처럼 도시를 가로질러 자르는 공식적 서사들의 격자판으로 뒤덮인다.

벤야민의 방문 후 65년이 흐른 현재 한량이 다시 태어난다. 브레즈네프 시기, 선택은 순응이거나 반대, 자기 자신을 주변화시키거나 불가

---

13 재판된 *Moscow Diary*, trans. Richard Sieburth, ed. Gary Smith, Cambridge, Mass: Harvard University Press, p.132. 모스크바의 사실들을 찾으려는 벤야민의 섬세한 시도는 트레티야코프와 필냑의 "사실로서의 예술"(literature of facts) 개념, 삶의 불의성을 포착하려는 지가 베르토프의 시도, "시간의 소음"을 전달하려는 만델시탐의 지향과 어느 부분 닮아 있다. '사실'은 벤야민의 우주에서 매우 잠정적인 존재이고, 인공물이나 연상적인 알레고리로 언제나 변할 수 있는, 경계에 있는 것이다. 그러나 알레고리와 달리 사실들은 증식하는 해석의 사슬들의 긴장과 문학적이고 이론적인 추측들의 교대를 요구한다.

KGB 이전 수장인 펠릭스 제르진스키의 머리 냄새를 맡고 있는 모스크바 시장의 개
(사진: 마크 스테인보크)

능한 주변성을 내면화하는 것, 이 둘 중 하나였다. 경계선을 가로질러 앞뒤로 움직이는 것은 문자적이고 은유적 의미에서 둘 다 거의 불가능했다. 그러나 현재에는 도시에 대한 많은 상상의 지도들이 다시금 공존하고, 때로는 토박이처럼 보이고, 다른 때는 영어와 러시아어 둘 다에서 가벼운 악센트를 사용하여 말하는, 종종 택시기사들로부터 위협받는, 변덕스러우면서 새로운 도시 커뮤니케이션에 능통한 누군가가 이제 여기저기 돌아다닐 수 있다.

글라스노스트는 역사의 종말이 아니라 그것의 재발견과 그에 대한 열정적 재서술을 나타낸다. 글라스노스트 초기에 자발적으로 버려진 첫 번째 것은 유토피아를 건설하려는 시도였다. 글라스노스트는 새로움의 이데올로기가 아니었다. 새로움의 이데올로기는 러시아 맥락에서 혁명적 아방가르드, 또는 그것을 전용한 볼셰비즘과 후기 스탈린주의 즉, 새로운 세계질서 및 과거의 빈 석판tabula rasa으로부터 새로운 삶을 구축하려는 유토피아적 담론과 연관된다. 글라스노스트는 역사의 재전용을 촉진시켰다. 과거를 재고안함으로써 미래를 창조하려는 이 방법은 현재에 대한 포착 및 이해 불가능성과 종종 함께 간다. 글라스노스트의 진부함commonplaces─도시의 공통의 장소들로서의 문자적 의미와 언어의 클리셰로서의 수사학적 의미 둘 다에서의 진부함─은 제국의 폐허들의 기이한 복합처럼 보인다. 참수당한 공산당 지도자들과 다른 전체주의의 골동품들이 값싼 서구의 물건들 및 여행자들이 소비하도록 만들어진 값비싼 러시아의 공예품들과 함께 놓여 있거나 서 있다. 오늘날 러시아에는 민족적·종교적·역사적·정치적·미학적인 모든 것을 포괄하는 유일한 서사를 발견하려는, 러시아의 과거와 현재, 미래를 설명할 수 있는, 악마와 천사들, 흑조와 백조들, 교수형 집행인과 사형수들이 있는 단일한 극적인 플롯을 회복하려는 커다란 욕구가 여전히 존재한다. 그러나 러시아 역사가 보여 주듯이 권위적 서사들은 쉽게 자기충족적인 예언이 될 수 있었다. 아마도 지금은 '재건축중인' 도시들과 명칭이 변경된 거리들을 돌아다니면서 부조화스럽고 불완전한, 모순적이면서 빛나는 삶의 순간적인 편린들을 수집하면서 그것들로 하여금 말하게 할 시기인 듯하다.

고르바초프 시기에 아방가르드와 사회주의 리얼리즘의 미래지향적인 이데올로기는 기념하기 위해 과거를 돌아보는 것으로 대체되었다. 현대 러시아에서 과거는 일종의 미래 완료.future perfect 또는 미래 불완료.future imperfect로 변했다(미래 완료나 미래 불완료 둘 다 러시아 문법에서 명백히 일탈한 것이다). 아직 소련 시기였던 1989년, 내가 러시아를 처음 방문했을 때 나는 기념일들을 파악할 수 없었다. 3일 동안 알렉산드르 네프스키의 승리 750주년 기념식, 볼셰비키의 권력 독점에 대항한 좌파 소비에트 혁명가들의 반란 기념식, 구교도들의 공휴일인 경건한 블라디미르의 날이 있었다. 기념되어야 할 것과 잊혀야 할 것에 대한 커다란 혼란이 있었다. 사람들이 역사 바깥에서 살고 있었다는 뚜렷한 느낌을 가질 수 있었으나 진정한 러시아의 역사가 무엇과 같아야 하는지는 불명확했다. 그것은 위대한 러시아 국가의 역사처럼, 정교의 억눌린 역사처럼 혹은 볼셰비키에 대한 저항의 역사처럼 제시되어야만 하는가? 역사는 매일 다시 쓰이는 것처럼 보였다. TV 쇼들에서 글라스노스트의 시대는 국가에 어떤 명확한 권력 없이 러시아의 왕좌를 취하려는 일련의 참칭자들이 나타났던 17세기 이반 뇌제의 죽음 이후의 "동란의 시기"에 비교되었다. 현재는 선행하는 것, 현재를 설명해 주는 어떤 역사적 방법이 필요했다. 거리들은 주로 소비에트 이전의 이름들로 신속하게 개명되었고, 어떤 공휴일들이 기념되고 어떤 것이 삭제되어야 하는지에 대한(주로 삭제되는 것보다는 기념되는 것이 더 많았다) 커다란 불확실성이 존재했다. 혼란은 최초로 개명의 광란이 일어났던 혁명 이후의 시대를 연상시킨다. 따라서 개명은 새로운 것이 아니라 대중적인 카니발로 변한 혁명적 의례에 대한 구원적 재연이다.

1991년, 레닌그라드의 성 이삭 광장에서 나는 "페테르부르크에 오신 것을 환영합니다! 맥그로리 상점들"이라는 커다란 영어 간판과 마주쳤다. 잠시 동안 나는 그것이 플로리다로 휴가 오라는 광고라고 생각했으나 실상은 그렇지 않았다. 레닌그라드(과거 페트로그라드, 상트페테르부르크)가 '그것의 원래 이름으로' 돌아가기로 결정될 때 도시의 원래 혹은 진짜 이름이 실제로 무엇인지에 대한 논쟁이 있었다. 알렉산드르 솔제니친은 역사적 이름인 상트페테르부르크(도시의 건립자인 표트르가 도시에 부여한 이름) 너머의 이름인 스뱌토페트로그라드(이 이름은 존재하지 않았던 언어인 순수 슬라브 러시아어로 상트페테르부르크를 문자적으로 번역한 것이다)를 제안했다. 이것은 역사를 민족주의적으로, 신화적으로, 그리고 정확히 다시 쓰려는 특징적인 제스처이다.[14] 치료적인 것으로 여겨질 수 있는 언어의 정신분열증은 항상 발생한다. 소비에트의 클리셰들은 혁명 이전의 단어들, 현대 미국의 비즈니스 용어, 그리고 1960년대의 "테이프 문화"에서 온 노래들의 음조 소리들로 구성된 혼

---

14 어떤 신슬라브주의자들, 특히 모스크바 인텔리겐치아 출신들에게 표트르 대제의 통치는 볼셰비키 마르크스 혁명에서 정점에 달한, 악마적인 국제화와 서구화를 향한 첫 걸음으로 보인다. 그러나 만약 그들이 이 이론을 비록 터무니없는 결론일지라도 논리적으로 끝까지 밀어붙이면, 레닌그라드/상트페테르부르크("유럽을 향한 창")는 러시아 역사의 부끄러운 페이지로서 영원히 봉인되어야만 하고, 네바강 삼각주의 습지는 스웨덴으로 반환된다(이전의 레닌그라드 시민, 부재중인 페테르부르크의 시민으로서 나는 이런 일이 일어나길 결코 원치 않는다).

합된 전자 음악을 위하여 부정되었다. 1991년에 유행한 단어는 '주식시장' stock market, birzha이었다. 지금 매우 유행중인 '주식시장'을 모든 사람이 열고 있을 뿐 아니라, 주식시장의 이미지가 삶의 모든 영역을 포괄한다. 신문에는 "뉴스들의 주식시장" stock market of news, birzha novostei 또는 "생각들의 주식시장", 심지어 "지적 재산의 주식시장"이라는 이름의 항목이 있다. 이것은 유행의 마지막 요구이다. 유행이 지난 "지적인"이라는 단어는 새로운 두 단어들인 "주식시장"과 "재산"에 둘러싸여 있다.

공적 장소들 또한 변화에 처하게 되었다. 쿠데타 이후에 러시아는 이리저리 움직이고 날아다니는 기념비들의 환상적인 광경을 다시 목격하였다. 레닌의 동상은 탈린에서 교살당했다. 키예프에서는 받침대에서 떼어져 케이지에 넣어졌고, 르네 마그리트의 그림처럼 청동 부츠만이 남아 있게 되었다. 철의 펠릭스라 불렸던 펠릭스 제르진스키의 동상을 넘어뜨리는 것은 공적 행사가 되었다.[15] 쿠데타 기간 동안 러시아로 돌아간 유명한 망명 첼리스트 로스트로포비치는 그 장소에 알렉산드르 솔제니친의 동상을 세울 것을 제안했고, 거리의 누군가는 그리스도의 동상을 제안했다. 『모스크바 뉴스』에 글을 쓰면서 타티야나 톨스타야는 그녀를 포함한 모든 사람들이 "우상파괴와 공공기물파괴의 파토스"에 감화되었다고 주장하였다.[16] 그리고 동상을 무너뜨리는 것을 위해 모든 사람들이 구체적인, 좋아하는 후보자들을 갖고 있었다. 그녀는 어머니 러시아로 거대한 동상을 끌어내리자고 제안하였는데 왜냐하면 그 동상이 러시아뿐만 아니라 모든 어머니들을 모욕했기 때문이었다.

---

15 이전의 반체제 인사인 알렉산드르 갈리치는 스탈린의 동상을 세운 스탈린 노동 수용소의 죄수들에게 스탈린 동상의 파괴하라고 내려진 흐루쇼프의 명령에 대해 매우 유명한 노래를 썼다.

16 *Moscow News*, Oct. 13, 1991.

받침대 위에서: 넘어뜨려진 제르진스키의 동상은 지금 모스크바 고리키 공원 길 건너의
풀밭에 누워 있다. (사진: 마크 스테인보크)

기념비들에 대한 우상파괴적 파괴는 새로운 우상에 대한 향수와 나란히 갔다.[17] 매 시기 새로운 기념비들이 나타나지만 그것들은 그 자신을 위태롭게 하는 것처럼 보였던 조형적이고 거창한 표현을 기피하는 경향이 있다. 제르진스키 광장은 기념비성의 이 낯선 변증법을 반영한다. 제르진스키의 옛 기념비는 아파트 옆집에 살았던 혁명 시인 블라디미르 마야콥스키의 새로운 현대적인 기념비와 바싹 붙은 채 KGB 본부였던 루뱐카 빌딩 앞의 광장 중심에 서 있다(그리고 이 아파트의 집에서 마야콥스키는 자살을 했다). 마야콥스키 동상, 시인의 거대한 선명한 머리는 방문객이 별로 없는 마야콥스키 박물관 앞에 서 있다. 이것은 글라스노스트 이전의 도시의 마지막 기념비로서, '서류상'의 건축가들로 남아 있으면서 대부분 물러나 자신들의 변덕스럽고 꿈같은 프로젝트 실현을 거절당한 1970년대 모스크바 건축가들의 아이러니한 아방가르드주의에 마땅히 주어야 할 것을 지불한 것이었다. (제르진스키와 마야콥스키의 관계, 혁명 영웅/KGB 설립자를 지지하였으나 혁명적 질서로 인해 고통받은 혁명 시인의 관계는 연구할 만한 특별한 가치가 있다.)

광장에서의 세 번째 기념비는 건축가들이 아니라 일반인들이 세

---

17 날아다니는 기념비들은 전혀 놀라운 것이 아니다. 러시아 문화에서 동상들은 가만히 머물러 있지 않는다. 사실 러시아 정교 전통에서 동상들은 죄, 악의 화신과 관계있다.(조각 예술은 표트르 대제 시기에 발전했고 유럽으로부터 러시아로의 수입품들 중 하나였다.) 표트르 대제의 동상은 푸시킨의 환상적인 페테르부르크 이야기인 「청동기마상」에서 살아 움직여 홍수가 난 제국의 수도의 거리를 따라 작은 인간을 추격한다. 1875년 모스크바에서 제막식을 가진 푸시킨의 동상은 1930년대에 짤막한 환상적인 여행을 하게 되었다. 수난 수도원을 마주보고 있는 예수 수난광장(Strastnaia)의 원래 장소로부터 거리를 건너 옮겨져 180도 돌아서게 되는데 왜냐하면 위대한 러시아(소비에트)의 천재가 '종교의 성채'와 마주보는 것이 적절하지 않다고 여겨졌기 때문이었다. 수도원은 허물어졌고 동상은 모스크바의 주요 직통로인 예전의 트베르 대로, 사회주의 리얼리즘의 창시자이자 또 다른 "위대한 소비에트의 문학 천재"인 고리키 거리를 마주보는 자리에 배치되었다. 예수 수난광장은 푸시킨 광장이라고도 불린다.

운 것으로 꽃, 빨간 배너, 이름들로 장식된, KGB의 희생자들에게 바쳐진 기념비였다. 이와 유사한 종류의, 다른 세대들에 의한 자발적인 유명한 기념비들이 전 도시에 걸쳐 나타나게 된다. 아르바트 거리에는 자동차 사고로 사망한 페레스트로이카 초기의 유명한 로커인 빅토르 최에게 바쳐진 기념비가 있다. 이 기념비는 빅토르 최의 테이프들과 사진들 (놀랍게도 아직 훔쳐간 사람이 없다)뿐 아니라 그라피티, 헌정사 등으로 덮여 있다. 이는 짐 모리슨의 무덤을 상기시킨다. 또 다른 유명한 기념적 장소는 미하일 불가코프의 집으로, 전설에 의하면 이곳에 그의 소설 속의 잘 알려진 인물인 악마 볼란드가 살았다고 한다. 이 집은 소비에트의 정치적이고 미학적인 역사를 구현한다. 한때 저명한 출판인 페구이트의 집이었던 곳이 혁명 이후에 모스크바의 첫 공동주택, 대안적인 라이프스타일이 개화했던 혁명적 코뮌의 집으로 변모하였다. 전설에 의하면 파니 카플란이라 스스로를 불렀던 여인, 1918년 레닌에게 총을 쏘려 했던 사회주의 혁명가이자 무정부주의자가 여기서 잠시 동안 살았다고 한다. 또는 대중들의 상상에 의하면 파니 카플란과 볼란드는 하나의 유령으로 합쳐졌다고도 한다. 불가코프의 유령의 집에는 1980년대에 젊은이들이 다시 살게 되었고, 집의 검정색 입구는 불가코프의 환상소설 인물들을 찬양하는 새로운 그라피티로 덮였다. 이제 사람들은 이 집에서 불가코프 박물관을 열기 위한 자금을 모금하려 하고, 예전의 노후한 코무날카에는 소비에트의 홈리스들이 살고 있다. 불가코프의 집은 혁명 이후 소비에트 역사의 유령의 집이다. 아마도 버려진 몇 년 동안, 그라피티가 튄 불가코프 집의 마당은 청소되어 새로 조성된 조각 정원으로 변할 것이고, 그곳에서 불가코프 소설의 청동의 마녀 마르가리타는 파니 카플란의 기마상 주변을 날아다닐 것이다.

그러나 글라스노스트의 주요한 기념물은 바로 맥도날드이다. 스탈린 시기에 이미 돌아서서 새로운 모스크바의 주간선도로를 마주보고 있는 푸시킨 기념비는 이제 맥도날드의 두 시간짜리 줄을 보고 있다. "러시아 문학의 위대한 천재"는 인근의 마르크스 거리를 상징하는 M이 아닌, 거대한 "M"에 대해 생각하고 있다. 모스크바의 맥도날드는 축소된 유럽 세계의 기념물과 같다. 맥도날드는 수평선에서 서핑을 하고 있는 사람이 그려진 밝은 캘리포니아 하늘 아래의 빅벤과 에펠탑을 모델로 한다. 푸시킨 기념비 왼쪽에는 1980년대 후반 비공식 언론의 중심이었던 『모스크바 뉴스』의 본부가 있다. 이곳에서 정가의 3배 가량만 지불하면 발트 3국의 독립신문부터 『성적인 일화』Sexual Anecdotes, 1990~1991년 동안 한 사람이 펴낸 『반소비에트의 진실』The Anti-Soviet Truth, Anti-Sovetskaia Pravda에 이르는 모든 것들을 살 수 있었다. 『반소비에트의 진실』의 첫 페이지에는 마르크스, 레닌, 니콜라이 2세, 그리고 소비에트의 별, 나치의 만卍자, 영국의 십자가와 같은 문화적 상징들의 콜라주가 그려져 있었다. 1991년에 『반소비에트의 진실』은 기호들의 혼란을 진실하게 반영했다. 편집인이자 유일한 작가, 텍스트의 검열관은 자유로운 정치적 카니발 속에서 바보의 역할을 하였다. 1991년에 『모스크바 뉴스』의 편집국에서 큰 불이 났고, 비록 재건되었으나 장소는 기존의 도시적 중요성을 상실하였다. 1992년에 사람들은 모스크바와 다른 뉴스들로 인해 과포화되었고, 전지구적 사건들 대신에 식량부족과 TV 드라마의 음모들에 대해 논의하였다.

1988~1992년 동안에 아르바트 거리는 모스크바의 주요한 상업 거리, 새로 태어난 소비에트 시장 경제(경제보다는 시장 그 자체와 관련있다)의 기념물이 되었다. 여기서는 누구나 고르바초프 혹은 예수 그리스

도, 또는 교회와 자작나무가 있는 러시아 풍경과 같은 러시아적 이미지들이 있는 마트료시카 인형들을 살 수 있었다. 벌거벗은 가슴에 검은 숄을 두른 금발 여인을 그린 유화, 라파엘의 「시스티나의 마돈나」와 렘브란트의 「다나에」(이 그림은 최근 에르미타주에서 파손되었다)와 같은 걸작의 복제품, 박제된 분홍색의 뚱뚱한 고양이들도 있었다.[18] 벤야민은 아르바트 거리에서 판매되는 물건을 보고 다음과 같이 썼다.

> 거기에는 세 개의 손을 가진 성모가 있다. 그녀는 반나체이다. 배꼽으로부터 강건한 형태의 손이 솟아올라 있다. 왼쪽과 오른쪽의 다른 두 손들은 축복의 동작으로 벌려져 있다. 이 세 손은 성 삼위일체의 상징처럼 보인다. 배가 열려 있는 성모의 또 다른 종교화가 있다. 내장 대신에 구름이 배로부터 나온다. 구름 한가운데서 아기 예수가 한 손에 바이올린을 들고 춤을 추고 있다. 성화 판매가 종이와 그림 거래의 한 부분으로 여겨지기 때문에 성인의 그림들이 있는 이 점포들은 종이 물품들을 파는 점포들 옆에 있고, 따라서 두 경찰관들 사이의 죄수처럼 레닌의 초상화들 옆에 항상 배치된다.[19]

글라스노스트 시기 동안 아르바트에서 판매된 물건들 역시 위와 유사했다. 이때에도 성인들과 레닌의 초상화들이 있었다. 만약 이것들이 1926년 혹은 1966년의 혁명 골동품들이라면 더 높은 가격에 팔릴 수 있다. 그러나 그들의 지위는 바뀌고 있다. 정교성인들, 성모, 예수 그리스

---

18 페테르부르크의 에르미타주에 소장되어 있던 렘브란트의 이 그림은 1985년 6월, 한 미치광이가 황산을 뿌리고 칼로 긁어 크게 훼손당했으나 후에 복원되었다.—옮긴이

19 Walter Benjamin, "Moscow", *Reflections*, p.102.

아르바트 거리의 조감도, 1991 (사진: 마크 에스테르브룩)

도의 옆에 진열되는 이는 이제 레닌이다. 그들은 새로운 영적 경찰들처럼 권좌에서 내려온 당 지도자를 둘러쌌다. 종교적 이미지들은 더 이상 감춰지지 않는다. 1993년경 아르바트는 고급스럽게 바뀌었고 거리의 노점상들을 다시 내쫓았다. 경화hard-currency로 카푸치노를 살 수 있는 장소들, 기념품 부티크, 골동품 상점들이 글라스노스트 동안 거리를 유명하게 만들었던 무질서한 상인들과 불안정한 키오스크를 대체했다.

아르바트에서 파는 장난감들은 어린이 소비자를 위한 것이 아니다. 어린이들은 닌자 거북이나 터키나 중국에서 만든 「슈퍼맨 3」의 러시아 버전을 더 좋아한다. 여기서 진열되는 장난감들은 전체주의 신화로부터의 단순한 유희적 전형이 더 이상 아니다. 오히려 그것들은 신화와 유희하면서 그것을 조롱한다. 마트료시카 인형과 체스 세트가 다른 규모에서 역사를 재현한다. 이들은 소비에트의 문화 텍스트를 패러디하지만 동시에 그것의 믿음직한 수호자들이다. 코메디아 델라르테의 마스크와 같은 마트료시카의 인물들은 대중의 상상력을 사로잡았던 지도자들만을 형상화한다. 따라서 너무 일찍 당의 리더십에서 물러났던 말렌코프, 안드로포프, 체르넨코는 여기에서 제외된다. 가장 바깥에 있는 이는 고르바초프, 그 다음 브레즈네프, 흐루쇼프, 스탈린, 작은 레닌이 마지막이다. 라이사 고르바초바는 그녀의 남편 아래에서 잠시 동안 유명했으나 옐친에 의해 신속하게 대체되었다. 1991년 여름 쿠데타 바로 직전에 나는 상징적이 된 선물을 받았다. (글라스노스트 시기에 마트료시카 채색이라는 좀 더 이로운 사업을 하게 된) 한 여성 엔지니어가 나에게 인형 세트를 주었는데 거기서 고르바초프는 여전히 가장 외부의 인형이었고, 그보다 작은 옐친은 미완성된 채 빨간 색으로 칠해져 있었다. 그리고 단지 일주일 후에 평범한 외국인들에게 팔기 위해 아르바트 거리에서는 옐친을 외피로 한 수많은 마트료시카 인형들이 나타났고, 옐친 자신은 바리케이드의 꼭대기에 있었다.

문학적 마트료시카가 정치적인 마트료시카처럼 동일한 디자인을 따랐고, 그것들은 반드시 연대기적인 순서가 아닌 신화적 순서대로 배치되었다. 주로 "러시아 시의 태양"인 푸시킨이 레르몬토프, 톨스토이, 도스토옙스키, 그리고 아기 같이 작은 고리키나 솔제니친과 같은 그의 문학적 형제들과 아들들을 감싸는 맨 겉의 인형이다. 따라서 마트료시카는 소비에트의 고등학교에서 암기한 공통의 문화 텍스트들을 재생산하게 된다. 주요한 정치적, 그리고 문화적 주인공들을 선택하는 데 있어서 마트료시카는 그것들의 대중적 원형들, 도시의 거리와 광장에 있는 기념비들을 따르고 있다. 오늘날 군주의 마트료시카들 또한 인기가 있다. 이반 뇌제와 표트르 대제는 그림같은 콧수염으로 장식된 니콜라이 2세 안에 숨겨져 있다.

원래의 마트료시카는 여성이지만 라이사 고르바초바 세트 하나만을 제외하고 나는 마트료시카로 영속화된 러시아 문학과 역사의 여성 주인공들—예카테리나 2세나 츠베타예바, 아흐마토바—을 한 번도 보지 못했다. 그들은 소비에트의 코메디아 델라르테의 용인된 목록 밖에 있다.

마트료시카 인형들은 예술, 공예, 키치의 대상들인가? 만약 키치라면 그것은 자의식적인 유희의 키치인가 혹은 일종의 자기만족적인 키치인가? 인형들 중에 가장 러시아적인 마트료시카는 사실 일본에서 유래되었다. 러시아 양식의 첫 번째 마트료시카는 화가 말류틴과 장난감 제작자 즈베즈도츠킨이라는 두 명의 작가를 갖는다. 그것은 민속 예술이 도시 엘리트들 사이에서 유행하던 1890년대 "어린이 교육" 강습회

포스트공산주의의 인형들, 1991 (마크 스테인보크의 사진)

에서 고안되었다. 이런 공예품들은 국제 전시회를 위해서 주로 수공업자들kustars에 의해 제작되었는데, 후에 이것들은 일부 러시아 아방가르드 예술가들이 19세기 리얼리즘 화가들의 황량한 회색, 갈색, 녹색의 팔레트에 반대하여 전통적이고 민속적인 장식들과 러시아 이콘의 밝은 '대중적인' 색깔을 재발견하였을 때 양식화된 버전 속에서 재등장하였다. 마트료시카는 러시아 문화 속에서 다른 것 내부에 자리잡은 하나의 정의처럼 '대중적인' 것이 무엇인지에 대한 변화하는 담론의 핵심이다. 인형들과 마을 공예품들의 어떤 유형들만이 진짜 민중 문화를 제시하도록 선택되었고 반면 다른 종류의 것들은 너무 순수한 것으로, 너무 비전문적인 것으로 간주되거나 예술가들과 예술적 취향을 지닌 심판자들에 의해 다만 간과되었다. 처음에는 마트료시카의 원시적 형태와 밝은 장식이 혁명 이전 시기의 아방가르드 예술가들을 매혹시켰다. 후에는 농부 이미지의 공예품들이 좀 더 산업적이고 기술적인 이미지들에 의해 대체되었다. 1930년대의 스탈린 시기 초기에 마트료시카는 공식적인 민중 문화를 상징하는 양식 속으로 되돌아왔다. 1950년대와 1960년대에 망각되면서 벽촌 또는 코무날카의 물건들로서 다른 것들로 빽빽한 선반 위에서만 살아남았던 마트료시카는 1970년대에 서구와 구별되는 러시아성을 구현하는 견본으로서 큰 승리를 거두고 돌아왔다(스탈린은 유럽에서 여전히 매우 잘 팔리는 러시아-소비에트의 민중 문화의 완벽한 상업적 패키지를 만들어 냈다). 오늘날 마트료시카의 증가와 기념비들의 감소 사이에는 직접적인 관계가 있다. 제국주의 소비에트의 기념비성이 마이너 상업 예술 속에서 그것의 아이러니한 반영을 발견하고 위협적인 공공의 기념비들이 아이러니한 일상의 물건들과 장난감 속에서 자신들의 상업적 반영을 발견하는 것처럼, 문화의 규모와 위계는 변하고 있다. 현재, 정치적이고 미학적인 드라마들이 일상의 모든 영역에서 상영되고, 에이젠시테인의 「10월」에서처럼 기념비들의 전쟁이 장난감들의 시장에서 일어나고 있다.

아르바트 거리에 전시된 마트료시카는 아이러니하고 유쾌한 인형들이다. 그들은 외국 관광객들을 위해 포장된 러시아의 민속 문화를 비웃는 동시에 밝은 장식 예술과 민중의 창의성을 증명한다. 좀 더 보수적인 인형들은 전통적인 러시아의 마트료시카 스타일을 모방한다. 다른 것들은 좀 더 양식화된 아방가르드 버전 혹은 정치적 카툰의 겉모습을 띠고 나타나고 반면 어떤 것들은 쉽게 돈을 벌기 위해 단지 조잡하게 빨리 만든 것들이다. 마트료시카는 실직한 예술가들, 학생들, 암거래상들 심지어 더 이상 돈을 벌 수 없는 예전의 엔지니어들에 의해 제작된다. 마트료시카는 어느 정도는 고르바초프 시대 비순수하고 절충적인 상업 문화의 진정한 공예품이다.

발터 벤야민에게 러시아 민속 장난감들은 향수의 공예품들로 이 향수는 어린 시절, 마을의 삶, 장인성이라는 기술 이전 시대의 사라짐에 대한 삼중의 향수이다. 그는 러시아 인형들에게 특별한 아우라를 부여한다. 예술의 부르주아 제도와 소비에트 이데올로기화 둘 다의 생존자로서 그것들은 미래주의적 유토피아와 소비에트의 포드주의-레닌주의 시기 동안 역사적인 시대착오였다. 65년 후에 장난감들은 너무도 이데올로기화되었고, 글라스노스트와 포스트글라스노스트의 포스트유토피아적 기후 속에서 그것들은 어른들이 정치 및 새로운 상업주의와 유희할 수 있는 코믹한 공예품들이다. 이 장난감들은 또한 이념적인 조작의 역사와 잃어버린 수많은 낙원들—어린 시절의 낙원, 전체주의적인 유아성의 낙원, 순수한 민속 정신의 낙원—의 아우라를 갖고 있다.

현대 러시아의 진부함commonplaces으로의 나의 여행은 다른 것들의 불완전함을 감추고 덮을 수 있는 궁극적인 마트료시카 인형을 찾아서 아르바트를 따라 걷는 것과 약간은 비슷하다. 그러나 나는 마트료시카의 완벽하고 별 같은 눈을 들여다보기가 두렵다.

스탈린의 영화적 카리스마 혹은 키치로서의 역사

"영화는 환각 예술이다", "그러나 그것은 삶 그 자체에게 그것의 법칙을 지시한다"라고 스탈린은 썼다.[20] 자신의 인생 마지막 몇 년 동안 스탈린

---

20 Dmitrii Volkogonov, *Triumf i tragediia: Politicheskii portret I. V. Stalina*, Moscow: Novosti Press, 1988, p.87에서 재인용. 이 인용을 소개해 준 러시아의 역사학자 빅토르 니르토프에게 감사한다.

은 영화 비평가, 일종의 포스트모더니스트가 나타나기 전의 포스트모더니스트, 예술적 환각의 생생한 힘을 나타낸 이로 변모했다. 글라스노스트 초기에 스탈린 자신은 영화적 페티시가 되었고 전체주의에 대한 비난은 비판적인 거대서사의 하나가 되었다.[21] 단기간 동안에 수많은 소비에트의 영화감독들이 영화가 삶에게 그것의 환각을 지시해 주는 '가장 중요한 예술'이 될 것이라 믿었다.

글라스노스트 영화의 새로운 클리셰는 마리화나를 피우는 스탈린의 초상화 앞에 앉아 있는 누드의 소녀 이미지로 축약된다. 브레즈네프 시기의 세 가지 터부—누드, 스탈린주의의 재현, 약물—는 때로 과도할 정도로 열성적으로 고양되었다. 니키타 흐루쇼프가 외피가 되고 그 안에 블라디미르 레닌이 있는 커다란 마트료시카의 중간 인형이 되기 이전에, 스탈린은 고르바초프 시기의 가장 매혹적인 악당이었다. 잃어버린 소비에트 역사에 대한 탐색은 예술적 표현의 탐색을 동반하였다. 이것은 다큐멘터리 장르의 번영뿐 아니라 키치적 악마로서 스탈린이 등장하는 절충적이고 초현실주의적인 영화의 출현으로 이어졌다. 그러나 보관된 필름archival footage의 신나는 발견은 소비에트의 맥락에서 '다큐멘터리'의 지위에 대한 재고로 연결되었는데 왜냐하면 선반에서 치워진 수많은 다큐멘터리 장면이 각색되고 위장되었기 때문이다. 그

---

21 영화 속에서의 역사주의에 대해서는 다음을 보라. Leonid Kozlov and Viktor Listov, *Iz Proshlogo v budushchee: Proverki na dorogakh*, Moscow: VNIK, 1990. 제레미 쿠헬(Jeremy Kuehl)과의 대화와 그의 에세이 "The Camera Never Lies"는 내게 많은 도움을 주었다. 또한 다음을 참고하라. Svetlana Boym, "Stalin's Cinematic Charisma: Between History and Nostalgia", *Slavic Review*, Fall, 1992; Anna Lawton, "The Ghost That Does Not Exorcise", Svetlana Boym, "Stalin Is with Us: Soviet Documentary Mythologies of 1980s", *Stalinism in Soviet Cinema*, eds. Richard Taylor and Ian Christie, London: Routledge, 1993; Andrew Horton and Michael Brazhinsky, *Zero Hour: Soviet Cinema of Glasnosti'*, Princeton: Princeton University Press, 1992.

래서 초기 글라스노스트의 다큐멘터리가 소비에트 역사의 "흰 점"들을 채우는 것을 목표로 했다면 1980년대 말의 도발적이고 논쟁적인, 나는 「스탈린의 보디가드로 일했다」I Served in Stalin's Bodyguard와 「스탈린은 우리와 함께 있는가?」Stalin Is with Us?와 같은 다큐멘터리들은 사실과 허구 간의 관계를 조명했고, 이념적 몽타주들이 새롭고 아이러니하고 부조리하게 사용된 예들을 찾아냈다. 1990년대 무렵 스탈린주의의 영화적 재현은 영화적 환각을 만들고 파괴하는 것 둘 다와 역사 속으로 신속하게 물러난 글라스노스트의 초기 담론들에 대한 자기지시, 재현이 되었다. 스탈린 시기 엘리트의 삶의 장면을 제시하고 포스트전체주의와 포스트모더니즘이라는 두 유행의 '포스트'를 함께 가져오면서 스탈린적인 거대 양식을 '복고풍'으로 재창조하는 최근의 영화로는 「심연」The Abyss이 있다. 포스트소비에트 러시아에서 만들어진 전체주의의 향수에 대한 활인화活人畫, tableaux vivants는 영화의 문화적 중요성이 사라져 가는 것에 대한 유감과 함께 유럽 걸작 영화들의 거대한 양식에 대한 향수를 드러낸다. 따라서 소비에트 후기와 포스트소비에트 영화에서의 스탈린은 아이러니와 향수 사이를 앞뒤로 오가면서, 진짜 포스트모던한 영웅, 탈신화화와 재신화화, 다큐멘터리적 폭로와 허구적 재창조의 주체이다. 스탈린에 대한 처우는 역사와 예술 개념에서의 최근의 변화들과 포스트글라스노스트 시기에서 그것들의 역할의 축소를 반영한다.

1980년대 후반 소비에트의 삶은 예술보다 더 재미있어졌다. 거리로 나가는 것은 영화 보러 나가는 것보다 더 흥미진진했다. 그러나 글라스노스트 말기에 사람들은 역사적 계시들(그것이 지니는 함의는 많은 경우에 있어 충분히 이해되지 않은 채 남아 있었다)의 맹습에 의해 혹사당하고 있었고, 쿠데타 이후 가장 인기 있는 볼거리는 역사적 트라우마의 치료를 위해 대중들에게 제공된 브라질 또는 멕시코에서 10년 전에 만들어진 텔레비전 드라마 시리즈였다. 라틴 아메리카의 구식 드라마 시리즈는 '자신들의 법칙을 삶에 지시하지' 않고 현실도피적인 생존 작전들을 폭로하였다. 따라서 스탈린과 전체주의의 '웅장한 세기'에 대한 시각적 매혹은 때로 마지막 차르의 가족 중 망각된 몇몇 구성원의 출현에 의해 방해받기도 하였지만 돈 알론소와 도나 마리아나에 대한 훨씬 덜 비판적인 컬트에 의해 대체되었다. 그러나 전체주의적인 스펙터클의 카리스마는 소비에트 역사와 대면하여 이 시기 혼돈의 미학을 구현한 첫 예술 장르들 중 하나인 소비에트 시네마의 짧고 열광적인 황혼기를 채색하였다.

세미온 아라노비치Semion Aranovich의 영화 「나는 스탈린의 보디가드로 일했다」의 부제는 "다큐멘터리 신화학의 실험"이다. 다큐멘터리 신화학이 모순형용처럼 들릴 수 있는 경우는 역사적 의식을 신화적 의식으로부터 구별하고 다큐멘터리를 신화와 신화화가 결여된 사실적인 재현으로 간주하는 경우에서만이다. 러시아어에서 **역사**istoriia라는 단어는 '이야기'와 '역사' 둘 다에 사용된다. 러시아 전통에서 보자면 18세기 이후로 허구적 역사와 비허구적 역사는 동등하게 존중되었는데 왜냐하면 역사는 전문적인 역사가들에 의해서가 아닌 메이저 작가들과 시인들에 의해 쓰였기 때문이다.[22] 그러므로 미국의 맥락에서 새 역사가들에 의해 시작된 실증주의적 역사학에 대한 비평은 역사학과 문학의 결합 끈이

---

22 러시아 문화에서 역사와 허구의 이중 텍스트에 대해서는 다음을 보라. Andrew Wachtel, *An Obsession with History: Russian Writers Confront the Past*, Stanford: Stanford University Press, 199; *Literature and History: Theoretical Problems and Russian Case Studies*, ed. Gary Soul Morson, Stanford: Stanford University Press, 1986.

끊어진 적 없는 러시아의 상황에는 적용되기 어렵다. 다큐멘터리와 신화 사이의 관계에 대해서도 똑같이 말할 수 있다.

개인에 대한 컬트와 지도자에 대한 컬트는 어떤 비판적인 기록을 필요로 하는 중요한 문화적 신화들에 속한다. 롤랑 바르트는 소비에트의 스탈린 신화를 주요한 "좌파에 대한 신화"로 간주한다.[23] 사실상 이 신화는 모던하지도, '좌파'적이지도 않다. 개인에 대한 컬트는 "인민의 작은 아버지"batiushka이자[24] 아포칼립스와 무질서로부터의 인민의 구원자인 러시아 차르로 후에 발전하게 되는, 고대 로마 황제들에 대한 컬트의 오래된 러시아적 버전이다. 종말론적인 구조가 "지상 위의 천국"의 건설을 예견하고, 강력하고 중앙집권화 된 체제(위대한 정교 차르의 체제 또는 공산당과 당 지도자의 독재)와 카오스, 무정부성, 세상의 종말 사이의 불가피한 대립에 의존하는, 러시아 정교 믿음과 러시아의 마르크스주의 사고 둘 다에 근본적이라는 주장과 둘 사이에 아무런 관계가 없다는 주장은 지금까지도 논쟁을 지속하고 있다.[25]

23 Roland Barthes, *Mythologies,* trans. Richard Howard, NY: Farrar, Straus, and Girous, 1979. [롤랑 바르트, 『현대의 신화』, 이화여대 기호학연구소 옮김, 동문선, 1997] 그러나 오래된 문화적 신화와 새로운 문화적 신화, 우파에 대한 신화와 좌파에 대한 신화 또는 '비정치화된' 신화와 '정치적' 신화 사이의 구별은 우리가 동에서 서로, 그리고 바르트가 이 책을 펴낸 1950년대에서 1990년대로 이동하는 동안 계속하여 서로를 대체하였던, 좌파와 우파에 대한 정의만큼이나 문제적이라고 생각한다. 소비에트의 문화적 신화들, 특히 위대한 당의 천재에 대한 컬트는 좌와 우의 명확한 구별을 거부한다. 좌와 우는 이종적이고 순수하지 않다. 이 둘은 새로운 함정을 놓기 위한 오랜 신화들이거나 또는 오랜 믿음들과 편견들을 구축하는 새로운 이데올로기이다.

24 러시아 단어 바튜시카(batiushka)는 아버지(otets)의 구어적 형태로 러시아 정교 사제들을 비공식적으로 일컫는 명칭이기도 하다. —옮긴이

25 Nina Tumarkin, *Lenin Lives! The Lenin Cult in Soviet Russia*, Cambridge, Mass.: Harvard University Press, 1983. 1990년대 초 스탈린주의에 대한 연구를 대체한 것은 레닌주의에 대한 연구였다. 이 변화를 반영하는 첫 영화들 중 하나는 뱌체슬라프 고보루힌의 「그렇게 살아서는 안 된다」(One Should Not Live Like That, 1990)이다. 영화의 중심에는 하찮은, 외견상 절망적인 개인의 죄들과 소비에트 정부에 의해 저질러진 전지구적 범죄 사이의 유비가 놓여 있다. 다른 소비에트의 다큐멘터리처럼 이 영화는 분명한 알레고리를 사용한다. 교회들을 파괴한 러시아 혁명은 악의 근원이고

「나는 스탈린의 기관에서 일했다」I Served in Stalin's Nomenclatura, 「인민의 위대한 콘서트」The Great Concert of the People와 함께 스탈린주의에 대한 아라노비치의 3부작의 첫 영화인 「나는 스탈린의 보디가드로 일했다」는 개인의 컬트의 자연화에 대해 기록한다. 영화는 스탈린의 내부 서클의 일원이었던 헌신적 스탈린주의자이자 매력적인 "작은 시민의 종"인 알렉세이 리빈의 비검열된 고백 혹은 좀 더 정확히는 리빈과의 대화 주변에 집중된다.[26] 그의 행위들은 예술과 정치를 결합한다. 그는 스탈린의 보디가드로 일했고 전쟁 동안 볼쇼이 극장에 지뢰를 설치한 책임이 있으며, 현재는 "더 나은 리듬감을 갖기 위해" 애국 행진이 있는 음악을 가르치면서 "젊은 개척자들 지부"에서 일하고 있다. 리빈은 보르시와 오트밀, 말린 과일에 대한 스탈린의 애정에 대해서, 평범한 사람들을 향한 그의 애정과 솔페지오와 영화에 대한 그의 특별한 지식에 대한 진심어린 이야기들을 우리에게 해준다. 위대한 지도자는 겸손하지만 단호한, 엄격하지만 공정한, 거칠지만 다정한 민속 영웅이다. 시청자는 리빈의 말에 의해 스탈린 개인의 카리스마를 실제적으로 체험할 수 있는 불편한 위치 속으로 들어가길 강요받는다. 리빈의 얼굴은 거의 직접적으로 카메라를 응시하는 클로즈업으로 대부분 비춰지기 때문에 우리는 우리

영화 속에서 중요한 순간들마다 반복되는 레닌의 이미지는 그것의 가시적 구현이다(아마도 논쟁적 이유로 인해 스탈린은 영화에서 심지어 언급조차 되지 않은 듯하다). 그러나 「나는 스탈린의 보디가드로 일했다」와는 달리 영화는 그것이 고발하는 동일한 문화적 전통의 대표격인 압도적으로 권위적인 비전을 시청자에게 제공하는 권위적인 내러티브를 사용한다.

26 아라노비치는 이미 오래 전부터 자신에게 다큐멘터리를 위한 아이디어가 있었고 마음속에는 캐릭터가 있었지만 역할을 위한 좋은 후보자를 찾을 수 없었다고 말했다. 따라서 아라노비치의 영화에서 초기의 충동은 신화적이고 다큐멘터리적인 것, 둘 다이다. 리빈 자신은 헌신적인 스탈린의 보디가드의 신화적 이미지이자 동시에 그의 극미한 행동과 얼굴 표정들이 영화적인 클로즈업 속에서 기념되는 독특한 인물이다.

가 그의 말을 듣고 있는지 혹은 그가 자신의 잘 훈련된 눈으로 우리를 사찰하고 있는지 잘 모르게 된다.

대부분의 소비에트 다큐멘터리와는 달리 「나는 스탈린의 보디가드로 일했다」는 통합적 서사와 중심 관점을 제공하기 위한 전지적 목소리를 갖지 않는다. 그것이 만들어지는 방법은 의사소통에 있어서의 작가적 구성을 문제 삼고, 영화는 지금은 익숙하고 공식적이 된 스탈린주의에 대한 공개적 비난에 참여하지 않는다. 아라노비치의 시적 이미지는 때로 리빈과 모순된다기보다는 스탈린 시기의 희귀한 기록보관소 장면과 함께 그의 말들을 거의 유아적인 나이브한 방법 속에서 제시한다. (왜 그가 리빈의 이야기에 대한 지적을 선택하지 않았냐고 질문받았을 때 아라노비치는 그렇게 하기로 리빈과 약속했다고 말했다. 혹자는 자신이 인터뷰한 이전의 나치 관계자들에게 그들을 영화 「쇼아」[27]에 넣지 않겠다고 약속하였으나 후에 그들을 향해 자신이 윤리적 의무를 느끼지 않았다고 시인한 영화 제작자 클로드 란츠만을 생각할 것이다. 영화를 본 대부분의 사람들은 감독의 이와 같은 결정을 축하했다.) 1930년대의 다큐멘터리 무대와 1980년대 리빈의 내러티브 사이의 관계뿐 아니라 영화 속에서 이미지와 텍스트의 관계는 매우 복잡하다. 에이젠시테인의 "이데올로기적 몽타주"에서 멀어지면서 그것은 귀류법에 의거한다. 묘의 연단에서 자신의 인민들을 향해 손을 흔드는 스탈린의 도상학적 시퀀스는 침묵 속에서 몇 차례 반복되는데 이 침묵이 구세주이자 아버지, 그리고 인민의 위대한 지

---

27 히브리어로 '절멸'을 의미하는 「쇼아」(Shoah, 1985)는 나치에 의한 유대인 학살을 다룬 클로드 란츠만 감독의 다큐멘터리 영화이다. 영화는 강제수용소의 생존자들, 유대인 학살에 참여한 사람들, 나치 협력자들이 유대인 학살에 대해 카메라 앞에서 말(증언)하는 것을 촬영하는 방식으로 구성된다. —옮긴이

도자의 이 상징적 행위를 기계적이고 조소적으로 만든다. 스탈린은 아우라를 박탈당한다. 그는 또 다른 감독이 그 줄을 갖고 조종하는 마리오네트, 더 이상 공포스런 광경을 담당하지 않는 마리오네트와 같다. 부조리는 직접적인 정치적 비난보다 인민의 위대한 지도자의 아우라를 말살하는 데에 더 효과적이다.

리빈 그 자신은 역사 구축뿐 아니라 자기 구축에도 종사하고 있는 카리스마를 가진 인물이다. 그는 자신을 나이브하지만 인민의 하인으로, "그의 일을 하도록" 그를 돕는 "지지자들"(정보제공자에 대한 완곡 어구) 무리에 둘러싸인 "작은 인물"로 제시한다. 버팀목과 같은 아코디언을 가진 그는 최고의 "보로실로프 명사수"[28]를 위한 경쟁에서 볼쇼이 극장의 가수들과 그들의 공연들에 대해 발언하는 예술과 정치의 중재인이다. 그는 카리스마를 가진 독재자의 작은 거울이다. 그리고 그는 자신의 분신을 갖고 있다. 그는 리빈과 레베데프라는 두 이름으로 살아왔다고 우리에게 말하는데 첫 번째 이름은 사적인 삶을 위한 것이고 두 번째는 "지지자들"을 위한 것이다. 심지어 그의 아내조차도 이 두 이름을 혼동한다. 그는 굉장한 이야기꾼이자 자신의 이야기에 매력적인 속성과 더불어 '인간미'를 부여하는 세심한 인물이다.

리빈-레베데프는 스탈린 문화와 사회주의 리얼리즘의 미를 수호하는 자이다. 그가 집착하는 것은 볼쇼이 극장의 작은 먼지 혹은 거대한 스탈린 양식 속에서 생산되는 위대한 공연을 망칠 수도 있는, 통제와 포착이 불가능한 흠과 같은 사소한 불완전함이다. 밀란 쿤데라는 모든 '불

---

28 1932년에 도입된 "보로실로프 명사수"(Voroshilov Sharpshooter)는 최고의 명사수에게 부여하는 일종의 훈장으로서의 배지이다. 보로실로프(클리멘트 예프레모비치 보로실로프, 1881~969)는 소련의 육군 원수이자 정치가이다. —옮긴이

완전한' 인간의 속성은 전체주의 사회에서 흠으로 해석된다고 쓰고 있다.[29] 흠은 매끄러운 재현을 방해하고 스탈린의 '목가 시절'을 곤란하게 만드는 외견상 대수롭지 않은 디테일이다. 흠들은 사적인 기억과 집단적 기억 속에 있는 지우개들을 지적하고 전체주의의 도상icon을 내려티브로, 역사를 도상적이고 신화적인 이미지로 변화시킨다. 흠의 미학은 영화 속에서 작용하는 중심 기법들 중 하나이다. 리빈의 이야기는 모든 흠들을 지우려 시도하지만 그 흠들은 디테일들의 흐름 속에서 다시 나타나 영화 속에서 미묘하게 전경화된다. 영화 제작자에게 가장 중요한 것은 바로 이 디테일들, 불문화된 불완전함들이다. 영화는 이음새의 표면과 삭제된 역사들을 클로즈업한다. 흠의 미학은 소격과 참여에 기반하여 전체주의의 평범함commonplaces에 대한 글라스노스트 예술가의 태도에 관하여 다른 방식으로 사유하는 것이다.

「스탈린은 우리와 함께 있는가?」라는 또 다른 다큐멘터리의 역사는 흠을 지우려는 후기 소비에트의 시도들 중 하나를 보여 주는데 이번에는 전체주의의 아름다움을 위해서가 아니라 글라스노스트의 아름다움을 위해서다. 최초의 제목은 샤흐베르디예프 감독에 의해 제안된 것으로 단순히 긍정적인 「스탈린은 우리와 함께 있다」였다. 물음표는 영화가 "글라스노스트의 성과들을 약화시키기 때문에" 물음표 없이는 배포될 수 없을 거라고 영화 제작자에게 말한, 고스키노(국영영화사) 부사장의 창조적 부가물이다.[30] 글라스노스트 초기의 검열은 글라스노스트 정신 속에 있는 저자의 모호함을 규정한다. 이 이야기는 고르바초프 시

---

29 Milan Kundera, *The Book of Laughter and Forgetting*, pp.65~68.
30 Tofik Shakhveridiev, "Stalin Is with Us?", *Soviet Film*, 9. 1989, p.7. 이 제안은 당시 고스키노의 부사장이었던 올레그 우랄로프가 한 것이었다.

키치로서의 역사: 영화 「스탈린은 우리와 함께 있는가?」의 스틸컷
(사진: 모스크바 키노센터 제공)

기의 역설적인 검열에 의한 마지막 사건들 중 하나이다. 샤흐베르디예프에 의하면 이 사건은 점잖게 부과된 물음표에 대한 대답이 긍정 속에 있다는 사실 ─ 그렇다, 스탈린은 우리와 여전히 함께 있다 ─ 만을 증명한다.

영화는 예술의 군국화, 특히 적위군 베테랑들의 합창장면들 속에뿐 아니라 세심히 조직된 스탈린적인 행진들과 노래들 속에도 있는 명백한 정치적 미학화를 노골적으로 다룬다. 역시 감독의 해석 없이 제시된 스탈린주의자들은 모두가 인간적으로, 너무도 인간적으로 나타난다.[31] 새들에게 먹이를 주는 안락한 가정 장면 속에서 제시되는 교사 코르니엔코바는 자신의 삶에 대해, 그리고 "눈에 작은 악마들"을 지닌 오직 한 사람에 대한 자신의 평생의 사랑에 대해 조용히 말한다. 스탈린에 대한 그녀의 사랑은 신비주의자 여성들이 예수 그리스도에 대해 이야기하듯 매우 개인적이고 거의 신비롭기까지 하다. 카메라는 우리로 하여금 그녀의 애정어린 눈을 통해 스탈린의 기념물들을 보게끔 강요한다. 가장 놀라운 장면은 코르니엔코바가 묻혀 있는 스탈린 기념물들로부터 낙엽들을 호의의 손길로 털어낼 때 발생한다. 그것은 마치 그녀가 사랑하는 기념물의 얼굴로부터 모든 홈들을 제거하려는 시도와 같다. 우리는 땅 위 낙엽을 배경으로 클로즈업된 맹목적인 석안石眼의 스탈린의 머리를 보게 된다.

영화는 역사적 노스탤지어 현상에 대한 드문 통찰을 우리에게 제공한다. 스탈린 시기를 역사적 과거로 보여 주는 대신에 영화는 그것을 인민들과 그들의 지도자 사이의 정서적 구속이라는 오래된 의례들을 통

31 영화는 사실주의 영화 기법들뿐 아니라 재현과 상연에도 의존하고 있다.

해 재창조되고 환기될 수 있는 신화적 시기로 해석한다. "독재는 끔찍하다. 독재는 훌륭하다. 그것은 우리가 어떻게 그것을 바라보느냐에 달려있다"라고 감독은 말한다.[32] 이 나이든 스탈린주의자가 애도하는 것은 모든 너트와 볼트들이 한 장소에 있게끔 도와주는 전체주의적 세계관, 명확한 '삶으로 이르는 길'을 제시하는 이념적이고 미학적인 시스템의 상실이다. "예전에는 지도자에 대한 노래들이 있었으나 지금은 그 누구도 지도자들에 대한 노래를 쓰지 않는다"라고 한 늙은 스탈린주의자는 말한다. 이것은 새로운 세계의 수천의 다른 튼튼한 시민들과 함께 했던 그들의 젊은 시절 유쾌한 사회주의 리얼리즘 행진에 대한 갈망이다. 키치의 역설은 그로부터 거리를 취하려는 관찰자에 의해 밝혀질 수 없거나 또는 그가 키치적 이상주의의 무의식적이고 독선적인 실행자로 변모할 위험에 있다는 것이다. 이 영화들에서 전체주의의 키치는 다른 종류의 미학적 흠으로 단지 구체화될 뿐 반어적으로 삭제되지 않는다. 이것은 이후에 수정되기 위해 독자들과 관객들에 의해 재현되어야 하는 미학적이고 생생한 일종의 중요한 경험으로 제시된다.

그러나 두 감독의 접근에는 중요한 차이가 있다. 아라노비치는 리빈에 대한 어떤 구두적 언급을 하지 않고 영화 속에 어떤 대안적 관점을 포함시키지 않는다. 샤흐베르디예프의 영화에서 가슴에 스탈린의 타투를 한 죄수 체칼은 스탈린주의, 사회주의, 감옥 간의 본능적인 연관성에 대한 우화를 들려준다. "우리 모두의 삶은 제한된다. 왼쪽, 오른쪽으로 한 걸음도 허락되지 않는다. …우리는 열을 지어 행진한다. 우리는 삼가하며 얌전하게, 그러나 유쾌하게 산다. 한마디로 이것이 사회주의, 일종

32 "Stalin Is with Us?", p.7.

의 스탈린적인 사회주의이다. 감옥 안에 우리는 축소된 진짜 사회주의를 갖고 있다." 이 강력한 말들 사이에 행진하는 죄수들과 산에서 풀을 뜯는 양떼 이미지가 삽입된다. 스탈린주의는 어떤 종류의 사회주의가 지속되는 한 우리와 함께 있다. 다큐멘터리는 명백한 알레고리로 변한다. 영화는 또한 현대의 청년들을 상대로 한 최면술사의 실행을 보여 주는 장면들을 제시한다. 최면 중에 그들은 재판에서처럼 거짓말을 시인하고 하얀 것을 검다고, 검은 것을 하얗다고 말한다. 집단 최면으로서의 스탈린주의는 관객이 도달하도록 초대된 결론이다. 사실 문화 내부에 있는 사람이 절대적으로 명확한 시야에 대한 특권을 갖는 것은 힘들다.

1992년에 스탈린의 카리스마에 대한 안드레이 콘찰롭스키 감독의 두 영화 「심연」과 「이너 서클」이, 각각 러시아와 할리우드에서 만들어져서 스탈린 신화를 국제적인 시장으로 수출하였다. 두 영화는 전체주의의 **잃어버린 시간**과 어떤 번역도 필요치 않은 영화적 에스페란토를 탐색한다. 「심연」의 경우 베르톨루치, 파스빈더, 비스콘티의 유럽 고전의 언어이고, 「이너 서클」의 경우 일종의 러시아-할리우드 용어, 익숙한 러시아 악센트를 가진 할리우드 언어이다. 두 영화는 허구적 틀 내에서 동일한 다큐멘터리 질료들을 사용하지만 각기 다른 목적을 지니고 있다. 또 다른 작은 스탈린주의자, '위대한 지도자의' 개인 영화 기사의 이야기인 「이너 서클」은 주로 미국 관객들을 위해 할리우드에서 만들어졌다. 여기서 다큐멘터리 장면(감독이 수집한 스탈린 측근의 기록 사진들)은 허구를 진짜처럼 만들기 위해, 허구에 '진짜 이야기'의 지위를 부여하기 위해 사용되는 할리우드 스타일이다. 미국 배우들은 잘 연습된 러시아 악센트를 갖고 말한다. 콘찰롭스키는 영화적·역사적 복잡성을 피하길 원했고 "공포, 사랑, 상실, 고통과 같은 감정들은 보편적이기 때문에 본질

적인 감정들 속에서 이야기를 만들어 내는 것"을 선택했다.[33] 그의 보편
적 언어는 할리우드 구문이 간간히 섞여 있는 러시아적인 자아성찰적
주정주의이다. 이 상호 문화적 교환의 결과는 포스트모던적인 절충주
의나 '흠의 시학'이 아니라 매우 관습적일지라도 강력한 장르영화다.[34]

33 Andrei Konchalovsky, *The Inner Circle*, trans. and ed. Jamey Gambrell, NY: Newmarket Press,
   p.142.
34 「나는 스탈린의 보디가드로 일했다」와 마찬가지로 「이너 서클」은 직접적인 윤리적·도덕적 비난
   없이 신봉자의 관점에서 사건들을 제시한다. 그러나 「나는 스탈린의 보디가드로 일했다」가 다큐
   멘터리와 신화의 모순적인 배열을 드러낸다면, 「이너 서클」은 그것을 가린다. 콘찰롭스키의 영화
   는 스탈린의 영화기사인 알렉산드르 산신의 이야기에 자유로이 토대하고 있지만 감독은 상세한
   스토리보다는 "결백한 신봉자, 평범한 러시아 남자, 진짜 호모 소비에티쿠스"의 우화에 더 관심을
   갖는다. 감독은 정서적 조작, 전체주의의 유혹, 피해자와 가해자의 상호 복잡성의 본질을 이해하
   려 시도한다. 사실상 영화에서 가장 성공적인 순간들은 베리야가 이반의 아내인 아나스타샤를 진
   미와 보드카, 아이들의 게임으로 유혹하는 훌륭한 장면에서 나타나는 것과 같은, 이러한 '전체주
   의의 유혹'과 공식적 신화들의 내재화를 야기하는 자초한 공포를 묘사하는 부분이다. 영화의 신
   화적인 멜로드라마의 플롯은 이반과 아나스타샤, 그리고 스탈린의 삼각관계를 중심으로 전개된
   다. 결정적 장면에서 아나스타샤는 이반에게 그녀와 스탈린 동지 중 누구를 더 사랑하냐고 묻고
   다음과 같은 대답을 얻는다. "당연히 스탈린 동지지." 결국 수많은 비극적 사건들 이후, 스탈린의
   장례식에서 그녀가 자신의 '진짜 사랑'이었음을 깨달은 이반이 기억하는 것은 그녀의 목소리다.
   영화 관객들은 이야기가 무엇에 관한 것이었는지 생각하도록 남겨지는 것이 아니라 초등학생들
   처럼 '진실'이 무엇인지 배운다. 그리고 도스토옙스키부터 타르콥스키에 이르는 러시아 예술 전
   통에서 나타나듯이 진실은 자신의 죽음을 목전에 둔 정신이상의 여인(그리고 "스탈린은 크렘린에
   있다"라고 발언하는 늙은 교수)에 의해 말해진다. 콘찰롭스키는 전체주의 신화를 살짝 엿보는 것
   에 만족하지 않는다. 그는 자신만의 신화를 단언하길 원한다. 그의 이반 산신은 "보통사람 이반"
   또는 "모든 공포를 기꺼이 정당화하는 최면에 걸린 러시아 인민의 석화된 정신에 대한 상징"이다
   (*The Inner Circle*, p. 138). 영화는 '다큐드라마' 장르나 역사적 배경으로 미묘하게 눈물을 짜내는 할
   리우드의 '인간미 넘치는 스토리'에 꼭 부합한다.
   순응주의, 전체주의의 신화와 신비로움의 문제들은 1970년대 유럽 영화, 파시즘과 스탈린주의
   의 치하에서 살았던 독일과 이탈리아, 동유럽 영화 제작자들에게 특히 중요했다. 우리는 정서
   적 상황과 여전히 관계를 맺고 있으면서도 한편으로는 영화언어와 감정언어에 대해 질문함으로
   써 전체주의 카리스마의 본질에 대해 결코 쉽지 않은 다양한 측면에서 탐구하는 안제이 바이다
   (Andrzei Wajda)의 「대리석 인간」(The Man of Marble)과 베르나르도 베르톨루치의 「순응자」(The
   Conformist)를 기억한다. 이 영화들은 윤리적이고 미학적인 도전을 보여 주고, 유혹적인 전체주의
   의 이미지들과 유희하고 그로부터 멀어지며, 신화 만들기의 과정을 폭로한다.
   콘찰롭스키 자신은 감정언어들과 전문적인 편집의 빠른 속도에 의존한다. 그러나 우선, 힘의 형
   상(figures of power)들에 의해 이렇게 면밀히 계산된 정서적 유혹이 순응주의를 가능하게 만들었
   다는 것이 사실이지 않을까? 의도적인 정서적 호소와 그것의 보편적 구체화는 한때 "심장(heart)
   의 독재", "보편적인 인류애"로 정의되었던 "전체주의적 키치"이다. 몇몇 놀라운 장면들에도 불
   구하고 영화는 러시아의 이국성으로 충만하다.

「이너 서클」과 마찬가지로 「심연」은 1930년대의 다큐멘터리 화면으로 시작하지만 여기서 이 장면은 허구적 드라마에 진정성을 부여하려 의도하는 것이 아니라 모든 스탈린적인 다큐멘터리들의 양식화된 본질을 폭로하려 한다. 영화는 유혹된 '작은 인간들'에 관한 것이 아니라 스탈린을 지지하는 엘리트의 아름다운 인생dolce vita에 대한 것이고 「이너 서클」과 달리 해피엔딩으로 끝나지도, 카타르시스에 굴복하지도 않는다. 스탈린 측근의 대부분의 형상들은 그들의 아름다운 말들과 함께 영화 마지막에서 총살당한다. 스탈린의 시기는 축제적인 영원한 휴일, 실제로 '더 낫고 더 즐거운' 것이 된 삶의 쇼이다. 탈신비화하려고 서두르지 않으면서 감독은 운동선수들의 퍼레이드, 승리의 행진, 하얀 양복들과 붉은 장미꽃들, 행복한 노래들을 보여 주고 건강한 젊은이들과 로맨스를 축하하면서 재신화화, 신화적 재창조의 작업을 한다. 영화는 국민경제성과박람회VDNKh의 황금분수에서부터 엘리트가 사는 아파트 안의 대리석 욕조들, 색색의 모자이크, 프레스코, 대리석을 지닌 새 모스크바 지하철에 이르는 스탈린의 지형학을 멋지게 재창조한다. 영화는 새롭고 아름다운 소비에트의 남자들과 여자들이 그 자신들을 볼 수 있는 거울들과 반사면들을 증식시킨다. 역사적 시간은 스탈린의 장엄한 양식의 무시간적, 신화적 공간 속에서 자의적으로 위반된다.

플롯이 무엇인지 말하는 것은 어렵다. 이전 시기의 많은 소비에트 영화들과 마찬가지로 영화는 데카당 스릴러와 양식화된 멜로드라마의 요소들을 혼합하면서 장르들을 가로지른다. 영화의 화려한 캐릭터에는 스탈린의 장군들 외에도 임신한 정치위원, 이상화된 에이젠시테인의 수병을 닮은 단순한 노동자와 비극적 사랑에 빠진 타락한 귀족 여인, 발레리나와 사랑에 빠진 강간범 테너 등이 포함된다(그 어떤 글라스노스트나 포스트글라스노스트의 예술 영화도 파스빈더, 린치 또는 베르톨루치와 같은 식의 잔인하고 양식화된 섹슈얼리티로부터 도피할 수 없다). 영화에는 또한 "모든 사람들이 두려워하는 무와 심연"에 대해 성찰하고 영화에 제목을 부여하는, 반드시 필요한 젊은 천재 시인이 등장한다. 대체로 영화는 타르콥스키 및 저명한 감독들과 함께 일한 유명한 카메라 감독 바딤 유소프에 의해 훌륭하게 성취된 계산된 객관성의 오싹한 아우라를 갖고 있다.

미학적인 '레트로' 스타일 속에서 스탈린 시대를 보여 주는 것은 문화적 쇼크épatage라는 거부할 수 없는 요소를 갖고 있다.[35] 그러나 영화의 선조는 소비에트나 러시아가 아닌 외국에 있었다. 즉 스탈린이 좋아했던 알렉산드로프나 피리예프의 고전들이 아닌 '매혹적인 파시즘'에 대한 영화인 비스콘티의 「저주받은 자들」The Damned과 베르톨루치의 「순응자」였다. 다른 소비에트 영화들이 스탈린을 손쉬운 그로테스크로, 조롱받는 마리오네트로 변형시켰고, 키치적 상징들과 카니발적 탈신비화라는 유희적 엑소시즘을 수행했다면 「심연」은 전체주의 문화의 매혹과 미학적 호소를 불러일으키는 신화들을 향수적으로 재창조한다.

궁극적으로 영화는 그것의 1990년대의 기이한 버전 속에서 내가 전체주의적 향수라고 부르는 것에 관한 것이다. 이것은 주로 마지막 장엄한 양식─스탈린적인 제국 양식─에 대한 20세기의 향수, 심지어 '세계 문화에 대한 향수'이다. 이 경우 영화는 러시아 감독들이 사랑하

---

35 「심연」은 역사의 재현에 대한 포스트소비에트의 성찰에 있어 가장 최신의 비틀기를 제공한다. '레트로' 장르는 1970년대 말의 소비에트 영화에서 융성했다. 니키타 미할코프의 「사랑의 노예」(The Slave of Love)나 「피아노 연주자를 위한 미완곡」(Unfinished Piece for Player Piano)이 바로 이 훌륭한 예이다. 이 장르는 혁명 이전, 현재와 매우 공명하지만 훨씬 더 아름다운 체호프의 세계로의 미학적 도피로 자주 간주된다.

는 유럽의 우상들인 비스콘티, 베르톨루치, 파스빈더, 그리너웨이, 핀치 등과 함께 세계 영화에 참여하려는 갈망이다. 이것은 예술 영화뿐 아니라 대체로 포스트소비에트 영화가 때로 감독들의 의지에 반하여 엘리트 영화가 되려고 할 때 발생한다. (러시아 영화들은 실질적으로 국내 관객들과 만날 수 없고, 단지 영화 클럽이나 시네마 하우스에서 또는 특별한 영화제 기간 동안에만 상영된다. 러시아의 영화관들은 삼류 미국 영화들만 거의 배타적으로 보여 준다.) 러시아와 이전의 소비에트 공화국들에서 만들어지는 새로운 영화들은 옛 소비에트의 이데올로기와 멘탈리티, 예술의 요구와 새로운 상업적 요구 사이에서 균형을 잡으면서 살아남아야만 한다. 그리고 선택에 의해 엘리트가 된 감독들은 유토피아적인 유럽의 공통의 집Common Home인 신비적 영화보관소(시네마테크)에 속하길 바란다. 유럽 문화에 속하려는 이 열망은 스탈린주의와 거의 상관이 없다. 이는 오히려 문화를 조작하고 모든 도덕적 상업적 역경에 대항하여 데카당한 동화들을 말할 수 있는 자유에 대한 갈망이다.

1992년 여름, 소련 공산당의 역사적인 헌법 재판이 진행되고 있을 때 이전 소련 시민들의 대다수는 「부자들도 운다」The Rich Also Cry라는 멕시코 텔레비전 드라마를 보는 걸 선호했다. 이 드라마는 키치로서의 역사를 제시하지 않는다. 사실 여기엔 역사가 없다. 신사 숙녀들은 졸부가 아닌 부유한 자들이고 많은 사람들이 스탈린과 같은 콧수염을 갖고 있다. 그러나 이 콧수염은 패러디나 전체주의 시대에 대한 문화적 상징으로 나타나지 않고, 관객들은 안도의 한숨을 쉰다. 콧수염은 콧수염일 뿐이다. 기껏해야 드라마는 관객들에게 각각의 소비에트 유년시절의 또 다른 유명한 영웅, 내 세대를 포함하여 소비에트 틴에이저 3대에 걸쳐 유명한 「삼총사」의 달타냥을 환기시킬 뿐이다. 소련 건립자들의 기념물이 허물어지기 시작했을 때 새로운 사업가들은 드라마 「부자들도 운다」의, 지금은 나이든 스타 베로니카 카스트로의 기념물을 위한 돈을 모으기 시작했다. 카스트로가 러시아를 방문했을 때 그녀는 UN 사무총장이나 제정 러시아 왕조의 수장이자 계승자인 마리아 블라디미로브나 대공비와 그녀의 아들보다 훨씬 더 열렬하고 공식적인 인정을 받았다. 그리고 그 당시 독립한 공화국들인 리투아니아와 몰도바의 주민들이 그들의 정부에 모스크바 텔레비전 채널을 보이콧하지 말아 달라고 간청했다는 루머도 있다. 혹자는 코카서스에서의 혈전도 교전중인 파벌의 일원들이 드라마를 보면서 울기 위해 드라마가 상연하는 40분 동안은 중지되었고 말했다.[36] 드라마의 여주인공들 중 하나가 죽었을 때 블라디카프카스의 여성들은 그녀를 위해 장례식을 개최하느라 직장에 나가지 않았다. 혁명 직후 태어난 여아들이 빌레나v. I. Lenin, 마를레나Marx/Lenin 또는 옥탸브리나와 같은 이름을 가진 것과 마찬가지로, 그 해 수많은 여아들은 마리아나와 베로니카라는 이름을 가지게 되었다. 포스트소비에트 시기 대중문화의 가장 인기있는 볼거리가 섹스, 약물, 폭력 등 당대 사회의 어두운 측면을 묘사한 새로운 러시아 영화들 혹은 미국 영화관들을 독점한 미국 액션 영화들(이 영화들은 포스트소비에트의 관객들에게는 너무 움직임이 빠르고 행위 지향적이다)이 아니라 멕시코의 텔레비전 드라마라는 사실은 매우 흥미롭다. 만약 영화 프로듀서들이 대중문화의 미국화에 동조했다면 러시아 관객들은 분명 '라틴 아메리카화'를 선호했다.[37] 스페인 및 라틴 아메리카의 대중 영화들에서 특징적인 감정

36 러시아의 문화 비평가이자 예술 사회학자인 다닐 돈두레이는 1992년 『독립신문』(Nezavisimaia Gazeta)에 "Mariaana-Protectress"라는 제목의 훌륭한 에세이를 썼다.
37 경쟁할 수 있는 유일한 다른 민족 영화는 인디언 영화이다.

들을 특히 강조하여 처리하는 것, 그리고 윤리적 딜레마를 멜로드라마적으로 연출하는 것이 러시아 시청자들에게 강하게 어필한 듯하다. 「부자들도 운다」의 주인공들은 러시아나 미국이 아니라 알렉산더 뒤마, 월터 스콧, 또는 미국의 잊혀진 소설가 토마스 메인 레이드Captain Mayne Reid와 그의 창조물인 멕시코인 팜므 파탈 이시도라Isidora Covarrubio de los Llanos와 일맥상통한다. 「부자들도 운다」는 한편으로는 슬프지만 아름다운 동화(바보 이반 대신 잘생긴 후안이 있는 동화)의 매력을 지니면서, 대중문화의 또 다른, 눈에 덜 띄는 차원인 틴에이저 문화에 향수적으로 어필한다. 드라마의 외국의 낭만적 남자주인공들과 여자주인공들은 유행에 뒤떨어진 19세기의 또 다른 역사의(혹은 무역사의) 낭만적 차원 속에서 존재하는 듯하다. 스탈린 시기 동안 이런 소설들은 매우 무해한 것으로 간주되었고 검열을 통과하여 러시아 고전들과 함께 출판되었다.

따라서 문화적 신화들은 대중적 유행이나 지적 유행이 그러하듯 빨리 소멸되지 않으며, 역사와 그것의 종말들에 대한 어떤 개념들 역시 그러하다. 이전 소련의 최고 영화들이 카리스마적인 이미지들과 유희하고, 우상파괴 없이 약간의 유머와 함께 역사적 신화 만들기의 과정을 폭로하길 누군가는 바랄 것이다. 텔레비전 속 부자들이 울기를 계속하듯 영화관을 자주 찾는 살아남은 가난한 자들 또한 웃을 수 있었다.

나쁜 취향의 신중한 매력들

소비에트적 「대부」와 러시아의 구식의 낭만적 이야기 사이를 가로지르는 소비에트 영화 「아싸」Assa에서 주인공은 "이것은 상투적이지만 독창적이다"라는 도발적인 발언을 한다. 러시아는 항상 모순어법의 나라였고 이것은 아마도 글라스노스트의 예술과 삶의 특징을 가장 잘 보여 주는 것들 중 하나일 것이다. 현대 러시아에서 상투성과 독창성은 실제로 상호의존적이다. 나쁜 취향과 20세기에 걸쳐 부적절하다고 간주된 모든 것―충분히 아방가르드적이지 않거나 혹은 올바르게 리얼리즘적이지 않은 것, 과도하게 페미니즘적이거나 무례한 것, 반혁명적이거나 프티부르주아적인 것―은 이제 자신들의 신중한 매력을 풍기고 있다. 고르바초프 시기 1920년대의 프티부르주아적 범속성, 1930년대 스탈린주의의 정점의 전체주의적 키치와 1950년대의 평균적 교양 수준의 예술, 1960년대의 신모더니즘적 도취는 노스탤지어와 폭발적 웃음을 위한 기회이다. 후기 소비에트 예술의 새로운 미학에서 역사에 대한 성찰과 키치에 대한 성찰, 상투성과 나쁜 취향은 함께 진행된다.

'절충주의'는 1980년대까지 나쁜 단어였다. 처음에는 러시아 제국의 위대한 고전 양식의 퇴화로 간주되었고, 후에는 부르주아적 퇴폐의 징후로 여겨졌다. 1930년대와 1950년대에 양식에서의 '절충주의'는 죄로, 일종의 '세계적 음모'로 생각되었다. 1980년대에 미학적 복수 행위로서의 절충주의는 많은 감독들, 예술가들, 작가들을 하나로 묶은 단일한 개념이 되었다. 절충주의는 안티유토피아적 제스처, 과거의 장엄한 양식의 전복으로 간주되었다. 수많은 부조리적인 삽입이 존재하는 미학적 콜라주는 에이젠시테인의 이념적 몽타주나 「모스크바는 눈물을 믿지 않는다」에서 전형적으로 나타나는 브레즈네프 영화의 매끈한 장면들보다도 이 시기에 더 특징적이다. 글라스노스트의 초기 영화는 면밀히 구획된 절반의 진리 및 단조로운 비유와 함께 정체 시기의 냉소적 매끈함에 저항한다. 「제로 도시」Zerograd, 「프리시빈의 종이 눈들」Prishvin's Paper Eyes, 유리 마민 감독의 「구레나룻」Side Whiskers을 포함하는 수많은 영화들은 카니발적 요소들을 사용하고 웃음을 통한 문화적 정화를 시도한다. 이 영화들은 1960년대 체코와 헝가리의 뉴웨이브 정신과 비교될 수 있다. 그것들은 소비에트 코미디의 부활을 나타낸다.

글라스노스트와 이후의 영화들은 많은 포스트모던적 기법들을 시도한 선구자 역할을 하였다. 이들 영화의 존재의 경제학은 어떤 측면에서 환상적이면서 포스트모던하다. 심지어 새로이 해방된 매체의 위세가 단명하였던 1990년대에 러시아에서 만들어진 수많은 영화들의 수는 최소 10배가 증가하였다.[38] 포스트소비에트 영화 예술은 경제 시장의 잔인한 법칙들에 저항하고 언젠가 글라스노스트의 처음 몇 년 동안 가졌던 중요성을 다시 획득할 거라는 믿음 속에서 문화적 타당성의 환상을 유지하는 것에 그 특징이 있다. 실제로 1980년대 후반에 영화는 그것의 영웅적이고 코믹한 모드 속에서 문화적 해방이라는 교훈을 가르쳤다.

세르게이 솔로비요프의 글라스노스트 영화들은 "소비에트 키치의 백과사전"(푸시킨의 「예브게니 오네긴」을 "러시아 삶의 백과사전"이라고 말한 비평가 벨린스키의 말을 인용하여)이라고 부를 수 있다. 이 영화들은 절충주의를 그 특징으로 하고 의식적으로 키치를 사용한다. 「아싸」(1988), 「검은 장미」The Black Rose(1990), 「별이 빛나는 하늘 아래의 집」The House under the Starry Sky(1991)을 포함하는 솔로비요프의 "페레스트로이카 3부작"은 글라스노스트의 고전이 되었다. 고르바초프 시기의 대표적 영화 제작자인 솔로비요프는 해빙기에 소비에트 틴에이저에 대한 일련의 시적인 영화들로 그 활동을 시작했다. 그후 그는 1960년대와 1970년대

---

38 후기 소비에트 영화의 기적적인 경제적 생존에 대해서는 다음을 참조하라. Daniil Dondurei, "Soviet Cinema: Life after Death," *Slavic Review*. [다닐 돈두레이의 동일 제목의 논문은 잡지 *Slavic Review*에 존재하지 않는다. 다닐 돈두레이는 구소련, 러시아의 문화연구자, 영화 비평가, 대중매체 연구자로 잡지 『영화 예술』(*Iskusstvo kino*)의 편집장이었다(1993~2017). 2017년 5월, 이스라엘에서 사망하였다.─옮긴이]

의 온화한 회의주의부터 1980년대 후반 널리 퍼졌던 청년 문화의 유희적이나 급진적인 저항을 아우르는 영화를 만들고자 과감히 시도했다. 그는 1980년대 중반, 불확실한 변화의 시기에 반문화와 공식문화 사이의 틈을 이을 영화를 만든 최초의 저명한 감독이다. 감독의 시도는 소비에트의 대부로서 스타니슬라프 고보루힌(군주제에 찬성하는 유사 다큐멘터리 「우리가 잃어버린 러시아」The Russia That We Have Lost의 감독)과 그 자신을 연기하는 빅토르 최(록밴드 키노의 리더로서 새로운 세대의 아이돌)를 포함하는 1980년대와 1990년대의 수많은 문화적 영웅들이 등장하는 삼부작의 첫 번째인 「아싸」의 커다란 성공으로 귀결되었다. 영화의 중심인물인 젊은 비순응주의자 록 뮤지션은 이 역할을 주기 위해 감독이 구금상태에서 구해 낸, 현재 페테르부르크와 뉴욕에서 유명한 화가 아프리카Afrika[본명은 세르게이 부가예프─옮긴이]가 연기하였다. 솔로비요프는 세대 간의 격차와 문화적 위계 사이에 다리를 놓고, 대중적 인기를 얻으면서도 예술적으로 정직한 영화들을 만들고자 원했다. 이 열망은 포스트글라스노스트의 시기로 들어가는 최초의 것이었고, 솔로비요프의 페레스트로이카 3부작의 마지막 영화는 러시아 관객들에게 사실상 상영되지 않았다. 따라서 「검은 장미」는 단시간 동안 유명한 지식인들과 틴에이저들 사이에서 컬트 무비의 지위를 향유한 감독의 마지막 영화가 되었다.[39]

솔로비요프는 자신의 3부작이 "낭만적 크레틴병"의 장르에 속하고, 따라서 현대 소비에트 삶의 화학적 성질chemistry을 포착한다고 아이러

---

39 영화는 메이저 스튜디오들의 탈중심화가 이미 발생하고 촬영기사 연합이 그 힘을 잃어가기 시작했지만 삼류 미국 영화들과 통제를 선호하는 포스트글라스노스트의 영화 배급 체계(자주 "프로듀서 마피아"로 불린다)가 아직 나타나지 않았던 후기 글라스노스트의 시기에 만들어졌다.

니적인 진지함을 갖고 주장했다.[40] 영화는 우리로 하여금 '낭만주의'와 '크레틴병', 후기 소비에트 시네마에서의 키치에 대한 의식적 사용과 무의식적 사용, 범속성과 아이러니 사이의 관계를 탐구하게끔 초대한다.

「검은 장미는 슬픔의 상징이고 붉은 장미는 사랑의 상징이다」Black Rose Is an Emblem of Sadness, Red Rose is an Emblem of Love(영화 「검은 장미」의 풀네임)는 내러티브, 이미지, 문화적 언급들 사이의 절충적 콜라주를 제시한다. 당 엘리트 간부의 딸, 아름답고, 장난치기 좋아하며, 무책임한 발레리나 소녀는 유부남 패션모델과 불륜관계에 빠지고, 결국 임신하게 된다. 알렉산드라는 가족들을 매우 당황하게 만들면서 아이를 낳기로 결심하고, 러시아의 귀족 가문인 로바노프의 후손인, 고귀하고 순수한 십대의 고아 소년이 그녀에게 청혼하여 그녀의 명예를 지켜줌으로써 알렉산드라를 구원한다. 미탸는 칸에 사는 부유한 조부(이것은 아마도 또 다른 영화적 힌트일 것이다)뿐 아니라 12월당원인 증조부가 있는데, 조부는 죽어서 소년에게 수백만 달러를 남긴다. 영화의 마지막에서 미탸는 유머러스하면서도 진지하게 제시되는 정교 세례식을 거행하고, 적어도 꿈에서지만 자신의 십대의 환상들인 장기 항해와 도피를 실행한다. 그러나 낭만적인 이야기는 플롯의 일부일 뿐이다. 미탸는 자신의 이웃, 페레스트로이카에 충격을 받은 바보 성자 리미타 톨릭(리미타는 정식 거주 허가 없이 모스크바에서 불법으로 사는 이들을 일컫는 명칭이다)과 함께 아르바트의 옛 구역에 있는 다 허물어져 가는 코무날카에서 살고 있다. 톨릭은 매일 아침 일어나 혁명 순양함 오로라의 발포 소리와 스탈린 사망

---

40 이 언급은 감독의 영화가 보스턴의 쿨리지 코너 극장에서 처음 상영되었을 때, 영화 소개를 하면서 한 것이다. 잡지 *Sovetskii Ekran*(1989년 17호)에 실린 감독의 인터뷰 또한 참조하라.

을 생리학적으로 자세히 묘사한 비디오테이프를 본다. 영화 끝까지 그가 '미쳤는지 아니면 미친 척하는 건지' 불명확하고, 이 둘 사이를 구별하는 것은 어렵다. 톨릭은 반은 차아다예프의 "예복을 입은 철학자"이고, 반은 고골의 광인이다. 다른 주민들로는 외로운 장군과 그의 술친구인 아프리카 개발도상국의 지도자가 있고, 이 둘은 페레스트로이카에 의해 더 이상 쓸모없게 되었다. 플롯 속으로 삽입되는 것은 스탈린의 변비에 대한 농담들과 레닌의 묘 위에 있는 글자들이 레닌에서 톨릭으로 바뀌는 톨릭의 꿈들, 관객을 향한 도발적인 자막들, 그리고 순식간에 지나가는 예수 그리스도의 모습들이다.

「검은 장미」는 대중문화와 고급문화, 문학적 인용들, 그리고 영화의 파편적이고 파열적인 구조를 관통하면서 짜인 문화적 클리셰들에 대한 다양한 언급들로 빽빽하게 가득 차 있다. 소련 역사는 키치적 기호들의 몽타주로 나타난다. 스탈린 시기 전체주의적 키치에 대한 자의적 사용의 수많은 예들로는 스탈린의 이미지와 순양함 오로라가 있다. 또한 강령적인 새 글라스노스트에 대한 언급과 서구에서 구매된 글라스노스트 티셔츠를 그 내용으로 하는 고르바초프적 키치도 있다. 젊은 여주인공의 라이트 모티프인 주제곡은 소위 프티부르주아의 범속성poshlost'의 예이자 1920년대부터 60년대에 축음기 로망스의 여성 문화의 예이다.[41]

---

41 주제곡은 한편으로는 집시 가요이고 다른 한편으로는 패러디와 친밀감이 함께 있는 '여성 문화'의 감상적인 사랑 노래이다. "검은 장미는 슬픔의 상징이고 빨간 장미는 사랑의 상징이다. 악마는 검은 장미에 대해 우리에게 연주하고 나이팅게일은 빨간 장미에 대해 노래한다." 이런 키치적 방법으로 노래의 후렴은 선과 악, 악마와 나이팅게일, 슬픔과 사랑에 대한 것이다. 노래는 영화 그 자체로서 동일한 장르, 소위 낭만적 크레틴병 장르 안에 있다. 그러나 키치와 범속성의 요소들이 전부 악마의 측면에 있는 것은 아니다. 우스운 섹스 장면 후에 젊은 여주인공은 과장된 명랑함으로 노래를 부른다. 그녀의 연인은 소비에트의 슈퍼스타이자 대중문화의 여왕인 가수 알라 푸가초바의 노래 "백만 송이 장미"를 반어적으로 모방하면서 노래를 따라 부른다. 이 퍼포먼스는 결국

알렉산드라의 검은 레이스 옷과 군대식의 값싼 장신구들은 그녀의 아버지(거의 데이비드 린치를 미학화하였다)와의 사도마조히즘적 관계와 함께 소비에트 영화에서 솔로비요프를 '캠프적' 접근의 선구자로 만들었다.[42]

솔로비요프는 자의적으로 멜로드라마의 요소들을 도입하고, 도스토옙스키의 키치화 혹은 도스토옙스키의 작품들에 현존하는 키치 요소들의 강조로 정의될 수 있는 "도스토옙스키주의"Dostoevskishchina에 대해 대놓고 언급한다. 러시아 문화는 서구에서는 감상적 과잉으로 여겨지는 것들에 대해 과도하게 관용적이다. 대체로 멜로드라마 요소들의 좀 더 빈번하고 과도한 사용이 고급문화라고 여겨지는 것 속에서 받아들여진다. 미국 관객들은 전반적으로 러시아 영화들이 너무 길고 너무 감상적이며 말이 많다고 느낀다. 이것은 미국 문화와 미국 영화에 멜로드라마가 부재하기 때문이 아니라 러시아의 멜로드라마 관습들이 더 구식이고, 19세기 문학과 좀 더 가까운 반면 미국의 멜로드라마 관습들은 1930년대의 할리우드 영화부터 좀 더 매끄럽고, 간결하기 때문이다.

감독의 반어적 자세는 한계를 지닌다. 감독은 인물의 차원에서, 그

범속성, 감상성, 나쁜 취향, 재발견된 섹슈얼리티에 대한 카니발이다.

42 과장된 방식으로 포즈를 취하는 것을 의미하는 프랑스어 'se camper'에서 기원한 단어 캠프 (camp)는 나쁜 취향, 반어적 가치를 이유로 어떤 것을 매력적인 것으로 간주하게 만드는 미학 스타일, 감수성을 의미한다. 1909년의 『옥스포드 사전』은 캠프라는 용어를 "과시적, 과장된, 가장된, 연극적, 여성적"이란 형용사로 설명한다. 수전 손택은 자신의 에세이 "Notes on 'Camp'" (1964)에서 캠프의 주요한 요소로 인위성, 가벼움, 나이브한 중간 계급의 허세, 충격적일 정도의 과도함을 지적하였고 때로 캠프 예술은 키치 예술과 혼동되기도 하였다. 캠프 미학은 다르게 이해/소비하는 방식을 제시하면서 미, 가치, 취향과 같은 것들의 개념을 전복시킴으로써, 무엇이 예술이고 무엇이 고급문화로 분류될 수 있는지에 대한 수많은 모더니즘 개념을 파괴하였다. 스베틀라나 보임은 손택의 캠프 미학이론을 가져와 영화를 분석하고, 전체주의의 키치 및 클리셰와 유희하면서 그것의 민낯을 폭로한다. ─옮긴이

리고 영화 구조의 코믹하거나 혹은 카니발적이고 전복적인 요소 둘 다의 차원에서 범속성에 공개적인 해독제를 주길 희망한다. '반범속적인' anti-poshlye 두 주요 인물들은 십대 커플인 미탸 로바노프와 알렉산드라이다. 성인들은 범속성에 저항할 능력을 상실했다. 이런 측면에서 영화는 당대 러시아가 경험하고 있는 부자 관계 혹은 부녀 관계 및 부모의 위기에 대하여 성찰하고 있다. 알렉산드라는 전형적인 러시아의 여주인공으로 변모한다. 감독에게 그녀는 "현실 속에서 방랑하는 이상"을 구현한다. (모든 소비에트 지식인들은 아마추어 형이상학자임에 틀림없는데, 이러한 특징은 아직 충분히 풍자되지 않았다. 알렉산드라라는 캐릭터는 쾌활한 여자아이로부터 클리셰를 향해 발전한다. 안경을 쓴 임신한 소녀는 큐브릭의 영화 속 임신한 롤리타와 페레스트로이카 티셔츠에 그려진 톨스토이의 나타샤 로스토바의 혼합이다. 마지막에 그녀는 좀 더 이상화되고 진부화되면서 미탸의 시선 속에서 성탄절의 성 마리아로 변형된다. 미탸는 사제들이 뿌리는 세례식의 물을 통해 알렉산드라를 본다. 떨어지는 물, 그리고 아이와 함께 있는 마돈나로서의 알렉산드라의 흐릿한 이미지를 보여 주는 장면은 소위 타르콥스키주의적인 요소이다. 즉 타르콥스키 영화의 요소들을 양식적 클리셰로 사용하는 것이다.)[43]

---

43 세례 장면에 유머적 요소가 전혀 없지는 않다. 아기는 윙크를 하고, 류베르치에서 온 미탸 삼촌의 시골 출신 여자 친구는 암시장에서 산 자신의 속옷을 보여 주기 위해 옷을 벗는다. 그러나 이것은 블랙유머도 풍자도 아닌, 장면의 강력한 낭만성을 완화시키는 온화한 친절함일 뿐이다. 종교적 키치는 키치의 오랜 종류들 중 하나이다. 대중적인 재현이라는 사안은 기독교의 수많은 신학 논쟁의 핵심으로 이에 대해서는 다음을 보라. Kitsch: The Anthology of Bad Taste, ed. Gillo Dorfles, London: Studio Vista, 1969. 종교의 치키화라는 문제는 후기 소비에트 맥락에서 매우 까다로운 것이다. 논쟁을 보여 주는 몇몇 예들에 대해서는 Iskusstvo Kino, 6, 1990을 보라. 여기서 타티야나 톨스타야는 키치로서의 종교에 대해 말하고 있고 아르돈 콘찰롭스키는 대중문화의 가장 유명한 영웅이 예수 그리스도라고 언급한다. 후기 소비에트 영화들 중에서 그 당시 이 사안에 대해 말하고 있는 것으로는 유리 마민 감독의 영화 「구레나룻」이 있다.

외국 배급을 위해 만들어진 영화 속 에피소드들, 스탈린의 변비를 비롯하여 삽입된 수많은 부조리한 에피소드들이 좀 더 일관적인 서사를 보존하기 위해 잘려나갔다는 사실은 매우 좋지 않다. 이것은 좋든 싫든 영화가 할리우드 서사의 관습에 여전히 부합하지 않고 미국의 박스오피스에서 상위권을 점유하기 힘들며, 일부 삭제된 영화가 그 매력의 일부를 상실한다는 사실에서 매우 유감스럽다. 내 생각으로는 소비에트의 범속성에 대한 가장 강력한 해독제는 낭만적인 십대 주인공들에게서가 아니라 영화의 유치한 장난에서 찾아야만 한다.

키치에 대한 클레멘트 그린버그의 정의에 따라 키치가 예술의 효과를 모방한다고 한다면 여기서 우리는 역사, 그리고 범속성과 키치의 효과들에 대해 사유하는 예술을 보게 된다. 그것들은 반어적으로 재정의되어 문화적 기호로 변모된다. 최근의 인터뷰에서 자신의 가장 최근의 영화 「별이 빛나는 하늘 아래의 집」에 대해 논의하면서 솔로비요프는 자신에게 영감을 준 이들 중 하나로 데이비드 린치를 언급한다. 그러나 솔로비요프의 영화는 자신의 상대작인 미국의 포스트모더니즘 작품을 전혀 닮지 않았다. 영화는 많은 영화 장르들 및 클리셰들과 관계하고 있지만 데이비드 린치에게 특징적인 인식가능한 원형적인 장르 구조―"성인이 된 소년의 모험"(「블루 벨벳」), 혹은 고전적인 로드 무비(「광란의 사랑」)의 구조들―를 결여하고 있다. 이전의 소비에트 영화가 할리우드의 영화 장르 시스템들과 유희하고 있는 반면 이 실험들은 본토의 잡종들보다 그 재미가 훨씬 덜하다. (어쨌든, 할리우드 장르 속에서 만들어지는 러시아 영화는 미국 관객들에 의해 외국 영화로서 지각될 비운을 여전히 지니고 있다. 결국, 외국 영화에는 그 어떤 잘못도 없는 것이다.)

양식적으로 솔로비요프의 영화들은 서구의 포스트모더니즘 요소들을 많이 가지고 있다. 그러나 여기서 포스트모더니즘은 포스트모더니즘이 아니다. 영화 「검은 장미」는 관객들에게 시들어 버린 귀족 취향의 몇몇 꽃들, 약간은 전복적인 '악의 꽃들', 범속성의 붉은 장미에 대한 블랙 유머라는 날카로운 수많은 가시들을 지닌 절충적인 러시아 꽃다발을 제공하고 있다.

여성 예술가들의 싸구려 보석

타티야나 톨스타야

역사가 키치의 역사와 동일하게 되고, 과거가 신화적인 비가 소설이나 키치적 기호들의 지도로 나타남에 따라 일상의 삶은 러시아의 문화적 상상력의 전경으로 이동한다. 포스트소비에트가 문화를 재활용할 때 문화, 키치, 예술의 경계들은 신속하게 이동하고, 새로운 문화적 다양성이 고급문화에 대한 전통적인 러시아의 위신을 약화시킨다. 1970년대와 80년대의 예술가들과 작가들은 그들만의 특권적인 일상의 장소를 갖고 있었다. 예를 들어 일리야 카바코프에게 그것은 코무날카이고, 작가 블라디미르 소로킨에게는 특히 아무것도 아닌 것을 위한, 그 자체를 위한 소비에트의 항구적인 장사진이고, 베네딕트 예로페예프에게는 사람을 그의 감각의 한계 너머로 옮길 수 있는 모스크바의 대중교통 체계이다. 개념주의 예술가들인 옐레나 옐라기나와 이고르 마카레비치는 소비에트의 탁아소와 유치원, 병원을 탐구하고, 교과서와 대중 잡지들에 대해 다시 논의한다. 일부 여성 예술가, 작가, 영화 제작자들의 작품 속에서 일상의 문화는 개념적 메스에 의해 처리되는 것이 아니라 평범함banality, 키치, 나쁜 취향 혹은 미학적 여성성이라고 자주 지각되는 것과 관련되어 탐구된다.

외국 단어들인 포스트모더니즘, 키치와는 달리 '페미니즘'은 후기 소비에트와 포스트소비에트 러시아의 여성들 사이에서조차 쉽게 채택되지 않았다. 이러한 저항에는 많은 요인들—소비에트 역사와 관련된 페미니즘의 부정적 함의들, 그 어떤 '주의들'과 이념화된 담론들을 향한 러시아인들의 본능적인 증오, 여성 예술가들 쪽에서의 배제의 공포와 새로운 게토화, 러시아 남자들이 그 어떤 종류의 정신적인 페레스트로이카를 받을 수 있었다고 믿지 않는 러시아의 근로 여성들이 취하는 금욕적 태도—이 영향을 끼친다.[44] 많은 러시아의 여성작가들과 예술가들은 페미니즘과 다른 '주의들'에 반대하는 의사를 표명하면서, 동시에 일상의 삶byt과 평범함의 신화들뿐 아니라 러시아 문화에서의 여성의 신화들에 대해서도 분명하게 언급하였다. 현대 러시아의 여성 예술가들은 여성화된 '나쁜 취향'을 계승하였고 이 취향의 개념들을 때로 내재화하였으며 여전히 마담 포실로스트poshlost'의 그로테스크한 여성 형상들에 홀려 있다. 타티야나 톨스타야에게 '여성 산문'은 피상성, 속물근성, 물질주의적 심리학, 그리고 과도한 감상성—"달달한 분위기"saccharine air—과 동의어이다.[45] 대중문화 역시 경멸적인 노선을 따라 정의된다.

---

44 그러나 새로운 예술적, 페미니즘적 시도를 하는 이들의 수가 서서히 늘어가고 있다. 예를 들어 페테르부르크에서 올가 리폽스카야가 펴내는 잡지 『여성적 읽기』(Zhenskoe chtenie), 모스크바에서 출판되는 러시아어-영어 잡지인 『관용구』(Idioma), 모스크바 소재의 여성 클럽 "변형"(Transfiguration)이 그것들이다. 러시아 페미니스트들과 미국 페미니스트들 사이의 오해에 대해서는 다음을 참고하라. Beth Holmgren, "Gender Troubles: Russia and West"(1993년 3월, 산타크루즈의 캘리포니아 대학에서 포스트코뮤니즘에 대한 심포지엄에서 발표됨); Helena Goscilo, "Domostroika or Perestroika, The Construction of Womanhood in Soviet Culture under Glasnost'", Late Soviet Culture: From Perestroika to Novostroika, ed. Lahusen with Kuperman, pp.233~257.

45 Sigfrid McLaughlin, "Soviet Women Writers", Canadian Women Studies, Winter 1989.

대중문화는 무엇인가라는 질문에 대한 답으로 톨스타야는 대중문화는 "정의에 의한 문화가 아니라" 용어 자체에 있어 모순이라고 쓰면서 "키치"로서의 소비에트 버전을 폄하한다.[46] 그러나 다른 많은 동시대 여성 예술가들의 작품들에서뿐 아니라 톨스타야 자신의 작품에서 범속성은 시와 섞이고 아이러니와 평범함 사이의 경계는 흐려진다.

톨스타야의 이야기들에서 일상의 사소한 것들, 중요치 않은 의례들, 과거 시간의 아우라를 지닌 가정의 싸구려 물건들은 중심 장소를 차지하고 주요한 작가적 "텍스트의 기쁨"을 제공한다.[47] 이런 측면에서 톨스타야는 고골, 플로베르, 나보코프의 전통을 따른다. 그녀는 범속성을 묘사하면서 동시에 그것을 묘사하는 데에서 특별한 작가적 즐거움을 얻는다. 그러나 고급문화에 대한 언급들은 아직 톨스타야의 소설 세계를 완벽히 조명하지는 않는다. 그녀의 중심적인 서브텍스트는 소비에트의 도시 민속, 특히 약간 유행 지난 도시 로망스들과 감상적 노래들이다. 「오커빌강」Okkerville River은 어느 남자가 오커빌 강둑에 위치한 상상의 장소에서 가수와의 사랑에 대해 꿈꾸는 이야기다. 오커빌강은 푸른 안개와 아름다운 페테르부르크의 다리들, 도시의 실제 주변부, 도시의 쓰레기, 오염, 배설물들과 잔여물들의 장소, "황폐하고 지방적이며 진부한 어떤 곳"에 대한 꿈이다.[48] 그것은 저온 살균된 치즈가 있는 독신자 연회, 어제 신문에 담아져 온 베이컨 조각들이 있는 시메오노프의 일상적 존재의 한계이다. 강에는 두 개의 둑이 있다. 하나는 안개 낀 이상의 둑

46 *Iskusstvo kino*, 6 , 1990, pp.69~70.
47 Helena Goscilo, "Tat'iana Tolstaia's 'Dome of Many-Coloured Glass': The World Refracted through Multiple Perspectives", *Slavic Review*, 47, 2 , Winter 1988, p.283.
48 Tatiana Tolstaia, *Na zolotom kryl'tse sideli*, Moscow: Molodaia gvardiia, 1987, p.20.

이고 다른 하나는 범속성의 둑이다.

일견 두 여성 인물—시들어 가는 국화, 존재의 덧없음, 짝사랑에 대해 노래하는, 시메오노프의 커다란 고독의 주인공이기도 한 베라 바실리예브나와 집에 꽃이 그려진 커튼이 있고 가정식 요리를 하는 평범한 여인인 타마라(그들은 둘 다 꽃의 자질을 갖고 있는데, 그 꽃들은 완전히 다르다. 베라 바실리예브나의 꽃이 유사 귀족적인 국화라면 타마라의 꽃들은 가정집 커튼에 있는 표준적인 소비에트의 꽃들이다)—의 형상 속에서는 유사한 이원성이 발견된다. 그러나 이상적 아름다움과 범속성의 대립은 작품을 관통하여 유지되지 않는다. 사실 이상적인 베라 바실리예브나는 먼저 세기 전환기 범속성의 여왕, 세기 전환기의 소프트 포르노 엽서들과 나보코프의 목욕하는 가슴 큰 독일 미녀들과 같은 "나른한 물의 요정"으로 묘사된다. 이야기 끝에서 과거의 이상들의 아우라 속에서 목욕하는 여왕 같은 베라 바실리예브나는 권좌에서 퇴위한다. 남아 있는 것은 시메오노프의 집에서 진짜로 목욕하는 싸구려의 저속한 소비에트의 프리마돈나인 베룬치크이다.

이야기는 소비에트 역사를 통해 나쁜 취향의 체현으로서 낙인찍힌 구식의 로망스들을 재구성한다. 톨스타야의 이야기를 통해 울려 퍼지는 "국화들"의 후렴구는 다음과 같다. "이미 오래전에 정원의 국화는 시들었지만 사랑은 여전히 나의 병든 마음속에서 살아 있네."[49] 다른 로망스는 다음과 같이 시작한다. "내가 그토록 열정적으로 사랑한 이는 당신이 아니고, 당신의 빛나는 아름다움은 나를 위한 것도 아니다. 나는 내

---

49 이 노래들은 러시아에서 여전히 알려져 있고 불려진다. 나는 이 텍스트들을 다음의 모음집에서 가져왔다. *Russkie Pesni i Romansy*, Moscow: Poetocheskaia biblioteka, 1989.

과거의 고통과 내 소멸한 젊음 속에 있는 당신을 사랑한다."[50] 두 번째 노래는 사실 러시아 낭만주의 시인 레르몬토프의 시에 그 토대를 두고 있다. 이 로망스는 고급문화에서 인민의 구두문화로, 도시 중산 계급의 민속으로, 그 다음엔 새로운 고급문화가 억누르길 원하는 소시민적 사물로 전락하는 재미있는 여정을 겪었다. 결국 그것은 재발견되어 자의적인 예술 텍스트의 절충적 조화 속에서 완전히 시대에 뒤진 것이 된다. 「오커빌강」의 마지막 단락은 옛 로망스로부터 몇 행들을 가져와 결합시키고 가을 국화들처럼 시드는 강, 삶, 사랑, 그리고 아름다운 이야기에 대한 클리셰를 재활용하여 시적으로 다시 쓴다.

톨스타야의 「소냐」Sonia는 로망스와 나쁜 취향에 대한 또 다른 사색이다. 이야기의 첫 단락을 살펴보도록 하자.

한 사람이 살았고 이제 없다. 단지 소냐라는 이름만 남았다. "기억하세요, 소냐는 이렇게 말했습니다." "드레스가 소냐의 것과 비슷하네요…" "소냐처럼 끝없이 코를 푸네요…" 그 후 이렇게 말한 사람들도 죽었고, 머릿속에는 전화 수화기의 검은 구멍으로부터 나오는 것과 같은 육체 없는 목소리의 흔적만이 남았다. 혹은 마치 공기 중의 밝은 사진처럼 갑작스레 햇빛이 잘 비치는 방이 펼쳐지고, 거기엔 차려진 식탁 주위의 웃음소리와 함께 식탁보 위 유리 꽃병 속의 히야신스처럼 구불구불한 장밋빛 미소가 있다. 사라지기 전에 얼른 봐라! 거기에 누가 있는가? 너에게 필요한 이가 그들 중에 있지 않은가? 그러나 환한 방은 진동하여 사라지니, 앉아 있는 사람들의 등은 거즈처럼 반투명하고, 그들의 웃음소리는 빠른 속도로 분해되

50 *Ibid.*, p.390.

어 저 멀리 사라진다. 할 수 있으면 그것들을 잡아보라.[51]

이야기의 첫 번째 문장—"한 사람이 살았고, 이제 없다"—은 클리셰, 삶과 죽음에 대한 진부한 언급이다. 이것을 말한 이는 코무날카에 사는 스카즈 화자거나 현명한 여성 이야기꾼일 수 있다. 이 첫 문단에서 화자는 단지 묘사만 하는 것이 아니라 망각으로부터 이야기와 인물들을 회복하는 어려운 행위를 수행한다. 첫 번째 클리셰는 이야기가 죽음 그리고 시적으로는 "화려하게 차려입은 불멸"nariadnoe bessmertie이라 불리는 허구에 의한 소생에 대한 것임을 실제적으로 우리에게 밝히고 있다. 알 수 없는 목소리, 우연히 듣게 된 대화들의 흔적이 시각적 기억—"마치 공기 중의 밝은 사진처럼 갑작스레 햇빛이 잘 비치는 방이 펼쳐진다"—을 떠오르게 한다. 그것은 아마추어 홈 비디오의 한 장면처럼 떠오르고, 인물들은 약하고 반투명한 빛의 투영들로서 나타난다. 이야기의 공간은 사실주의적 관습들의 원근법적인 삼차원의 공간이 아니라 연약하고 날아가기 쉬운 기억의 공간이다. 그러나 이 부서지기 쉬운 재현은 우리에게 구식의 소시민적인 일상의 삶byt, 싸구려 물건들이 있는 사적인 진부한 장면을 제공한다. 작은 유리 꽃병과 구불구불한 분홍 미소를 지닌 히아신스는 우리에게 범속한 일부 사악한 꽃들을 상기시킨다. 이 범속성이 의문 부호들과 함께 있느냐 혹은 그렇지 않느냐에 대해서는 말하기가 어렵다(NEP 시기와 1950년대에 다시 사랑받다가 그 다음에는 원색들, 그리고 1960년대의 새로운 빨간색 때문에 버려진 분홍색은 톨

---

51 Tatiana Tolstaia, "Sonia", *Na zolotom kryl'tse sideli*, p.136. 이 이야기는 제레미 갬브렐(Jemey Gambrell)에 의해 영어로 번역되었다. [본문의 번역은 옮긴이가 러시아어 원본을 참고하여 러시아어에서 한국어로 직접 옮긴 것이다.]

스타야의 소설에서 매우 중요하다). 작은 화병 속에서 미소짓는 구불구불한 히아신스는 기억을 위한 중요한 계기로 작용한다.

이야기의 여성 화자가 오래된 사진의 흐릿한 배경으로부터 회복하길 원하는 소냐는 레닌그라드의 우울한 코무날카의 협소한 방들에 살고 있는, 각각 다른 시대에서 온 나이든 여성들인 그녀의 허구적 자매들이 그러하듯 사진이 잘 받지 않는다. 소냐는 모든 사람들에 의해 매력적이지 않고 멍청하고 항상 나쁜 취향을 갖고 있다고 여겨지는 성스러운 바보 유형이다. 이야기의 중요한 두 여성 캐릭터는 취향에 의해 묘사된다. 아다 아돌포브나(지옥의 동의어, 아드ad는 러시아어로 지옥을 의미한다)는 "뱀 같은 우아함"을 지닌 것으로 묘사되는 반면 소냐는 매우 "어울리지 않게" 옷을 입는다. 소냐의 옷의 디테일 중 하나—그녀가 항상 하고 다니는 에나멜 비둘기 모양의 작은 브로치—는 매우 중요하다. 소비에트 취향의 역사적 맥락에서 이 작은 에나멜 비둘기는 나쁜 취향과 범속성의 상징으로 간주된다. 이야기에서 이 브로치는 소냐의 부족한 스타일을 궁극적으로 체현하는 것으로 조롱받는다. 니콜라이라는 이름의, 소냐의 열정적인 편지 연인을 고안한 강력한 아다 아돌포브나가 지휘하는 파티에서 소냐는 희생양이 된다. 싸구려 로맨스 작품의 클리셰들은 아다의 강렬한 '여성 산문'의 산물인 니콜라이와 사랑에 빠지는 가련한 소냐를 위해 종사한다. 아다가 소냐의 상상의 낭만적 연인을 '죽일' 준비를 하는 순간에 소냐는 그에게 편지와 자신의 가장 내밀하고 신성한 물건인 에나멜 비둘기를 보낸다. 이 행위로 인해 잠시 동안이나마 편지를 통한 로맨스는 지속된다. 마지막에 일화들과 오래된 희미한 사진들로부터 소냐의 이야기를 재구축하길 원하는 화자는 소냐의 편지를 아다에게 요청한다. 많은 시간이 흘렀고, 그 와중에 전쟁이, 레닌그라드 봉쇄가 있었다. 소냐와 그녀의 신화적 사랑은 그들의 자연적인 혹은 비자연적인 죽음을 맞이했고, 소냐의 편지들은 레닌그라드 봉쇄 때의 살벌한 겨울 동안 집을 데우기 위해 책들과 함께 불태워졌을 것이다. 이야기의 마지막 행, "정말로 불은 작은 비둘기들을 가져갈 수 없는 것이다"는 구어적이고 감정적인 러시아어 단어 ved'("정말로", "알다시피")로 시작한다. 이것은 또한 불가코프의 『거장과 마르가리타』의 유명한 어구, 예술이 온갖 박해와 억압 아래에서도 살아남는다는 신화를 항구화하기 위해 소설 속에서 반복되는 "원고는 불타지 않는다"의 재술이다. 그러나 톨스타야의 이야기에서 불에 타지 않는 것은 예술적 대상이 아니라 조잡한 에나멜 비둘기이다.

이야기 속에서 작은 비둘기의 모험들은 범속성의 모험과 그것에 대한 서사적 관점에서의 복잡한 이동에 상응한다. 작은 비둘기는 이른 죽음으로부터 상상의 연인을 구해주면서 서간 로맨스를 좀 더 물질적으로 만들어 줄 뿐만 아니라, 로맨스와 이야기의 서사를 촉발시킨다. 조롱받는 구식의 조잡함의 상징에서 그것은 동정이 가는 감정적 대상으로, 개인의 온기로 가득 채워진 기념품이 된다. 이야기의 끝에서 그것은 매우 시적인 것으로, 일상적 범속성의 세계의 특이한 낭만적 생존물로 재구성된다. 소냐의 작은 브로치는 시적인 변형의 끝없는 힘을 의미한다. 범속성이 시로 변형되어 다시 나타나는 것이다. 비둘기는 정신적인 것의 상징으로 여겨질 수 있지만 그것은 대중 생산된 상징이자 책의 삽화들, 건축의 얕은 양각, 여자들의 값싼 보석들에서 자주 사용되는 장식의 클리셰적 요소이다. 그것은 취향을 결정하는 지적인 이들은 혐오하였지만 소시민적인 취향을 가졌다는 이유로 폄하된 다수의 사람들이 좋아한 실용예술과 공예품들에서 나타나는 절충적이고 아르누보적인 스타일의 대중적 버전과 관련된다. 그것은 약간은 '싸구려' 보석으로, 귀중품은 아니지만 값을 매길 수 없다. 톨스타야는 나에게 쓰레기에 대한 자신의 특별한 애정에 대해 말한 바 있었다. 그녀는 자신의 첫 작품인 「슈라」Shura의 영감을 레닌그라드의 아스팔트가 깔린 마당에 있는 코무날카의 버려진 기념품들에서 얻게 되었다고 말하였다. 소냐의 비둘기는 특별한 서구적 카리스마를 지닌 이러한 재발견된 쓰레기 같은 물건의 일종, 소설의 변화무쌍한 힘에 대한 메타포로 볼 수 있다. 그것은 정신적인 상징에서 낭만적 클리셰로 이동하고 그 다음에는 충만한 시적 은유로, 기억과 서사의 강력한 연상적 계기로 스스로를 드러낸다. 작은 비둘기는 맥락에 따라 다른 서사적 장식과 다른 의미를 획득한다. 그것은 일상의 삶byt과 정신적 존재bytie 사이의 명백한 대립에 대항한다. 비둘기는 이야기의 허구적 연인들 사이에서, 그리고 작가와 그의 독자들 사이에서 상상의 교환을 보장하는 이상적인 서사적 선물로 나타난다. 그러나 선물들이 과대 해석되어서는 안 된다. 작은 에나멜 브로치는 "타버릴" 것이고 우리가 그것의 시적인 연상과 그 어떤 종류의 보편적인 상징주의를 향한 풍부한 텍스트성을 축소하려고 시도하는 순간 사라질 것이다.

톨스타야의 이야기들은 소비에트 일상의 놀라운 전시품들뿐 아니라 키치의 전시품들 또한 훌륭히 제시한다. 톨스타야의 이야기에서 대부분의 키치적인 품목들은 현대적인 것이 아니라 다른 시대에 속하고, 한때 싸구려 복제품들이 그러했듯이 사라져버린 세계에 대한 노스탤지어와 기억의 아우라에 의해 채색된다.[52] 하찮은 기념품들과 보석들에 대

---

52 발터 벤야민의 개념인 아우라는 거리의 경험, 본의 아닌 기억과 역사의 일시성의 경험, 예술품들

한 톨스타야의 표현 및 책략과 구닥다리에 대한 그녀의 애정은 손택의 '캠프'에 속할 자격을 부여한다. 그러나 손택에 의해 기술된바 캠프적인 "일상 삶의 성애화"와 톨스타야의 평범함의 시학을 즉각적으로 비교한다면 그들이 아주 다른 캠프에 속한다는 사실이 드러날 것이다. 첫 번째로 "풍요의 정신 병리학"은 톨스타야의 이야기 속 소비에트 삶의 특징이 아니고, 사물들은 물질의 과포화에 의해서가 아니라 물질의 부족의 결과로서 성애화된다. 두 번째로 캠프의 주요한 메타포—극장으로서의 세계—는 그녀의 소설에 적용되기 힘들다. 그리고 성적인 유희 역시 그녀의 강점이 아니다. 톨스타야의 허구적 세계에서는 동정과 도덕성이 문학적 책략만큼이나 중요하다.

그녀의 이야기들은 우리로 하여금 감상적인 키치의 편파적 조롱에 대해 재고하게 만든다. 장식적 과잉과 예술적 밀도로 충만한 톨스타야의 글은 시적인 클리셰와 시적인 발견들 사이에서 진동하고 이 둘 사이의 명확한 구분은 서사적 흐름의 "푸른 안개" 속에서 증발하는 경향이 있다.

라리사 즈베즈도체토바

예술가 라리사 레준-즈베즈도체토바는 소비에트의 쓰레기들의 다정한 수집가이자 이것들의 고고학자이다. 즈베즈도체토바는 작품에서 예술사에서 잊혀져 온 모든 것들을 발견하길 원한다고 말했다. 집단 농장에서 제작된 여성들의 자수품들, 1950년대의 엽서, 코무날카의 '사랑스런'

의 독창성의 경험이다. 다음을 참고하라. "Some Motifs in Baudelaire" and "The Work of Art in the Age of Mechanical Reproduction", *Illuminations*, NY: Schocken Books, 1981, pp.188~189, pp.222~223.

라리사 즈베즈도체토바와 그녀의 예술 (사진: 지은이)

라리사 즈베즈도체토바, 소비에트 배지를 단 "개념주의적 카펫" (사진: 예술가가 직접 제공)

카펫, 순양함 오로라호의 이름이 붙은 성냥갑, 이반 시시킨의 그림 「곰 세 마리」가 그려진 초콜릿 포장지, "노동과 방어를 위해 준비하라"는 문구가 있는 배지, 녹으로 뒤덮인 금박입힌 스포츠 선수들, 헤밍웨이 이후에 가장 인기있는 소비에트의 핀업 사진 인물이 된 네페르티티 여왕의 흑백 복제화들을 비롯한 모든 것들은 암울한 소비에트 일상 문화의 소소한 미학적 즐거움이 되는 물건들이자 고급문화와 상위 정치에 의해 이중으로 검열된 물건들이다. 톨스타야처럼 즈베즈도체토바는 '가정의 쓰레기'로부터 '예술'을 만든다. 그녀의 작품 속에서 '여성성'과 '나쁜 취향'은 인용부호 속에 위치하고 창조적으로 재해석된다.

어린 시절의 기억을 구성하는 대중 생산된 여성 예술품들과 공예품들, 코무날카의 장식들 그리고 소비에트의 벽지 디자인의 일상 문화를 가지고 즈베즈도체토바는 독창성에 기반한 고급 아방가르드 문화와 맞서기를 원한다. 아방가르드와의 대화, 그리고 구세대 소비에트의 일부 개념주의자들과 함께 암암리에 수행된 것이 즈베즈토체토바의 몇몇 중요한 작품에서 나타난다. 그녀의 설치작품인 "아방가르드의 종말"이라는 계획적인 이름의, 나무에 매달려 있는 연약한 종이 천사는 1983년의 전시회 "Aptart —담장 너머에"에 전시되었다.[53] 소비에트 학생들에게 친근한 기제작된 눈사람 모양의, 하얀 종이에서 오려진 천사들은 아방가르드가 그리도 맹렬하게 싸웠던 "교태를 부리는 살찐 큐피드"와 같은 날개달린 변덕스런 생물체들과 천사들로 유명한 세기 전환기의 대중문

53 후기 소비에트의 개념 예술에 있어 새로운 발전들을 논의하는 연구에 대해서는 다음을 보라. Margarita Tupitsyn, "The U-Turn of the U-Topian", *Between Spring and Summer: Soviet Conceptual Art in the Era of Late Communism*, Ed. David Ross, Cambridge, Mass: MIT Press, 1991, pp.35~53.

화와 아동문화 둘 다를 환기시킨다.[54] 자연스런 배경 속의 조잡한 천사들은 역사적 아방가르드에 대한 재미없는 숭배의 종말을 암시한다. 즈베즈도체토바는 자신에게 창조적 영향을 준 이들 중 오데사 지방에서 온, 러시아 고전화와 소비에트 그림들을 복제하여 커다란 자수품을 만든 아마추어 '미학 치료사'를 언급한다. 즈베즈도체토바가 이 '미학 치료사'에게 왜 자신이 디자인한 것을 수놓지 않고 레닌의 초상화들을 수놓았냐고 물었더니 그녀는 이것이야말로 예술을 대중에게로 가져오는 진실한 방법이었다고 말했다. 여성들의 자수품들이 위대한 예술가들의 붓 터치와 선들을 따르는 동안 그들은 예술을 선전하고 자수품의 위신을 높이고 있는 것이다. 즈베즈도체토바는 정확히 이 반대의 것, 즉 자수품을 예술로 변형시키고 문화적 위계질서에 도전하기를 원한다. 나아가 바르바라 스테파노바와 같은 1920년대의 여성구성주의자들과는 달리 그녀는 대중적 디자인에 자신의 순수하고 비대상적인 패턴을 부과하는 것이 아니라 오히려 비공식적인 여성 대중문화로부터 배우려 노력한다.

최근의 설치작품에서 즈베즈도체토바는 아방가르드의 주요 우상들을 건드리고 우리도 역시 이것을 건드리게끔 초대한다. 매우 순수하고 비대상적인 그림, '형태의 0도'라고 생각되는 말레비치의 「검은 사각형」을 아방가르드적 골동품, 도금된 틀 안의 부드러운 벨루어 물건이라고 상상해 보라. 즈베즈도체토바는 우리에게 그림의 '0도'를 제공한다. 절대주의적 표면은 단지 우리로 하여금 아방가르드의 절대적인 것들을

---

54 Kazimir Malevich, "From Cubism and Futurism to Suprematism", *Russian Art of the Avant-Garde*, ed. John Bowlt, NY: Thames and Hudson, 1991, p.123.

탐색하게끔 하는 것이 아니라 평범한 자수품의 확대된 복제품임을 발견하도록 그 안을 보게 만드는 벨루어 커튼에 불과하다. 또한 검은 사각형들은 세 번이나 복제되고 반복된다. 호화로운 금처럼 보이는 틀은 즈베즈도체토바가 독일의 터키 벼룩시장에서 발견한 반짝이는 테이블보로 만든 것이다.[55] 자수들은 실제 물건들이다. 하나는 옛 베개 주머니에서 발견된 것이고 다른 것들은 쓰레기로부터 구출된 것이거나 싸게 구입한 것이다. 이것들은 집단적이고 익명적인 여성 공예가들의 생산물이다. 또한 이것들은 미완성의 혹은 단지 잘 보관되지 못한, 망가진, 하찮은 것이지만 귀중한 것들이다. 세 개의 검은 사각의 벨루어 커튼들은 마치 그것들이 박물관의 가장 귀중한 공예품들인 양 자수들의 확대된 사진을 덮고 있다. 그러나 이것들은 단지 기계적인 복제물들이고 심지어 그 익명의 원본들보다 덜 독창적이다. 따라서 작품은 절대주의의 거장인 말레비치뿐 아니라 오데사에서 온 아마추어 미학 치료사를 또한 창조적으로 '표절하고' 있다.

박물관에서는 그림을 만질 수 없다. 그것의 미학적 거리는 주의깊게 순찰하는 박물관 경비원들에 의해 보호된다. 즈베즈도체토바는 설치물이 그것을 통해 특별한 종류의 촉각적인 여성 에로티시즘을 의미하는 "에로틱 아트"를 만드는 시도였다고 나에게 말했다. 작품은 시각적 재현의 차원에서 성적인 솔직함—최근의 소비에트와 포스트소비에트의 모든 필름 누아르에서 필요한 누드 장면과 같은 것—으로 구성되

---

55 이 설치 작품은 "미술의 고전 장르들: 초상화, 풍경화, 정물화"로 불린다. 작품은 일종의 트롱프뢰유 장르이다. 먼저 그것은 완벽한 고전적 앙상블로 나타난다. 중간에는 회색의 대리석 기념물 받침대가 있고 세 개의 검은 사각형이 있다. 받침대의 삼면에는 세 개의 작은 자수들이 있는데 각각 소녀의 초상, 풍경화, 그리고 정물화이다.

지 않는다. 그것은 인용부호 속에 있는 에로티시즘, 일종의 상호텍스트적인 에로티시즘이다. 그녀의 에로틱 아트는 유희적이다. 그것은 촉감적인 트롱프뢰유를 포함하는 촉감적 경험들의 다양성들로, '작품의 몸'을 감추고 드러내는 게임들로 구성된다. 설치물은 예술 및 공예, 고급양식과 저급 양식, 미학적 거리 그 자체와 유희한다. 즈베즈도체토바의 예술은 촉감적 개념주의 예술이다. 물론 건드릴 것인가 말 것인가의 문제는 관객에게 달려 있다.

설치는 그녀의 더욱 명시적인 개념주의적 작품들 중 하나이다. 그녀의 대부분의 작품들은 파편화된 기념품들, 벨루어 카펫 위의 금속 배지, 재채색된 인형들, 종이에서 오려진 실루엣과 레이스 커튼으로 덮인 실루엣들이다. 그녀의 전시회는 우리에게 작가 자신이 태어난 도시의 길들을 가로질러 걷는 어린이—밝게 불 켜진 창문 너머를 훔쳐보고 이 방인들의 삶을 엿듣지만, 그들의 삶의 드라마의 플롯들을 결코 해결하지 못하는 어린이—를 상기시킨다. 즈베즈도체토바는 충돌하는 촉감적 경험(배지의 금속이 카펫의 진한 벨루어와 부딪히는 것)을 제공하거나 촉감적 경험의 기억들과 유희한다(그녀의 금속 배지는 단지 복제일 뿐이다). 그녀의 유희적인, 포스트모더니즘적인 아이러니와 절충주의는 종종 근대 이전에 대한 향수, 대문자 A로 시작되는 단수로서의 예술과 수공예 작품들을 포함하는 복수로서의 예술들 사이의 거리가 존재하기 이전의 시기에 대한 향수를 드러낸다. 이것은 잃어버린 촉감성, 우리와 숨바꼭질하는 유연한 촉감성에 대한 향수이다.

즈베즈도체토바의 모토 중 하나는 감옥 용어에서 기원했을 저속한 말인 "똥에서 사탕을 만드는 것"이다. 미국의 대중문화만을 다루는『나쁜 취향의 백과사전』은 익살맞은 유머를 포함하는 "쓰레기에서 온 보물"을 미국 교외 하층계급 주부들이 공통적으로 사용하는 것, 예술과 히피들의 대항문화로부터 교외의 대중문화로 이동하는 어떤 것으로 취급한다.[56] 미국에서 이것은 인기있는 재활용 프로그램이자 일회용품들의 낭비적 과잉에 대한 반발이다. 이와 대조적으로 러시아에서 쓸모없는 것에서 무언가를 만든다는 생각은 물질적 결핍의 결과이자 필요에 대한 표현, 단순히 물질적 필요를 표현하는 것이 아니라 최소한의 미학적 자기 확인을 위해 욕구를 표현하는 것이다. 일하지 않는 가정주부들이 거의 없었던(일하지 않는 주부들은 사업에 종사하는 상류층에서 지금 나타나고 있다) 소비에트의 맥락에서 즈베즈도체토바는 이 필요들을 "소비에트 전체의 미학적 치료의 일종으로 쓸모없는 것에서 무언가를 만들고 '똥을 단 것으로' 변형시키는 감옥 예술 및 감옥의 사고방식"과 연관시킨다.

즈베즈도체토바가 소비에트 상위의 정치적 우상들의 공식적인 사회주의 리얼리즘과 미디어, 그리고 서구의 대중문화에 특히 관심을 가진 것은 아니었다. "미키 마우스는 재미없다"고 그녀는 내게 말한 바 있었다. "그것은 너무 차갑다." 사회주의 리얼리즘 우상들을 갖고 반어적으로 유희했던 소츠 아트sots art 운동의 예술가들처럼 커다란 정치적 사건들이나 중요한 역사적 인물들을 갖고 작업하는 대신 그녀는 일상, 어떤 영웅이나 반영웅도 없는, 잊혔지만 아직은 친숙한 문화의 차원, 코무날카들의 셀 수 없는 싸구려 장식품들, 표준화된 소비에트의 동화책들, 여성들의 바느질 작품, 공식적인 축제 행사들을 발견한다. 일상은 예술적 낯설게 하기에 저항한다. 일상은 너무도 익숙하면서 동시에 너무도

56 Jane and Michael Stern, *The Encyclopedia of Bad Taste*, NY: Harper Perennial, 1991, pp.293~294.

기이하다. 그러나 카바코프, 그리고 눈에 띄게 미학적이면서 동시에 삭막한 개념주의 예술가들과 코무날카의 예술의 대가들과는 대조적으로 즈베즈도체토바는 소비에트의 구식의 공동 카펫의 평범한 장식물들과 소비에트의 규격화된 가구들의 물질적 디테일들 및 대량 생산된 물건들을 즐긴다. 이것은 카바코프의 형이상학적인 '텅 빔'이 아니다. 그녀의 작품의 원동력이 되는 것은 전체주의 과거의 유행에 뒤떨어진 평범함의 아우라를 지닌, 디테일의 물질적인 특수성이다. 그녀에 의한 일상의 창조적인 만회는 전체주의화하는 것totalizing이 아니라 단지 잊힌 어린이의 게임, 반짝이는 포일에 둘러싸인 비밀의 게임일 뿐이다.

구소련의 여성 예술가들의 작품들은 아이러니와 공감, 소원함과 참여, 물질적인 것과 개념적인 것 사이의 관계들이 결코 단순하지 않다는 사실을 보여 준다. 범속성은 마치 아름다움이그러하듯 보는 사람의 눈 속에 있다. 여성들의 예술 작품들은 더 커다란 역사적 장면의 배경 속에서 흐릿해지는 불법적이고 번역 불가능한 러시아와 소비에트의 일상을 창조적으로 재조명한다.

그러나 개념주의 예술의 값싼 도금 포일 종이의 테를 두른 코무날카들의 약간은 구식적이고, 전자본주의적인 일상의 문화는 인용부호 속의 '일상'으로 남아 있다. 미학적 거리에 도전하면서 그것은 미학적 몸짓으로 남아 있다. 그것은 문화와 문화적인 것kul'turnost' 둘 다의 이념들을 전복시키지만 예술의 중요성에 대한 어떤 향수를 보존한다. 영화 제작자 솔로비요프, 아라노비치와 마찬가지로 톨스타야와 즈베즈도체토바 또한 **영화감독들**, 비독창성과 공동의 삶을 가진 독창적인 개인 연주자이다. 그러나 문화적 통일성—또는 일부가 지각하는 것과 같은 문화적인 것kul'turnost'의 독재—에 대한 도전은 예술가들뿐 아니라 러시아의 공적 삶에 새로이 들어온 이들—사업가들, 광고주들, 그리고 큰 모욕을 받은 무시당한 러시아 상인들과 프티부르주아라는 버려진 그룹으로까지 자신들의 족보를 추적하는 사람들—에 의해서도 내팽개쳐졌다. 예술과 문학은 더 이상 문화의 유일한 패러다임이 아니고, 예술적 인텔리겐치아는 더 이상 민족의 목소리가 아니다(지난 70년 동안 인텔리겐치아는 문화적 임무와 숨바꼭질을 해왔다. 때로 그들은 외면당해 왔고, 그이후에야 비공식적 문화나 반체제 문화 속에서 구제되었다). 새로운 문화적 다양성은 '새로운 상인들'의 사건들, 기업 예술, 그리고 광고들 속에서 찾을 수 있다. 이러한 종류의 포스트소비에트의 문화적 재활용, (종종 실용적 목표 달성을 위한) 미학에 대한 일상의 재전유는 문화의 위신과 그 경계들에 대해 질문한다.

상인 르네상스와 문화적 스캔들

혁명 이전 시기의 러시아 고유의 자본주의적 태도와 양식에 대한 향수적 부활은 포스트소비에트 시기의 주요한 역사적 수정들 중 하나이다. 20세기 후반기에 공적인 무대로 나왔던 러시아의 부르주아는 러시아 문학에서 나쁜 이름을 갖고 있다. 톨스토이가 좋아하는 주인공인 콘스탄틴 레빈은 하인과 악수하지 않겠다고, 상인은 하인보다 더 나쁘다고 말하면서 상인 라키틴과 악수하는 것을 거부한다.[57] 톨스토이 같은 귀족

---

57 내가 든 예들은 다음의 책에서 가져온 것이다. Pavel Burykin, *Moskva kupecheskaia*, Moscow, 1991, p.5. 다음의 책들 역시 참고하라. V.A. Giliarovsky, *Moskva i moskvichi*, Moscow: Pravda, 1979; *Between Tsar and People: Educated Society and the Quest for Public Identity*, eds. Edith W. Clowes, Samuel D. Kassow, and James L. West, Princeton: Princeton University Press, 1991.

들뿐 아니라 도브롤류보프처럼 민주주의를 옹호하는 인텔리겐치아 또한 상인들보다 도덕적으로 우월하다고 느꼈다. 소련의 고등학교에서 반드시 읽는 오스트롭스키의 희곡 「뇌우」에 대한 선언적 논문에서 도브롤류보프는 희곡의 중심인물인 카바니하(카반은 '야생 돼지'를 의미한다)로 의인화된 상인계급의 일상의 삶을 "어둠의 왕국"이라 묘사하였다. 상인들은 우익 쪽에서는 귀족에 의해, 좌익 쪽에서는 인텔리겐치아에 의해 폄하되었다. 일부 유명한 집시 로망스들은 심지어 그들을 모욕하기까지 했는데 그 중 하나의 후렴구는 다음과 같다. "찢어진 옷감 같은 모스크바 상인, 너는 조국의 아들이 아니라 단지 개자식일 뿐이다."[58]

그러나 19세기 말 모스크바 상인들은 병원과 학교를 건설하고, 자선 단체들을 조직하며, 예술과 공예를 후원하면서 사회에서 점차 중요한 역할을 하기 시작했다. 러시아 상인들은 일부가 구교도 가문에서 나왔음에도 불구하고 철학적인 슬라브주의자들이 아니었다. 그들은 다른 종류의 애국자들, 형이상학이 없는 애국자들이었다. 그들은 수공업자들 kustars에 의해 생산되는 근대화된 러시아의 공예작품들의 전시를 후원했고 민속 문화에 대한 관심을 부활시켰다. 만약 19세기 말 파벨 트레티야코프와 같은 유명한 상인 계급의 구성원들이 이동파 화가들의 전시를 통해 러시아 리얼리즘 화가들을 도왔다면 20세기 초 마에케나스와 같은 상인들은 모더니스트들을 후원했다. 존 볼트에 따르면 상인들은 예술적 아방가르드를 후원하는 데 더 개방적인 '사회적 아방가르드'를

---

58 Pavel Burykin, *Moskva kupecheskaia*, p.70. 원문을 번역할 때 의역을 했다. 원문은 다음과 같다. "맞지 않는 자와 같은 모스크바 상인아, 너는 조국의 아들이 아니라 개자식일 뿐이다"(Moscovskoe kupechestvo, izlomannyi arshin, kakoi ty syn otchestva, ty prosto sukin syn). '아르신'(arshin)은 미터 단위와 옷감 둘 다를 가리킨다. [1 아르신은 72.12 센티미터이다. 이 밖에 아르신은 1 아르신 길이의 자를 의미한다. 문맥을 고려해 원어의 단어들을 '맞지 않는 자'로 번역했다. ―옮긴이]

대표했다(물론 예술가들은 자신들의 후원자들을 향해 약간의 거들먹거리는 태도를 결코 잃지 않았다).

상인들의 대저택이 모스크바의 도시경관을 바꿔 놓았다. 서구 지향적인 귀족의 신고전주의적 사유지와는 달리 그들은 (소비에트 예술사 책들에 따르면) 비잔틴의 부활 혹은 유사 러시아적 양식이라 불리는 자신들 나름의 양식을 갖고 있었다. 그것은 표트르 시대 이전의 건축에 대한 절충적 환상을 특징으로 했고 상상적 원본보다 때로 훨씬 더 호화로웠다. 구세대의 상인들이 그들의 검소함과 전통적인 러시아 방식으로 유명했다면 그들의 자식들은 구운 돼지고기와 죽, 깨진 샴페인 잔, 밤새도록 흥청거리며 이어지는 집시 로망스들이 곁들어진 자유분방한 야생적 연회들로 유명했다. 이 시대의 가장 제멋대로의 인물들 중 하나인 미샤 흘루도프는 러시아 상인의 생생한 전기적 표본에 따라 살았다. 그는 거대한 연회들을 개최했고 중앙아시아의 호랑이들을 훈련시켰으며 1880년대 시베리아 독립을 위해 투쟁했고 모스크바의 정신병원에서 생을 마감했다. 젊은 상인의 행위는 스스로를 훌리건이라 부르는 이들 및 의식적으로 충격적인 행동을 벌이는 아방가르드 예술가들보다 때로 더 거칠고 격렬했다.

혁명 이후 사회적 집단으로서의 상인들은 사라졌다. 일부는 남았고, 나머지는 죽임을 당했다. 소비에트의 여행 가이드들이 입을 모아 '예술적 가치가 전혀 없는 것'으로 비난하는 그들의 대저택들은 그 후 개조되고 모방되었다. '러시아 양식'은 다시 유행이 되고, '유사'라는 불편한 접두사는 자주 탈락되었다. 문학에 의해 묵살되고 소비에트 권력에 의해 숙청된 러시아 상인들은 다시 유행하고 있고 새로운 사업가들은 자신들의 역사적 족보를 되찾는 것을 자랑스러워한다. 지난 세기의 전환기에 광고와 가게 간판들은 자주 유사 슬라브어로 된 문자를 공통으로 사용하고 새로운 엘리트의 일부 구성원들의 도발적인 방탕함은 그들 선조들의 생활방식뿐 아니라 공상들 또한 닮아 있다. 포스트소비에트의 신흥부자들의 일부는 러시아와 소비에트 러시아 문화의 주요 특징들 중 하나이자, 신흥부자들의 새로운 그룹들을 공적인 영역에서 그 자신을 주장하기 위한 취향의 전쟁에 참여시킨 오래된 열등감/우월감을 계승하였다. 만약 러시아와 소비에트의 인텔리겐치아가 혈연적 차원에서가 아니라 정신적 차원에서 새로운 귀족인 척했다면 포스트소비에트의 기업가들은 새로운 상인인 척했다. 영락하고 힘을 잃은 지주들의 겸양에 맞서 투쟁했던 옛 상인들처럼 어떤 새 상인들은 문화적 위신을 상실한 것에 대해 슬퍼하는 이들과, 즉 이제는 힘을 잃은 소비에트 러시아의 인텔리겐치아와 문화 전쟁을 하게 된다.

아방가르드와 상인 문화의 기이한 공생을 보여 주는 재미있는 예가 되는 것이 레기나Regina라는 이름으로 자랑스럽게 불리는 모스크바의 유명한 미술관이다. 예술가이자 큐레이터인 올레그 쿨리크와 소유주 옵차렌코는 야생적인 러시아 기업가들의 상상의 족보를 과시한다. 그러나 그들은 또한 1970년대 이래 눈에 띄게 반체제적 역할을 했던 고급 개념주의 예술의 위신과 유희를 벌인다. 아마도 그들은 모스크바 개념주의자들의 배타적인 미학 공동체에 대한 가장 강력한 도전을 보여 주고 있는 듯하다. 부르주아에게 충격을 주는 대신 레기나의 새로운 거장들은 지식인들에게 충격을 주길, 예술적 인텔리겐치아와 그들의 취향(아방가르드의 '취향의 독재'를 정확히 닮았다기보다는 일종의 자유로운 문화부와 유사한 취향)에 도전하길 원한다. 큐레이터인 올레그 쿨리크는 후원의 예술을 믿고, 새로운 소비에트의 경제력에 전적으로 의존한다.

그는 러시아의 사업가이자 페레스트로이카의 자수성가한 인물, 스스로를 포스트모더니즘 예술의 새로운 위대한 후원자라고 양식화한 옵차렌코의 충실한 하인이다. 쿨리크는 고결한 지식인들과 신흥 부자들에게 경제적 압력을 가하여 예술적 자율성에 대한 오만한 이상과 엘리트의 미학적 거리를 버리게 함으로써 그들을 재교육하길 원한다.

레기나가 보여 준 두 공연인 "베스티아리"Bestiary와 "투명"Transparency은 1992년 모스크바에서 가장 많이 회자된, 가장 충격적인 것들 중 하나였다. 그들은 '새로운 상인들'과 예술가들 사이의 실제 싸움을 위한 충분한 기회를 제공했다. 이 공연이 누구의 편이냐를 결정하는 것은 어렵다. 그들은 기업가들의 새로운 문화를 예술적으로 전복하려는 것인가 혹은 미학에 대한 상인의 경멸을 표현하고 있는가? 혹은, 대신 우리는 미학 전부에 대해 말하고 있는 것인가? "동물우화" 전시회에서 쿨리크의 전시물은 '촉감주의적 개념주의'보다는 개념주의적 폭력, 심지어 예술적 인텔리겐치아를 직접적으로 향하는 본능적인 폭력과 더 관계있다.

레기나의 전시회는 사회와 예술의 비전을 모든 것을 포함하는 폭력적인 연회로 제안했는데, 이 연회에서 부자들은 그들이 원하는 대로 수많은 경계선을 자유롭게 가로지를 수 있다. "베스티아리"는 취향의 문자적, 비유적 개념 둘 다를 위반하였다. 잔인한 공연의 첫 부분은 돼지를 도살하는 것이었는데, 이 과정을 관객들은 비디오 화면을 통해 보아야만 했다. 이것은 전통적으로 좀 더 아방가르드적이었던 다른 설치 예술들 중에서도 개념주의적인 '설치'로 간주되었다. 텔레비전으로 방송된 도살 이후 러시아 상인들의 좋은 전통인 호화로운 연회가 뒤따랐는데 이 연회 동안 손님들(예술가들, 지식인들, 후원인들, 사업가들)은 (도살당한 동물이 비디오 공예물이라는 인식을 용이하게 하는) 돼지 머리 전체가 우아하게 배치된, 접시 위의 신선한 돼지 바비큐를 대접받았다. 따라서 관객은 그 미학적 대상을 구토가 날 정도로 집어삼켜야 했다. 모스크바에서의 일반적인 식량 부족과 막대한 물가 상승은 예전에 잘 살았던 지적 엘리트와 그들의 자식들을 특히 음식의 유혹에 취약하게 만들었다. 관객은 행위의 폭력뿐 아니라 음식의 화려함에도 역겨움을 느끼고 동시에 유혹되었다(사람들이 자주 동물들보다 못한 취급을 받는 것으로 보통 지각되고 인권 운동이 그 목적을 이루기 힘든 러시아에서 동물 권리 운동은 매우 인기가 없다). 이벤트에서 좀 더 충격적인 것은 도살의 폭력성인가 혹은 음식이 주는 기쁨인가? 이 전위적인 행위는 전통적인 인본주의 문화와 포스트모더니즘의 개념주의적 예술 둘 다에 대한 도살인가 혹은 단지 세련된 러시아적 방탕인가?

레기나의 "베스티아리"에 대한 반테제는 부티르키Butyrki 감옥에서의 이오시프 박시테인Joseph Bakshtein의 개념주의 예술 공연이었다. 이 공연 또한 1992년의 신문 헤드라인을 차지했지만, 다른 이유에서였다. 이 공연은 지금은 자리잡았지만 당시에는 모스크바 개념주의자들로 알려진 1980년대 모스크바의 언더그라운드 예술가들을 보여 주었고, 소비에트 반체제 인사들의 예술에 대한 이해—사회에서 소외된 사람들을 위해, 그리고 이 사람들에 의해 만들어지는 언더그라운드 행위로서의 예술—를 다시금 찬양했다. 그러나 포스트소비에트 시기에 이전의 반체제 인사들의 개념주의 예술은 지적인 예술 비평을 위한 새로운 기준이 되었고 예술가들과 큐레이터들은 문학적이고 은유적인 경계선들을 침범하고, 감옥의 공간으로 들어가면서 소외의 새로운 맥락에 대하여 탐색하였다. 만약 "베스티아리"의 개막식 동안에 예술가들과 그들의 친구들이 새로운 상인들과 불편하게 섞였다면 부티르키 감옥에서의 전시회의 개막식동안 방문객들은 죄수들(가벼운 형량을 받은 자들만이 환영 연회에 초대되었다)과 불편하게 뒤섞였다. 어떤 죄수들은 개념주의가 추구하는 것에 무관심했지만 많은 죄수들이 예술가들의 침입에 대해, 미학적 이유와 실용적 이유(미디어의 관심을 받아 자신들의 형량을 줄이길 희망하면서) 모두에 대해 감사를 표했다.

두 번째의 레기나 공연인 "투명"은 야외에서, 화려한 돼지고기로 예술가들을 유혹하는 대신 그들로 하여금 배고픔의 시련을 겪게 했다. 첫 공연과 마찬가지로 이 사건은 어떤 측면에서는 전적으로 개념주의적이었다. 공연은 "담장 너머의 아파트 예술"Apt Art beyond the Fence이라 불리는 1983년의 야외 언더그라운드 전시를 조롱하는 기념식이라 자칭했다. "투명"은 이상적인 소츠 아트 공간인 많은 돈을 주고 임시로 빌린 피오네르 캠프에서 열렸다.[59] 다시 관객들은 예술 그 자체뿐 아니라 연회를 위해서도 왔고, 그들의 취향은 다시 뒤집혀졌으며, 기대 역시 무너졌다. "베스티아리"의 개막식 행사에서처럼 민주적으로 섞이는 대신 이번에는 예술가들과 후원인들이 저녁식사 동안에 분리되었다. 예술가들에게 토마토가 곁들어진 으깬 감자를(일부 사람들이 말하길 반쯤 썩은 감자였다) 제공했다면, 사업가들과 기업인들은 호화로운 식사를 즐겼다. 다음날 백만 루블이 상금으로 걸린, 예술가들과 기업인들 간의 축구 경기가 열렸다. 그러나 아마도 그 전날 과식의 결과였던 듯, 기업인들은 졌고, 예술가들과 지식인들이 승리를 축하했다(따라서 이것은 지식인들이 스포츠를 한다는 것에 대한 일부 편견을 깨버렸다). 그러나 이때 올레그

---

59 개척자를 의미하는 '피오네르'는 소련의 어린이 공산주의 조직을 의미한다. 피오네르 캠프(러시아어로는 피오네르스키 라게리pionerskii lager')는 아이들의 교육과 건강을 위해 창설된 방학 동안의 캠프를 일컫는다. ―옮긴이

쿨리크가 상금이 없다고 선언했다. 예술가들이 이겼기 때문에, 단지 장난이었다는 것이다. 분노하고 허기진 예술가들은 제도적인 복수를 계획하면서 모스크바로 돌아갔다. 지식인 선수들 중 하나는 관습에 얽매이지 않는 TV 뉴스 프로그램 「베스티」Vesti, Message라는 뜻의 유명한 앵커였다. 그는 방송 중에 이 사건에 대해 말하면서 "기만적인 상인 나부랭이"kupchiki들에 대한 비꼬는 농담을 했다. 한편 예술가들은 갤러리를 보이콧하면서 자신들을 속였기 때문에 갤러리를 모스크바 갤러리 연합으로부터 제외시켰다. 1993년에 레기나는 모스크바의 새로운 유럽 은행에 합병되면서 상인의 르네상스에서 첨단기술의 상업적 모더니즘, 유럽 스타일로 자신의 이미지를 완전히 바꿨다(심지어 갤러리의 가구는 법인 회사의 가구 같으면서 포스트모더니즘적인 멋진 것이었다). 그러나 레기나의 컬렉션은 다른 유럽 은행에서 볼 수 있는, 보통 예측 가능한 파스텔 추상화나 소유주들의 사실적인 초상화로 구성되는 다른 컬렉션보다 훨씬 더 복잡하고, 절충적이며, 선동적이다. 레기나의 향후 계획들 중에는 두 야망적인 프로젝트가 있는데 하나는 레닌을 유리관 속에 다시 매장하여 레기나의 지하실에 그것을 영원히 걸어놓는 것이고 다른 하나는 은행의 허락을 받아 레스토랑을 여는 것이다. 레기나 레스토랑의 건축가는 새로운 사회적 위계를 교훈적으로 그려낼 것이다. 부자들은 2층에서 먹고 그들 아래에서 가난한 사람들이 공짜로 먹을 것이다. 두 층사이의 바닥은 유리로 만들어져서 '고객들'의 두 부류가 서로를 관찰할수 있다. 나는 이러한 종류의 관음증이 갖는 윤리적 함의에 대해 큐레이터와 논쟁하지 않았다. 단지 나는 다음과 같이 물었을 뿐이다. "중간계급은 어떻게 합니까?" 큐레이터는 냉소적으로 대답했다. "러시아에 중간계급이 언제, 어디에 있었는지 당신은 보셨나요?"[60]

예술과 음식에 관계된 모스크바의 가십은 매우 많다. 1992년, 레기나의 두 사건은 러시아 문화에서 많은 은유들이 문자 그대로 취해졌다는 사실을 증명할 뿐이다. "어둠의 왕국"의 야생 돼지 같은 상인 카바니하는 실제 돼지로 구체화된다. 지적인 축구 게임이 필드에서 벌어졌다. 그리고 폭력은 단지 은유적인 것만이 아니다. 때로 "투명"은 우리가 바라는 것보다 더 투명하다. 실제로 러시아 문화에서 개념적인 행위로서의 천박한 태도와 인용 부호 없는 그 자체로서의 천박함을 구별하는 것은 어렵다. 프로이트가 지적했듯이 때로 파이프는 단지 파이프일 뿐이다. 나아가 레기나의 경우, 예술 행위를 실제 삶으로 바꾸는 아방가르드적인 행위는 예술에 대해서보다 삶에 대해서 더 많이 폭로한다. 폭력과 천박한 태도는 현대 러시아의 맥락에서 결코 낯선 것이 아니다. 그 둘은 너무도 익숙하다. 낯설게 하기의 효과를 발생시키는 것이 공손함이자 고상한 태도로 규정된다. 그 공연은 문화의 다양성을 찬양한 것이 아니라 오히려 문화의 경계선들과 문화적 행위들을 공격했다. 문제는 구조가 없는 사회에서 파괴적인 행위는 더 이상 전복적이지 않다는 것이다. 포스트소비에트의 일상의 삶은 종종 부조리 연극보다 더 부조리하고, 일상의 거리 풍경은 자주 다다이즘의 공연을 닮는다.

광고의 모호한 대상

1920년대 러시아 아방가르드 예술가들은 소비에트 교통의 가장 진보적이고 새로운 수단인 트램을 위한 디자인을 그렸다. 그것은 혁명적인 비

60 내게 레기나를 소개해 준 카테리나 데고트에게 감사한다.

표상성을 구현하는 빨간색과 흰색의 기하학적 모양으로 둘러싸인 "세계 혁명이여 영원하라"Long Live World Revolution는 "시각적 선전" 구호를 달았다. 1990년대 포스트소비에트의 트램은 삶보다 더욱 '현실적인' 서구 음료의 표상을 보여 주는 "새 세대는 펩시를 선택한다"라는 또 다른 구호를 달고 있다. 나는 그 사진을 찍으려고, 현재 순간을 포착하려고 시도했으나 트램은 갑자기 방향을 틀어 시야 너머로 사라졌다.

상업 문화의 노정에는 경계선이 없는 듯 보인다. 그러나 서구의 광고 언어는 전지구적인 상업의 에스페란토가 되지 못했다. 반대로 그것은 더욱 강렬한 민족 신화들, 의사소통과 문화적 신화들의 특수한 방식들을 드러낸다.[61] 러시아의 상업적 의사소통 방식을 이해하기 위해서는 행간을 읽고, 우의적 언어를 사용하며, 반만 말하고 언어를 통해 배타적인 상상의 공동체를 유지하는 오래된 관행을 기억해야 한다.

사실상 러시아에서 새로운 광고들은 상업 문화가 금지되었던 1920년대 말 소비에트의 광고들이 상업 광고들을 대체했듯이, 때로 오래된

---

61 러시아의 광고가 단지 서구 광고의 족보에 포함된다고 주장하는 것은 부당하다. 러시아는 혁명 이전 시기부터 혁명 이후 시기까지 나름의 광고의 역사를 소유하고 있다. 혁명 직후 자유 무역이 금지되었지만 새로운 소비에트의 선전은 광고의 카리스마를 이용했다. 마야콥스키는 많은 수의 훌륭한 엽서 광고들을 썼다. 예를 들면, "모든 사람들 앞에서 나 맹세컨대, / 자본주의의 차는 진실로 끔찍하고, / 훌륭한 것은 / 중앙에서 관리된 차이다. / 차가 얼마나 좋은지 / 너는 알 수 있다 / 꽃이 핀 정원과 같은 냄새가 / 집에서 난다"든지, 혹은 "현재 더 이상 좋은 젖꼭지는 없고, 미래에도 없을 것이다 / 나는 죽는 날까지 그것을 빨 준비가 되어 있다!"가 그 예이다. '로스타 창'(Windows of ROSTA)의 이 광고들은 마야콥스키의 눈에 띄는 시적 리듬과 언어, 특히 조직적인 순응의 시기에 절망적으로 독창성을 추구하면서 만들었던 신조어를 간직하고 있다. 마야콥스키의 광고들은 전 세계적인 상업 문화의 특징인 저자의 익명성을 결여하고 있다. 소비에트의 광고들은 '혁명 시인'의 언어에 의해 만들어진 기준을 분명 따라잡지 못했다. 그럼에도 불구하고 소비에트 상품들은 소비자 품목이 매우 부족하고, 태도들은 너무 냉소적이며, 행간을 훨씬 더 잘 읽었고, 서구 상품들을 파는 암시장이 두드러지게 번창했던 브레즈네프 시기까지 광고되었다['로스타 창'(Okna ROSTA)은 러시아 전신국—약칭 ROSTA—에서 일하는 소비에트의 시인들과 예술가들이 1919년부터 1921년까지 만든 일련의 선전화, 광고들을 일컫는다—옮긴이].

소비에트의 구호들을 물리적으로 대체한다. 붉은 광장에 있는 "소련 인민들의 깨지지 않는 우정을 강화하라"는 구호의 자리에 지금은 "카나리아 제도를 방문하라"라는 광고 배너가 걸려 있다. 이것은 '국제적 우정'에 대한 다른 종류의 축하로 러시아 시민들의 경제 상황에서 볼 때 소비에트 인민의 우정만큼 진실하고 깨지지 않는 것으로 나타난다. 카나리아 제도는 소비에트의 이념적 시민이 그러했듯이 평균적인 러시아의 시민이 도달할 수 없는 지상 낙원을 상징한다. 광고가 현실도피로 나타나듯이, 카나리아 제도에 방문할 수 있는 초대장은 세계 어디에도 없다는 사실은 격렬한 분노를 일으켰다. 이 광고는 1992년 5월, 공산당원들과 레닌과 스탈린의 초상화를 들었던 민족주의적 스탈린주의자들의 데모에서 악담의 주요 표적들 중 하나가 되었다.

가끔 이전의 소비에트 구호들과 새로운 광고는 다소간 평화롭게 공존한다. 흐루쇼프 해빙기의 낙관적인 시기에 모스크바 건물 측면의 타일 모자이크에 만들어진 "우리는 공산주의를 건설한다"라는 구호 바로 아래에는 러시아 국기의 파란색과 빨간색을 배경으로 새로운 구호, "Trust Russia"란 회사에 의해 작은 글씨로 표시된 "우리는 새 러시아를 건설한다"가 있다. 의사소통의 구조에 있어 이 두 발언들은 많은 공통점을 갖는다. 예를 들어 '우리'는 실제로 그 지시대상을 갖지 않는다. 사실 이것들은 의사소통이 아니라 미래의 행복에 대한 어떤 약속들을 제공하는 마법적 잠재력을 이용하는 것에 불과하다('러시아' 또는 시적인 옛 형태의 '루스'는 새 광고에 가장 자주 등장하는 단어들이다. 바리카드나야 지하철역 주변의 주요 식료품 상점들 중 하나는 "루스"라는 이름을 갖지만 이 가게에서 파는 물품들은 외국의 것이고 가격들 역시 그러하다. 그러나 광고 속의 이름은 실제와 상응할 필요가 없다). 새로운 러시아는 공산주의의

위: 1950년대의 벽화 "우리는 공산주의를 건설한다"
아래: "우리는 새 러시아를 건설한다" (사진: 지은이)

옛 소련처럼 추상적으로 들린다.

    1992년 여름 가장 유명했던 핵심적 구호는 "우리는 새 러시아를 건설한다"가 아니라 "MMM이라면 문제없다!"MMM-net problem였다. 그해 여름에는 매우 많은 문제들이 있었고 아무도 이 세 개의 M이 무엇을 상징하는지 내게 말해 줄 수 없었지만, 모든 이들이 기꺼이 낙관적인 핵심구절들을 인용하였다. MMM은 RSFSR 또는 CPSU 같은, 음성적 측면에서는 더 나은 또 다른 유쾌한 축약어였다.[62] '문제없다'라는 표현은 매우 러시아적이지 않은 표현인데, 그것을 사용함으로써 구호는 서구가 세계를 용이하게 다루는 무언가를 가지고 있음을 환기시킨다. 그러나 의사소통은 여전히 불가해한 것으로 남는다. 실제로 MMM이 파는 것이 무엇인지 알려는 나의 바람과 그것에 대한 지식이 내가 구호의 유명세를 이해하는 것을 도우리라는 나의 믿음은 서구적이었고 나의 러시아 친구들이 보기엔 나이브한 것이었다(MMM 회사는 컴퓨터 하드웨어와 주식, 반은 허구적인 '중개인의 자리'를 파는 것으로, 즉 '죽은 혼들'을 파는 것, 일종의 러시아 전통 교역에 종사함이 밝혀졌다).[63] 1993년 MMM은 붉은 광장의 레닌 박물관 3층(이곳에는 소련의 가장 큰 지도가 있다)을 임대함으로써 성스러운 소비에트의 공간을 침입했다. MMM은 단 몇 년 동안 임대료를 지불했지만, 이 돈은 옛 국영 박물관을 회생시켰고, 크렘린을 마주보는 중심 위치를 즐거이 차지했다. 소련의 가장 큰 지도의 운명은 알

---

62 RSFSR과 CPSU는 각각 러시아 소비에트 연방 사회주의 공화국(Russian Soviet Federated Socialist Republic)과 소련 공산당(Communist Party of the Soviet Union)의 약어이다.—옮긴이

63 '죽은 혼들'(러시아어 "Mertvye dushi")은 러시아의 작가 니콜라이 고골이 1842년에 발표한 소설의 제목이다. 소설의 주인공 치치코프는 공식 명부에는 아직 살아있는 것으로 기록된, 그러나 이미 죽은 농노들을 지주로부터 사들여 그들을 담보로 은행으로부터 대출을 받으려는 계획(일종의 담보 대출사기)을 꾸민다. —옮긴이

수 없다.

새로운 러시아의 광고들은 이상한 혼합으로, 한편으로는 삼자동거 ménage à trois, 즉 서구와 함께 있는 포스트공산주의의 로망스를, 다른 한 편으로는 유사 러시아 양식이라 불리는 것 속에서 종종 펼쳐지는 옛 러시아와의 영원한 사랑을 반영한다. 절충적인 러시아 상업 시장은 세계 어떤 나라에서도 만날 수 없는 품목들을 포함한다. 포스트소비에트의 모스크바에서 플라스틱으로 된 중고 미키 마우스가 푸시킨 동상을 배경으로 고르바초프와 옐친의 실물크기의 만화를 마주본다. 미키 마우스 주변에서 노점상들이 알렉산드르 솔제니친의 『수용소 군도』, 값싼 우크라이나 맥주, 수공예 부활절 달걀을 팔고 있다. 포스트소비에트의 시장은 러시아의 문화적 신화들의 전시장, 위신과 문화적 위계에 대한 옛 개념들과 새로운 개념들이 뒤범벅된 곳이다. 옛 우의적 언어의 새로운 방언 속에서 러시아의 상업적 의사소통은 서구의 형식으로 쉽게 번역될 수 없는 자신만의 심원한 측면을 지닌다.

나아가 광고는 항상 팔기로 약속한 것보다 더 많이 팔고, 드러내려 하는 것보다 더 많이 문화에 대해 드러낸다. 여기에는 항상 문화적 신화의 잔여물을 구성하는 것들에 대한 어떤 초과, 잉여 가치가 있다. 미국의 유명한 앙코르 피자 광고는 상업적 의사소통의 서구 양식에 대한 우화로 기능한다. 장기흥행하고 있는 이 TV 광고의 중심인물은 다정한 매력을 풍기는 중년의 이탈리아 남자로, 그는 우리에게 피자보다 더 많은 것을, 피자 이상의 것을 제공한다. 가볍고 재미있는 사실주의적 양식을 취하고 있지만 전혀 있을 것 같지 않은 일련의 장면들에서 다양한 개인들―"만성 독신 남성", 나이든 독신 여성, 그 외 다른 절망적인 사람들―이 가게에 와서 '너무 많은 피자'를 받았다고 항의한다. 이 진지한 항의에 대한 답으로 쾌활한 가게 종업원은 자신의 것은 패밀리 사이즈 피자이고, 만약 그들에게 가족이 없다면 저녁 식사로 자신의 피자를 가져 오겠다고 말한다. 이것은 어떤 상상의 다정한 이웃들 가운데에 있는 평범한 사람들의 잡담으로 제시된다. 미국의 광고들은 자주 유머와 자기성찰을 사용하지만, 그것이 주요한 의사소통—상품 판매—을 결코 희화화하거나 방해하지는 않는다. 여기서 피자와 함께 우리는 가족의 가치를 얻는다. 이것은 다인종으로 구성된 가족의 저녁에서 작은 엑스트라로 등장한다. 영어화된 프랑스어 "앙코르"는 다정한 '이탈리아 정신'을 생산하는 역할을 한다. 그것은 상업적이고 문화적인 의사소통의 암호이다.[64] 텔레비전의 '앙코르'는 아메리칸 드림의 핵심을 향해 간다. 피자는 신화적 도가니 속에서 요리된다.

아쉽게도 이 단세포적이고 대중영합주의적이며 악의없는 광고를 러시아의 맥락으로 번역하는 것은 완전히 불가능하다. 러시아에서 어두운 피부의 이웃이 저녁을 먹으러 건너올 것이라는 약속은 최근 러시아에서 가장 이익이 되는 사업인 안전한 출입문 자물쇠와 철제 문 광고가 뒤따르지 않는 한 행복하게 받아들여지지 않는다. 고독은 러시아의 중대한 문제가 아니다. 인구과잉도 그러하다. '이웃'이라는 단어는 그것이 코무날카의 불쾌한 이웃 또는 소비에트의 선전 용어인 '형제 이웃 국가들'(동유럽 혹은 아프가니스탄을 지칭) 혹은 지금은 단지 반어적인 것

---

64 광고는 텔레비전 방송의 진화에 대한 미국의 특수한 역사를 갖고 있다. 원래 4년 동안 방송되었던 피자 광고 이후에, 광고에 나왔던 동일한 쾌활한 TV 요리사가 1992년에 다시 나왔는데 이번에 그는 "On-Core Steaks"를 선전하고 있다. 이전 광고의 무법자 독신자들 대신 유명한 텔레비전 캐릭터가 이상적인 텔레비전 저녁을 찾기 위해 온다. 광고는 좀 더 자기 지시적이 되고, "앙코르"는 더욱 영어화된, 아메리칸 드림의 핵심으로 가는 "on-core"로 변한다. 물론 이 광고들은 단지 광고의 한 장르만을 반영할 뿐이다. 화려하고 극적인 광고들 또한 있는데 보통 향수와 비싼 자동차 광고들이 그러하다.

이상으로 들리는 '이웃국가'(코카서스를 지칭)와 연관되는 러시아에서 매우 호의적인 함의를 갖지 않는다. 러시아에서는 어떤 크기의 피자든 세련된 홍보가 필요치 않다. 나아가 '이웃의 진짜 평범한 사람들'에 대한 대중주의적이고 민주적인 접근은 러시아 관객들의 마음을 그리 끌지 않는다. 텔레비전 앵커 세르게이 숄로호프는 그 누구도 TV에서 '평범한 사람들'을 보길 원치 않는다고 내게 말했는데 왜냐하면 그들의 재현이 남용되어 왔기 때문이다. 소비에트의 선전은 "주방의 요리사가 국가를 지배할 것이다"라고 말했지만 현재 너무도 많은 평범한 사람들과 주방 요리사들이 식료품 구매 줄에 서 있다. 이것은 또한 러시아에서 도나휴 스타일의 토크쇼가 부재하는 이유에 대해 설명해 준다.[65] 유일한 집단적 사건들은 초감각적인 시간들, 러시아의 정교 예배, 요가, 록, 에어로빅 등이다. 러시아 시청자들은 일상적인 것이 아닌 극적인 것을 보기 위해 TV를 켠다.

청중에게 호소하기 위해 새로운 러시아의 TV 광고는 과도함을 과장한다. 새 맥주 광고는 다소 뚱뚱한, 러시아인처럼 보이는 유명한 코미디언이 맥주로 샤워하면서(정확히는, 맥주로 가득 찬 욕조에서 거품 목욕을 하면서) 발작적으로 웃는 모습을 보여 준다. 그는 우리에게 맥주가 너무 싼 나머지 팔아서 이익을 남길 수 없다고 말한다. 차라리 맥주로 목욕을 하는 것이 나은 것이다. 사나울 정도로 킬킬거리면서 그는 상업적 후렴구를 반복한다. "정말 우스운 가격이군!" Ochen' smeshnye ceny! 블랙 유머로의 이러한 호소에서 시청자들은 마조히즘적인 웃음을 공유한다.

---

65 필립 존 도나휴(Phillip John Donahue)는 언론인이자 영화제작자로, 그가 진행한 TV 토크쇼 「필 도나휴 쇼」는 청중과 시청자를 참여시킨 최초의 텔레비전 토크 포맷 프로그램으로 1967~1996년까지 미국 국영 채널에서 방송되었다. ─옮긴이

그들 역시 현대 러시아의 초인플레이션의 상황에서 가격이 너무 우습다고, 많은 사람들이 수입 맥주는 고사하고 목욕 비누도 더 이상 살 수 없다는 사실이 너무 우습다고 생각하는 것이다.[66]

만약 미국 광고들이 진짜처럼 가장하면서, 텔레비전 시청자들이 자주(물론 항상은 아니다) 살 수 있는 어떤 것을 팔기 위해 '진실한 의사소통'(즉, 평범한 사람들의 한 그룹은 평범한 사람들의 다른 그룹에게, 마치 카메라가 없는 듯 직접적으로 말한다)의 기법을 사용한다면, 러시아 광고들은 노골적으로 연극적이고 과장되어 있고 극적이다. 많은 광고들이 가능하면 신비적이고 모호하려 노력하는데 왜냐하면 문화적으로 수용가능한 의사소통의 방식은 행간에 있기 때문이다. 광고의 시청자들은 자신들이 상상의, 배타적인 공동체에 속한다고 느낄 수 있어야만 한다. 진정성, 솔직함, 진실함 대신 포스트소비에트의 광고들은 배타성과 힘에 호소하고 보호를 약속한다. 그것들은 믿음이 가는 실제 사람들도, 실제 사물들도 사용하지 않는다. 그것들은 직접 판매를 권유하기보다는 의사소통의 좀 더 심원한 형식에 관여한다. 많은 광고들이 소비에트의 정치 포스터—아방가르드 시기의 포스터가 아닌 브레즈네프 시기의 포스터—의 유명한 기법들을 보여 주면서, 사자, 달러 지폐, 또는 나비들과 같은 그림 상징들을 제시한다. 그리고 일반적으로 구입 가능한 소비품들을 광고하기보다는 주식시장 자리, 특허 보호, 또는 아무도 그것이 무엇인지 확신할 수 없는 유사외국어 신조어들의 층들 속에 신중하게

---

66 수많은 '포스트모더니즘적인' 비디오 기술들을 사용하는 새 텔레비전 광고들의 개척자가 다수의 소비에트 서사시들을 만든 소비에트의 저명한 영화감독 본다르추크의 아들이라는 사실은 특이한 우연의 일치이다. 이것은 소비에트와 포스트소비에트 엘리트 그리고 양식(포스트소비에트 엘리트는 좀 더 재미있을 수도 있겠지만 그들의 활동은 확실히 돈벌이가 된다) 사이의 연속성을 지시한다.

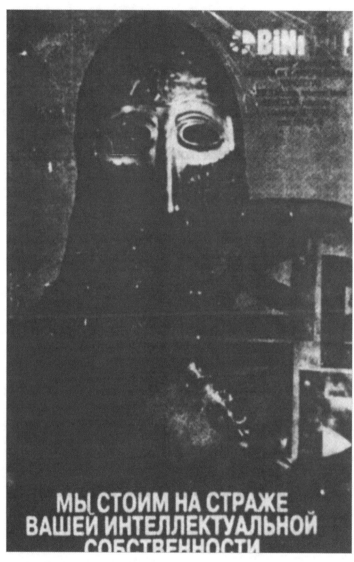

"우리는 당신의 지적 자산을 보호합니다", 『불꽃』, 1991 (사진: 『불꽃』 제공)

성문화된 어떤 것과 같은 비물질적인 것을 보통 판매한다.

　　잡지『불꽃』의 몇몇 광고들을 살펴보자. 1950년 이래로『불꽃』은 잡지의 공식적 단계 내내 그리고 스스로 주창했던 글라스노스트를 향해 가는 동안에 소비에트의 대중문화를 보여 주었다. 지금은 재정적으로 간신히 생존하면서 잡지는 일반 대중을 위해 남아 있는 극소수의 잡지들 중 하나의 명맥을 유지하고 있다. 1991년 이래로 잡지는 매 호 표지에 광고들을 인쇄하는데 광고가 없다면 잡지는 생존해 나갈 수 없었다. "비니텍/놀"Binitec/nol이라 불리는 기업 광고는 투구로 전체 얼굴을 가린 갑옷을 입은 중세 기사의 이미지를 보여 주고, "우리는 당신의 지적 자산을 보호합니다"라는 표제를 달고 있다.[67] 이 그림은 에이젠시테인의 영화「알렉산드르 네프스키」를 상기시키는 장면 혹은 1970년대 에스토니아의 잊혀진 몇몇 모험영화처럼 보인다. 중무장을 한 남자의 정체는 알 수 없지만 그는 '지적 자산'과 같은 비물질적인 어떤 것을 완전히 보호할 준비가 되어 있다. 이것은 이중으로 비물질적인데 왜냐하면 러시아에는 작가의 권리나 문화적 자산을 보호할 어떤 법도 없기 때문이다. 이미지의 효과를 강화하기 위해 회사의 로고는 기사의 방패로 나타난다. 시각적 환유가 보호라는 사상을 좀 더 강조하는 은유로 변하는 것이다. 직접적이든 간접적이든 많은 광고들은 보호나 보호주의의 형식을 광고하는데 아마도 이것이 포스트소비에트 사회에서 불안을 야기하는 단 하나의 가장 중대한 근원이기 때문일 것이다.『불꽃』의 초기 광고는 "SKF *Kiss*"라는 기이한 이름을 가진 회사의 길과 콘크리트 건설 광

---

67 *Ogonek*, 9, February 1992. 나데즈다 아즈기히나와 이고르 페르가멘시코프에게 감사를 전한다.

고로, 이것은 평범한 잡지 독자라면 계획하지 않는 것이다.[68] 유망한 기업의 이름 "Complex International Symbiosis Service"(러시아어 축약형은 KISS)은 과도하고 동어반복적이다. 이름에서 나타내고자 하는 바는 모든 것은 국제적이어야 하고 외국 발음이 묻어나는 서비스를 제공한다는 것이다. 광고는 완벽한 전형적 소도시를 묘사한 밝은 파스텔 스케치와 두 개의 초상화를 보여 준다. 한 초상화는 웃고 있는 유럽 스타일의 중역이고 다른 하나는 검은 재킷을 입은, 넓은 어깨의 얼굴을 찡그린 무서운 남자로 남자의 러시아적 태도는 '힘'이나 '강제적 보호'를 의미한다. 이것은 독자에게 듣기 좋은 '국제적인 공생 서비스'는 그 자신을 보호할 힘이 있음에 대해 말하고 있다. 그리고 아마도 그것이 필요할 것인데, 왜냐하면 러시아에서 현재 사업 관행들은 현재의 국제적 사업 관행들보다는 미국의 거친 서부의 관행들을 상기시키기 때문이다. 『불꽃』의 사업 운영자는 많은 광고들이 잡지의 독자들이 아닌 기업가들을 지향하고 있다고 내게 말했다. 『불꽃』에 광고를 싣는 것은 권위있는 일이다. 따라서 광고들은 소비자에게 판매하기 위한 것이 아니라 새로운 포스트소비에트 기업들의 난해한 네트워크와, 명망과 위계를 가진 이 기업들의 기이한 체계에 대한 선전이다. 이런 목적을 위해 그들은 매우 가난하고 당혹스러운 소비자들이 이해할 수 없는—파는 것에 대해서는 아무것도 말하지 않는—난해한 언어로 의사소통한다. 연설의 구조와 행들 간의 의사소통의 방식은 이전 시대로부터 보존되어온 듯 보인다. 글라스노스트 이전, 우의적 언어의 소비에트 방언은 정치적 저의를 암호화하기 위해 문학과 언론에서 사용되었고, 인텔리겐치아와 예술

---

68 *Ogonek*, 18~19, May 1991.

엘리트들에 의해 공유되었다. 현재 신비한 기업 거래들을 암호화하는 우의적 언어는 많은 사람들을 유혹하지만 극소수에게만 접근가능하다.

나는 『불꽃』의 독자들이 광고들에 반응한 적이 있는지를 물었다. 그렇다, 한때 또 다른 종류의 '국제적 공생'―결혼 중매―을 약속하는 광고에 어마어마한 독자들이 응답했다. 광고는 독자들에게 유럽 스타일의 결혼의 영원한 축복을 보장하는 가격으로 25달러를 요청했다. 그러나 대부분의 사람들은 비록 그들이 매력적인 자질을 지녔을지라도 25달러가 없거나 어떻게 돈을 보내는지 몰랐다고 불평했다. 러시아에는 수표제도가 없었고, 모든 경화 계좌는 지속적인 위협 속에 있으며 우편 체계는 거의 작동하지 않는다. 이런 상황들이 **사실상** 거의 불가능한 그 돈을 가지는 것보다 25달러를 **보내는** 행위를 더욱 완전히 불가능하게 만든다. 『불꽃』의 독자들은 외국의 사랑배를 탈 수 없었다.

만약 소비자와 의사소통하고 연설하는 러시아의 방식이 서구의 관찰자들에게 매우 기이하게 여겨진다면 반대로 유혹의 형식들은 노골적이고, 순진하고 구식이다. 『불꽃』에 실린 좀 더 노골적인 MMM 광고들 중 하나는 "당신의 시간과 돈을 절약할 기회를 우리에게 주세요!"라고 말한다. 광고에는 몸을 드러낸 검은 레이스의 녹색 속옷을 입은 젊은 여자가 루블의 바다(아주 애국적이게도, 그 돈은 **루블이다!**)에 앉아 있다.[69] 녹색 란제리 주변의 루블화가 강세를 보이진 않을지라도, 이미지는 유럽의 소비자들과 비슷하다. 여자는 1970년대 『플레이보이』지의 버니 걸 복장을 하고 있는 듯하다. 대부분의 상품들(특히 퍼스널 컴퓨터)을 접할 수 없기 때문에 러시아 소비자들의 광고에 대한 태도가 순수하게 미학

69 *Ogonek*, 18~19, May 1991.

"MMM은 문제없다!", 『불꽃』, 1991 (사진: 『불꽃』 제공)

적인 현실도피일지라도 반쯤 헐벗은 소녀들과 기술적 장치들을 특징으로 하는 화려한(또는 화려함을 지망하는) 광고는 미국인들만큼이나 러시아인들을 유혹한다. 어쨌든 러시아 소비자들은 매일의 익숙함과 제 집 같은 편안함보다는 이국적인 것과 외국의 화려함을 추구한다.

MMM 광고는 여성을 기기들의 잠재적 구매자로 생각하지 않는다(누가 이 달라붙는 불편한 복장을 하고 컴퓨터 앞에서 일하길 원하는가?). 광고는 비서와 그녀의 섹시한 초록색 옷 또한 감당할 수 있는 남자 사업가를 표적으로 한다. '국제적 공생' 광고와 마찬가지로 이 광고 역시 러시아의 사업 관행들에 대한 무언가를 드러낸다. 나는 새로운 회사의 여성 비서들이 그들의 직업적 의무보다 더 많은 것을 한다는 사실을 배웠다. 심지어 수많은 채용 공고들은 "콤플렉스 없는"bez kompleksov이라는 언급뿐 아니라 잠재적인 여성 피고용인들의 나이, 머리 색, 다리 길이에 대한 언급까지 포함한다. 법적 보호와 같은 개념뿐 아니라 성희롱의 개념은 부재하고 따라서 여성은 민간 부문의 급료가 좋은 비서직으로 채용될 때 자신이 어떤 처지에 놓이는지를 알고 있다고 추정된다. 여성의 프라이버시라는 개념은 새로운 사업들의 '지적 자산'의 부분이 아니다. 따라서 MMM에게 "문제가 없다"는 것은 사실이 아니다.

러시아 광고들은 자기 자신을 거의 놀리지 않는다. 심지어 새로운 세대를 제시하고 모든 위대한 인물들—부시, 클린턴, 마돈나, 옐친—을 조롱하는 유명한 신문 『상인』Kommersant은 상업 광고를 매우 신중하게 받는다. 러시아에서 광고 문화는 아직 젊고, 자기조롱을 할 수 없다.

새로운 문화의 아이콘들은 무엇인가? 이 작은 엑스트라들, "앙코르들", 그것이 파는 가치체계의 잉여는 무엇인가? 많은 광고들이 러시아

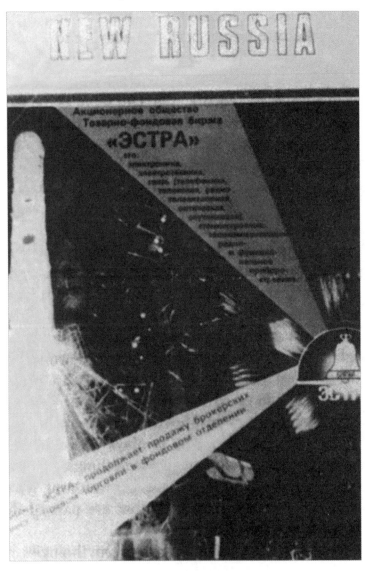

"엑스트라: 새로운 러시아", 『보스크레세니예』, 1991 (사진: 『보스크레세니예』 제공)

의 문화적 위신의 옛 기호들을 사용한다. 즉 많은 광고들이 소비에트시기를 완전히 제거하면서 러시아의 고급문화와 서구의 기술을 함께 가져온다. 예술적인 컴퓨터 광고의 첫 페이지는 구식의 타이프라이터, 코안경 한 쌍, 오래된 시계, 그리고 변덕스런 필체의 소용돌이로 장식된 19세기의 문서 보관함을 보여 준다.[70] 이 총체는 19세기의 글쓰기 환경을 환기시킨다. 사실 이것들 중 일부는 시인 아파나시 페트의 집에서 온 것이라 한다. 다음 페이지에서 우리는 다채로운 서구 고급 잡지들에 둘러싸인 컴퓨터와 금으로 된 체인 시계를 본다. 광고는 "질과 믿을 만한 파트너"라고 말한다. 광고는 소비에트 역사 전체를 지우면서 기이한 역사적 도약을 통해 초기의 고급문화 장면과 새로운 하이테크 장면 사이에 다리를 놓으면서 둘 사이의 연속성에 대해 암시한다. 새 광고들은 실직한 수많은 구소련 예술가들에게 새로운 상업적 기회를 제공하는 고품질의 예술 사진들을 자주 사용한다. 그러나 서구 디자인의 진부함commonplace이 된(물론 길들여진 형식 속에서) 러시아 아방가르드의 예술적 흔적은 여기에 없다. 혁명적인 미래주의 예술 양식은 완전히 구식이 되었다. 지금 통용되는 것은 아방가르드 예술가들이 '한물 간 것', 보수적인 것이라 여겼던, 지난 세기의 전환기에 상인들과 예술의 보호자들이 좋아했던 소위 유사 러시아 스타일이다.

내가 분석할 마지막 광고는 잡지 『보스크레세니예』Voskresenie(잡지명은 러시아어로 '일요일'과 '부활'을 의미한다. 따라서 잡지는 『선데이 타임스』와 『레저렉션 위클리』 사이를 잇는 십자가가 될 수 있다)에 실린 것이

---

70 *Ogonek*, 18~19, May 1991.

다.[71] 표지는 러시아 광고의 마지막이자 다소 모순적인 우화로 기능할 수 있는, "앙코르"의 러시아 버전인 주식 시장 경매 "엑스트라"를 광고한다. "엑스트라"는 중개인의 자리를 판매하는데, 표제는 "엑스트라는 전자 통신, 전기 통신 등입니다"이다. 이미지는 「스타 트렉: 넥스트제너레이션」에 나오는 것과 비슷한 요정의 탑이다. 탑은 레이저 광선으로 휩싸여 있고, 매력적인 외국 상표들로 뒤덮여 있다. 그러나 이 동화는 결코 외국의 것이 아니다. "엑스트라"라는 이름뿐 아니라 단어 '주식 시장'은 혁명 이전의 대중 잡지 『니바』Niva를 연상시키는 슬라브 철자와 부활한 상인의 방식으로 쓰여 있다. 단어 '주식 시장'은 시장 "엑스트라"가 결코 외국의 것이 아니라 본래 러시아적인 것이라고 고객들을 안심시키는 교회의 푸른 종으로 둘러싸여 있다. 그럼에도 불구하고 광고의 꼭대기에는 "새로운 러시아"New Russia라는, 영어 표제가 있다. 따라서 우리는 광고가 새로운 러시아에서 투자할 수 있는, 그러나 러시아의 이국성에 약간은 빠져들어야만 하는 잠재적인 외국 고객들을 향한 것이 아닌가 하는 의문을 품기 시작한다. 새로운 포스트소비에트 광고 언어는 유사 러시아적이면서 동시에 유사 서구적이다. 이 광고는 예기치 않은 것들을 감추고 드러내면서 시청자들과 숨바꼭질한다. "엑스트라"에서 우리는 현재 포스트소비에트 러시아의 혼돈의 일부인 서구의 특별한 영향과 유사 러시아적인 부활의 결합 및 혼란을 다시 본다.

일상의 삶에 대한 러시아 신화들을 반어적으로 추신하는 것은 마야콥스키의 비극적 시행을 상쇄하고 일상적 존재의 모든 문제들에게 행복한 대단원을 약속하는 낙관적인 1993년의 광고들의 형태 속으로 들

---

71 『보스크레세니예』, 국제판, 3, 1992.

어온다. "만약 그 배가 시에네에 의해 제작된, 일상 삶을 위한 기술을 장착하고 있다면 너의 사랑의 배는 단조로운 일상 삶에 부딪혀 부서지지 않을 것이다."[72]

72 "Vasha liubovnaia lodka ne razob'etsia o byt, esli na bortu bytovaia tekhnika Siene", *Kommersant*, 18, 1993.

공통의 장소에 대한 향수

향수에 대한 고찰은 농담과 함께 시작되어야 한다. 나는 소비에트의 만담가, 소비에트 문화에 대한 비공식 텍스트를 쓴 유령 작가의 상상의 공동체에 대해 가끔씩 그리워하고 있음을 고백하는 바이다. 소비에트의 익살스런 일화commonplaces 모음집에서 내전 영웅 바실리 이바니치 차파예프는 영원한 유대인 라비노비치와 잡담하고, 푸시킨은 흐루쇼프와 산책하며 브레즈네프는 브리지트 바르도와 무인도에서 조우하고 "아르메니아 라디오"는 에스키모의 화장실과 다른 주택 개선에 대해 보도한다. 아래에 소비에트 농담을 기리는 농담이 있다.

농담거리들이 거의 남게 되지 않았을 때(일화들이 전무해졌을 때) 라비노비치가 차파예프와 기관총 사수 안카를 만난다.

라비노비치가 말한다, "12번 농담."

차파예프가 웃는다.

라비노비치: "67번 농담."

차파예프가 웃는다.

라비노비치: "31번 농담."

차파예프는 웃음을 멈출 수가 없다. "아브람 아브라미치, 숙녀 앞에서 당신은 어떻게 그런 외설적인 농담을 할 수 있나요…."

이 이야기는 브레즈네프 시기의 것으로, 농담이 별로 남아 있지 않았다라는 전제가 그 당시에는 매우 재미있었다. 이것은 그 어떤 결핍도 없었던 시기의 물품들 중 결핍된 어떤 것으로, 농담에 대한 정치적 탄압을 조롱하는 언급이 될 수 있었다. 나아가 이 농담은 농담의 결여에 대한 것이 아니라 오히려 농담을 할 필요가 없다는 것을 보여 준다. 암시만 주는 것으로 충분하고, 청자는 이 암시만으로 알 수 있다. 소비에트 농담들은 억압적인 공식의 공동체 의식 — '다 말하지 않아도' 서로 이해 가능한, 전체주의 국가에 기생충처럼 존재하면서 그것을 부식시키는 배타적인 상상의 공동체에 대한 굳건한 믿음과 웃음을 관통하는 모든 소비에트적 교감—내에서 문화적 생존의 습관적 방식을 반영하였다. 그러나 소비에트 문화는 소비에트 문화에 대한 나의 책보다 더 빨리 끝났다. 고르바초프 이후 시기에 옛 농담은 향수어린 것이 된다. '남은 농담이 얼마 안 된다'라는 농담의 전제는 진실이 되었다. 지금 이 농담의 숫자에 포함되는 것들은 사라지는 문화 텍스트에 대한 향수적 암호, 별로 중요치 않은 일상의 반대 의견들의 기념물, 손쉽게 이용 가능한 익살스러운 기분 전환이다.

1990년대에 향수의 흔적은 이전 소련의 수많은 주민들과 학자들에게서 나타난다. 자신들의 젊은 시절의 유쾌한 행진에 대한 나이든 스탈린주의자들의 향수, 거대 양식에 대한 젊은 영화 제작자들의 향수, 1960년대 흐루쇼프의 해빙기에 성년이 되어 돈이나 국경을 넘는 것에 대해서는 전혀 생각지 않고 산악 등반중의 로맨스와 안개를 찾아 떠나는 여행을 꿈꾸었던 사람들, 이전 소련의 일부 주민들의 「잃어버린 러시아」("결코 존재한 적이 없었던 러시아"로 개명될 수 있는, 유명한 신군주제주의자의 영화 제목)에 대한 향수, 일부 망명자들과 반체제인사들이 가졌던, 악의 제국이라는 선명한 감각에 대한 향수, '소련으로의 회귀' 방법은 이제 없음을 깨닫기 시작했던 서구에 남아 있는 나이든 지식인들, 그리고 마지막으로 서구 소련학자들의, 오래 지속되는 가치로서의 학문에 대한 향수.

향수─노스탤지어(nostos와 algia에서 기원)─는 집에 대한 갈망이지만 때로 더 이상 존재하지 않거나 혹은 결코 존재하지 않았던 집에 대한 갈망을 의미하기도 한다. 우리는 유토피아적 향수(복원하고 전체화하는 향수)와 반어적인 향수(결론에 이르지 못하는 단편적 향수), 이 두 종류의 향수를 구분해야 한다. 전자는 단어의 첫 어근인 nostos(집)를 강조하고, "그것의 원래의 진짜 설계"에 따라 "더욱 위대한 조국"이 재건설되어야 하는 유토피아 섬으로의 신화적 회귀를 강조한다. 반어적 향수는 algia(고통), 갈망을 강조하고 그것을 재건설하려 하지 않으면서 신화적 장소의 치환을 인정한다. 이러한 유형의 향수는, 수잔 스튜어트의 말을 인용하자면, "지시대상 자체가 아닌 거리를 좋아한다".[1] 만약 유토피아적 향수가 그 단어의 문자적·은유적 의미에서 은총으로부터의 완전한 추락으로서의 추방을 의미한다면 반어적 향수는 영원한 추방의 역설을 (만약 즐기는 게 아니라면) 받아들인다. 어떤 측면에서 향수의

1 Susan Stewart, *On Longing*, Baltimore: Johns Hopkins University Press, 1985, p.145. 향수에 대해서는 다음을 참고하라. Vladimir Jankelévitch, *L'Irréversible et la nostalgie*, Paris: Flammarion, 1974.

nostos는 항상 유토피아적이다. 그것은 그 어느 곳에도 존재하지 않지만(비록 우리가 태어난 곳으로 되돌아갈지라도 그곳은 과거에 우리가 거주했던 동일한 장소가 아니고, 우리는 그곳에 살았던 동일한 사람들도 아니며, 모국의 국경선들 또한 변했다) 유토피아적 향수는 그 자체에 대해 숙고하지 않고 집을 재건하고 개선함으로써 일시적인 공백을 해결하려 한다.

향수는 우리로 하여금 시간의 불가역성에 대해 예민하게 지각하게 한다. 그러나 만약 우리가 시간 속에서 과거로 여행할 수 없다면 우리는 공간 속에서 집처럼 느껴지는 장소로 여행할 수 있다. 향수는 그 또는 그녀만의, 그 어떤 과학적 지도와도 일치하지 않는 상상의 정서적 지리학을 재고안한다. 유토피아적 향수가 집단적인 경향―이것은 민족주의자들과 공산주의자들의 이념의 핵심이다―을 지니고 있다면 반어적 향수에는 좀 더 단수적이고 특수한 경향이 있다. 인간은 자신이 태어난 도시나 이웃들을 기억하지, 추상적인 개념으로서의 시민이나 이웃에 대해 기억하지 않는다. 그러나 유토피아적 향수는 개인적인 차원에서 선택되어 그것을 기반으로 구축된다. 유토피아적 향수는 추억의 장소면서 수사적 토포스(이 둘은 밀접하게 연결되어 있다)인 Common Place에 대한 향수이지만 유토피아주의자들은 common place의 수사적 측면을 망각한다. Common Place에 대한 향수는 위기의 시기, 공동체와 의사소통의 이전 형식들―예를 들면 그리스의 폴리스, 봉건 제국, 전체주의 국가, 개인 혹은 민족의 집, 정신의 공동체 또는 혈연의 공동체―의 위기의 시기 동안에 특히 표명된다. 반어적 향수는 일상의 삶의 진부함commonplace과 거리의 수사학에 존재한다. 향수는 키치적인 어떤 것으로 나타날 수 있지만 원래의 nostos를 객관화하지 않는 한, 즉 그것이 갈망으로 남아 있는 한, (키치에 대한 쿤데라의 말을 재술하자면) "인간

조건의 근본 조건"이다. 따라서 선택이란 없다. 반향수적인 운동은 호감, 돈, 갈망을 위생적으로 제거하는 효과를 가져오는 또 다른 모더니즘적인 유토피아적 행위일 것이다.

이 두 종류의 향수는 역사가의 전통적인 임무에 적대적으로 보일 것이다. 사건들의 연대표를 재구축하는 대신에 향수는 사건들을 잊거나 다시 쓰기를, 시간의 선적인 진행에 거역하기를 원한다. 한편으로 포착하기 어려운 향수적 감정들은 사건들의 연대기를 쓰려는 역사가들의 냉정한 시도들을 약화시킨다. 다른 한편으로 이 감정들은 체험된 혹은 상상의 경험들이 사람들과 맺는 관계 및 과거 일들로의 심취를 이해하게끔 역사가들을 도와주는데, 왜냐하면 우리들 대부분은 역사를 향수로 경험하기 때문이다. 역사가 다양한 방법론적인 접근을 가진 자기 성찰적인 학문 분과로 변해 갔기 때문에 심지어 전통적 역사가의 형상 그 자체는 지금 다소 구식이고 향수적이다. 서사적 역사는 개인적 향수들을 먹고 살고, 따라서 그 향수들을 인정하는 것이 더 낫다.

유토피아적인 향수는 전체주의적인 향수로 쉽게 수렴될 수 있다. 이것은 전체주의에 대한 향수와 향수의 전체주의적 속성—지나가 버린 과거를 전체적으로 복원하려는 갈망—을 드러낸다. 오늘날 대부분의 포스트공산주의 국가들에서 민족주의가 공산주의 이데올로기의 자리를 차지하고 있다는 사실은 우연이 아니다. 민족주의는 자본주의의 개인주의를 수정하고 사람들에게 공동체에 대한 상상의 감각, 즉 다시 써진 역사의 신화적 지도를 제공할 수 있는 또 다른 근대적 이데올로기(비록 그것이 모더니티의 어떤 형태들을 명백히 부정하고 있을지라도)에 불과하다. 사실 민족주의는 과거의 불충실한 복원에 그 토대를 두고 있다. 그것은 충실성에 의거하는 것이 아니라 믿음에 의거한다. 동시에 포스

정교 사제가 모스크바의 KGB 건물로부터 악령을 쫓고 있다.
(사진: 마크 스테인보크)

트공산주의의 민족주의 역사가들은 자주 민족주의의 덫에 빠진다. 이 역사가들은 현재의 전쟁들과 민족 분쟁들이 과거의 부족 분쟁들과 유사한 것처럼 설명한다. 새로운 민족주의와 구형식의 민족주의 사이의 수많은 기이한 유사성에도 불구하고 이러한 접근은 민족적 현수막 뒤에서 벌어지는 정치적이고 생태적인 투쟁들을 모호하게 만든다.[2] 민족주의의 유혹은 귀향의 유혹과 전적인 수용의 유혹이다. 개인은 정당에 가입할 필요가 없다. 단지 속할 뿐이다. 민족주의 이데올로기는 잃어버린 옛 Common Place에 대한 향수, 개인의 향수와 가족의 역사들에 대한 향수를 동원하고 또한 집단적 집을 정화하고 재건설하기 위한 행동계획을 제안한다. 민족주의 이데올로기는 소외와 실망으로 가득 찬 결함있는 개인의 이야기 대신 위안을 주는 집단적 전기를 제공한다. 그것은 국가의 행복한 어린 시절을 성인시절에 경험했던 상실과 소외 없이 회복한다. 유토피아적 향수는―공산주의와 민족주의적인 향수 둘 다―"누가 우리와 함께하지 않고 우리에게 적대적인가"라는 원칙 위에서 작동한다. 그것은 배제와 책임전가의 실행에 참여한다. 다닐로 키슈 Danilo Kiš에 의하면 민족주의자는 사람들을 특별한 개인이 아닌 다른 종류의 민족주의자들, 다른 집단의 구성원들로 보고 따라서 그에게 "인간적인 일은 내게 남의 일이 아니다"라는 모토는 무의미하다. 차라리 "어떤 일이든 나의 일이 아니라면(세르비아인, 크로아티아인, 프랑스인) 나와 상관없다"가 그들에게 유의미할 것이다.[3] 키슈는 민족주의적 향수를 키

---

2 이 사안에 대한 훌륭한 설명을 슬라보이 지젝의 논문에서 발견할 수 있다. Slavoj Žižek, "Caught in Another's Dream in Bosnia", *Alphabet City*, 2, Toronto, 1992, pp.42~46.

3 "민족주의는 부정적인 정신적 범주인데 왜냐하면 그것이 부정을 즐기고 부정에 의해 성장하기 때문이다. 우리는 그들이 아니다. 우리는 긍정적인 극이고 저들은 부정적인 극이다.…우리는 민족주의자들이지만 그들은 더욱 민족주의적이고, 우리는 목을 자른다.…그러나 그들 역시 목을 자르

치와 비슷한 것으로, 그리고 농담과 반어에 적대적인 것으로 간주한다. 사실, 반공산주의적 농담을 하고 그들을 비웃는 것은 상대적으로 흔한 반면(비록 그 이데올로기를 무의식적으로 공유할지라도) 민족주의적 향수를 비웃는 것은 여전히 매우 드물다. 향수의 이 새로운 대안은 매우 진지하게 취해져서 공식적 담론과 비공식적 담론 사이의 구별을 흐려 놓는다.

소비에트 러시아와 소비에트 러시아 이전 시기 모두에 공통적으로 해당하는 문화적 사고방식의 한 가지 특징은 굳건히 수호되는 민족적 국경에 대한 숭배이다. 이것은 잘 알려진 소비에트의 노래 속에서 다음과 같이 칭송된다. "국경에서 어두운 구름들이 흘러가고, 가혹한 국가는 고요 속에 빠져 있다. 아무르 강의 높은 제방들에는 조국의 수호자들이 서 있다." 국경선은 그것이 민족적인 것과 이방의 것, 질서와 혼돈 사이의 문화적 대립들을 강화하는 동안 민족적 지도로 우상화되어 갔다. 그러나 현대의 전 지구적 맥락에서 봉인된 민족 문화의 자율성을 극단적으로 추구하는 것과 문화 차이를 완전히 제거하여 전세계적으로 균질화시키는 것의 대결은 재고되어야만 한다. 문화 인류학자 울프 해너츠 Ulf Hannerz가 예로 든 것에 의하면, 나이지리아의 원주민들이 코카콜라를 마신다는 사실은 그들이 자신들 고유의 음료 부루쿠토를 그만 마신다는 것을 의미하는 것이 아니다. 해너츠는 "세계의 시스템은 전지구적 규모에서 거대한 문화적 균질화를 만들어 내는 것이 아니라 하나의 다양성을 또 다른 것으로 대체하는 것이다. 새로운 다양성은 상대적으로 상

고 심지어 더 심하다. 우리는 술고래이지만 저들은 알코올중독자이다. 우리의 역사는 그들의 역사와의 관계 속에서만 완전하다." Danilo Kiš, "On Nationalism", *Why Bosnia?* ed. Rabia Ali and Lawrence Lifschultz, Stony Creek, Conn.: The Pamphleteer's Press, 1993, p.127.

호관계에 더, 자율성에는 덜 의거한다"는 사실을 목격한다.[4] 달리 말해 토착적인 것/외국의 것이라는 이항대립은 재고되어야 하는데 왜냐하면 국경선들이 서로 투과하고 있기 때문이다. 나아가 러시아의 문화적 특수성들은 항상 다른 문화들과의 상호관계 속에서 전개되었다. 그래서 러시아아인들은 부루쿠토를 러시아 방식으로 마실 것이고, 영국의 차를 사모바르에서 따라 마실 것이며 일본 인형들을 마트료시카로 변모시키거나 러시아 클래식에 대한 숭배를 심드렁한 서구의 관객들에게 수출할 것이다. 그러나 문화적 상호관계라는 생각이 윤리적 극단주의에 의해 종종 움직이고 러시아적 배타성이라는 이념에 매료된 현재의 수많은 러시아 지식인들에게 매우 낯선 개념으로 남아 있는 것이 사실이다. 허나 전체주의적 질서의 종말이 질서 그 자체의 종말을 의미할 필요는 없다. 현재의 혼란은 카오스와 같은 것이 아니고, 궁극적으로 민주주의 체제내에서 일상의 삶은 전체주의 체제 내에서의 일상의 삶처럼 자연스럽게 오는 것이 아니라 배워야만 하는 것이다. 포스트소비에트 언론에 의해 지칭되는, 완전한 관용을 의미하는 "법적인 허무주의"는 민주주의의 특성이 아니라 권위주의 과거의 유산이다.

러시아의 비평가 미하일 엡스테인은 과거 소비에트 시민들에게는 전혀 알려지지 않았던 미국의 관습적이고 의례적인 측면에 대한 흥미로운 사실을 발견했다.[5] 그는 걸프전 반대 시위에 참여했고, 시위 후에 시위자들 중 한 사람과 걷고 있었다. 시위자는 계속해서 북을 쳤고 부시 대통령에 대해 큰 소리로 욕을 하며 구호를 외쳤는데 그들이 교차로에

---

4 Ulf Hannerz, "The World System of Culture and Its Local Management," 미출판된 것으로 다음에서 인용. James Clifford, *The Predicament of Culture*, pp.16~17.
5 Mikhail Epstein, "O ritualakh", *Strelec*, 3, 1991, p.247.

오게 되었을 때 그는 길에 어떤 차도 없었음에도 불구하고 자동적으로 멈추었다. 빨간 불을 보는 것에 익숙했던(빨간 불을 보고도 그것을 믿지 않는 것에 익숙했던) 러시아의 비평가는 멈추지 않고 길을 건넜다. 러시아 비평가에게 미국인이 이국적인 민족지적 매력을 주었던 때는 반대 시위 때가 아닌 바로 이 지점에서였다. 미국인에게 반대 시위를 하고 빨간 불일 때 멈추는 것 둘 다는 민주적인 관례의 일부였다. 사실 그의 반대 시위와 일상 행위는 둘 다 합법적이었다. 러시아인은 일상의 금지들을 정기적으로 위반하고 공적 질서의 핵심인 법에 냉소적이었기 때문에 반대 시위와 법 준수 행위의 동시적 결합은 그에게 거의 이해가 되지 않는 것이었다.

러시아에서 경찰이 보고 있지 않을 때 빨간 불에서 차를 멈추지 않는 것은 허용되는 관행이다. 지하철에서 아이스크림을 먹는 것이 더 비난받는 곳에서 관행은 외래적이거나 '교양없는' 행위로 분류되었다. 이 차이는 일상 삶의 정신병리학을 정치적 논쟁거리로 삼고 일상의 위법을 정치적 범죄로 승격시켰으며 후에 모든 종류의 법과 금지에 대한 냉소적 태도를 유발시켰던, 스탈린 시기에 시작된 전숲 소비에트 문화 운동에 대해 우리에게 많은 것을 말해준다. 이것은 또한 19세기 일부 러시아 작가들이 발전시킨 태도인 '연극적' 또는 관습적 행위에 대한 러시아의 전통적 혐오를 악화시켰다. '진실성과 진실'sincerity and truth에 대한 도스토옙스키의 개념에 따르면 그 어떤 민주적 관례나 법적 재판, 혹은 관습적 규칙 준수는 '거짓'이다. 그래서 소비에트 제국의 붕괴 이후 공적인 경계들이 다시 그려졌을 뿐 아니라 수많은 민주적 분할들과 관습들 또한 재건되어야 한다. 이를 성공적으로 해내기 위해서는 구조에 저항함으로써 생존을 위한 정교한 방식들을 발견하는 것으로 구성되었던 러시아 삶의 주요 구성 원칙들을 이해하는 것이 필요하다. 새로운 법률들을 창안할 때에 (모든 사람들이 기계적으로 벗어날) 행위의 정상적인 단 하나의 방식을 단순히 규정하는 것으로는 충분치 않다. 부적절한 일탈로부터 허용 가능한 일탈들을 구별하는 것 또한 중요하다.

유리 로트만에 따르면 러시아 지식인들과 공론가들의 윤리적 극단주의에 의해 영구화된 러시아의 이중 문화 체계는 일상byt과 존재bytie의 대립, 정체와 폭발의 교대로서의 역사 비전, '옛 세계'의 완전한 파괴와 새로운 유토피아에 대한 갈망을 그 특징으로 한다. 그러나 "유토피아를 위한 대가"를 지불하는 것은 다음 세대이다. 혁명의 당대인들은 "새 땅과 새 하늘"이라는 급진적 시학에 도취되어 있었고, 자신들의 역사적 실험의 잔인함을 알지 못했다.[6] 로트만의 의견에 따르면 소련의 종말과 동서의 새로운 관계는 서구의 복제도 아니고 러시아의 종말론적인 고난도 아닌 예측 불가능한 역사적 미래를 향한 느린 진화의 가능성을 제공한다. 러시아는 유럽의 제3의 세계를 향해 점진적으로 이동해 갈 것이고, 그 체계 속에서 변화들은 폭발적이기보다는 점진적일 것이고, 재앙은 존재의 모든 면에 영향을 끼치지도, 국가의 삶 전체를 산산조각내지도 않을 것이다. "이 기회를 잃는 것은 역사적 재앙이 될 것이다"라는 문장으로 로트만은 자신의 마지막 책을 끝맺는다.

누군가는 단일한 Common Place에 의해 더 이상 가려지지 않는 문화의 평범한 현상들commonplaces을 신중하게 재배치하는 것뿐 아니라 다른 종류의 공동체들―어떤 주의(민족주의, 공산사회주의 혹은 유토피아

---

6 Iurii Lotman, *Kul'tura i vzryv*, Moscow: Gnosis, 1992, pp.265~270.[유리 로트만, 『문화와 폭발』, 김수환 옮김, 아카넷, 2014]

적 공산주의)가 없는 공동체, 소속감 없이 참가할 수 있는 공동체 ― 의 출현을 상상할 수 있을 것이다. 그러나 아마도 이것은 또 다른 유토피아, 완벽한 불완벽함일 것이다….

모든 사람들은 어린 시절을 어디서 어떻게 보냈든, 그리고 그 시절이 행복했건 그렇지 않았건 간에 그때의 시공간에 대해 약간의 향수를 항상 가지고 있다. 나는 내가 소비에트 러시아의 마지막 세대에 속했기 때문에 전체주의적 타락의 시대, 후기 브레즈네프주의의 회의적 시기에 레닌그라드의 개척자 캠프와 코무날카에서 보낸 나의 아름다운 어린 시절에 대해 무비판적인 향수를 가질 수 없다는 사실에 운이 좋다고 생각한다. 그러므로 나는 익숙함에 대한 갈망과 소원함을 결합시키는 반어에 의해 사유된 향수 장르를 단지 발전시킬 수 있을 뿐인데, 나의 경우에 이것은 익숙한 집단적 억압으로 나타난다. 그것은 향수병과 집에 있는 것을 싫어하는 것 사이에 좋은 균형을 제공하고 이 균형은 문화 신화학자에게 필요한 것이다.

나는 향수의 감정이 아주 오래된 것이고 호머의 서사시에 있는 어딘가에서(아마도 『오딧세이』) 기원한다고 항상 생각했다. 나는 사실 '향수'라는 단어가 고대의 것들과 근대의 것들 사이에 유명한 싸움이 있었던 시대인 17세기에 고안되었고 따라서 이것이 다만 유사 그리스적이거나 향수에 젖은 그리스적이라는 사실을 알고는 놀랐다.[7] 향수병은 17세기 스위스의 의사들에 의해 최초로 진단되었고 스위스의 군인들에게서 발견되었다. 독창적인 의사들은 전염성 있는 향수적 무질서에 대항하여 거머리, 최면 유액, 아편, 그리고 향수병을 치료해 줄 특별한 산 공

7 David Lowenthal, *The Past is a Foreign Country*, Cambridge: Camridge University Press, 1985. "향

북극권 근처의 이름없는 마을. 남자의 티셔츠는 버려진 깃발로 알뜰하게 만들어졌다.
(사진: 마크 스테인보크)

기가 있는 스위스 알프스로의 여행을 포함하는 치료법에 도달했다. 근대의 향수병은 따라서 근대의 과학적 방식 내에서 취급되어야 했다. 향수는 운명이나 인간 조건의 부분으로 간주되는 것이 아니라 일시적 문제로만 생각되었다. 그러면 포스트소비에트의 향수는 어떠한가? 이중으로 향수를 지닌 망명자들 및 구소련의 이전 시민들뿐 아니라 향수병이 있는 시민들과 구소련의 국외거주자들을 위해 아마도 집단적 요양원이 조성될 수 있다. 포스트모던한 알프스 리조트에서의 삶은 서구적 예의의 '진실하지 못한' 관습들로부터 자유로울 것이고 유모들은 극도로 감정적이고 무례하며 아무도 "어떻게 지내세요?"라는 질문에 "잘 지냅니다"라고 대답하지 않을 것이다. 건강 보조식품과 건강식품의 대안으로서 영원한 으깬 감자가 스탈린 시기에 만들어진 '미코얀 커틀릿',

수"의 기원에 대한 앎을 나와 공유해 준 폴(Paul Holdengräber)에게 감사한다.

그리고 장밋빛의 '과일 음료'와 함께 제공될 것이다.

그렇게 삶은 흘러가는 것이다. 누군가는 역사를 통해 향수를 치료하길 원하지만 자신의 향수를 단지 역사화하는 것에 그친다.

옮긴이 후기

스베틀라나 보임의 『공통의 장소』를 처음 만났던 때는 서울대학교 박사 과정에 재학 중이던 2003년으로 그때는 미국의 하버드대 출판사에서 책이 나온 지 이미 10년 정도 지나 있었다. 기말 페이퍼 작성을 위해 도서관에서 대출하여 감탄하며 읽었던 이 책의 러시아어 판본을 유학 시절 허름한 서점의 한 귀퉁이에서 발견하고는 얼마나 반가웠는지 모른다. 그 반가움으로 선뜻 번역을 결정했고, 길어지는 번역 기간 동안 책에 대한 감정의 스펙트럼은 무한히 확장, 변주되었다. 옮긴이 후기를 쓰고 있는 지금 번역과 관련된 온갖 기억들이 떠오르는데 그중 가장 충격적이었던 것은 스베틀라나 보임의 갑작스런 사망 소식이었다. 저자의 사망소식을 접했던 2015년 8월 6일(보임은 8월 5일에 사망하였다), 나는 일본의 슬라브학 국제 학회에 참석 중이었고 학회 발표문의 참고문헌에는 보임의 책이 포함되어 있었다. 정신없이 발표를 마치고 관련 뉴스를 찾아 읽으면서 보임이 1년 동안 조용히 암 투병을 하였다는 사실을 처음으로 알게 되었다.

옮긴이 후기를 쓰기 위해 보임에 대한 자료들을 조사하면서 알게 된 또 다른 새로운 사실은 보임이 스페인 내전의 난민의 자격으로 러시아에 정착한 망명자의 자식이라는 것이다. 망명 전 게르첸 사범 대학에서 스페인어를 전공하고 망명 후 보스턴 대학에서 스페인 문학으로 석사 학위를 받은 보임의 이력은 이런 가족사와 깊은 관련이 있다. 보임은 망명 신청 후 1년 동안의 기다림 끝에 비자를 발급받아 빈과 로마의 난민 캠프를 거쳐 보스턴에 도착했다(그녀의 부모님의 망명은 소련 당국에 의해 계속 저지되다가 망명 신청 후 10년이 지나서야 미국에 올 수 있었다).

『공통의 장소』는 레닌그라드(현 페테르부르크)의 코무날카에서 살다가 미국으로의 정치적 망명을 택한 구소련 출신 망명자-문화 비평가의 비교문화적 시각에서 쓰여진 책이다. 보임은 1925년 발터 벤야민의 모스크바 여행에서 영감을 받아 미국 관광객의 신분으로 고국에 방문하여 러시아와 소비에트의 문화 신화, 내셔널 드림, 일상의 다양한 측면에 대해 사색하고 탐구한다. 예민한 감수성을 가지고 시공간의 국경을 자유로이 넘나들며 보임은 자신의 사소한 관찰들을 무거운 이론이 아닌 역사적, 문화적 경험과 사실들을 바탕으로 해석한다. 즉 러시아와 소비에트의 일상의 문화는 그림과 영화, 농담, 티브이 프로그램, 대중에게 잘 알려진 노래들, 기념품들, 광고 등의 구체적인 예들에 의해 조명되어 비판적으로 검토된다. 보임에 의하면 일상byt은 소비에트의 공식 이데올로기뿐 아니라 러시아의 지적 전통에서 비애국적이고 전복적이며 러시아적이지 않거나 심지어 반소비에트적으로 간주되어 폄하되었다. 러시아 문화의 희생적 또는 종말론적인 자기 정의 '바깥'에 존재하는 일상적인 것들(감정의 표현, 의사소통의 방식, 평범한 삶, 집, 물질적 대상과 예술에 대한 태도 등)을 논의의 '중심'으로 가져온 보임은 한편으로는 다양하고 혼성적이며 다른 한편으로는 익숙하고 친숙한 것으로 드러나는 러시아 문화 전통(각 장의 제목이기도 한 일상의 신화, 코무날카, 글쓰기광, 포스트코뮤니즘/포스트모더니즘) 속에서 이들을 설명하면서 예술과 일상의 경험, 국가와 문화, 사회와 개인, 공과 사 사이의 관계 또한 추적한다.

해당 문화권 속에서 살아온 사람들은 자신의 문화에 익숙해지기 마련이다. 망명은 레닌그라드의 코무날카 거주민이자 구소련의 '80년대 사람들' 중 하나였던 보임의 자동화된 지각을 재구축하였다. 외부인의 시각에서 만들어진 회고적 해석은 러시아의 일상의 문화를 낯설게 만들면서 독자들에게 새로운 지각과 인식을 제공한다. 독자들을 끌어당기는 이 책의 또 다른 매력은 장르적 성격에서 찾을 수 있다. 『공통의 장소』에서 보임은 하버드 대학의 교수가 아닌 망명자로서 변화한 조국을 정기적으로 방문하고, 망명자의 경험은 문화인류학적인 여행 장르 속에서 구체화된다. 독자들은 망명자-가이드 보임과 함께 러시아의 일상 세계로의 여행에 초대받아 레닌그라드의 코무날카부터 모스크바의 아르바트 거리까지 다양한 일상의 장소를 거닌다(실제로 보임은 망명 전 레닌그라드에서 돈을 벌기 위해 가이드로 일한 적이 있다).

『공통의 장소』는 박사논문인 첫 번째 저서 『인용부호 속의 죽음: 근대 시인의 문화신화』(*Death in Quotation Marks: Cultural Myths of the Modern Poet*, 1991) 이후에 나온 두 번째 저서이다. 1994년에 미국에서 책이 출판되었고, 2002년에는 러시아의 엔엘오(NLO) 출판사에서 러시아어 판본이 출판되었다. 보임은 러시아어 판본을 "작가 판본"이라고 부르면서, 영어 판본과 비교할 때 이론적·메타이론적인 논의와 학제간 논쟁을 축소하는 대신 4장을 새로 썼다. 8년의 시간적 공백을 보충하기라도 하듯 새로 쓴 4장에서 보임은 자유, 노스탤지어, 문화적 기억의 개념과 관계있는 1990년대 말부터 2000년대 초반의 신화를 다룬다. 영어본과 러시아본의 마지막 장이 '노스탤지어'에 대한 논의에 할애된 것은 그 이후 보임의 학문적 여정을 암시하는 것으로, 이는 세 번째 책 『노스탤지어의 미래』(The Future of Nostalgia, 2001)의 주제가 된다. 보임의 저서 중 가장 유명한 이 책은 편집광적인 민족주의에서 발생할 수 있는 "복원적 노스탤지어"(restorative nostalgia)와 공감을 확립하고 창조적 감정이 될 수 있는 "반성적 노스탤지어"(reflective nostalgia)를 다루고 있다. 가장 문학적이면서 동시에 철학적인 마지막 저서 『또 다른 자유: 이념의 대안적 역사』(Another Freedom: The Alternative History of an Idea, 2010)는 과용되고 심지어 자주 오용된, 클리셰가 될 위험에 처한 자유라는 이념을 구체적인 역사적, 정치적 상황 속에서 새로이 반추한다.

보임은 예술 이론에만 관심을 가지지 않았다. 탐정소설 『니노츠카』와 실제 공연되기도 했던 희곡 『레닌을 쏜 여자』를 썼고, 자신의 비디오아트 작품들의 전시회도 수차례 열었다. 죽음을 앞두고 그녀가 참여했던 프로젝트들 중에는 소련을 떠난 후 머물렀던 오스트리아 빈의 난민 캠프에 대한 영화도 포함되어 있었다. 비록 망명자-이방인이었지만 보임 역시 러시아의 인텔리겐치아가 그러했듯 이론과 실천, 예술과 삶의 거리를 좁히려 부단히 노력했던 것이다.

이 책을 번역하는 동안 많은 변화들이 있었다. 모스크바 남부의, 붉은 양탄자가 벽에 걸린 수십 년 된 코퍼레이트 아파트의 백열등 아래에서 책의 번역 여부에 대해 고심했던 박사과정 대학원생은 이미 예전에 귀국하여 이 대학 저 대학으로 강의를 다니고 있다. 올리비에 샐러드와 샴페인을 곁들여 크렘린 종탑의 시계 소리와 메드베데프 혹은 푸틴의 신년 기념사를 들으며 "스 노빔 고돔"(해피 뉴이어)을 주고받았던 코퍼레이트 아파트의 주인 엘레나 할머니는 이제 거동이 불편하여 주로 집에만 계신다. 엘레나 할머니의 생신 때마다 뵈었던 할머니의 친구분들 중 대다수가 세상을 떠나셨고, 내가 살았던 모스크바 지하철 노선 종점역(유고 자파드나야) 너머로 대여섯 개의 지하철역이 신설되었다. 유학시절에는 공식 영업용 택시가 별로 없어 도롯가에서 지나가는 차들을 잡아 흥정하는 게 큰일이었는데(물론 흥정의 최후는 늘 바가지요금이었다) 이제 모스크바의 택시는 카카오 택시나 우버 택시보다 더 빠르고 사용방법이 간편하다. 변함없는 것이 있다면 그때나 지금이나 노트북 모니터 화면을 멍하니 바라보고 있는 나, 그리고 내 무릎에서 태평스럽게 잠자고 있는, 한때 모스크바의 길거리를 배회하다가 한국까지 오게 된 고양이 키샤이다.

변한 듯하면서 변하지 않은 듯한 일상. 일상은 가변적이면서 동시에 변화에 저항하는 관성적 경향을 지닌다. 그러나 현재의 러시아는 방문할 때마다 급속도로 변화하고 있다. 이 책이 변화중인 현재의 러시아뿐 아니라 과거의 러시아, 러시아인의 정신과 지적 전통, 문화를 이해하는데 도움이 되길 바란다.

2019년 8월

김민아

공통의 장소: 러시아, 일상의 신화들

발행일 초판1쇄 2019년 8월 26일

지은이 스베틀라나 보임 | **옮긴이** 김민아

펴낸이 유재건 | **펴낸곳** (주)그린비출판사 | **신고번호** 제2017-000094호

주소 서울시 마포구 와우산로 180, 4층 | **전화** 02-702-2717 | **이메일** editor@greenbee.co.kr

ISBN 978-89-7682-567-4 93300

이 도서의 국립중앙도서관 출판예정도서목록(CIP)은 서지정보유통지원시스템 홈페이지(http://seoji.nl.go.kr)와
국가자료공동목록시스템(http://www.nl.go.kr/kolisnet)에서 이용하실 수 있습니다. (CIP제어번호: 2019024622)

철학이 있는 삶 **그린비출판사** www.greenbee.co.kr